普通高等教育"十一五"国家级规划教材修订版

高 等 院 校 心 理 学 专 业 课 程 教 材

EDUCATIONAL PSYCHOLOGY

教育心理学

（第3版）

主编 陈 琦 刘儒德

高等教育出版社·北京

内容提要

本书由绪论、学生心理、学习理论、学习心理、教学心理与教师心理六部分组成，系统介绍了教育心理学的基本知识和研究成果。在对第2版内容进行删减、增补、更新的基础上，本次修订重点增加了知识导图、微课、知识拓展等内容，旨在帮助学习者进一步构建学科体系、丰富学习内容、拓宽学习渠道、夯实知识基础。同时，本次修订关联了教师资格证考试中的核心知识点与技能点，并结合大量案例阐释了这些知识在教学实践中的应用。

本书可作为心理学、应用心理学、教育学、公共事业管理等专业的教材，可作为各级各类教师培训的教材，也可作为教育研究人员的参考资料，还可作为各种考试（如研究生入学考试、教师资格证考试等）的参考用书。

图书在版编目（ＣＩＰ）数据

教育心理学 / 陈琦，刘儒德主编. -- 3版. -- 北京 ：高等教育出版社，2020.2
ISBN 978-7-04-052258-7

Ⅰ. ①教… Ⅱ. ①陈… ②刘… Ⅲ. ①教育心理学-高等学校-教材 Ⅳ. ①G44

中国版本图书馆CIP数据核字(2019)第154007号

Jiaoyu Xinlixue

策划编辑	陈　容	责任编辑	陈　容	封面设计　李树龙	版式设计	马　云
插图绘制	于　博	责任校对	刘丽娟	责任印制　赵义民		

出版发行	高等教育出版社	网　　址	http://www.hep.edu.cn
社　　址	北京市西城区德外大街4号		http://www.hep.com.cn
邮政编码	100120	网上订购	http://www.hepmall.com.cn
印　　刷	北京中科印刷有限公司		http://www.hepmall.com
开　　本	787 mm×1092 mm 1/16		http://www.hepmall.cn
印　　张	24.75	版　　次	2005年8月第1版
字　　数	630千字		2020年2月第3版
购书热线	010-58581118	印　　次	2020年8月第2次印刷
咨询电话	400-810-0598	定　　价	58.00元

第3版前言

当前，我国的教育政策和方针强调，立德树人是教育工作的根本任务；品德为先、能力为重、全面发展是教育工作的根本要求；教育要培养学生能够适应终身发展和社会发展需要的正确价值观念、必备品格和关键能力。这些教育战略对教育的方方面面产生了深远影响。与此同时，教育心理学的研究近年来也取得了一系列新的进展：脑科学揭示了学习的基本机制；建构主义学习理论突显出学习的主动建构性、社会互动性和情境性；第二代认知科学关注具身认知、生成认知和情境认知；数学、语言等不同领域中的学习得到了深入的研究；基于技术的学习和教学随着信息技术的发展而呈现出各种新的形态。教育心理学的内容必须与时俱进，吸纳这些新研究、新主题、新概念与新材料，适应我国教育的新形势、新要求。

本书第3版内容由绪论、学生心理、学习理论、学习心理、教学心理与教师心理六部分组成。绪论部分介绍教育心理学的对象、内容、研究方法与发展历程。学生心理部分从教育的视角介绍学生的心理发展与个体差异。学习理论部分阐释行为主义、认知学派、建构主义和人本主义学习理论。学习心理部分涉及学习动机、知识建构、高级思维（如问题解决及创造性）、自我调节学习和品德学习等方面的过程及其促进条件。教学心理部分涉及有效教学、课堂测评、课堂管理等内容。教师心理部分讨论教师的角色心理、专业素质、心理健康以及教师成长等问题。这样，对学生心理与教师心理、学习心理（理论）与教学心理的介绍前后呼应、相辅相成，教材结构浑然一体。

本书在修订时尽力吸纳教育心理学最新的研究进展。在学习理论方面，突出建构主义学习理论；强调认知负荷理论及其教学应用，着重介绍了第二代认知科学革命对学习和教学带来的启示，适当介绍内隐学习、非正式学习、分布式认知、新联结主义理论等方面的研究，旨在开拓学习者的学术视野；加强多元智力、三元智力理论在教育中的应用以及学习风格方面的研究成果，引入了"流体智力是否可以被训练"的学术争鸣，并且介绍了积极心理学所强调的美德与优势理念。在学习动机部分增加了自我决定理论、调节聚焦理论以及积极心理学中的"心流体验"等内容。在学习心理方面，侧重高级知识学习过程、高级思维过程以及自我调节学习过程，加强教育心理学与学科学习的研究成果的联系，增加了有关深层学习和学习拖延等方面的介绍，介绍了校园欺凌、考试作弊和自杀等问题。在教学心理部分，重视教学计划、教学模式以及教学评价等内容。

本书在修订时力求在体例安排上满足教育心理学的学习和教学活动的需要，在保证学术性的基础上力求体现实践性和操作性。本书在章前设立"知识导图"和"学习目标"；在章中标出重点概念、规则和原理，穿插专栏"教学指南"，用二维码关联了"微课""知识拓展"等数字资源；在章后为学习者提供多种学习资源，如"思考题"以及"推荐阅读"等。

本书可用作高等学校的教育学院和心理学院（系）的本科生和研究生的教材，可作为各级各类教师培训学校、研究生课程班的教学材料，可作为各种教育科研人员的参考资料，还可作为各种考试（如研究生入学考试、教师资格证考试）的参考用书。希望广大读者多提宝贵意见。

本书前两版
前言

编者

2019 年 10 月于北京师范大学心理学部

目　录

第一部分　绪　论

第一章　走进教育心理学 / 2

　　第一节　教育心理学概述 / 3

　　第二节　教育心理学的研究方法 / 9

　　第三节　教育心理学的发展历程 / 15

第二部分　学　生　心　理

第二章　学生的心理发展 / 22

　　第一节　学生的认知发展 / 23

　　第二节　学生的个性和社会化发展 / 34

第三章　学生的个体差异 / 44

　　第一节　个体的智力差异 / 45

　　第二节　个体的学习风格差异 / 50

　　第三节　特殊需要儿童的教育 / 54

第三部分　学　习　理　论

第四章　行为主义学习理论 / 62

　　第一节　学习及其理论发展 / 63

　　第二节　经典性条件作用 / 71

　　第三节　操作性条件作用 / 75

　　第四节　社会学习理论 / 84

第五章　认知学习理论 / 91

　　第一节　学习的信息加工过程 / 92

　　第二节　知识的组织结构 / 98

第六章　建构主义学习理论 / 109

第一节　建构主义概述 / 110

第二节　学习的认知建构过程 / 114

第三节　学习的社会建构过程 / 122

第七章　人本主义学习理论及应用 / 132

第一节　人本主义学习理论 / 133

第二节　人本主义的教学应用 / 140

第四部分　学 习 心 理

第八章　学习动机 / 148

第一节　学习动机及其理论 / 149

第二节　学习动机的个体因素 / 156

第三节　学习动机的情境因素 / 172

第九章　知识建构 / 183

第一节　知识概述 / 184

第二节　知识的学习 / 188

第三节　知识迁移 / 201

第十章　问题解决与创造性 / 208

第一节　问题与问题解决 / 209

第二节　问题解决过程 / 213

第三节　问题解决能力的培养 / 220

第四节　创造性 / 231

第十一章　自我调节学习 / 238

第一节　自我调节学习及其理论 / 239

第二节　自我调节学习的策略 / 245

第三节　自我调节学习的训练 / 257

第十二章　品德学习 / 263

第一节　道德认知的发展及培养 / 264

第二节　道德情感的形成及培养 / 268

第三节　道德行为的形成及培养 / 273

第四节　常见道德问题及其矫正 / 277

第五部分　教 学 心 理

第十三章　有效教学 / 286

第一节　有效教学与教学设计 / 287

第二节　教学目标 / 290

第三节　教学模式 / 296

第十四章　课堂测评 / 309

第一节　课堂测评概述 / 310

第二节　传统的课堂测评方法 / 317

第三节　非传统的课堂测评方法 / 323

第四节　课堂测评的使用 / 328

第十五章　课堂管理 / 334

第一节　课堂管理概述 / 335

第二节　课堂的物理环境 / 337

第三节　课堂的社会环境 / 340

第四节　课堂管理设计与特殊方法 / 343

第五节　学生的行为管理 / 347

第六部分　教 师 心 理

第十六章　教师心理 / 364

第一节　理想教师 / 365

第二节　教师的专业素质 / 367

第三节　教师的心理健康 / 371

第四节　教师的成长和培养 / 375

主要参考文献 / 382

第一部分 绪论

第一章

走进教育心理学

知识导图 ▶▶▶

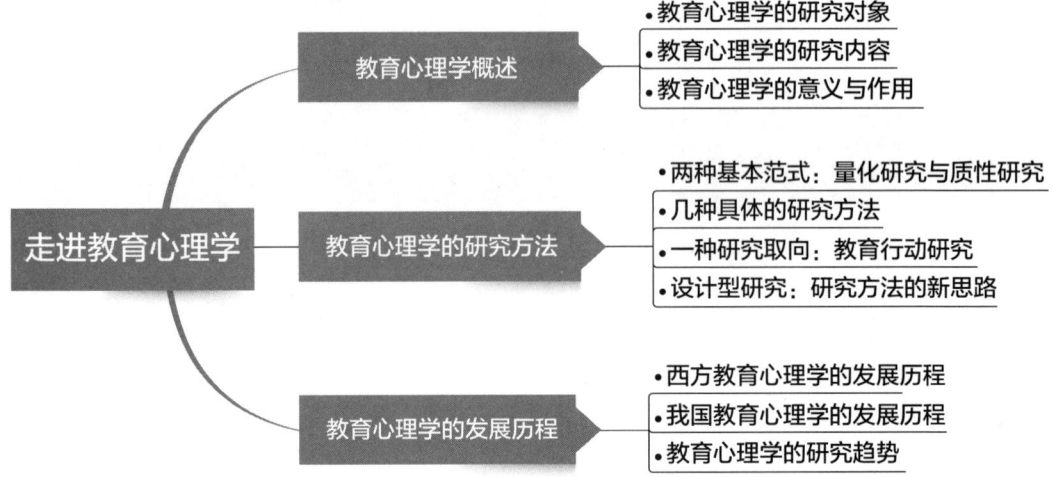

走进教育心理学

- 教育心理学概述
  - 教育心理学的研究对象
  - 教育心理学的研究内容
  - 教育心理学的意义与作用

- 教育心理学的研究方法
  - 两种基本范式：量化研究与质性研究
  - 几种具体的研究方法
  - 一种研究取向：教育行动研究
  - 设计型研究：研究方法的新思路

- 教育心理学的发展历程
  - 西方教育心理学的发展历程
  - 我国教育心理学的发展历程
  - 教育心理学的研究趋势

学习目标 ▶▶▶

- ⊙ 理解教育心理学的研究对象、意义与作用
- ⊙ 掌握教育心理学的主要研究方法
- ⊙ 概括总结教育心理学的发展历程和趋势

　　社会的发展呼唤教育的持续创新和改革，而明智的教育教学改革必须以学生的心理发展规律、学习规律和教学规律为基础。研究教育与心理发展的相互作用以及学习与教学的相互作用正是教育心理学的主要任务。自从教育心理学作为一门科学诞生以来，它在世界范围内的教育教学改革之中发挥了独特的基础性作用。本章将带领大家走进教育心理学的殿堂，初步领略教育心理学的研究视野、研究方法和研究历史，理解教育心理学在教育理论和实践中的独特贡献。

第一节　教育心理学概述

　　在本节中，我们首先来了解教育心理学的研究对象和内容，而后讨论分析教育心理学在教育理论和实践中的意义和作用。

一、教育心理学的研究对象

　　教育心理学（educational psychology）是研究学与教的基本心理规律的科学。它是应用心理学的一种，是心理学与教育学的交叉学科。但是，这并不意味着教育心理学是一般心理学原理在教育中的应用，具体而言，教育心理学的研究对象主要包括以下 4 个方面。

（一）学习心理

　　学习是生活当中非常普遍的现象，从咿呀学语到掌握各门深奥的科学知识，从蹒跚学步到掌握各种复杂的运动技能，遍及生活的各个领域。近一百年来，心理学家对于学习进行了深入研究，形成了系统的学习理论。**学习理论**（learning theories）是教育心理学最核心的研究内容，它主要回答以下 3 个方面的问题。① 学习的实质是什么？即学习的结果到底使学习者形成了什么，或者说使学习者发生了怎样的变化？是外部的行为操作，还是内部的心理结构？是简单的一条一条经验的积累，还是形成了整体的经验结构？② 学习是一个什么样的过程？即学习是怎样实现的，或者说怎样才能达到预期的学习目标。③ 学习有哪些规律和条件？即学习过程受到哪些条件和因素的影响，有效的学习需要遵循哪些原则？

　　在基本学习理论的基础上，教育心理学研究具体领域的学习心理。这既包括学习的动机及其激发，也包括学习的策略及其培养；既包括各类知识和认知策略的学习，也包括动作技能以及态度、品德和价值观的学习；既包括学校中学生的学习，也包括各种非正规教育环境（如博物馆、工作环境等）中的学习。

（二）教学心理

　　以基本学习理论和具体学习心理的研究为基础，教育心理学进一步研究如何设计和实施有效的教学，促进学习者的学习。具体问题包括教学目标的分析和表述、教学过程设计和教学策略的选择、学习环境设计、技术工具的应用、课堂行为的管理以及教学测评等。教育心理学将教育心理学与各学科领域（如语言、数学、科学等）相结合，研究了各类具体知识和技能的学习过程、教学策略和测评方法。

（三）学生心理和教师心理

学生和教师是教育活动中的两类主体。教育心理学家对这两类主体的心理进行了研究，包括学生的心理发展（包括认知发展和社会性发展）与教育的关系、学生的个体差异与因材施教的问题，以及教师的专业品质和专业发展。

二、教育心理学的研究内容

教育心理学重点研究如何学、如何教以及教和学之间如何相互作用的问题。教育心理学的具体研究范畴正是围绕学与教及其相互作用的过程而展开的。狭义地说，教学是指在学校情境中师生以特定的文化为对象进行的互动过程，教师利用一定的方法和资源促进学生的有效学习和发展。学与教相互作用是一个复杂的系统性过程（见图 1-1），该系统包含学生、教师、教学内容、教学媒体和教学环境等 5 种要素；包括学习过程、教学过程和评价／反思过程等 3 种密切交织在一起的活动过程（陈琦，刘儒德，2019）。

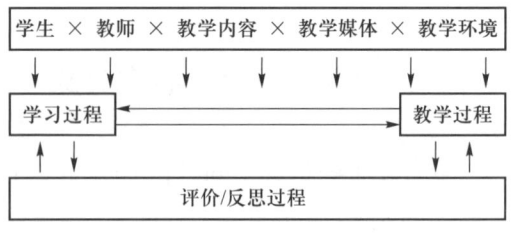

图 1-1 学与教相互作用的过程

（一）教学的基本要素

教学作为一个复杂的系统性过程，包含一系列要素的相互作用。教育心理学的研究需要考察这些要素对教学过程及其效果的影响，以便指导具体条件下的教学设计和实施。

1. 学生

学生是学习的主体，任何教学方法都必须通过学生而起作用。学生要素对教学过程的影响体现为两个方面。第一是群体差异，包括年龄、性别和社会文化差异等。以年龄差异为例，年龄差异主要体现为思维水平的差异。中学生和小学生，小学五年级学生和小学一年级学生，具有不同的思维水平，对应的教学过程也表现出不同。同样一种教学方法，在五年级也许效果很好，但在一年级可能行不通。第二是个体差异，包括先前知识基础、学习方式、智力水平、兴趣和需要等差异。它们是任何学习和教学的重要内在条件。因为学习就是在已有知识经验的基础上生长出新的知识经验的过程。在日常生活中，在以往的学习中，学生已经获得了大量的经验，在开始某一主题的教学之前，他们常常就已经对这一主题有了自己的某些了解和看法，教学不是忽略这些经验去另起炉灶，而是要把它们作为新知识的生长点，从这里出发去引导学生获得更恰当、更丰富或更有效的知识经验。如果无视学生的这些个体差异，就会使教学过难或过易，从而影响教学的效果和效率。例如，如果一个学生的阅读能力差，教师却过度依赖通过文字材料来让学生获取某些信息，这样的教学就不太恰当；如果学生早就获得了有关知识，教师还不厌其烦地把教材咀嚼得细而又细，那么肯定会遭到学生不同形式的抵制。学生的群体差异和个体差异都是教育心理学研究的主要范畴。

2．教师

在教育过程中，教师对学生无论从哪个意义上讲都起着极其重要的作用。教师应该是学与教的过程中各个要素的协调员，类似交响乐团的指挥，在学与教的过程中起着关键的作用。但我们不主张提教师的"主导作用"的概念，因为这个概念是 20 世纪四五十年代凯洛夫（N. A. Kaiipob）提出的，其实际含义是教师是教学过程中的知识源，有绝对权威。在新的教学模式中，我们强调学生是学习过程的主体，必然要对传统的教师"主导作用"的思想有所否定。在新时期，教师的作用并不因为不提主导作用而降低，相反，教育改革对教师提出了更高的要求。教育改革要求教师按照特定的教学目标最有效地组织教学，教师除了自身在德才方面要成为学生的榜样之外，还必须熟练地掌握教材，了解教材的结构和学生的知识结构，懂得如何根据学生和教学内容的特点进行教学，帮助不同特点的学生进行最有效的学习。不仅如此，教师也要学会学习，教师本身就应该是一个好的学习者，同时还要善于反思，善于总结教学中的经验教训，从而不断地改进自己的教学实践。在国外教育心理学研究中，教师的教学行为以及教学决策等也是重要的研究内容。

3．教学内容

教学内容是教学过程中有意传递的知识、策略、技能、态度和价值观等。从宏观上看，教学内容是由社会发展提出的要求所决定的。农业社会注重知识经验的传授；工业社会强调知识和技能的训练；到了信息社会，由于信息量剧增，处理信息的能力、解决问题的能力、学习能力以及知识创新能力的培养显得日益重要，为了达到这些目标，教学内容也要做相应的变化。教学内容一般表现为课程标准（教学大纲）、教材和课程。教材的编制和课程的设置必须以学习和教学的理论和研究为基础。例如，教材的内容选择、难度确定、结构组织等既要适合学生的现有发展水平，又要能最有效地促进学生现有水平的发展；既要适于学生学习的过程和特点，又要考虑到教学的目的性。教育心理学中关于心理发展与教育、学习心理和教学心理的研究考察了与这些问题有关的内容。

4．教学媒体

教学媒体是教学内容的载体，是教学内容的表现形式，是师生之间传递信息的工具，如实物、文字、口头语言、图表、图像以及动画等。教学媒体往往要借助一定的物质手段来实现，如书本、板书、投影仪、录像以及计算机等。过去，教学媒体被视为教学环境的一个组成部分。随着科学技术的发展，教学媒体在不断更新，从简单的实物、口头语言、书本、录音、录像直到多媒体计算机和网络，教学媒体已成为教学中一个具有独特意义的要素。教学媒体不仅影响着教学内容的呈现方式和容量的大小，而且对教师和学生在教学过程中的角色作用、教学组织形式以及学生的学习方法等都产生了深远的影响。因此，教学媒体设计及其对学习和教学的影响成了教育心理学研究所关注的一项独特的课题。

5．教学环境

教学环境包括物质环境和社会环境两个方面，前者涉及课堂中的自然条件（如温度和照明），教学设施（如桌椅、黑板和多媒体教学平台）以及空间布置（如座位的排列）等，后者涉及课堂纪律、课堂气氛、师生关系、同学关系、校风以及社会文化背景等。教学环境影响学生的学习过程和方法，影响教师的教学方法和教学组织形式。教育心理学家越来越认识到，教学环境尤其是社会环境不仅关系到学生情感和社会性的发展，而且对学生的认知发展过程也有直接的作用。因此，在教育心理学中，教学环境不仅是课堂管理研究的主要范畴，也是学习过程研究和教学设计研究所不能忽视的重要内容。

（二）教学的三种活动过程

教学包括学习过程、教学过程和评价／反思过程3种活动过程。

1．学习过程

学习过程是指学生在教学情境中通过与教师、同学以及教学信息的相互作用获得知识、技能和态度的过程。学习过程是教育心理学研究的核心内容，如学习的实质、条件、动机、迁移以及不同种类学习的特点和有效策略等。

2．教学过程

在教学过程中，教师设计教学情境（如教学目标的选择、题材的安排以及环境的设置），组织教学活动（如讲演、讨论、练习以及实验），与学生进行信息交流（如信息的呈现、课堂提问与答疑、主题研讨），从而引导学生的理解、思考、探索和发现过程，使其获得知识、技能和态度。此外，教师还要进行教学管理，调节教学的进程，确保教学的有效性。教育心理学对教学过程的研究起步较晚，目前已逐渐形成了一套完整的有效教学理论。

3．评价／反思过程

评价／反思过程虽是一个独立的成分，但它始终贯穿整个教学过程，包括在教学之前对教学设计效果的预测和评判，在教学过程中对教学的监视和分析以及在教学之后的检验、反思。在教学结束后，教师要特别注意评价学习的结果。如果没有达到预期的效果，就需要对学生和教师自己的行为做出反思：哪里出问题了？这些目标适合这些学生吗？教学方法适合这些目标吗？是否有必要进行补救性的教学活动？这个班级是否可以迈向下一个目标？等等。基于这些反思，教师要形成改进的方案，修改教学过程中不妥的成分，以提高教学的效果和效率。

在教学中，5种要素共同影响了3种活动过程，3种活动过程交织在一起，相互影响。学生的学习过程是以自身先前知识和学习发展水平为基础的，是在教学过程的背景下进行的，学习的进展因教学的质量而变化。反过来，教学过程要以学习过程为基础而进行，以促进学生的学习为着眼点。例如，学习目标的确定必须考虑学生的已有知识基础和学习能力，考虑所教内容的学习过程特点等，而且必须通过学习过程而起作用，依学生的学习进展情况而不断地做出

【知识拓展】
教育心理学与相关学科的关系

改变。教学过程还要根据教师自身特点、教学内容的难易以及教学媒体和环境情况而加以调节。评价／反思过程随学习过程和教学过程的进行而侧重不同方面，反过来又促进学习过程和教学过程，从而确保教学达到最好的效果。

教育心理学与心理科学中的普通心理学、发展心理学以及教育科学中的课程与教学论、教育技术学等都有密切的关系。随着这种学科交叉的加深，国际学术界出现了一个新的研究学习与教学的跨学科领域——**学习科学**（learning science）。它涉及认知科学、教育心理

学、计算机科学、人类学、社会学、信息科学、神经科学、教育、设计研究、教学设计等领域或学科。这些领域或学科的研究者们在多种多样的情境中，从不同的学科视角，多层面、全方位地研究如何支持和促进人在整个生命历程中的学习活动，不仅包括在学校课堂中的正式学习，也包括在家庭、工作中和同伴中发生的非正式学习，旨在理解有效学习的认知与社会过程，并且将这些知识应用于对教室和其他学习环境的再设计中，从而使学习者能够高效地学习。

三、教育心理学的意义与作用

教育心理学在教育理论和实践中扮演着非常重要的角色。下面我们从 3 个方面来分析它的重要意义与作用。

（一）教育心理学是教育职业的重要科学基础

各种社会职业在漫长的历史发展中经历了一个演化过程，逐渐从传统行业发展为现代职业。现代职业的一个关键特征是以知识为基础的持续改进。将职业活动建立在专业知识的基础上的过程产生了两方面的深远影响：其一是促进了持续而快速的专业进步，便于不断发现专业知识和实践方式的欠缺（即明确什么事情还做不了或做不好），通过科学研究来实现突破和创新；其二是便于对新的实践模式进行推广和规模化。

学校教育也在历史发展过程中发生了深刻的变化。为了推动教育的创新和发展，我们需将学校教育建立在专业知识的基础上，而教育心理学则为教育提供了关键的专业知识基础。教育心理学重视通过科学的研究方法来研究人的学习及其促进问题，不断深入地揭示学习的规律，并在学习规律的基础上建立有效教学的原则和方法策略。这些研究将为学校教育发展为一种成熟的现代职业奠定重要的基础。

（二）教育心理学促进教师发展

教师是一种专门的职业，不是任何具有相应学科知识的人都能胜任的。在国外，一个大学生要想当教师，还必须到教育学院完成**学位后资格教育**（postgraduate certificates in education，简称 PGCE 课程），接受专门的教育培训，获得教学专业知识和专门技能。教师所应具备的多方面教学专业知识和专业技能，其中多数与教育心理学知识有关。而且，教师的成长将经历诸多阶段，每一阶段关注的焦点问题有异，如课堂管理、教学设计和因材施教等，教育心理学在这些焦点问题上都积累了丰富的理论和研究，教师可以从中获得一定的知识、技能和启示，使自己尽快完成这一成长过程，早日成为一名专家教师。关于教师的专业素质和成长将在第十六章"教师心理"部分具体讨论。

（三）教育心理学指导课堂实践

教育心理学对课堂实践的指导作用体现在教育心理学可以描述、解释、预测和控制课堂实践上。在实际应用中，这 4 个作用往往相互交织在一起。下面，我们从两个方面来介绍教育心理学的这些作用。

1．科学理论上的指导作用

（1）教育心理学为教育现象提供不同于传统常识的新观点。在实际教育中，许多教学方法和行为都是传统的沿袭，或者出自"想当然"。教育心理学常常对这些方法和行为进行分析和研究，提出不同的观点。例如，在小学语文课上，教师应该采用什么方式指定学生起来朗诵课文？传统常识认为，教师应该随机点学生起来朗诵课文，这样做会迫使每个学生"小心地"跟着课文的进度。如果教师每次都以同样的顺序点名，学生就会预先知道什么时间该轮到自己，因此，只注意自己要朗诵的那一部分，而不关心课文的其他部分。但是，教育心理学的研究表明，对这一问题的答案并非如此简单。在一定情境下，按顺序轮流朗诵确实存在弊病，但是不能以偏概全，也要看到其优越性的一面。在小学一年级，循环轮流朗诵能给每个学生一个朗诵机会，可培养一种良好的整体成就感。并且，每个学生都有机会练习某些段落，每一次实践都能得到教师的反馈，这比集中注意力于别人的朗诵对朗诵学习更重要。此外，循环轮流意味着教师并不偏心。

（2）教育心理学为课堂教学提供理论性解释。教育心理学为实际教学提供了一般性的原则或技术。教师可结合自己的教学材料，将这些原则转变为一定的教学程序或活动。例如，根据直接指导教学原理，教学要包括如下步骤：复习和检查、呈现新材料、提供有指导的练习、提供反馈和纠正、提供独立的练习以及进行单元复习等，教师可以根据这些步骤来安排教学活动，并设计适当的材料来实现每一个步骤。

（3）教育心理学帮助教师分析、预测并干预学生的行为。利用教育心理学原理，教师可以正确分析学生行为的原因，并能采取一定的干预措施，达到预期的效果。例如，当学生反复擅自离开座位时教师应该怎么办？如果我们凭直觉行事，那么每当学生站起时，我们都要提醒他留在自己的座位上，似乎如此才能帮助学生记住这条纪律。但是，研究表明，在低年级，当学生擅自离开座位时，教师越让学生坐下，学生越要离开座位；而当教师置这些学生于"不顾"，转而表扬那些遵守纪律的学生时，离座率反而会下降。当教师反过来让离座的学生坐下时，离座率又一次上升。产生这一情况的原因是：如果学生是为了引起教师或同学的注意，那么，教师的批评或提示正好强化了他的不良行为；如果教师表扬其他守纪律的同学，则可强化好的课堂行为，抑制不良课堂行为。

2．研究方法上的指导作用

（1）教育心理学帮助教师运用研究的方法来了解问题。学生的情况是千差万别的，所以当学生出现问题时，教育心理学虽不能直接替教师解决问题，但可帮助他采用多种方法来了解学生产生问题的原因。例如，一名小学四年级学生在语文阅读方面存在困难，我们就可以从各种测验的结果中找出困难的症结。如果智力测验成绩较低，而且其他各科成绩都很差，那么，可表明他在阅读和其他科目方面的困难与智力有关。如果发现他的智力水平较高，而除阅读外，其他各科成绩并不差，那么，我们可知道他在阅读方面的困难与其智力及学习能力无关，因此，我们需要对他过去的经验以及对正字、发音和语义方面的情况做进一步的调查。此外，进行健康检查也是必要的，因为生理因素有时也与学业成绩有关，例如，听觉有缺陷的学生常听不清教师的讲解，其他生理原因如视觉缺陷、内分泌失调以及营养不良等都会影响学生的学习效率。有时，阅读方面的困难也可能与学生个人的生活经验有关，如父母离异、对学生漠不关心或期望过高致使学生学习动机受挫，或者与教师关系不和、教师教学方法不当使学生失去学习兴趣等有关。教师如果掌握了教育心理学的理论和研究方法，就能对学生的学习困难追根溯源，让他采取宽容的态度以及有针对性的方法，使学生的学业获得进步。

（2）教育心理学帮助教师结合实际教学进行创造性的动态的研究。教育心理学为教育提供一般性的理论指导，而不是用以解决一切特定问题的固定的公式。因此，教师在应用一般的原理和方法的同时，还需进行创造性的动态的研究，去验证这些原理和方法并解决自己的特定问题。教师进行创造性的研究，这意味着教师要因人因事因时因地而行事，因为每一个学生、每一个班级、每一所学校以及每一种社会环境各有其不同的情况，教师需要察其异同，随机应变；教师进行动态的研究，这意味着教师必须对自己的教学计划或方法的成效进行持续的研究，不断反思，随时做出相应的变动。例如，教师在小学数学的分数除法教学中，通过提问和作业成绩发现学生在乘除转换方面存在系统的错误，于是，他设法通过某些典型错误与标准转换过程的对比，引导学生认识这些系统错误，试图加深他们对分数除法的理解。这种方法是否有效呢？教师还需要进一步在新的情境中考察学生的反应。这种方法在另一个班级是否有效呢？教师都不能想当然，而需持续地研究。教师之所以需要进行创造性的动态的研究，是因为教育心理学家在某一时期进行某一研究，往往以当时的实验情境为准，然而，这种实验情境未必能与实际的教育情境相吻合，故而教师不能将这一研究的结果或理论直接应用到自己的实际教育情境中来，而是需要做出适当调整，并通过研究验证其效力。

综合本节内容，教育心理学是研究学与教的基本心理规律的科学，它的具体研究内容包括学习的基本理论、学习的心理规律、教学心理、学生心理和教师心理等。学习、教学以及学与教之间的动态作用是教育心理学研究的基本着眼点。教育心理学的研究将为教育职业奠定重要的科学基础，对于教师的专业发展以及课堂实践具有重要的意义和作用。

第二节　教育心理学的研究方法

教育心理学的研究方法主要是沿用心理学领域的通用研究方法。量化研究与质性研究这两种范式包括问卷法、实验法、观察法、访谈法、微观发生法等具体的研究方法。近年来，教育心理学领域中的研究者开始针对研究课题的特殊性尝试采用新的研究思路和方法，如"设计型研究"等。

一、两种基本范式：量化研究与质性研究

量化研究（quantitative research）与**质性研究**（qualitative research）是当前社会科学研究中的两种基本范式，在教育心理学的研究中得到了广泛的应用。

量化研究又称为"量的研究""定量研究"，它重在对事物可以量化的特性进行测量和分析，以检验研究者的理论假设。它有一套完备的操作技术，包括抽样方法，资料收集方法（如问卷法、实验法等），数据统计方法等。其基本过程是：假设—抽样—资料收集（问

卷/实验）—统计检验。研究者首先要明确分析所研究的问题，确定其中的重要变量（比如已有知识水平、认知加工策略与学习效果），对变量之间的因果关系或者相关关系做出理论假设，然后通过概率抽样的方式选择研究样本，使用可靠而有效的工具和程序来采集数据，进而通过数据统计分析来检验所假设的变量关系。

质性研究又称为"质的研究""定性研究"。在这种研究中，研究者参与到自然情境而非人工控制的实验环境之中，采用观察、访谈、实物分析等多种方法收集资料，对社会现象进行整体性探究，采用归纳而非演绎的思路来分析资料和形成理论，通过与研究对象实际互动来理解和解释他们的行为。这种研究一般不使用量表或其他测量工具，而是以研究者本人作为研究工具。质性研究不像定量研究那样通过搜集事实资料来检验已有的理论假设，而是采用自下而上的思路，从原始资料中归纳经验，寻找其中的核心维度，"扎根"于经验资料来建立理论。质性研究强调从被研究者的角度来真实地反映他们的做法、看法和体验，强调事件的整体性和情境性，强调随着资料的积累动态地调整研究问题和资料收集方法。值得注意的是，质性研究不是理论思辨、个人见解或经验总结，它和量化研究一样，都坚守实证主义的立场，都强调以"事实资料"为基础。表 1-1 对质性研究和量化研究方法的适用场合做了对比。

表 1-1　质性研究和量化研究方法的适用场合

质性研究	量化研究
不清楚研究对象的情况时	非常清楚研究对象的情况时
进行探索性研究时，相关的概念和变量不确定，或定义不清	测量方面存在的问题不大，或者不存在测量方面的问题时
进行深度探索性研究时，试图把行为的某些特定方面与更广的背景联系起来	不需要把研究发现与更广泛的社会文化背景相联系，或对这一背景已经有了清楚的了解时
所考察的是问题的意义，而不是次数或频率时	需要对代表性样本进行详细的数学描述时
研究需要保持较高的灵活性以便随时发现预料之外的深层问题时	测量的可重复性非常重要时
需要对所选择的问题、个案和事件进行深层的、详细的考察时	需要把结果加以推广，或需要把不同的人群加以比较时

二、几种具体的研究方法

在教育心理学中，问卷法、实验法、观察法、访谈法、微观发生法是常用的研究方法。

（一）问卷法

问卷法（questionnaire）是研究者利用统一的、严格设计的问卷来收集研究对象的有关心理、行为的资料的一种研究方法。研究者要根据研究的目的和问题，确定问卷的内容结构，然后编写各个部分的问题，并对各个问题的适当性进行认真的分析、评价。研究者通常需要对最初编制的问卷进行试用和修改。在发放问卷时，研究者可以采用个别分发的形式，也可以采用集体分发的形式。研究者要尽量保证问卷的回收率。问卷法有利于进行大样本施测，省时、省力，而且可以方便地进行统计分析。但这种方法缺乏灵活性，且不够深入。

【考纲链接】
《教育知识与能力》（中学）：了解教育研究的基本方法，包括观察法、调查法、历史法、实验法和行动研究法等

（二）实验法

实验法（experimentation）是一种创设一定的情境，对某些变量进行操纵或控制以揭示教育、心理现象的原因和发展规律的研究方法，其基本目的是揭示变量之间的因果关系。实验研究可以是在实验室情境下进行的实验室实验，也可以是在现场情境下进行的自然实验。在进行实验研究时，要明确研究中的各种变量，包括自变量、因变量以及无关变量等。自变量是指可以影响个体的心理、行为表现的因素，如教学方法、学习情境或者学习者的某些个人特征等。因变量则是用以反映个体心理行为特征的变量（指标），如学习成绩等。实验研究就是要考查自变量对因变量的影响。但是，因变量的变化不只受所研究的自变量的影响，它常常还会受其他的众多变量的影响，这些可能干扰因变量结果的其他变量就是无关变量。在研究中，必须采用一定的方法、程序来消除或控制各种无关变量的干扰。比如，在"小组合作对学生的学习成绩的影响"研究中，自变量是学习方式（小组合作与个别学习），因变量是学生的学习成绩。为此，研究者让一部分学生进行小组合作学习，而让另一部分学生进行个别学习，最后检验两部分学生学习成绩的差异。在这一研究中，研究者必须考虑以下无关变量：两部分学生已有的学业水平、教师的教学水平和方式、学习时长等。研究者必须保证两部分学生在这些变量上的对等。

通过对变量的操纵、控制来深入揭示变量间的因果关系是实验法的突出优势。但是，实验研究往往需要对实验情境进行人为的处理，这会妨碍研究结果的外推效度。另外，在教育领域中，研究者往往很难对无关变量进行有效的控制。

（三）观察法

观察法（observation）是指研究者通过感官或借助一定的科学仪器，在一定时间内有目的、有计划地记录、描述客观对象的表现来收集研究资料的一种方法。研究者可以通过详细观察和记录学生、教师在各种情境下的活动表现来了解他们的心理特点和过程，分析师生交往的模式。比如，研究者可以对儿童在团体活动中的交往方式进行观察，分析儿童在不同情境下的攻击行为与亲和行为的频率、强度及表现形式。在研究中，研究者一般是在自然条件下对对象的行为进行观察、记录而不做任何控制和干预，这叫作自然观察。有时，研究者会在有意控制和干预的情境下对对象的表现进行观察，这叫作实验观察。在对观察、记录的结果进行分析时，研究者需要编制一个分类编码系统，从而对不同类别的行为表现进行量化和统计分析。

观察法是在自然或接近自然的条件下进行的，这能保证研究与真实情境的一致性，提高研究的可推广性。但研究者要防止自身主观意志及感情的干扰，提高研究的客观性。

（四）访谈法

访谈法（interview）是研究者通过与研究对象进行口头交谈来收集有关的心理和行为资料的一种研究方法。比如，研究者可以通过访谈法来考察父母离异对儿童个性、社会性发展的影响。在这种研究中，访谈者和被访者不断地进行相互作用，访谈者的提问影响着被访者的回答，而被访者的回答也进一步影响着访谈者的提问。在访谈过程中，访谈者首先要取得被访者的信任和配合，要采用恰当的方式来提问，使他们能坦率、真实地表达自己的观念、态度和情感感受。另外，访谈不是聊天，一定要围绕着所研究的问题进行访谈，访谈前要编制访谈计划，要对访谈过程进行准确的记录。

访谈法有利于研究者更深入地了解人们的态度、情感、思想观念和主观感受，从而对各种心理和行为进行多方面的分析和研究。在当前的心理与教育的诸多研究领域中，这种方法得到了越来越多的运用（董奇，1992）。当然，访谈法的有效运用对研究者具有很高的要求，研究者要努力保证访谈结果的客观性和准确性。

（五）微观发生法

微观发生法（microgenetic method）是对学生认知变化的精细信息进行纵向研究的一种方法。它通过集中分析学生认知发展中认知变化的关键环节，有效地探讨学生认知变化的具体过程与潜在机制。例如，有研究者（Siegler & Stern，1998）采用微观发生法研究了 8 岁 4 个月到 9 岁 7 个月的学生是如何发现解决数学中形如 "$a + b - b$" 的相反数问题的策略的，他们对学生每周进行一次测试，共 8 次。每次测试都记录学生解决每个问题所用的时长，并且在学生解决完一个问题后，让其口头报告解决问题的思路，对报告内容进行录音，确定学生所使用的策略。以 "$18 + 5 - 5 = ？$" 为例，学生经历了 5 种解题策略：第一种是从 18 连续加 1 一直数到 23，然后从 23 连续减 1 一直到 18；第二种是从 18 连续加 1，还没等加到 23，就 "跳" 到 23，然后从 23 直接减 5，回答 "18"；第三种是无意识地采用第一、二种策略直接给出答案；第四种是从 18 开始连续加 1，还没数到 23，就马上回答 "18"；第五种是直接明确地采用简便算法，回答 "18"。研究者探索了在不同条件下，学生解题策略转变的过程。

从这个实验中可以看出，微观发生法实验一般包括 3 个阶段。首先在前测阶段确定某一任务对被试而言是不是新奇的，然后在练习或干预阶段设计不同的条件考查学生发现策略或掌握知识能力的过程，最后在后测阶段确定学生对实验任务的掌握或学习情况。在每个测试阶段可以收集正确率、反应时、口头报告等资料。如此，通过高密度的观察和反复试验分析就可以获取认知变化的详细资料。微观发生法在发展与教育心理学中得到了广泛的应用。例如，有研究者（张梅，辛自强，林崇德，2013）采用微观发生法解释了两人问题解决中惯例的产生过程机制。

三、一种研究取向：教育行动研究

行动研究（action research）最早是由美国心理学家勒温（K. Lewin）为了解决社会科学

研究与实际生活严重分离的问题而提出来的。顾名思义，行动研究就是行动和研究双重活动合二为一。**教育行动研究**（educational action research）则是由教育情境中的参与者（如教师、学生、校长）所采用的一种自我反思式的探究，以此提高参与者对实践的理解并促进自身的教育实践。

教育行动研究不是一种严格的研究方法，而是一种研究取向。这种研究取向并不过于强调研究过程中控制的严格性和研究计划的严密性，允许在实际工作中对研究方案进行不断的修改和完善。这种研究取向具有 4 个特点。① 为行动而研究。研究者基于实际工作的需要，将实际问题发展为研究课题，目的在于更好地解决问题、提高行动质量。② 对行动进行研究。研究过程与行动过程相结合，研究者将解决问题的方法作为变量在全程研究中逐个加以检验。③ 在行动中研究。行动者参与研究，研究者参与实践，两者在研究和工作中相互协作，缩短理论与实践活动、研究成果与实际应用之间的距离。④ 在动态情境下进行研究。在动态环境下或在较短时间内显示其在实际工作中的作用和效能，根据情境反馈而动态地调整研究和行动。

行动研究的过程在整体上存在一定的结构框架。一般认为，行动研究是一个由计划、行动、观察和反思等四个相互联系的环节组成的螺旋上升的发展过程。图 1-2 展示了一位小学数学教师是如何通过行动研究的循环过程来促进学生的"改错"行为的。

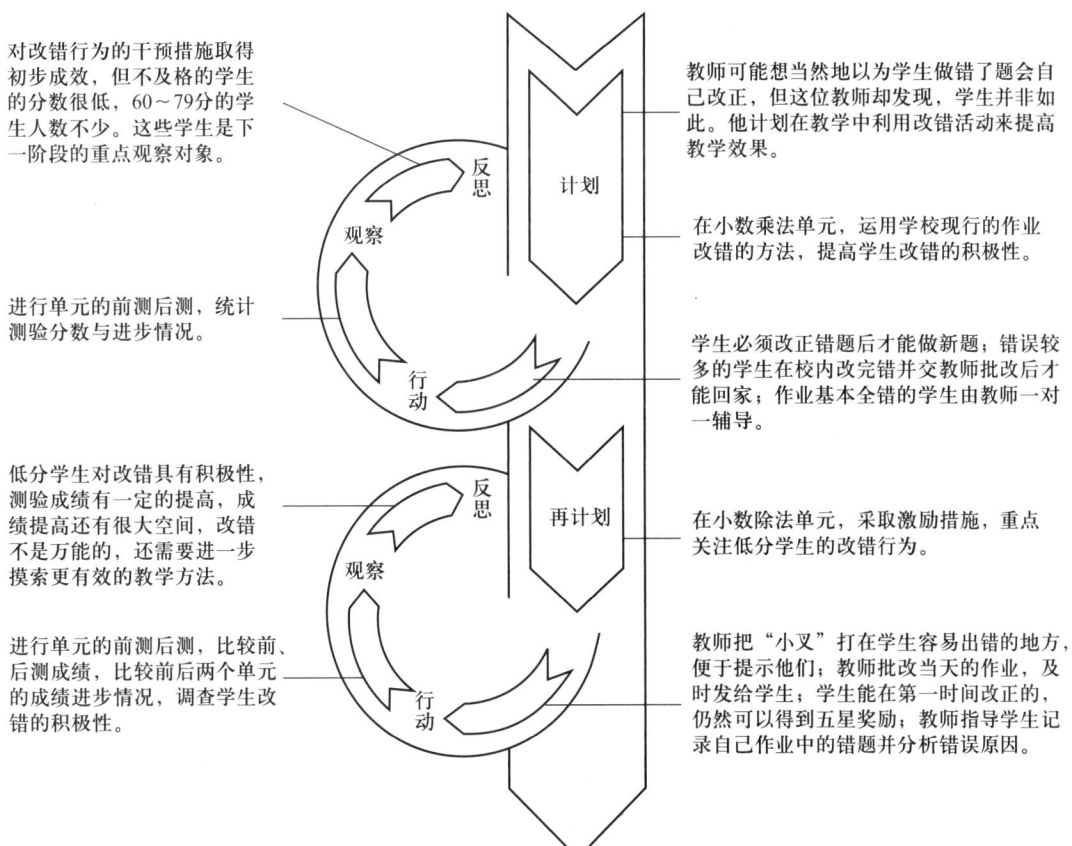

图 1-2　行动研究的螺旋过程（McNiff，1988）

四、设计型研究：研究方法的新思路

针对学习和教学研究的目的和特点，研究者探索出了另外一种研究思路和方法：**设计型研究**（design research，或 design-based research，或 design experiment）。

【知识拓展】
设计型研究的过程

著名认知科学家、诺贝尔经济学奖获得者西蒙（H. A. Simon）曾区分了**自然科学**（natural sciences）和**人工科学**（sciences of the artificial），前者以发现和描述客观世界的规律为目的，也可以称为分析科学，而后者以提出完善的设计方案为目的，也可以称为设计科学。在现代社会中，人工科学所进行的"发明"工作在促进持续性创新上发挥了非常重要的作用，比如建筑、工程、计算机科学、医药。教育研究在很大程度上也属于人工科学的层次。然而，以往的研究方法，无论是量化研究还是质性研究，基本都以揭示和描述客观的教育现象和规律为目的，未能在"设计"问题上做深入有效的研究。这种研究的成果难以支持持续的教育创新。因此，在 20 世纪 90 年代，一些研究者重新反思了教育研究的定位、思路和方法问题，提出了"设计型研究"或"设计型实验"的概念。

设计型研究旨在通过形成性研究过程来检验和改进基于有关原理和先期研究而得出的教育设计。设计型研究采用了"逐步改进"的设计方法，把最初的设计付诸实施，看其效果如何，根据来自实践的反馈不断改进，直至排除所有缺陷，形成一种更为可靠而有效的设计。设计型研究的目的不只是改进实践，它承担着改进实践和完善理论的双重使命。设计型研究需要在现实的学习情境（如学校）中进行，其中会涉及很多无法控制的因素。研究者并不努力控制各种干扰变量，而是在自然情境中考察设计方案中的各个要素的实施状况，尽量使设计最优化。

表 1-2 对关于学习的实验室研究和设计型研究进行了对比。

表 1-2 实验室研究和设计型研究的对比（Collins, Joseph, & Bielaczyc, 2004）

实验室研究	设计型研究
在实验室环境中进行	在复杂的实际学习情境中进行
单一因变量	多个因变量
采用变量控制策略，尽量控制自变量和因变量之外的无关因素的影响	不控制无关因素的影响，而是尽量找出活动情境的全部变量和特征及其对因变量的影响
有明确而固定的研究程序，便于重复检验	研究开始也有程序和材料，但并没有完全设定好，而且要在实施过程中根据其有效性进行修改
常常避免社会交往，学习者孤立地完成任务	关心在复杂的社会情境中进行的活动
旨在通过实验验证研究者的假设	旨在探明设计方案的多侧面的特征，以定性和定量的方法为设计方案的实际实施过程描绘一个剖面图
研究者作为主试，决定研究方法，控制整个过程	研究者作为参与者，努力让各方人士参与设计，发挥他们的经验优势

本节介绍了教育心理学的研究包括量化研究和质性研究两种范式，还介绍了问卷法、实验法、观察法和访谈法等具体方法，其中前两种方法基本属于量化研究，而后两种方法基本属于质性研究。设计型研究强调在实际教育情境中对教育设计进行形成性评价和持续性完善。当前的教育心理学研究方法呈现出多元化的态势，一项研究常常针对具体情况综合采用多种研究方法。

第三节　教育心理学的发展历程

作为一门独立的学科，教育心理学的发展经历了一个曲折的过程，它遵循学科发展的一般性规律——最初依附于普通心理学或被融合于发展心理学，后来发展成为一门独立的学科并形成比较完整的体系。

一、西方教育心理学的发展历程

西方的教育心理学的思想起源可以追溯至古希腊的哲学家柏拉图。柏拉图认为，所有的知识都是生来就有的，这些知识在人的成长过程中通过经验性的学习而日臻完善。柏拉图的学生亚里士多德则最早观察到观念之间的联想能促进理解和记忆。他深信邻近的、连续的和相似与相反的事物可以帮助理解和记忆，这就是后世人们所熟知的邻近律、接近律和对比律的起源。至 17 世纪，洛克提出了"白板说"，强调人的心灵就像一块白板，学习是由外部影响而引发的。他认为，连续的简单印象可以通过联想和反映而提升到复杂的观念。夸美纽斯是第一个提出儿童的学习能力存在年龄差异的教育家。他注意到，儿童在已经具有的经验范围内参与有关的活动时，能更有效地进行学习。至 18 世纪中叶，卢梭提出了教育学的新理论，在 1762 年出版的著名的《爱弥儿》一书中，他认为知识的获得是通过经验而发生的，应该用推理和探究代替权威性的灌输；应该按照儿童的自然倾向、冲动和情感对他们进行教育。后来，裴斯泰洛齐倡导教育的心理学化，强调利用儿童的自然兴趣和活动对他们进行教学。赫尔巴特则是第一个将教学过程从学科中区分出来的科学家。赫尔巴特认为，当对新事物已经具有很强的、生动的观念时，过去的联想激发了个体对当前新事物的知觉，兴趣就发展起来了。

由此可见，在教育心理学成为一门独立的学科以前，已经有无数的教育家、思想家提出了许多可贵的教育心理学思想，这些都是值得我们珍惜的宝贵财富。在 20 世纪，教育心理学发展成为一门独立的学科，逐步形成了较完善的学科体系。其发展过程可以归纳为下面的 4 个时期（陈琦，刘儒德，2019）。

1. 初创时期（20 世纪 20 年代以前）

1903 年，美国心理学家桑代克（E. L. Thorndike）出版了《教育心理学》一书，这是西方第一本以教育心理学命名的专著。1913—1914 年，该书又发展成三大卷。桑代克从人是一个生物的存在这个角度建立了自己的教育心理学体系。他的教育心理学分为 3 个部分：第一部分讲人类的本性，第二部分讲学习心理，第三部分讲个体差异及其原因。

这一著作奠定了教育心理学发展的基础，西方教育心理学的名称和体系由此确立。在此后的 30 多年里，美国的同类著作几乎都继承了这一体系。但是，这一时期的著作内容多是以普通心理学的原理解释实际的教育问题，主要是一些有关学习的资料。

在这一时期，教育心理学领域中逐步形成了两种对立的学习理论流派：行为主义学习理论和认知学习理论。行为主义学习理论以桑代克为先导，以华生（J. B. Waston）为激进的代表，之后斯金纳（B. F. Skinner）又对它进行了总结和发展。行为主义强调用科学的方法研究可观察的外显行为，主张学习就是在环境刺激与行为反应之间建立联结。个体在一种刺激情境面前产生各种反应，有些反应产生了好的效果，得到了强化，这种反应就可能被保留。相反，有些反应没有产生好的效果，甚至还导致了惩罚，这些反应就会逐渐消退。与行为主义相对立的一个学派是德国的格式塔学派，它形成于 20 世纪初，以法兰克福大学的韦特海默（M. Wetheimer）为首，是一种早期的认知学习理论。格式塔派的学者主张研究学习的内部过程，研究人的经验，强调学习在于在头脑中构造和组织一种"完形"，也就是对事物、情境的各个部分及其相互关系的理解，而不是刺激—反应联结的简单集合。

2. 发展时期（20 世纪 20 年代初到 50 年代末）

20 世纪 20 年代以后，西方教育心理学吸取了儿童心理学和心理测验方面的成果，大大地扩充了自己的内容。30 年代，学科心理学发展很快，也成了教育心理学的组成部分，到 40 年代，弗洛伊德（S. Freud）的理论广为流传，有关儿童的个性和社会适应以及生理卫生问题也进入了教育心理学的领域。50 年代，程序教学和教学机器兴起。同时，信息论的思想为许多心理学家所接受，这些成果也影响和改变了教育心理学的内容。

这一时期美国出版的教育心理学教科书及教育心理学文选之类的书籍多达上百种，但由于没有统一的理论指导，版本种类繁多，体系五花八门，内容大多取自普通心理学和儿童心理学等。受行为主义影响，各种体系中只有学习这一课题是各书共有的。可以说，这时的教育心理学尚未成为一门具有独立理论体系的学科。

在这一时期，行为主义的学习理论占据了主导地位。但行为主义者也吸取了认知学习理论的很多思想，从而出现了折中倾向的学习理论，代表人物如托尔曼（E. C. Tolman）。他强调研究学习者的整体行为，分析从环境刺激到行为反应之间的认知中介过程。

3. 成熟时期（20 世纪 60 年代初到 70 年代末）

自 20 世纪 60 年代开始，西方教育心理学的内容和体系出现了某些变化。教育心理学的内容日趋集中，有几个方面的研究似乎为大多数人所公认，如教育与心理发展的关系、学习心理、教学心理、评定与测量、个体差异、课堂管理和教师心理等。教育心理学作为一门具有独立的理论体系的学科正在形成。

这一时期，西方教育心理学比较注重结合教育实际，为学校教育服务。20 世纪 60 年代初，布鲁纳（J. S. Bruner）发起课程改革运动，自此，美国教育心理学逐渐重视探讨教育过程和学生心理，重视教材、教法和教学手段的改进。同时，美国教育心理学比较重视研究教学中的社会心理因素。不少教育心理学家开始把学校和课堂看作社会情境，注意研究其中影响教学的社会心理因素。如有人用社会心理学理论研究学习动机，还有人重视教学组织形式中的社会心理问题，如班级的大小、学生的角色等。随着信息科学技术尤其是计算机的发展，美国教育心理学对计算机辅助教学（CAI）的研究也方兴未艾，对计算机辅助教学的教学效果和条件做了大量的研究。

在这一时期，随着学习理论研究的深入，行为主义的机械论、还原论等的弊端日益暴露出来，而在这些方面，认知派学习理论却有自己的优势，所以它越来越得到人们的重视。同时也由于计算机科学的影响，从 20 世纪五六十年代开始，认知学习理论逐渐进入了发展与兴盛的时期，发展起了认知结构理论和信息加工理论。几乎是与此同时，心理学中出现了另一种思潮——人本主义，它反对把人还原和分割为各种要素，主张研究整体的人，认为每个人都具有自我发展和自我实现的潜能和动力，并从追求自我实现的角度来解释学习，强调学习者的自我参与、自我激励、自我评价和自我批判。

4．完善时期（20 世纪 80 年代以后）

20 世纪 80 年代以后，教育心理学的体系越来越完善，研究越来越深入，视角越来越综合。随着皮亚杰（J. Piaget）和维果茨基（L. S. Vygotsgy）的理论被大量介绍到美国，加之认知学习理论研究的深刻影响，人们对学习的理解发生了很大变化，对学习和教学过程及其条件研究得越来越深入细致，如从认知层面研究问题解决过程、学习策略以及学习动机等，并且，越来越注重为教学实践服务，发展了许多有效的教学模式，如合作学习等。

在这一时期，建构主义作为认知学习理论的新发展，对教育心理学的研究和实践产生了深刻的影响。它强调学习不是知识从外到内的传递，而是一个积极主动的知识建构过程。布鲁纳在 1994 年美国教育研究会的特邀专题报告中精辟地总结了教育心理学在这一时期的成果，主要概括为 4 个方面：第一，主动性研究，研究如何使学生主动参与教—学过程，并对自身的心理活动做更多的控制；第二，反思性研究，研究如何促使学生从内部理解所学内容的意义，并对学习进行自我调节；第三，合作性研究，研究如何使学生共享教与学中所涉的人类资源，如何在一定背景下将学生组织起来一起学习，如同伴辅导、合作学习、交互式学习等，从而使学生把个人的科学思维与同伴合作相结合；第四，社会文化研究，研究社会文化背景是如何影响学习的过程与结果的。

美国教育心理学家梅耶（Mayer，2018）在一篇题为《教育心理学的过去和将来对学习、教学和评定的贡献》的文章中从 3 个方面对教育心理学的发展进行了概括。在学习方面，教育心理学从行为主义转到认知理论；从一般的学习理论转到具体学科的学习理论；从学习行为转到学习策略。在教学方面，教育心理学探索促进深度学习的教学方法与学习策略训练。在评定方面，教育心理学发展了评定各种知识和技能、认知加工以及学习者特征的方法。

二、我国教育心理学的发展历程

在教育心理学（甚至心理学）成为独立学科之前，无论是西方还是中国都出现了丰富的教育心理学思想，特别是有关学习的思想。在我国古代，从孔子开始，历代的思想家、教育家对学习有过许多论述。最初把"学"和"习"两字联系在一起的是孔子，他曾说"学而时习之，不亦说乎"。这里是把"学"和"习"分开来说的，但是其实际意义仍具有学、思、习、行的意思。孔子还提倡"志于学"，要求学生激发学习动机，下决心去探求学问，"不耻下问"，"每事问"，要详尽地考察、探索学习中所产生的一切疑问，"学而不思则罔，思而不学则殆"。孔子关于"温故而知新"的思想强调了学习时要及时、经常地进行温习，关于"知之者不如好之者，好之者不如乐之者"的思想则充分强调了学习中兴趣和情感的作用。后来许多思想家对孔子的学说都有进一步的诠释和发展，构成了我国教育思想宝库中极为重要的教育心理学思想。

1．20 世纪上半叶：教育心理学的引入与早期研究

在 20 世纪初，我国出现的第一本教育心理学著作是 1908 年由房东岳翻译的日本学者小原又一的著作《教育实用心理学》。1924 年，廖世承编写了我国第一本《教育心理学》教科书，该书主要参考了桑代克等人的教育心理学著作，结合了我国当时的实验材料。

我国的教育心理学家在这一时期也结合本国的教育实际情况开展了自己的研究工作，如文言文和白话文的学习心理、汉字心理、教育心理测验的编制与应用，以及一些教育试验探索。

2．1949 年至改革开放前：教育心理学的改造、发展与曲折

1949 年中华人民共和国成立后，教育心理学工作者开始全面以马克思主义改造教育心理学理论，同时开始了学习苏联的时期。

在这个时期，我国学者也进行了一些自己的实验研究，主要包括儿童入学年龄问题的实验研究、学科心理的实验研究、程序教学的研究。

20 世纪 60 年代后期，随着对心理学的批判以及"文化大革命"的开始，教育心理学研究遭受了严重的挫折，几乎陷入了中断状态。

3．改革开放后至今：教育心理学的恢复和迅速发展

1978 年改革开放之后，中国的教育心理学迎来了发展的新阶段。教育心理学工作者迅速地进行了资料搜集和整理工作，在师范院校中恢复了教育心理学课程。从此，中国的教育心理学开始面向世界，在借鉴苏联和西方的研究成果的基础上开展了深入的研究工作。迄今为止，我国的教育心理学研究者们对人本主义、认知学习理论以及建构主义学习理论做了引进和研究；在教学心理研究上做了大量工作，并开展了许多教学改革实验；对计算机等新技术环境下的学习与教学进行了研究；对学习策略、学科教学心理、学习动机、品德形成和发展、心理健康教育、教师的专业发展等问题进行了广泛的研究。这些研究在我国的教育改革中发挥了重要的推动作用。

三、教育心理学的研究趋势

进入 21 世纪后，教育心理学研究表现出了以下几个重要趋势。

（1）在学习观上重视学习者的主体性，突出了学习过程中的主动加工、高级思维和探究性活动，越来越重视学习者的社会文化互动。

（2）在研究领域上日益向纵深发展，一方面，关于认知与学习机制的研究与脑科学研究结合在了一起，成为基础研究的新方向；另一方面，超越人工化的实验室研究，研究真实社会文化情境中复杂的认知、学习和人际互动过程，深入研究不同学科（如科学、数学、语言等）的学习和教学问题，研究新信息技术环境下的学习和教学问题，以及研究学校以外的各种情境中的学习问题（如成人学习、基于工作的学习、终身学习等）。

（3）在研究方法上呈现出多元化的趋向。研究者们根据不同的研究目的，开展量化研究与质性研究，从事实验室研究，或在情境中进行教育行动研究或设计型研究。

（4）研究的国际化与本土化。一方面，各国学者与国际教育心理学界的交流、合作日益加深，在研究方法、研究内容上与国际接轨；另一方面，又强调研究的本土化，从各国教育的实际需求出发确定研究选题，并在学习和教学理论上逐步强调自己的创新和文化特色。

【知识拓展】
与教育心理学
有关的学术组
织与期刊

（5）教育心理学越来越综合化和跨学科化。除了教育学和心理学的视角之外，教育心理学还越来越多地吸收了神经科学、文化人类学、信息科学、复杂性系统科学、科学哲学（知识论）等学科领域的思想和方法。

思考题

1. 教育心理学的主要研究对象是什么？

2. 教学作为一个系统性过程包括哪些基本要素和活动过程？

3. 量化研究与质性研究的主要差别是什么？

4. 通过检索与教育心理学有关的中文或外文期刊，分别找到 1 篇运用了问卷法、实验法、观察法或访谈法的研究文献，分析研究的实施过程和数据分析方式，评价所采用的研究方法对于该研究的适用性。

5. 简要总结教育心理学的主要发展阶段。

推荐阅读

Collins, A., Joseph, D., & Bielaczyc, K.（2004）. Design research: Theoretical and methodological issues. *The Journal of the Learning Sciences*, 13（1），15–42.

陈琦，刘儒德.（2019）. *简明教育心理学*. 北京：高等教育出版社.

高觉敷，叶浩生.（1996）. *西方教育心理学发展史*（第 2 版）. 福州：福建教育出版社.

斯莱文，R.（2016）. *教育心理学：理论与实践*（第 10 版）（吕红梅，姚梅林等　译）. 北京：人民邮电出版社.

伍尔福克，A.（2015）. *伍尔福克教育心理学*（第 12 版）（伍新春，张军，季娇　译）. 北京：中国人民大学出版社.

第二部分　学生心理

第二章

学生的心理发展

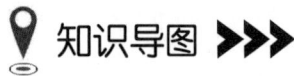 知识导图 ▶▶▶

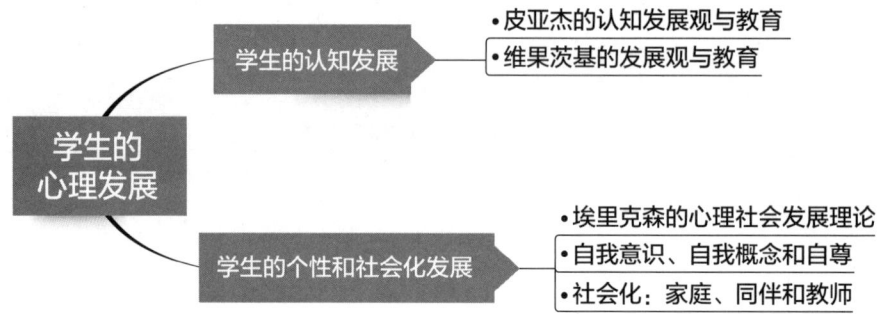

📝 学习目标 ▶▶▶

- ⊙ 理解皮亚杰的认知发展观
- ⊙ 理解维果茨基的文化历史发展理论
- ⊙ 知道埃里克森的人格发展的八个阶段
- ⊙ 应用个性和社会化发展理论

教育和个体的**心理发展**（psychology development）之间存在着比较复杂的相互依存关系。一方面，教育对儿童的心理发展起着主导的作用。教育作为一种决定性的条件，制约着个体心理发展的过程和方向。另一方面，教育必须以学生心理发展的水平和特点为依据。教学要遵循教学的**准备性原则**（principle of readiness），也就是要根据学生已有的准备状态进行新的教学，而个体的学习准备反过来又受成熟和学习这两个主要因素的影响。辩证地认识教育和心理发展的关系，是为了在学校教学实践中，贯彻教学与发展的互惠原则。本章将介绍学生的认知发展、个性和社会化发展，并讨论这些心理发展与教育之间的辩证关系。

【考纲链接】
《教育知识与能力》（中学）：掌握中学生认知发展的理论、特点与规律；
《教育教学知识与能力》（小学）：了解小学生的认知特点

第一节　学生的认知发展

一、皮亚杰的认知发展观与教育

皮亚杰（J. Piaget）是瑞士著名心理学家和哲学家，也是20世纪杰出的心理学家（见图2-1）。他在20世纪60年代初创立了**发生认识论**（genetic epistemology），形成了其独具特色的认知发展观，对教育产生了巨大的积极影响。

（一）建构主义发展观

皮亚杰认为，发展是一种建构的过程，是个体在与环境不断的相互作用中实现的。所有有机体都有适应和建构的倾向，同时适应和建构也是认知发展的两种机能。一方面，由于环境的影响，生物有机体的行为会产生适应性的变化。另一方面，这种适应性的变化不是消极被动的过程，而是一种内部结构的积极的

图2-1　皮亚杰

建构过程。他认为，认知的结构既不是在客体中预先形成的，也不是在主体中预先形成的。每一个结构都是心理发生的结果，而心理发生就是从一个较低级的结构过渡到一个不怎么初级（或较复杂）的结构（皮亚杰，1981）。

这些心理结构是我们理解世界并与世界相互作用的系统。简单结构不断地结合和调整，变得更加有效。例如，比较小的婴儿能够注视一个物体，或者在物体接触到手时抓握它，但不能同时协调好看和抓两个动作。但随着个体的发展，这两个独立的行为结构逐渐成为一个协调的更高层次的注视、伸手取物以及抓握物体的结构。当然，他们还仍然能独立地使用其中的结构（Ginsburg & Opper，1988；Miller，2002）。皮亚杰用**图式**（schema）来解释这种认知结构。人最初的图式来源于先天的遗传，表现为一些简单的反射，如抓握反射、吸吮反射等。为了应对周围的世界，个体逐渐地丰富和完善自己的认知结构，形成了一系列图式。

皮亚杰所说的适应机能包括**同化**（assimilation）和**顺应**（accommodation）两个过程。他认为，同化就是把外界元素整合到一个正在形成或已经形成的结构中。例如，许多孩子第一次看见臭鼬时将其称作"小猫"，他们努力地将新的经验与已经存在的图式相匹配去识别动物。顺应则是指当不能同化客体时，就要引起图式的改变或创新以适应环境的过程。例如，儿童将识别臭鼬的图式添加到识别其他动物的体系中。皮亚杰也正是以这个过程来阐释主体认知结构与环境刺激之间的关系的：当有机体面对一个新的刺激情境时，如果主体能够利用已有的图式或认知结构把刺激整合到自己的认知结构中，就是同化，也只有通过这一过程，主体才能对新刺激做出反应；而当有机体不能利用已有图式接受和解释它时，其认知结构由于刺激的影响而发生改变，这就是顺应。皮亚杰认为，心理发展就是个体通过同化和顺应日益复杂的环境而达到**平衡**（equilibrium）的过程，个体也正是在平衡与不平衡的交替中不断建构和完善其认知结构并实现认知发展的。

（二）皮亚杰关于认知发展的四个阶段

【考纲链接】
《教育知识与能力》（中学）：
理解皮亚杰认知发展阶段论

皮亚杰提出，个体从出生到成熟的发展历程中，认知结构在与环境的相互作用中不断重构，表现出具有不同质的不同阶段。他把个体的认知发展分为 4 个阶段。

1. 感知运动阶段（the sensorimotor stage，0—2 岁）

在这一阶段，儿童的认知活动主要是通过探索感知觉与运动之间的关系获得动作经验，语言和表象尚未产生，儿童形成了一些低级的行为图式，以此来适应外部环境和进一步探索外界环境。此时的行为图式主要是看、抓取和嘴的吸吮等。在这个阶段的后期，儿童开始使用符号和语言。

这个阶段的儿童在认知发展上获得的第一个成就是发展了**客体永恒性**（object permanence），即当某一客体从儿童的视野中消失时，儿童知道该客体并非不存在了。儿童在 9—12 个月时获得客体永恒性，而在此之前，儿童往往认为不在眼前的事物就不存在了，并且不再去寻找。客体永恒性是后续认知活动的基础。然而，有研究表明，甚至 3—4 个月的婴儿都可能知道物体仍然存在，但是他们还无法记住物体的定位，或者说缺乏调整一次搜索的动作技能（Baillargeon & Devos，1991；Meece，2002）。

合乎逻辑的**目标定向行为**（goal-directed actions）是感知运动阶段的第二个成就。儿童在其动作和客体的不断相互作用中，逐渐对动作本身与动作的结果做出了区分，并且逐渐扩展到与客体之间运动的相互关系中。例如，6 个月的婴儿在努力获取塑料箱里的玩具时容易灰心，而稍大一些的已经掌握感知觉阶段基础经验的儿童能够通过建立"容器玩具"图式，用常规方式处理玩具：取掉盖子；放倒容器；假如容器里面的玩具堵塞，则会摇动；看着玩具落下来。也就是说，他们能将较低水平图式分解组织成较高水平图式，从而达到目的。

2. 前运算阶段（the preoperational stage，2—7 岁）

运算（operation）是指内部的智力或操作。儿童在感知运动阶段后期能运用一些动作图式，但是这些图式需要与一些具体动作相联系，而对回忆过去、明了信息或者做计划是无效的。因此，儿童需要不断完成动作和智力上的更新，向皮亚杰所说的运算阶段发展。

按照皮亚杰的说法，和动作分离的认知的第一种类型是使动作图式符号化，即形成使用字词、手势、标记、想象等符号的能力，这是前运算阶段的主要成就。运用符号的能力，比如使用名词"自行车"而不实际呈现自行车的图片，这叫作**符号语言功能**（semiotic function）。儿童最早使用符号是在假装或模仿中，例如，还不能说话的儿童会经常使用动作符号。儿童的图式开始具有一般性，更少地受到特定动作的限制，比如，吃的图式可能被运用于玩房子游戏。在前运算阶段，我们也看到非常重要的表征系统——语言的迅猛发展。在 2—4 岁，大多数的儿童将他们的词汇量从大约 200 个扩展到 2 000 个左右。

处于这个阶段的儿童用表征形式认知客体的能力发展仍然在一定程度上受到单一方向思维的限制，或者说是运用"一维逻辑"，即**不可逆性**（irreversibility）。儿童在注意事物的某一方面时往往忽略其他的方面，即思维具有刻板性。与思维的不可逆性和刻板性等特点相联系，儿童尚未获得物体守恒的概念。**守恒**（conservation）是指物体即使在排列和外观上发生了改变，它的量仍保持相同。但这个阶段的儿童由于受直觉知觉活动的影响还不能认识到这一点。图 2-2 展示了几种典型的守恒测验（格里格，津巴多，2003）。

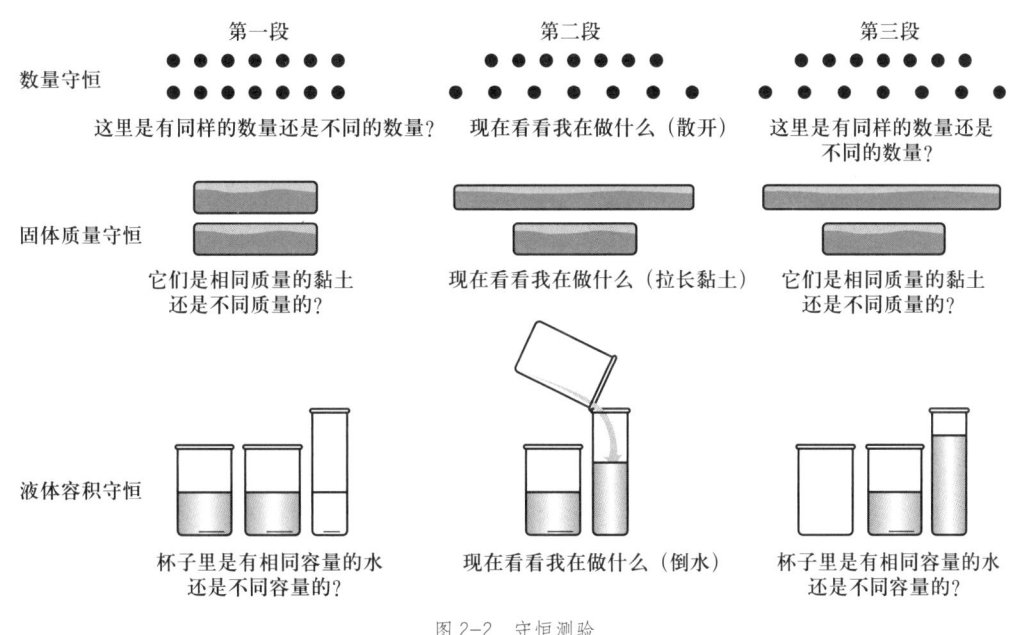

图 2-2　守恒测验

在一个经典的守恒困难性实例中，给一个 5 岁孩子展示两个同样的玻璃杯，杯子里装着相同容积的有颜色的水。

主试：两个杯子中的水是一样多的吗？

孩子：一样多的。

然后实验者从一个杯子中将水倒入一个细高的玻璃杯里。

主试：现在两个杯子中的水是一样多的吗？

孩子：高的那个多些。

主试：你是怎么知道的？

孩子：这儿上升多一些（指着高玻璃杯的较高水位）。

皮亚杰对这个孩子反应的解释是儿童关注或将注意力集中在高度上。儿童在同一时间考虑多于一个维度的情形即**去中心化**（decentering）有困难。由于需要同时计算两种维度，前运算阶段的儿童不能理解增加直径对降低高度的"补偿"。

皮亚杰认为，处于前运算阶段的儿童是**自我中心主义**（egocentric）的；他们趋向按照自己的观点了解世界和他人的经验。这里的自我中心主义不是指自私，它仅仅表示儿童经常假定其他人都在分享他们的情感、反应和看法（观点）。例如，假如处于这个阶段的小男孩害怕小狗，那么他可能会假定所有的儿童都会害怕小狗。皮亚杰通过"三山"实验发现，7 岁以下儿童的思维方式都存在自我中心的倾向。

【知识拓展】
"三山"实验

儿童的语言中也存在自我中心主义。即使没有一个人听，年龄小的儿童也会高兴地谈论他们正在做什么。这可能发生在儿童一个人的时候，甚至更频繁地发生在儿童群体中——每个儿童热情地谈论着，没有任何真实的相互作用或者交谈。皮亚杰称之为**集体的独白**（collective monologue）。

然而，研究（Gelman, 1979; Gelman & Ebeling, 1989）表明，低龄儿童不是在任何情境中都是自我中心主义的。4 岁儿童能够运用相对简单的句子与 2 岁儿童谈话。儿童在 2 岁甚至更早时，在展示他们的玩具时也能将玩具的正面调转给成人看。至少在特定的情境中，低龄儿童有能力去满足自身需要和考虑他人的不同观点。

3．具体运算阶段（the concrete-operational stage，7—11 岁）

在这一阶段，儿童的认知结构已发生了重组和改善，思维具有一定的弹性，思维可以逆转。随着守恒、**分类**（classification）和**顺序排列**（seriation）运算能力的掌握，处于具体运算阶段的儿童已经最终发展出思维的完整的、逻辑性的体系。按照皮亚杰的观点，一个儿童解决守恒问题的能力依赖其对 3 个概念的理解：同一性、补偿性和可逆性。随着对**同一性**（identity）的完全掌握，儿童会知道，假如没有东西增加或被取走，它的量是相同的。随着对**补偿性**（compensation）的理解，儿童会知道，物体在一个方向上的变化能够从另一个方向的变化中获得补偿。也就是说，假如玻璃杯里面的液体要增高，那么玻璃杯必须要瘦长一些。随着对**可逆性**（reversibility）的理解，儿童能在心理上设想一个动作的倒转顺序，而无须具体执行这些动作。但这一阶段儿童的思维仍需要具体事物的支持，儿童还不能进行抽象思维。

有研究（Phillips, 1969）表明，与处于前运算阶段的 4 岁男孩的交谈中可以发现这个阶段的儿童的思维缺乏可逆性。但是，具体运算阶段的儿童的思维已经可以进行逆转。因此，皮亚杰认为，对这一年龄阶段的儿童应多做事实性的、技能性的训练。此外，此阶段的儿童已经能理解原则和规则，但在实际生活中只能刻板地遵守规则，不敢改变。

4．形式运算阶段（the formal operational stage，11 岁至成年）

在这一阶段，儿童的思维已接近成人的水平，能够超越对具体的可感知的事物的依赖，使形式从内容中解脱出来。这一阶段儿童能够以命题形式进行思维，能发现命题之间的关系。例如，x 比 y 高，y 比 z 高，则 x 比 z 高。他们能够根据逻辑推理、归纳或演绎的方式来解决问题。形式运算的特征之一是**假设演绎推理**（hypothetical deductive reasoning）。假设演绎推理是指从一般原理或理论出发，依据这一原理或理论推导出一些具体的结论（假设），然后把这些结论（假设）应用于对具体现象的解释和说明上。掌握形式运算的青春期学生能够理解符号的意义、隐喻和明喻，能进行一定的概括。例如，能够理解"眼不见为净"或"塞翁失马焉知非福"等内容。

这个阶段的另一个特征是**青少年自我中心**（adolescent egocentrism）。与低龄儿童的自我中心不同，青少年并不否认他人有不同的感知和信念，但他们开始非常关注自己的观点、信念和态度。这就是所谓的**假想的观众**（imaginary audience）——感觉每个人都在看着自己（Elkind，1981）。例如："每个人都注意到我这周穿了两次这件衬衫。""全班都认为我的答案很傻。""大家都会喜欢我新买的手机。"这种感觉让青少年认为自己的一些失误和不理想表现是不可原谅的。这种情感在青春期的早期就达到了顶峰。

本阶段的儿童不再刻板地恪守规则，并且常常由于规则与事实不符而违反规则或违抗师长。对这一年龄阶段的儿童，教师和家长不宜采用过多的命令和强制性的教育，而应鼓励和指导他们自己做出决定，同时对他们考虑不全面的地方提出建议和改进意见。

（三）发展的因素

皮亚杰认为，发展主要有 4 个因素：成熟、练习和经验、社会性经验以及平衡化。这些因素在认知过程中会产生交互作用（Piaget，1970）。

1．成熟

成熟（maturation）是指机体的成长，特别是神经系统和内分泌系统的成熟，它为认知发展提供生理基础。皮亚杰认为，成熟主要是提供新的可能性，只是某些行为模式出现的必要条件。如何使可能成为现实，还有赖于个体的练习和经验。

2．练习和经验

儿童认知发展的源泉是主体与客体之间的相互作用活动。这里的**练习和经验**（practice and experience）指个体在对物体施加动作的过程中的练习和习得的经验，不同于社会性经验。例如，孩子可能通过荡秋千发现平衡的规则。皮亚杰将经验划分为物理经验和逻辑数理经验两种。物理经验是指个体通过与物体打交道而获得的有关物体特性的经验，比如物体的大小和重量等。逻辑数理经验不是基于物体的物理特性，而是基于施加在物体上的动作，从动作及相互关系中抽象出来的经验。比如，具体运算阶段的儿童获得了逻辑思维能力，能从经验中发现一组物体的总和（如一堆鹅卵石的数目）与这组物体中各个成分（如各个鹅卵石）空间排列的位置无关，与计数的先后次序也无关。因此，皮亚杰认为，知识来源于动作，而非来源于物体。

3．社会性经验

社会性经验（social transmission）是指社会环境中人与人之间的相互作用和社会文化的传递。社会环境因素主要涉及教育、学习和语言等方面，它对个体的发展具有重要影响，可以加速或阻碍个体的认知发展。社会环境因素与物理经验一样，要想对主体的发展发挥作用，就必须建立在能被主体同化的基础上。因此，皮亚杰认为，社会化就是一个结构化的过程，个体对社会化所做出的贡献与他从社会化中得到的同样多。即使在主体似乎非常被动的社会传递（如学校教学）中，如果缺乏儿童主动的同化作用，那么这种社会化作用仍将无效，而儿童主动的同化作用则以儿童是否具有适当的认知结构作为前提。

4．平衡化

具有自我调节作用的**平衡化**（equilibration）过程在认知发展中起关键作用。皮亚杰认为，智力的本质是主体改变客体的结构性动作，是介于同化和顺应之间的一种平衡，是主体对环境的能动适应。实现平衡的内在机制和动力就是自我调节。自我调节是认识活动的最一般的机制，它使得认知结构由低级水平向高级水平发展。其具体模式是：当个体已有图式或认知结构能够同化新的知识经验时，他就会在心理上感到平衡；当个体已有图式或认知结构不能同化环境中新的知识经验时，他就会在心理上感到失衡。心理失衡的结果使得个体产生一种自我调节的内驱力，驱使个体改变调整已有图式或认知结构，容纳新的知识经验，经过调整，吸收新的知识经验，从而达到新的平衡。个体每经过一次由失衡到新的平衡的过程，其认知结构就会产生一次新的改变。个体认知结构的改变使之能够吸收容纳更多的新的知识经验，促使智力水平得到发展和提高，因此，皮亚杰认为，具有自我调节作用的平衡过程是智力发展的内在动力。

我们以 6 岁的小丽和她的爸爸在一辆汽车里的交谈为例来阐明平衡的作用。他们的汽车以每小时 100 公里的速度行驶着，在他们前面大约 100 米的地方，有另外一辆汽车。他们在这辆车的后面行驶了好一会儿，两车之间的距离没有变。小丽的爸爸指着前面那辆车问："哪辆车开得更快？是那一辆还是我们这一辆，还是两辆车一样快？"小丽回答说："前面那辆更快，因为它在我们前面。"如果小丽的爸爸这时告诉她，实际上两辆车的速度是一样的，就可能给小丽制造一个"矛盾"。她需要通过同化和顺应来解决这个"矛盾"。如果同化信息，那么小丽会改变答案，即认为爸爸在和她开玩笑，或者认为可能在爸爸说的时候两辆车是同一速度，而在这之前是另一辆车开得更快。如果顺应新的信息，她可能会在并不理解的情况下相信爸爸告诉她的话，或是改变她已有的观念系统，转而认为所有在他们前面的汽车与他们所乘汽车的行驶速度都是一样的。

（四）皮亚杰的认知发展理论在教学上的应用

皮亚杰主张认知发展不是能够被教的，但是他关于儿童认知发展的连续性和阶段性的理论，向人们展示了一个丰富、复杂而又有规律的儿童心理发展世界，表现了儿童认知发展的一般模式，为教育工作者更好地了解儿童、促进儿童认知发展提供了理论依据。

1．教育应当适合儿童当前的发展阶段

皮亚杰认为，儿童都是在已有知识的基础上，不断地通过与周围环境相互作用而建构新知识的。以往的教育忽视了儿童的认识活动与成人的认识活动之间质的区别，主观地以成人的思维方式去教育儿童。实际上，儿童具有独特的思维结构和规律，认识到这一点是教育获得成功的基本前提。教师应仔细观察儿童解决问题的思维过程，正确判断儿童所处的思维发展水平，相应地调整教学，使之与儿童的发展水平相适应。皮亚杰不主张教给儿童那些明显超出他们发展水平的材料，但是，过于简单的知识对于儿童的认知发展也没有多大作用。

根据皮亚杰的研究，儿童的思维发展不仅是渐进的，而且遵循着一定的规律，每个阶段之间存在先后顺序，前一阶段的发展是后一阶段顺利发展的条件。这四个阶段的发展顺序是不可逾越和颠倒的。教育需要认识并遵循这一规律，通过增加适当的环境刺激在一定

程度上加速发展的进程，但他反对人为地或无根据地加速儿童的发展。

2．教育应当促进儿童内部的积极主动建构的过程

教师应该为学生提供良好的环境，引导学生主动探索，亲自参加社会实践活动，促进他们建构知识。皮亚杰反对那种教师主动教而学生却处于消极状态的教学活动。教师也许可以教给儿童某种知识，但是如果儿童不能将它同化到自己已有的认知图式之中，那么这种知识很快会被遗忘。只有在儿童积极参与建构时同化才有可能发生。皮亚杰认为，教育工作者不应过于强调直接教学，即不应过分强调任何其他有可能妨碍而不是引导儿童自己积极尝试取得外部世界意义的活动。教师需要不断组织、指导儿童的活动，放手让儿童去动手、动脑探索外物，使之获得丰富的逻辑－数学经验，通过反思抽象，逐步形成、发展自己的认知结构。教师还需要提供一定的难度水平，制造认知矛盾，促进学生同化和顺应的过程。

3．教育应当确定个体的发展水平差异

每一个班学生的认知发展水平和已有知识经验都有很大差异，教师要通过观察学生在解决问题时的表现来确定不同学生的认知发展水平，以保证所实施的教学与学生的认知水平相匹配。

（五）对皮亚杰认知发展理论的评价

1．皮亚杰认知发展理论对教育心理学的贡献

皮亚杰从发生认识论的观点出发，研究了人类个体的心理起源和心理发展，并采用大量的临床法（clinical method）进行研究和验证其学说，做出了开创性的贡献。皮亚杰关于儿童认知发展的连续性和阶段性的理论，向人们展示了一个丰富、复杂而又有规律的儿童心理发展世界，揭示了儿童认知发展的一般模式，为教育工作者更好地了解儿童，促进儿童认知发展提供了理论依据。

（1）皮亚杰在他的认知发展理论中，通过一些经典的概念，描述了儿童认知发展的整个过程，不仅揭示了个体心理发展的某些规律，同时也证实了儿童心智发展的主动性和内发性。这肯定了包括教育在内的社会环境因素在个体心理发展中的作用，对教育心理学研究有重要意义。

（2）皮亚杰提出了"发展是一种建构的过程""适应和建构是认知发展的两种机能"等建构主义发展观，是建构主义理论的开创者。

（3）皮亚杰关于认知发展阶段的划分不是按照个体的实际年龄，而是按照其认知发展的差异进行的，因此，在实际教学应用中具有一般性。

（4）根据皮亚杰的认知发展理论，不同认知发展阶段的儿童的年龄差异较大，处于同一认知发展阶段的儿童的年龄差异也可能很大，这为教育教学实践中的因材施教原则提供了理论依据。

2．对皮亚杰的认知发展理论的批评

皮亚杰提出的认知发展理论是20世纪最具影响力的心理学理论之一。自20世纪60年代以来，每年都有数以千计的心理学家在探讨皮亚杰认知发展理论的价值和对相关内容进行验证。随着研究的深入，特别是在信息加工理论和研究方法的影响下，这一理论受到了

严峻的考验和挑战。有些人放弃了皮亚杰的理论，而另一些人则试图用新的思想和观点去整合、修正或扩展旧的皮亚杰理论，常常被称为**新皮亚杰理论**（Neo-Piagetian theories）。新皮亚杰理论对原皮亚杰理论提出的批评主要有以下几个方面。

（1）具有生物化倾向，忽视社会文化的影响。皮亚杰将自己的理论理解为发生认识论，从生物学的观点出发研究人类智力的发展，探讨认知发展的现象与机制。同时，皮亚杰的理论重视个体对周围事物的建构以及对发展阶段本身的探讨，而没有对人类认知过程如何受到社会文化环境的影响和实践活动进行深入的探讨。教育活动是和社会文化环境密切联系的社会活动，教育研究者需要从更多的角度解释儿童的行为。

（2）缺少积极的教育意义。皮亚杰的主要研究都基于儿童在自然情境中与周围环境进行相互作用的认知活动过程。他认为发展先于学习，不主张通过学习加速儿童的认知发展过程，实际上，他没有对教育对儿童认知发展的积极作用加以足够重视。但是，教育实践证明，通过适当的教育对儿童提供文化刺激，有助于儿童心智的发展。儿童的认知行为，除与成熟因素有关外，在很大程度上受到学习的影响而表现出个体差异。

（3）低估了儿童的综合能力。皮亚杰之后的心理学家根据他的理论与方法，重复做了很多实验，想要验证认知发展理论的效度。但研究证明，皮亚杰低估了儿童的综合能力。比如，当幼儿遇到困难任务的时候，他们的认知表现与年长儿童或成人的接近程度比皮亚杰估计的要高。另外，研究也表明，通过训练可以改变儿童在解决问题上的表现。也有学者指出，皮亚杰关于认知发展的几个阶段划分缺乏足够的证据支持，采用的研究方法也欠妥，缺乏验证性。一些研究者对皮亚杰的认知发展阶段理论进行了修正，例如，有人认为，儿童思维的变化不是突然发生的，而是比皮亚杰所认为的更循序渐进地进行的（Case，1992，1998；Fischer & Pipp，1984）。一些学者放弃了认知阶段的观点而趋向于用信息加工的观点看待发展。

二、维果茨基的发展观与教育

苏联心理学家维果茨基（L. S. Vygotsgy）从历史唯物主义的观点出发，在 20 世纪 30 年代提出文化历史发展理论。这种理论强调人类社会文化与社会交互作用对心理发展的重要作用，主张人的高级心理机能是社会历史发展的产物，受社会规律制约。维果茨基（见图 2-3）主要探讨了发展心理和教育心理，全面论述了思维与语言、儿童的学习、教学与发展的关系问题。他和苏联的另外两位心理学家列昂节夫、鲁利亚都是文化历史学派的代表人物，被称为"维列鲁学派"。

图 2-3 维果茨基

（一）维果茨基的发展理论

1. 文化历史发展理论

维果茨基从种系和个体发展的角度分析了心理发展的实质，提出了文化历史发展理论，以此来说明人的高级心理机能的社会历史发生问题。

他首先区分了两种心理机能：一种是作为动物进化结果的低级心理机能，这是个体早期以直接的方式与外界相互作用时表现出来的特征，如基本的知觉加工和自动化过程；另一种则是作为历史发展结果的高级心理机能，即以符号系统为中介的心理机能，如记忆的精细加工。高级心理机能是人类所特有的，它使得人类心理在本质上区别于动物。人的高级心理机能是在同周围人的交往中产生和发展起来的，是受人类的文化历史所制约的。因此，研究儿童心理发展，必须从社会环境中去考察儿童高级心理机能的发展过程，尤其是其中结构的变化。

同时，维果茨基详细地论述了他对高级心理机能的社会起源和中介结构的看法。他认为，儿童出生以后就受到周围社会环境的影响，伴随着不断的直接经验和间接经验的学习。通过工具的使用，个体能够提供社会文化知识经验，这种知识经验的积累极大地促进了人类的心理发展。维果茨基将生产工具划分为物质生产工具和精神生产工具。物质生产工具指向外部，它引起客体的变化；而精神生产工具是指心理工具，即语言和符号系统，它指向个体内部，影响人的心理结构和行为。

维果茨基认为，儿童的高级心理机能来源于社会活动，是在与社会的各种交互活动（包括教学、日常游戏和劳动等）中形成与发展起来的，是这些交互活动不断内化的结果。**内化（internalization）**是指外部的东西转化为内部的东西，客体的东西转化为主体的东西。随着不断地发展，儿童逐渐会将自己在社会情境中使用的过程内化并开始独立地使用它们。具体来说，儿童在与成人或者其他知识经验更丰富的个体讨论物体、事件、人物和问题时，逐渐将他人谈论和解释世界的方法纳入自己的思维中，并开始使用和别人一样的文化工具，如词汇、概念、符号系统，形成了自己的知识、思想、态度和价值观等。由于学习方式和内容上的不同，儿童的发展也有个体差异。

维果茨基非常重视语言和发展的关系。他认为，语言在儿童认知发展中起关键作用。语言为儿童提供了思维的工具，帮助儿童获得对世界的认识和解决问题。语言系统充当着媒介的作用。语言使得儿童与他人的交往更加方便和有效，实现了人与人之间的文化交流和观念交换。

维果茨基对自言自语提出了自己的见解。在皮亚杰看来，儿童的自我言语是认知不成熟的表现，是一种自我中心的言语，儿童自言自语时并未考虑其他人的兴趣，只有当儿童慢慢发展到认知成熟时，才渐渐能够倾听对方的观点并与对方进行交流。维果茨基则认为，儿童的自言自语并不是不成熟的表现，相反，这种自言自语在其认知发展中起着重要作用，这是一种儿童与自己的交流，并借以指导自己的行为，随着儿童的成熟，这种喃喃自语逐渐发展为耳语、口唇动作、内部言语和思维，从而完成内化过程。

2. 心理发展观

维果茨基认为，心理发展就是个体心理在环境和教育的影响下，在低级心理机能的基础上，逐渐向高级心理机能转化的过程。人使用物质工具进行劳动操作，具有了不同于动物的本质区别，同时人又使用符号、语言等精神工具进行精神生产，使其心理机能发生质的变化，上升到高级阶段。精神工具的运用使人的高级心理机能在结构上比低级心理机能多一个中介环节，因而使它们具有间接的性质。高级心理机能具有一系列不同于低级心理机能的特征：前者是随意、主动的；其反应水平以概括和抽象为特征，具有以符号或词为中介的间接结构特点；是社会文化历史发展的产物；其心理活动具有个性化。个性的形成是高级心理机能发展的重要标志。

3. 最近发展区

关于教学和发展的关系，维果茨基提出了**最近发展区**（zone of proximal development）的概念。他认为，教学要取得效果，必须考虑学生已有的水平，并要走在学生发展的前面。教师在教学时，必须考虑学生的两种发展水平，一种是学生现有的发展水平；另一种是在他人尤其是成人指导的情况下可以达到的较高的解决问题的水平，这两者之间的差距就叫作最近发展区（见图2-4）。

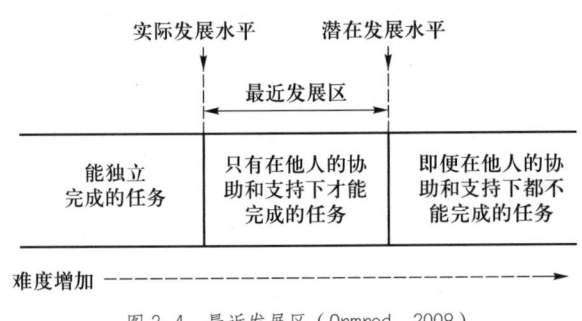

图2-4　最近发展区（Ormrod，2008）

在最近发展区中，学生在与成人的合作中能够比独自一人时完成更多的困难任务。一般来说，所有学生的最近发展区都是不断变化的。因为随着时间的推进，一些之前不能完成的任务逐渐被学生掌握，取而代之的是更加复杂和困难的任务。

最近发展区为学生提供了发展的可能性。维果茨基认为，学生很少能够从他们已经能够独立完成的任务中得到收获，相反，学生的发展主要是通过尝试那些只有在他人的协助和支持下才能完成的任务（即最近发展区中的任务）来实现的。简单地说，是生活中的挑战，而不是能够轻易取得的成功，促进着学生的认知发展。虽然具有挑战性的任务如此重要，但是那些不可能完成的任务（即使在他人的帮助和引导下仍不能完成的任务），同样也是没有益处的。从本质上说，一个学生的最近发展区从认知上限定着他或她能够学习的内容。

最近发展区也为教师提供了教学的作用范围。教师应该为学生布置那些只有在别人的帮助下才能被他们成功完成的任务。在一些情况下，这种帮助必须来自具备更高技能的个体，比如成人或高年级学生。在另外一些情况下，能力相当的学生之间的合作也能够使得困难的任务得到解决，因为在合作中，每位成员都能够为团队贡献出自己独特的力量。此外，教学还需要给具有不同最近发展区的学生安排不同的任务，以使所有学生都能够受到最有利于自身认知发展的挑战。

教学的作用表现在两个方面：一方面，它可以决定学生发展的内容、水平和速度等；另一方面，它也创造着最近发展区，因为学生的两种水平之间的差距是动态的，它取决于教学如何帮助学生掌握知识并促进其内化。教学需要注重学生的最近发展区，把学生潜在的发展水平变成实际的发展水平，同时不断创造新的最近发展区。只要教学充分考虑到学生已有的发展水平，而且能根据学生的最近发展区给他们提出更高的发展要求，就一定能够促进他们的发展。维果茨基认为，学生通过教学掌握了全人类的经验，并内化于自身的认知结构中。

（二）维果茨基发展理论的教学应用

维果茨基的观点在教学活动中有很多可以应用的地方，启发了一些重要理论概念和教学模式。

1. 教学支架的概念

布鲁纳等人根据维果茨基的最近发展区和辅助学习的概念，提出**教学支架（scaffolding）**的概念。根据最近发展区的概念，教学需要控制那些超出学生能力的任务元素，使学生将注意力集中到他们能力所及的任务内容上，并快速地掌握它们。在一个学习情境里，教师最初要承担大部分的工作；在这之后，学生和教师分担责任。当学生逐渐变得更有能力时，教师逐步地撤走支架，从而使学生得以独立完成任务。这其中的关键是，要保证支架一直使学生处于其最近发展区之内，在学生能力有所发展的时候，这个支架要做出调整，让学生在最近发展区的范围内学习有挑战性的内容。以建筑工地中使用的脚手架做类比，教学支架有 5 个基本功能：提供支持、具有工具的性能、扩展学生能力所能达到的范围、使学生能完成本不可能完成的任务、只有在需要的时候才选择使用。

2. 交互式教学模式

维果茨基强调社会交往和教学支持在学生逐步发展技能的过程中的作用，有学者（Palincsar & Brown, 1984）据此开发出了一种教学模式——**交互式教学（reciprocal teaching）**。交互式教学包括教师和学生小组之间的相互对话。最初，教师示范所要完成的活动，然后，教师和学生将轮流扮演教师的角色。假如学生要学会阅读提问，教师首先示范提问—回答的策略，然后检查学生对某阅读材料的理解水平，最后学生进行相互及自我检查式提问。

3. 同伴合作模式

维果茨基的理论是合作学习的理论基础之一。同伴合作反映了集体行动的思想。当同伴合作完成一件任务时，他们分享到的社会交往可以起到教学指导的作用。研究表明，当每一个学生都分担责任，而且在所有人都完成任务之前，不允许任何人进行随后的活动时，合作小组是最有效的（Slavin, 1983）。

4. 通过学徒制进行社会指导

维果茨基特别强调社会交互与内化在学生发展中的作用，这对**认知学徒制（cognitive apprenticeship）**的提出具有一定的影响。在认知学徒制中，新手与专家近距离地一起进行与工作有关的活动。学徒在他们的最近发展区中工作，因为他们经常遇到超出他们能力以外的工作任务。通过与专家一起工作，新手获得了专家分享的重要知识，并且将之与自己当前的理解对应起来。认知学徒制非常强调社会性互动的作用，它被应用到教育的许多方面，表现为学生与指导教师一起在学校里工作，通过这种形式促进各年龄段的学生获得技能。

（三）对维果茨基发展理论的评价

对学生心理的发展问题，维果茨基用历史唯物主义的观点，较为全面地阐述了教育与发展的辩证关系，即教育不等于发展，但不受限于发展，在一定范围内教育可以促进发展。

该理论重视社会历史背景在学生发展中的作用，阐述了语言以及高级思维的发展，提出了最近发展区的概念，阐明了成人、同伴的相互作用在学生学习发展中的重要作用等。在逝世三四十年后，维果茨基被越来越多的研究者和教育人员接受和重视，这是十分可贵的。但是，维果茨基对发展过程的描述也不够确切并且缺乏细节。而且，关于特定年龄阶段的个体所应具备的特征，维果茨基几乎没有提及。对研究者而言，证实或推翻维果茨基理论的任务就变得尤其困难。

第二节　学生的个性和社会化发展

【考纲链接】
《教育知识与能力》（中学）：了解埃里克森的社会性发展阶段理论

学生的心理发展，不仅指认知发展，还包括个性和社会化发展。

一、埃里克森的心理社会发展理论

埃里克森（E. H. Erikson）（见图 2-5）出生于德国，在奥地利受过弗洛伊德精神分析的训练，后定居美国，是美国现代著名的精神分析理论家。

埃里克森的心理社会发展理论（psychosocial developmental theory）认为：人格发展受社会文化背景的影响和制约。自我在人格中的作用是建立自我认同感和满足人控制外部环境的需要。个体的人格发展贯穿人生全程，在这个过程中存在阶段性。各个阶段都有特定的目标、任务和冲突，后一阶段发展任务（developmental task）的完成依赖早期任务、冲突的解决。在发展的不同阶段，个体都面临着发展危机（developmental crisis）。个体解决危机的方式会对个体的自我形象和社会见解产生持久的影响。如果成功克服这些危机，个体就得到了发展。

图 2-5　埃里克森

（一）心理社会发展的 8 个阶段

埃里克森认为，人格的发展贯穿个体的一生，整个发展过程可以划分为 8 个阶段（见表 2-1）。

表 2-1　埃里克森的心理社会发展的 8 个阶段

年龄	发展危机	重要事件	危机描述
出生—18 个月	信任对怀疑	喂食	婴儿与监护者建立初步的爱与信任，获得安全感；如果处理不好，则在不熟悉的环境中会产生焦虑

续表

年龄	发展危机	重要事件	危机描述
18个月—3岁	自主性对羞愧	如厕训练	儿童身体技能获得发展，开始出现符合社会要求的自主性行为；如果不能较好地控制自己的行为，则容易缺乏信心，发展出羞愧
3—6岁	主动性对内疚	独立	儿童对周围世界更加主动和好奇，更具自信和责任感；如果发展不顺利，则表现出退缩行为或过于主动，引起内疚感
6—12岁	勤奋对自卑	入学	儿童开始学习知识并发展为人处世的能力；如果发展不顺利，则产生自卑感和失败感，缺乏基本能力
12—18岁	同一性对角色混乱	同伴关系	青少年在职业、性别角色等方面获得了同一性，方向明确；如果发展不顺利，则容易丧失目标，失去信心
成年早期	亲密性对孤独	爱情关系	成年初期逐渐感到和他人相处具有亲密感；如果发展不顺利，则容易被社会疏离而感到孤独寂寞
成年中期	繁衍对停滞	养育子女/指导者	成年中期关爱家庭，支持下一代人发展，具有社会责任感；如果发展不顺利，则不关心他人，生活容易失去意义
成年晚期	自我整合对失望	反省和接受生活	成年晚期自我接受感和满足感达到顶点，安享晚年；如果发展不顺利，则易固着于陈年往事，虚度时光

1. 信任对怀疑（出生—18个月）

埃里克森认为，信任与怀疑是婴儿期最基本的危机。按照他的观点，如果婴儿得到所需要的食物、体贴与负责任的照顾，他们就会发展信任感，这种信任感是健康人格的基础。如果婴儿得到较好的抚养并与父母建立了良好的亲子关系，儿童就将对周围世界产生信任感，否则将产生怀疑和不安。当现实条件限制我们而无法对某个人的婴儿期发展情况做出评价时，可以通过行为表现获知其是否完全解决了信任与怀疑的危机。

2. 自主性对羞愧（18个月—3岁）

儿童在这一时期开始表现出自我控制的需要与倾向。他们开始学会许多动作，比如吃饭、穿衣服和上厕所。儿童表现出更多的目标定向行为，开始用语言与他人交流，喜欢自己动手，不愿意完全依赖别人。因此，成人（特别是父母）应该鼓励儿童做力所能及的事情，使儿童通过自身体验获得自信。如果父母给儿童过多的限制或者过度的保护，儿童就开始对自己的能力产生怀疑，产生羞愧。因此，埃里克森主张，在安全范围内给儿童一定的自由，鼓励他们在活动中获得成功，对于发展儿童的自主性来说是非常必要的。当然这种自主性是有度的。

3．主动性对内疚（3—6岁）

儿童在这个阶段的认知实现了跳跃式发展，使得儿童的活动范围逐渐扩展到家庭以外。他们开始想象自己扮演着成年人的角色，并希望能在这些活动中获得成年人的欢迎和赞赏。比如，母亲在做饭时，儿童若递上一个厨具，便认为自己做了一件很有意义的事情。

父母或教师需要耐心倾听并认真回答这个时期的儿童提出的问题，进行正面的鼓励，提出合理的建议，这样儿童的主动性会得到加强。如果父母或教师对儿童的主动行为加以批评甚至是惩罚，则会让儿童产生内疚，降低从事此项活动的热情，也影响到他们参加相关活动的积极性。因此，成年人只能对儿童的创造性活动进行监督和提出建议，而不能盲目地、过多地干涉，否则儿童容易形成退缩、压抑、被动而内疚的人格。

4．勤奋对自卑（6—12岁）

儿童在这一阶段进入学校，学习知识和技能。儿童开始发展勤奋，形成一种成功感和对成就的认识。此时，儿童大部分的时间是在学校中度过的，因此与教师和同伴的关系就非常重要。如果面临的任务过于困难，造成了失败，那么儿童可能产生自卑。另外，如果取得的成就对他们来说微不足道，也会丧失勤奋。

根据对这个阶段儿童的观察，一般研究认为，同伴关系是最重要的。而埃里克森认为发展能力感才是这个阶段最关键的。儿童在这个时期所追求的是对自己活动的成就的认可和赞许，从而培养起勤奋向上的个性品质。如果父母或教师对儿童在活动中表现出的勤奋视而不见，阶段危机未得到合理解决，儿童则会发展出自卑的人格，影响到他们的学业成就和自我概念的形成。

学校和社会要为儿童提供与家庭相适应的挑战，指导儿童处理好学业、群体活动、朋友关系，培养能力感。要鼓励儿童做出选择并予以实施，为每一个儿童提供锻炼的机会。

5．同一性对角色混乱（12—18岁）

这一时期的个体开始考虑"我是谁"这一问题，体验着同一性和角色混乱的冲突。个体尝试把自己的各个方面，包括自我的能力、信念、性格等的一贯经验和概念统合起来，形成自我形象的整体评价。但是由于经验不足等各方面的限制，个体难以对自己的各方面形成明确的认识，也难以在实际生活中始终保持自我的一致性。

青少年通过了解自己，了解自己和周围环境之间的关系，建立起良好的**自我同一性**（self-identity），这对于青少年步入社会、选择职业、树立人生理想都至关重要。埃里克森认为，个体能否获得自我同一性与前几个发展阶段中的冲突是否被顺利解决密切联系。

教师的专业特征和人格魅力对学生的自我同一性获得具有重要影响。教师通过生动形象的课堂教学、热情细致的课外辅导和开放坦诚的思想交流，对学生的成就给予及时合理的强化与反馈，直接影响学生未来职业选择和自我概念的发展。成人给予的是理解和指导，而不是过多的限制，只有在这种环境中，青春期的学生才能认识自己并与他人建立起良好的关系。

6．亲密性对孤独（成年早期）

婚姻问题和家庭生活是这一时期的个体面临的重大问题。随着个体活动范围的扩大，人际关系变得更加复杂。如果个体乐于与他人交往，不过分计较得失，能在交往中获得乐趣，就可以形成一种亲密关系。但如果一个人缺乏与朋友、配偶之间的亲密友爱关系，则会产生孤独，从而逐渐被排斥在周围群体之外。

7. 繁衍对停滞（成年中期）

这个阶段的个体已经成家立业。个体面临着抚育和关怀下一代的任务，为社会造福，并且把下一代的发展看成自己的延续。如果个体事业有成、家庭美满，则表现出较大的创造力，获得充沛感。但是，如果个体过于自我专注，满足私利，则容易产生颓废感，生活消极懈怠、自我放纵，找不到未来的发展方向。他人对个体真诚地帮助，引导他们熟悉社会规则并为群体规则做努力将有助于解决这个阶段的危机。

8. 自我整合对失望（成年晚期）

这个阶段的个体已经进入老年期。如果前几个阶段发展顺利，那么个体在这个时期会巩固自我感觉并完全接受自我，对自己的过去不再遗憾，获得完整感。反之，如果个体认为自己年轻时失去了太多的机会，对过去有过多的悔恨，但又感觉力不从心，时光不复，则在悲观绝望中度过余生。

埃里克森的心理社会发展的八个阶段是相互依存、紧密联系的。个体在每一个阶段解决危机的方式对他们的自我概念和价值观念的形成都有重要的影响。后一阶段发展任务的完成依赖早期危机的顺利解决，而早期冲突也可能推迟到后期发展阶段中得到完全解决。如果个体发展的阶段性危机没有得到较好解决，则会影响个体的个性和社会性发展过程。当然，埃里克森的心理社会发展理论还存在着一些争论，例如，他未能对个体的主观能动性加以足够的重视；八个阶段的划分是否合理；对每一个阶段的发展任务或危机缺乏科学的界定；等等。这些都是需要进一步研究的方向。

（二）心理社会发展理论的教育价值

埃里克森的心理社会发展理论对心理学研究和教育教学实践都有重要的启发。埃里克森提出了个体发展阶段中的具体发展任务和需要解决的危机，有助于教育工作者了解教育对象，采取相应的教育指导，帮助学生顺利发展。根据埃里克森的理论，小学生正处于第四阶段（6—12岁），中学生正处于第五阶段（12—18岁）。

小学生的主要发展任务是培养勤奋感，克服自卑感。大多数小学生在入学后充满自信，期望通过学习获得教师和家长的赞许。教师应鼓励学生大胆发挥想象和创造，减少消极的评价，给予积极的赞许和建议，增强其自信。学校也可以通过课堂活动的组织形式，为每位学生提供表现其独立性和责任感的机会，帮助他们获得成功的体验，培养学生正确地对待失败，不要轻易丧失信心，更不可自卑。

中学生处于建立自我同一性的时期。这个时期的青少年希望摆脱父母的控制，成为独立自主的人。首先，教师要避免将学生简单地看作"孩子"，而应当尊重他们的每一个想法；其次，教师不能在其同伴或其他有关的人面前轻视学生；最后，教师应给学生提供大量的实践机会，明确具体的任务，让他们体验并解决问题，但同时也要注意同伴关系对他们的影响。

埃里克森从理论上探讨了文化和社会因素对人发展的重要作用。他不仅阐释了自我概念、自我同一性等基本概念，而且对个体与社会环境相互作用过程中的诸多因素进行了深入细致的探讨。同时，他从个体心理发展的各个层面和相互关系中去考察人的社会性和道德等的形成和发展，而不是孤立地看待它们的发展历程。适当的教育可以促进个体的发展，培养解决发展危机的能力，但不适当的教育也可能阻碍个体的发展。此外，他的理论从个体出生到青春期、成年期直至晚年，体现了人的**毕生发展观**（life-span developmental theory），对发展心理学和现代的教育观念具有积极的指导意义。

二、自我意识、自我概念和自尊

（一）自我意识

在心理学中，**自我意识**（self-consciousness）是指个体对自己以及自己和周围人的关系的认识。自我意识一般包括两个方面，一个是主体的我，即对自己身心活动的觉察，比如自我的性格、能力和行为等；另一个是客体的我，即被觉察到的我。比如，我们有时候听见学生说"我是一个学习勤奋的好学生"，或者"我长大了要做一名教师"，这是作为主体的学生对自身的觉察。而个体在生活中又会作为客体被自我和他人认识。自我意识是个性和社会性发展的核心概念，是伴随着个体的身心发展，在其与周围环境不断相互作用的过程中逐渐产生和发展起来的。个体的自我意识是社会化的结果，同时，它的形成和发展又不断推动个体社会化的进程。

自我意识由自我认识、自我体验和自我调节 3 种心理成分构成。这 3 种成分密切联系、相互制约。自我认识是主观的我对客观的我的认知与评价。自我认知是个体对自己身心特征的认知，而自我评价是在此基础上形成的判断。在认知发展过程中，个体不断调节对自身的认知和评价，个体的需要、动机等也伴随其中。如果个体对自己的优点缺乏信心，而过于关注自己的缺点，则容易产生自卑心理。反之，如果个体长期自我中心，盲目乐观，停留在暂时的成绩上，就会阻碍良好人际关系的发展。因此，在教学中，教师应该引导学生正确看待学习和生活中的成功和失败，树立良好的人生观和价值观。

自我体验是个体对自己产生的态度和体验，如自信、自尊、满足感、自豪感和自卑感等。其中，自尊是最主要的一个方面。在教学中，教师给学生的反馈对学生的自尊有重要影响。任何惩罚和变相惩罚都有可能伤及学生的自尊。掌握学生的特点，尽量从正面鼓励学生，有利于个体的成长和进步。

自我调节是个体对自身行为和心理活动自觉而有目的的调整和控制。自我调节包括两个方面：一是激发作用，即自己驱动和调节自己去从事某些活动；二是抑制作用，即根据实际情形控制自己的言语和行为。良好的自我调节能力有利于学习、工作的顺利进行，也能促进良好人际关系的建立和维持。教师在教学中可以在学生已有认知的基础上，通过榜样的示范作用和亲身体验，引导其学会在特定的场景中调控自己的言行，使之符合社会规范。

在自我意识的上述 3 种心理成分中，都存在积极和消极两个方面。积极的自我意识是努力维持"现实我"与"理想我"之间的平衡，既客观又具有挑战性。消极的自我意识常常是歪曲的，不利于个体认识和解决面临的问题。自我意识的监控作用可以让个体不断地进行自我反馈，从而加强认识活动的目的性和自觉性，减少盲目性和冲动性，提高智力的效率和获取成功的可能性。

（二）自我概念

自我概念（self-concept）是指个体对自己的认知与信念，它涉及个体对自身的观念。许多研究（Marsh & Shavelson，1985）假设自我概念是按等级组织的。一般自我概念位于等级的上层，其下是一些具体的各个方面的自我概念，从而构成一个自上而下的多维结构（见图 2-6）。

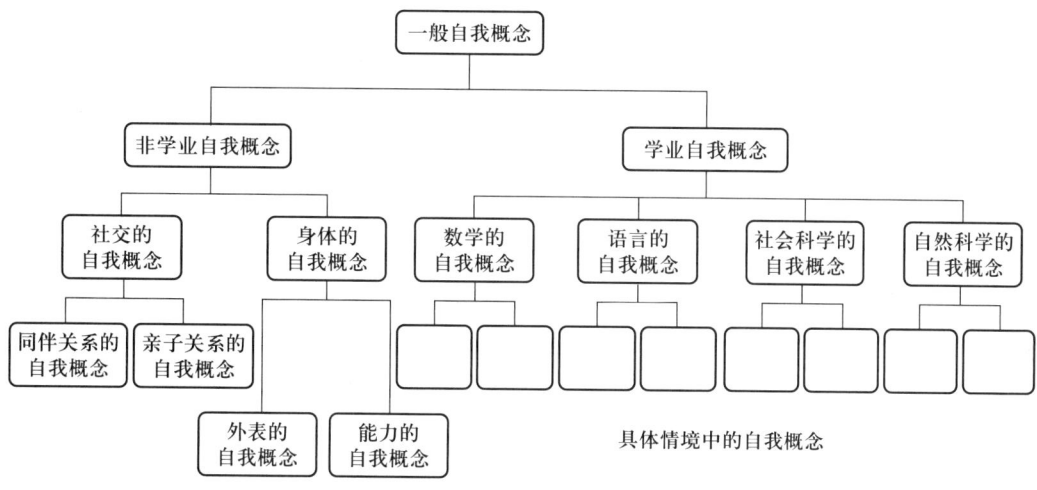

图 2-6 自我概念的结构（Marsh & Shavelson，1985）

自我概念随着情境和年龄的改变而不断变化发展。在小学阶段，学生对自我的一般自我概念可以分为非学业方面的和学业方面的，其中，学业自我概念至少包括两个方面——语言的和数学的。随着年龄的增长和学业课程的增加，学生可能形成其他的学业自我概念，如社会科学的自我概念、自然科学的自我概念等。非学业自我概念包括社交的自我概念与身体的自我概念，前者涵盖同伴关系、亲子关系两个方面的认知，后者涵盖外表、身体能力方面的认知。非学业自我概念是在日常生活及体验（例如在体育运动中的表现，对外表的评价，对群体做出的贡献等）的基础上逐渐形成的。

自我概念在不同的情境中通过持续的自我评价而得到发展。在学校中的课程选择是影响自我概念的重要方式，与某一特定学科相关的自我概念可能是改变一生的影响因素。研究表明（Chapman，Tunmer，& Prochnow，2000），刚入学的儿童，阅读的自我概念已经存在差异。进入学校时已经在语言和文字方面有较好基础的儿童学习更加容易，更容易形成积极的阅读的自我概念。随着时间的推移，这种差异更加明显。因此，与学校重要阅读任务有关的早期经验极大地影响着自我概念。进入小学中年级后，学生会根据自己的标准进行比较，例如，如果数学成绩被成人看重，那么学生的数学自我概念会是最积极的，即使他们自己的数学成绩并不好。

自我概念是个体在与他人进行比较的过程中形成的。一个学生如果觉得比自己过去、比他人在数学上有更好的表现，就会形成良好的数学的自我概念。在普通学校中数学成绩比较好的学生比在较好的学校中同等能力的学生对自己的数学能力感觉要好。这种现象被称为"大鱼小池塘"（Big-Fish-Little-Pond）效应。

（三）自尊

自尊（self-esteem）是指学生对自己的评价及由此而产生的积极或消极情感。自尊影响学生在学校中的行为。例如，在学校中教师和同学都觉得数学非常重要，此时如果学生对自己的数学能力感到满意，他就会喜欢自己，为自己感到骄傲，这就是一种高自尊的表现。有研究（Marsh，1990）表明，自尊高的学生在学校里的某些方面表现得更成功。高自尊的学生在学校中常常具有较多的积极态度、积极行为、广泛的同伴交往以及较强的学校适应能力。自尊与这些行为表现之间可能存在着相互作用（Marsh，1987；Pintrich & Schunk，2002；Lim & Lee，2017）。

学校生活影响着学生的自尊。学生对学校的满足感会影响到他对课堂教学的兴趣。教师对学生的关爱和对学生言行的反馈与评价都会影响学生的自尊。按照能力的分组或分班常常对学生的自尊产生消极的影响。在教学中，引入团队合作有利于维护学生的自尊。同时，值得注意的是，教师在维护和增强学生的自尊时也需要考虑学生的年龄差异。

自我与他人的相互关系影响着自尊的发展。随着儿童的成熟，他们开始能够逐渐评估和考虑他人的意图。在认知发展的基础上，他们开始通过逻辑思维学会采纳他人的观点，并逐渐获得自如地运用情感的能力。

詹姆斯（W. James）提出，个体在完成任务和达到目标中的成功也会影响自尊。假如一项技能或技艺对个体来说不重要，那么个体在这个领域中的"无能"并不会威胁到他的自尊水平。有人（Harter，1990）也证明了詹姆斯的这一观点，相信一个活动是重要的并在这个领域中感觉胜任的学生比那些认为一个活动重要但怀疑自己能力的学生具有更高的自尊。学生必须在他们重视的领域中逐步胜任、获得成功，教师最大的挑战是帮助学生完成对自我的认知和形成技能。值得一提的是，个体解释他们取得成功或失败的方式也很重要。学生只有将他们的成功归因于他们自己的行为，而不是归因于运气或他人的帮助，才能建立自尊。

学生的自尊也受他们的集体自尊的影响。**集体自尊**（collective self-esteem）是学生对自己所属群体价值的认识与情感（Wright & Taylor，1995）。如果学生因为自己进入重点学校或实验班而感到自豪，那么他的自尊水平也会相应地增高。

教育心理学家古柏史密斯（Coopersmith，1976）在其所著《自尊心的养成》一书中提出了培养学生自尊心的3个先决条件，这3个条件对应3个方面的心理需求的满足。只有这3个方面的心理需求满足后，自尊心才会出现。这3个先决条件是：① **重要感**（sense of significance），是指个人觉得他的存在是重要的和有意义的。学生的重要感主要来自与人交往的社会关系；在家庭中得到父母关爱和在学校受到教师及同学接纳，就会使他们产生重要感。② **胜任感**（sense of competence），是指个人能在具有挑战性的工作中表现出成就，而且能达到自己的预期目标，这时会产生一种完美感受。学生在学业上的胜任感是形成正确自我观念的关键。③ **力量感**（sense of power），是指个人感觉到自己有处理事务和适应困境的能力。对学生来说，在智力和经验上能接受学校考试的压力，能每天不需要别人督导协助而独立完成课后作业，就会产生力量感。力量感是使人敢于面对困难接受挑战的重要心理特征，也是克服困难获得成功的重要原因。与力量感相对应的是无力感，这是学生多次失败之后形成的结果，也可能成为他们在以后求学过程中畏惧退缩而造成再度失败的原因。

教学指南

鼓励自尊的建议

1. 学生的努力和成就同样重要，因此要评价和接受所有的学生。
2. 为学生创造环境上和心理上安全的气氛。
3. 逐渐认识到个人的偏见（每个人都有一些偏见）和期望。
4. 确信教学中的程序是科学的，对学生的分组是合理的。
5. 解释评价标准，帮助学生学习评价他们自己的成就。
6. 恰当地进行自我批评和自我奖赏。
7. 避免破坏性的比较和竞赛；鼓励学生去完成适应自己发展水平的成就。
8. 鼓励学生对事件的结果负责；告诉他们自己可以选择如何反应。
9. 建立支持群体或在学校中"向伙伴学习"，教会学生如何互相鼓励。
10. 帮助学生建立清晰的目标方向；集体讨论他们达到目标所要采用的方法。

改编自：Woolfolk, A.（2004）. *Educational psychology*（9th ed）. Boston: Pearson Education, Inc, 75.

三、社会化：家庭、同伴和教师

儿童的个性形成和社会化发展是在社会化中实现的。所谓**社会化**（socialization）就是个体在与社会环境相互作用中获得他所处的社会的各种行为规范、价值观念和知识技能，成为独立的社会成员并逐步适应社会的过程。影响儿童社会化最主要的 3 种因素是：家庭、同伴和教师。

（一）家庭

家庭作为儿童社会化最基本的动因，是儿童社会化的基础。除父母人格的本身影响力外，家庭教养方式是直接影响儿童社会化的因素。家庭教养是在家庭生活中发生的，以亲子关系为中心，以培养社会需要的人为目的的教育活动。家庭教养的效果，不仅取决于父母的教育动机和教育内容，更重要的是取决于父母的教养方式。良好的教养方式有利于儿童的社会化。权威型的教养方式尊重儿童的独立性和自主性，而且保证了家长的合理要求；专制型的教养方式对儿童过于约束，导致儿童在人际关系等能力上产生不足；放任型的教养方式对儿童过于纵容，使得儿童不懂得基本道理，缺乏自制力。因此，家长不能过分干涉或保护儿童，也不能太放纵儿童，而应避免亲子之间冲突的恶性循环，建立起和谐的、适度的融洽关系。

现代社会离婚率逐年增高，单亲、离异家庭对儿童心理的不良影响与教育问题越来越引起人们的广泛关注。父母离婚后，其子女在心理上首先发生变化的是情绪、情感（如遭受抑郁等）（Uphold-Carrier & Utz，2012），接着会产生不适应的心理状态，继而影响学习，最后在整个智力和社会性上发生变化。这一系列的变化可能持续相当长的时间。离婚不仅导致双亲经济资助和社会支持来源上的变化，而且会引起子女与双亲、亲戚和同伴关系上的变化，这种变化随年龄不同而不同，在相当长的时间内随着生活、特别是父母与子女生活关系的变化，儿童才逐步开始适应现时的环境。

父母离婚后的前两年对子女来说是最困难的时期，儿童在学校中可能表现出问题行为或者转学。他们可能责备家庭的破裂或者抱着家庭会得到调和的不现实念头（Hetherington，1999；Pfeffer，1981）。一般来说，男孩比女孩倾向于表现出更高频率的外在行为和更多的内在心理问题。如果得到适当的教育和引导，这些儿童可能在责任心、成熟和处理问题的技能方面得到大的提高（Amato，Loomis，& Booth，1995；Berk，2002），其情绪和行为问题也会得到较好的解决（Theunissen，Velderman，Cloostermans，& Reijneveld，2017）。

（二）同伴

随着活动范围的扩大，同伴关系在儿童社会化过程中的作用越来越大。许多心理学家曾指出，儿童间的交往是促进儿童发展的有利因素，同伴关系对于健康的认知和社会性发展是绝对必需的。同伴关系有利于儿童社会价值的获得、社会能力的培养以及认知和健康人格的发展。在婴儿时期，同伴关系比较松散，儿童社会交往有限。进入幼儿园后，儿童与同伴接触次数增多，主动寻求伙伴进行合作性游戏的频率增多，不过这种早期的友谊比较脆弱、易变，大多建立在游戏双方有共同兴趣的玩具和活动上。小学儿童的社会性活动更加频繁，社会交往更加有组织性，开始建立起友谊和形成同伴团体。中学阶段后，个体认为同伴关系更加重要，但是在选择同伴上有更高的要求。成年后，个体的社会交往领域扩大，已经形成较为稳定的人际交往的观念和方式。

同伴关系不仅存在于建立友谊和交往受挫过程中，在健康个体的社会性发展中也起着重要作用。大量的研究表明，在儿童时期有亲密朋友的成人比有着孤独童年期的成人有更高的自尊，更能够保持亲密的关系。在面临父母离婚或转学时，有稳定、支持性同伴关系的儿童更具有社会胜任性和成熟性以适应社会性发展（Rubin，Bowker，McDonald，& Menzer，2013）。在课堂教学中，争强好胜或者退缩的儿童容易被同学排斥，而亲社会行为，如分享、合作、移情等更容易被同伴接受。因此，教师需要观察学生的同伴群体，及时帮助学生处理好同伴交往中存在的问题。

同伴文化在儿童社会性发展中也起着重要的作用。同伴文化是学生群体中具有的一套"规则"。同伴文化鼓励学生符合这些群体规则，由群体来决定参加什么活动、听哪种音乐。这种同伴力量在决定兴趣选择、社会交往等方面常常起着决定性作用。

（三）教师

作为儿童进入学校后最主要的指导者，教师是帮助学生面对情感或人际问题的最好资源。师生间的交往直接影响学生处理人际关系的能力、个性形成、知识技能的掌握（Tan & Wang，2013）。良好的师生关系对学生学业水平的提高、与成人交往能力的提高、健康心理品质的形成也是大有裨益的（Miller-Lewis et al.，2014）。

教师通过运用学校环境，指导学生掌握学科知识和社会规范，正确处理人际关系，从而适应社会需要。当教师未能认清自身在儿童社会化中的地位，未能充分发挥其指导作用时，使得儿童会在面临社会化危机的时候缺乏问题解决的基本技能，难以适应各种变化，不仅影响人际关系，也影响自我角色定位、学业发展等，甚至影响儿童一生的发展。

思考题

1. 简述教育与心理发展的关系。
2. 怎样理解皮亚杰认知发展理论中的同化和顺应两个概念？
3. 联系实际论述皮亚杰理论在教学上的应用。
4. 什么是最近发展区？这一概念的提出对教育有何启示？
5. 如何理解维果茨基文化历史发展理论中的内化过程？
6. 评述埃里克森的心理社会发展理论。
7. 如何认识自我意识在个性与社会化发展过程中的地位和作用？

推荐阅读

伍尔福克，A.（2015）. *伍尔福克教育心理学*（第12版）（伍新春，张军，季娇 译）. 北京：中国人民大学出版社.

斯莱文，R.（2016）. *教育心理学：理论与实践*（第10版）（吕红梅，姚梅林等 译）. 北京：人民邮电出版社.

陈琦，刘儒德.（2019）. *简明教育心理学*. 北京：高等教育出版社.

莫雷.（2002）. *教育心理学*. 广州：广东高等教育出版社.

吴庆麟.（2003）. *教育心理学*. 上海：华东师范大学出版社.

第三章

学生的个体差异

📍 知识导图 ▶▶▶

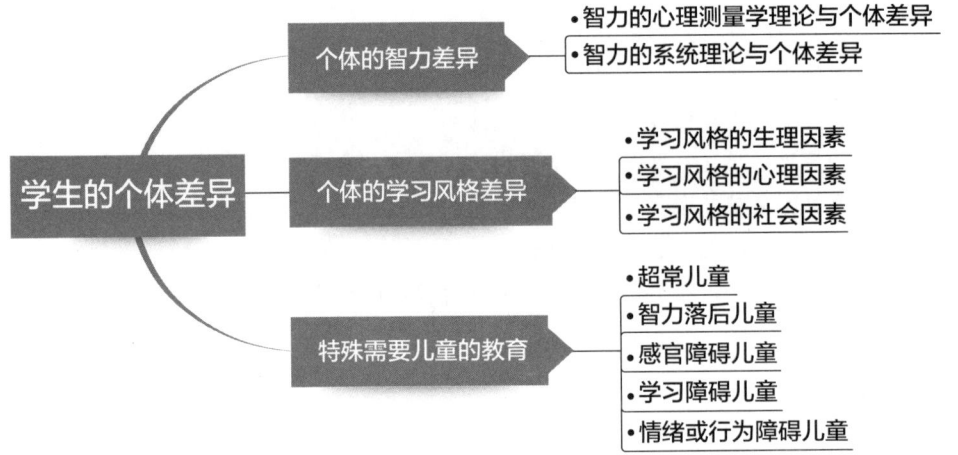

📝 学习目标 ▶▶▶

⊙ 了解个体智力差异的相关理论

⊙ 描述个体学习风格差异的具体表现

⊙ 掌握各类特殊需要儿童的心理特征与教育方法

学生的个体差异是教师要面对的一个重要问题，因材施教是千百年来永恒的教育主题。在学校环境中，学生的个体差异主要表现为智力、学习能力、已有知识经验、家庭文化背景、性别、志向水平、成就动机以及学习风格等方面的差异，所有这些差异都直接或间接地影响着教育教学活动及其效果。其中，有些差异（如学生的已有知识经验）是非常复杂多样的，有些差异（如学习能力倾向）在全班集体授课制中是较难处理的。而对有些差异（如智力结构与学习风格），教师是完全有可能在教学中进行适当处理的。教师如果了解学生在这些方面的个体差异知识，就能够通过呈现不同形式的材料、展开不同类型的活动、实施不同形式的评价等，满足具有不同智力结构和学习风格的学生的不同需求，促使每个学生得到全面和个性化的发展。

【考纲链接】
《教育教学知识与能力》（小学）：能够根据小学生学习规律和个体差异，有针对性地指导学生学习

第一节　个体的智力差异

智力（intelligence）概念在教育中是非常重要的，也是有争议的且极易被误解的。大多数早期的有关智力本质的理论常常涉及这些主题：学习能力、所获得的全部知识、成功适应新情境和环境的能力。后来的智力理论又把诸如抽象推理、问题解决和决策等高级思维过程，元认知以及文化适应能力等看作智力的重要方面。心理学家们对智力结构——智力是由单一能力还是多元能力构成——存在着不同的看法。根据不同的智力理论，可以从不同视角来描绘个体的智力差异。

一、智力的心理测量学理论与个体差异

有些理论家认为，智力是一种基本能力，影响个体在所有认知任务（从计算数学问题到写诗，甚至猜谜）中的表现。人们发现，所有测试特殊能力的测验分数存在中度到高度的相关关系（Carroll，1993；McNemar，1964）。如何解释这一现象呢？英国心理学家斯皮尔曼（Spearman，1927）提出了**智力的二因素论**（two-factor theory of intelligence）。这种理论认为，智力包括两种潜在的因素：第一种是单一的**一般因素**（general factor），简称 G 因素，这是一种假想的、被用于许多不同任务之中的、单一的智力能力，影响个体在所有智力测验中的表现；第二种是**特殊因素**（special factor），简称 S 因素，这些因素只影响个体在某一种能力测验（如词汇、计算或记忆测验）中的表现。斯皮尔曼认为，特殊因素与智力不相关，因为它只能解释个体在单一测验中的表现，并没有提供综合信息，而一般因素与智力是相关的，因为它是一般的、总体的，是由智力活动的个体差异导致的。

心理学家们采用标准化的试题和严格的测试方法来测查个体的这种基本能力，并用**智力商数**（intelligence quotient，简称 IQ）来表示个体的智力水平。一般来说，人类的智力发展水平呈常态分布，少数人的智力发展处于较高水平，多数人的智力发展处于中等水平，还有少数人的智力发展处于较低水平。

美国心理测量学家卡特尔（Catell，1963）以及后来的霍恩（Horn，1998）根

据对智力测验结果的分析，将人的智力分为两类：流体智力和晶体智力。**流体智力**（fluid intelligence）是指基本与文化无关的、非言语的心智能力，如空间关系认知、反应速度、记忆力以及计算能力等。它建立在脑发育的基础上，受遗传因素的影响较大。这种智力一直在增长，在 30 岁左右达到顶峰（Horn & Donaldson，1980），然后随着年龄增长而逐渐衰退。**晶体智力**（crystallized intelligence）是指应用从社会文化中习得的解决问题的方法的能力，是在实践（学习、生活和劳动）中形成的能力。这种智力在人的一生中都在增长，因为它包括了习得的知识和技能，例如词汇、事实、运动和烹饪等。个体在解决问题时通过运用流体智力而发展晶体智力，但是，生活中的许多任务（如数学推理）同时需要流体智力和晶体智力。这一理论的重要意义是，把人与生俱来的素质与后天通过学习而获得的东西区分开来，不仅在智力研究中给了人们很大启发，对适应学生个体差异的教学也具有一定的指导作用。

【知识拓展】
流体智力可以通过训练而提高吗？

二、智力的系统理论与个体差异

一些理论家们倾向于将智力看作一个复杂的系统。下面介绍两种非常流行的有关智力的系统理论。

（一）多元智力理论

美国哈佛大学心理学家加德纳（Gardner，1983）（图3-1）提出了**多元智力理论**（multiple intelligence theory）。这种理论认为，不存在单纯的某种智力和达到目标的唯一方法，每个人都会用自己的方式来发掘各自的大脑资源，这种为达到目标所发挥的各种个人才智才是真正的智力，造就了人与人之间的不同。人的智力可以分为逻辑－数学智力、语言智力、音乐智力、空间智力、身体运动智力、人际关系智力和内省智力 7 种，后来他又在其模型中加入第 8 种智能——自然智力。这 8 种智力的解释和教学应用见表 3-1。

图 3-1　加德纳

表 3-1　加德纳的多元智力理论（Gardner，1983，1995，1999；席尔瓦，斯特朗，佩里尼，2003）

智力维度	定　义	代表性职业	教学应用举例
逻辑－数学智力（logical-mathematical intelligence）	运算和推理等科学或数学的一般能力，以及处理较长推理、识别秩序、发现模型和建立因果模型的能力	侦探、律师、工程师、科学家和数学家	帮助学生学会用数字、逻辑以及模型来量化和阐明一个思想观点
语言智力（linguistic intelligence）	运用语言达到各种目的的能力，对声音、韵律、语意、语序敏感，能灵活操纵语言，包括听、说、读、写、看的能力	诗人、记者、编辑、作家、演讲家和政治领袖	让学生流畅地表达出某个思想观点

续表

智力维度	定　义	代表性职业	教学应用举例
音乐智力（musical intelligence）	感受、辨别、记忆、理解、评价、改变和表达音乐的能力	作曲家、指挥家、歌唱家、演奏家、乐器制造者和乐器调音师	帮助学生理解和欣赏环境中的声音或者将思想观点以音乐旋律的形式表达出来
空间智力（spatial intelligence）	准确感受视觉-空间世界的能力，包括感受、辨别、记忆、再造、转换以及修改物体的空间关系，并借此表达思想和情感的能力	画家、雕刻家、建筑师、航海家、博物学家和军事战略家	帮助学生以空间形式将一个思想观点表述出来
身体运动智力（bodily kinesthetic intelligence）	控制自己的身体，对事件能够做出恰当的反应，以及利用身体语言表达自己的思想和情感的能力	运动员、舞蹈家、外科医生、赛车手和发明家	帮助学生协调整个身体的动作或掌握一些动作技能
人际关系智力（interpersonal intelligence）	与人相处和交往的能力，表现为觉察体验他人情绪、情感、气质、意图和需求的能力并据此做出适当反应的能力	教师、律师、推销员、临床治疗师、公关人员、谈话节目主持人、管理者和政治家	开展一些团体活动来帮助学生掌握人际交往技能
内省智力（intrapersonal intelligence）	认识、洞察和反省自身的能力，并在正确的自我意识和自我评价的基础上形成自尊、自律和自制的能力	哲学家、小说家、律师	让学生反思其能力和人格，从而使其更清楚自己是怎样的一个人并如何完善自己
自然智力（natural intelligence）	认识物质世界的相似和相异性，识别和区分动物、植物和自然环境其他事物（如云、岩石等）的能力	猎人、农民、生物学家、人类学家、解剖学家	提供一些材料让学生进行分类并且分析自己是如何分类的

在多元智力理论的基础上，加德纳提出了一个新的教育观——"以个人为中心的教育"，强调人与人的差别主要在于人与人所具有的不同智力组合，我们必须承认并开发各式各样的智力和智力组合，必须对每个学生的认知特点都能给予充分的理解并使之得到最好的发展。这对课程设置、教学内容、教学方法以及评价方法都提出了新的挑战。加德纳的多元智力理论及其教育观对美国的学校教育产生了广泛的影响。

【微课】
多元智力理论在教学上的应用

例如，在数学课教授"对称"这一概念时，教师可以采用各种不同形式的活动来培养学生的多元智力，帮助学生从不同角度理解对称的含义与应用情境（见表3-2）。

表 3-2　多元智力教学举例（郑博真，2002）

逻辑 – 数学智力 从一些图形中分别找出线对称和点对称的图形	语言智力 用自己的话说出"对称"的意义	空间智力 利用线对称和点对称的原理，在方格内设计美术字
自然智力 利用假日到郊外旅游的机会，观察大自然的景物或动植物中有哪些对称的形状	主题 对称	音乐智力 把课本内有关"对称"的重要内容编成一首歌；体会某一首曲调中的对称
内省智力 在这个单元我学会了什么？还有哪些不太了解的地方？我要怎么做？	人际关系智力 分组讨论如何运用"对称"图形来布置美化教室	身体运动智力 利用"对称"的原理，用色纸折出一只动物；在舞蹈、体育动作中感受对称

（二）三元智力理论

美国耶鲁大学的斯滕伯格（R. J. Sternberg）（见图 3-2）在大量研究的基础上于 1985 年提出了**三元智力理论**（triarchic theory of intelligence），强调智力是一套相互关联的加工过程。

斯滕伯格的三元智力理论认为，智力包括 3 个相互关联的方面——**分析能力**（analytical ability）、**创造能力**（creative ability）和**实践能力**（practical ability）（见表 3-3）。

图 3-2　斯滕伯格

表 3-3　斯滕伯格的三元智力理论（Woolfolk，2004）

内容	分析能力	创造能力	实践能力
定义	抽象思维、信息处理的能力；语言能力	阐明新思想、联合非相关事实的能力；自动提出新的解决方案的创新能力	适应改变了的环境的能力；改造环境以最大限度利用机会的能力；在特殊情境中解决问题的能力
举例	类推或演绎，学习词汇	诊断汽车发动机的问题；为一项新方案找到资源	将手机静音或在门上贴一个"请勿打扰"的条子，在学习时避免或减少干扰

智力的这 3 个方面分别对应着不同的成分亚理论、经验亚理论和情境亚理论。**成分亚理论**（componential subtheory）解释影响智力水平的基本信息加工过程或成分（元成分、操作成分、知识获取成分）。**经验亚理论**（experiential subtheory）将智力与经验关联起来，解释与信息加工成分相关的不同水平的已有经验（相对新异情境和自动化）。**情境亚理论**

【微课】
三元智力理论

（contextual subtheory）将智力与个体日常生活情境联系起来，解释个体与周围环境相互作用的基本方式（适应、塑造和选择环境）。图 3-3 总结了这 3 种亚理论以及它们之间的关系。

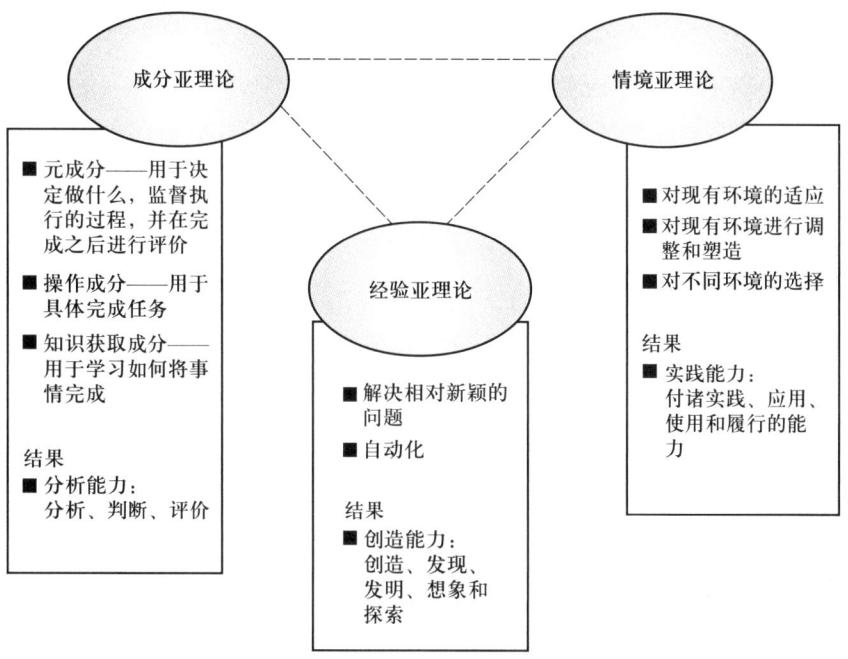

图 3-3　斯滕伯格的三元智力理论（斯滕伯格，威廉姆斯，2012）

斯滕伯格的三元智力理论对教学提供了很多启示。一方面，教师需要关注每一种学习行为对发展智力 3 个方面的作用，使所有学生都能得到智力的全面发展。教师不仅要强调智力的学术性方面，也要强调其实践性方面，还要考虑学生的文化背景的影响。例如，在分析能力方面，要求学生比较两个或多个事物，解释一个系统是如何运作的，解答一道应用题，分析一个现象背后的多种原因，评价一种解决方案的有效性和得失，判断一种理论的价值等。在创造能力方面，鼓励学生探索一种新的解答、新的学习策略，提出自己的观点和理论，创作自己的故事和作品，做出一些貌似荒诞不经的想象（如移民到一个新的星球），设计一个实验和调查方案，做出"如果……那么……"的假设等。在实践能力方面，鼓励学生应用学习策略解决自己的学习问题，如利用说服策略劝说人们为慈善事业捐款，利用物理公式解决生活中的摩擦力问题，运用百分数知识计算存款的利息等。有些学生所处的文化重视实践能力与社会技能，而课堂重视学术能力。教师最好鼓励学生在两种环境中都努力做到最好。另一方面，教师需要帮助学生认识、利用并发挥自己的智力优势。教师可以让每个学生明白自己擅长智力的什么方面，从而充分地利用它们，也明白自己不擅长智力的什么方面，从而改进或者回避它们。例如，有的学生善于分析小说角色的性格特征与作者的写作风格，有的学生擅长根据所读小说创作自己的故事，还有的学生善于应用小说中的沟通表达和策略进行自己的人际交往和冲突处理。教师可以鼓励学生在学习中充分利用自己的智力，最终实现自己的目标。

第二节 个体的学习风格差异

每个学生具有不同的个性特点，同样也具有不同的学习方式。例如，有的人能够轻易记住写在纸上的名字，而有的人则能够轻易记住听人说过的名字，前者擅长利用视觉学习，后者擅长利用听觉学习。一般来说，每个人都是通过多种学习方式来学习的，但是，每个人都可能更习惯于采用某种（或某些）方式学习，而不习惯采用其他方式学习。这种差异属于学习风格的差异。

学习风格（learning styles，也译为学习方式）是指学习者在探究、解决其学习任务时所表现出来的典型的、一贯的、独具个人特色的学习策略和学习倾向（陈琦，刘儒德，2019；谭顶良，1995）。在这里，学习策略是指学习者在完成学习任务或实现学习目标中采取的一系列步骤、方法。学习倾向是指学习者的学习情绪、态度、动机、坚持性以及对学习环境、学习内容等方面的偏爱。并非所有的学习策略和学习倾向都属于学习风格范畴。有些学习策略和学习倾向会随着学习任务、学习环境的不同而有所变化。有些则表现出持续一贯性，即能够稳定地维持相当长的时间，并在完成类似的任务时始终表现出这种稳定性。正是这些稳定、持久、一致而独特的学习策略和学习倾向，构成了学习者的学习风格。

不同的研究者对学习风格的因素进行了不同的分析（Dunn & Dunn，1986；Keefe，1989；Hunt，1986），谭顶良（1995）在综合这些研究的基础上提出，学习风格可以分为生理因素、心理因素和社会因素3个层面。其中，心理因素又可分为认知、情感和意动3个方面。本节将根据这一结构来介绍个体的学习风格差异。

【知识拓展】
学习风格的
分类理论

一、学习风格的生理因素

学习风格的生理因素包括个体对外界环境的生理刺激（如声音、光线、温度等）、对一天内的时间节律以及在接受外界信息时对不同感觉通道的偏爱。

（一）生理刺激

1. 声音

学生对学习的背景声音（或噪声）的偏爱或承受能力是不同的。有的学生学习时需要绝对的安静，而有些则需要伴随背景声音（如音乐、广播）才能集中注意。这两种倾向在阅读中所表现的差异是：前者喜欢默读，而后者则喜爱朗读。有人（Pizzo，1981，转引自Dunn & Dunn，1986）曾对这两类学生在不同的声音背景下进行了阅读理解测验，结果发现，在相对安静的环境中，前者的阅读理解力优于后者；而在有噪声背景的情况下，后者优于前者。

2. 光线

由于生理结构和功能上的差异，个体对光线的感受性有高有低，因而对光线的明暗要求不等。有的需要光线明亮，有的需要光线柔和。强光会导致偏爱弱光的个体情绪紧张，而弱光使偏爱强光的个体提不起精神学习。有人（Krimsky，1982，转引自 Dunn & Dunn，1986）研究发现，当光照条件满足个体需要时（分别给偏爱强光者以强光，给偏爱弱光者以弱光），各类学生的阅读速度和准确性均得到提高。

【微课】
学习风格的
生理因素

3．温度

不同个体对同样的温度会产生不同的感觉：或合适，或太冷，或太热。而太冷太热均会影响学生集中注意学习的过程。每个学生的适宜温度略有差异，有的需要室内温暖，有的需要室内凉爽。

（二）时间节律

每个个体对一天之中学习时间的偏爱是不同的，不同个体在不同时段的心理状态各不相同，有的人在早晨学习效率高（百灵鸟型），有的人在晚上至深夜学习效率高（猫头鹰型），有的人在上午易于集中注意，而另一些人则在下午学得更好。

（三）感觉通道

依据识记材料时对某种感觉通道的偏爱而产生最好效果，可分为视觉型、听觉型与动觉型。

视觉型擅长通过自己读或看来学习，这样的学生对视觉刺激敏感，习惯从视觉接受学习材料，如景色、书籍和图片等。学生喜欢通过自己看书和记笔记来学习，而不适合听取教师的讲授和灌输。

听觉型则善于通过听来学习，这样的学生对听觉刺激敏感，对语言、声响、音乐的接受力和理解力强。他们在学习时甚至喜欢戴着耳机听音乐。当学习外语时，他们喜欢的方式是多听多说，不太关心具体单词的写法或者句型结构。

【知识拓展】
感觉通道偏好
量表

动觉型则以动手、动口来学习，效果最好。他们喜欢接触、操作物体，对自己能够动手参与的认知活动感兴趣，而教师用手拍拍他们的头表示赞赏所产生的效果要比口头表扬好。

（四）大脑的单侧化

这是指左侧或右侧大脑半球何者占优势的问题。右脑与直觉、艺术等相联系，其加工方式是视觉的、平行的、整体的、模拟的。左脑则与逻辑和系统思维相联系，其加工方式是言语的、数字的、理性的和逻辑的。每个人单侧化优势不同，在学习有关材料的效果上就会有差别。

二、学习风格的心理因素

学习风格的心理因素包括认知、情感和意动 3 个方面。学习风格的认知因素主要涉及对信息和经验进行组织加工的方式和特征，这就是心理学家们所倾向于使用的认知风格。**认知风格**（cognitive styles）是指个体感知、记忆、思维、问题解决、决策以及信息加工的典型方式（Messick，1994）。学习风格的情感和意动因素涉及情绪表露、价值判断、行为决策等活动的方式及其特征，诸如好奇心、焦虑水平、坚持性、成就动机、志向水平、主动性以及冒险性等方面，其中有些方面的内容将在后面章节中加以介绍。下面只介绍几种经典的认知风格。

（一）场独立型和场依存型

【微课】
学习风格的
心理因素

　　早在 20 世纪 40 年代，美国心理学家威特金（H. Witkin）就已经对空军飞行员靠什么线索来确定自己是否坐直的问题感兴趣了。他设计了一种可以倾斜的房间，让被试坐在一张椅子上，椅子可以通过转动把手与房间同向或逆向倾斜。当房间倾斜后，要求被试转动把手使椅子转到事实上垂直的位置。结果发现，有些被试在离垂直差 35° 的情况下，仍然坚持认为自己是完全坐直的；而有些人则能在椅子与倾斜的房间看上去角度明显不正的情况下，仍能使椅子非常接近于垂直状态。威特金由此提出，有些人在知觉时较多地受他所看到的环境信息的影响；有些人则较多地受来自身体内部的线索的影响。他把受环境因素影响大者称为**场依存型**（field dependence），把不受或很少受环境因素影响者称为**场独立型**（field independence）。前者是"外部定向者"，基本上倾向于依赖外在的参照（身外客观事物）；后者是"内部定向者"，基本上倾向于依赖内在的参照（主体感觉）。场依存型的人不能将一个模式分解成许多部分，或者只能专注于情境的某一个方面；场独立型的人善于分析和组织。

　　场依存型与场独立型这两种认知风格与学习有密切关系。一般来说，场依存型者对人文学科和社会科学更感兴趣，而场独立型者在数学与自然科学方面更擅长。所以，在学习中，凡是与学生的认知风格相符合的学科，学生的成绩一般会好些。场依存型的人的社会定向特征使他们在学习社会材料时较场独立型的人好，而场独立型的人在学习未经充分组织好的材料时较场依存型的人好。但相对场依存型的人和相对场独立型的人的区别不是在学习能力上，而是在学习的过程上。有人（Fleming，1968，转引自陈琦，刘儒德，2019）给被试显示按某种次序排列的词单，词单上的词既有从种概念到属概念排列的（如动物、脊椎动物、人），也有从属概念到种概念排列的（如人、脊椎动物、动物）。词语的系列从开始就有内在的结构，但当排列顺序颠倒时，有助于学习的结构就没有了，需重新组织结构。研究发现，在回忆由种概念到属概念排列的词单时，场依存型和场独立型的被试没有显著性差异，但在回忆由属概念到种概念排列的词单时，场依存型的被试回忆得较少。

　　场定向很可能在职业选择中是一个影响因素。如果其他条件相同，那些场独立型的人们相对地在宇航员、建筑师、工程师以及在涉及数学和自然科学的职业上会做得比较好；而场依存型的人则相对地在社会科学的教学、精神病护理以及其他涉及人的职业上做得好些。

（二）冲动型和沉思型

　　卡根等人（Kagan，1966；Kagan，Pearson，& Welch，1966）曾对认知速度进行过深入研究。卡根在对学生的分类风格进行研究时发现，一些学生反应得很快，而另一些学生并不急于反应，会用更多的时间思考。

卡根编制了《匹配相似图形测验》以考查学生的认知速度。例如，在图 3-4 中，学生要从下面一组图片中找出与目标图片一模一样的图片。

通过这类测验，可以识别出两种不同的认知风格。**冲动型**（impulsive）学生一直有一种迅速确认相同图案的欲望，他们急忙做出选择，犯的错误较多；**沉思型**（reflective）学生则采取谨慎小心的态度，做出的选择比较精确，但速度较慢。

图 3-4 匹配相似图形测验

认知速度的差异与智力分数无关，但与学校中的学习成绩有关。有人（Messer，1970）发现，不能顺利升级的学生更具有冲动性。沉思型的学生在中等难度的知觉与概念性的问题解决任务以及辨别学习任务中的成绩比较好，在概念获得、类比推理和决策任务中能做出更成熟的判断（Shipman & Shipman，1985；Lozano，Hernandez，& Santacreu，2015）。沉思型与散文阅读、系列回忆和空间透视有正相关关系（Sigel & Brodzinsky，1977）。与沉思型学生相比，冲动型的学生更容易分心，急于求成，成绩较差，掌握性动机比较弱（Sternberg & Grigorenko，1997）。脑神经研究发现，高冲动性与腹内侧前额叶皮质的较大的灰质密度有关（Yokoyama et al.，2015）。

有研究者（Kagan，1966）根据学生在匹配相似图形测验中的思考时间与错误率，认为除了冲动型和沉思型外，还有快而正确型与慢而不正确型。但是，近 2 / 3 的学生属于沉思型或冲动型。可见，沉思型或冲动型是学生普遍具有的两种认知风格。

沉思型和冲动型学生在学习活动中有不同的表现。例如，教师在课堂上提出一个问题时，冲动型学生往往在问题刚一提出，甚至教师话音未落时，就主动抢着举手发言，但回答问题往往不够准确和全面；沉思型学生并不急于回答问题，特别是对于有一定难度的问题，他们往往先经过自己思考后才举手回答，而他们的答案也较为全面和准确。在做作业或考试时，冲动型学生常常快速作答并提前交卷，但容易粗心，常常忽略审题或审题不全面，结果常常出错；而沉思型学生对问题总是仔细分析、缜密思考后作答，虽然速度慢一点，但成绩往往较好。

鉴于认知速度与教育的关系，许多研究者建议，训练学生以减少其冲动性。有人（Meichenbaum，1977）研究发现，自我指导训练能减少冲动型学生的错误。给冲动型学生呈现沉思型学习的榜样，让他们进行练习并给予反馈，似乎是一种有效的方法。

（三）深层加工和表层加工

学生对信息进行的加工存在两种方式：一种是深层加工，另一种是表层加工。**深层加工**（deep processing）是指深刻理解所学内容，将所学内容与更大的概念框架联结起来，以获取内容的深层意义。**表层加工**（surface processing）是指记忆学习内容的表面信息，不将它们与更大的概念框架联结起来。例如，当学生在学习"中心"这一概念时，是否注意到它是皮亚杰理论的内容，并将其与其他诸如"自我中心""守恒""前运算思维"等概念联系起来？是否会将它与成人常常表现出自我中心的事实联系起来，尽管它是属于幼儿思维方式的内容？如果是这样，那他就是在使用深层加工方式。相反，如果他只是记住其定义和确认一到两个中心主义的例子，那他就是在使用表层加工。深层加工有利于侧重理解的考试，表层加工有利于侧重事实学习和记忆的考试。

（四）整体型和系列型

英国心理学家帕斯克（Pask，1976，转引自陈琦，刘儒德，2019）曾经让学生对一些想象出来的火星上的动物图片进行分类，并形成自己分类的原则。在学生从事完分类任务后，研究者让学生报告他们是怎样进行这项学习任务的。帕斯克发现，学生在使用的假设的类型以及建立分类系统的方式上，都表现出一些差异。有些学生把精力集中在"一步一步"的策略上，他们提出的假设一般来说比较简单，每个假设只包括一个属性。这种策略被称为**系列性策略**（serial strategy），就是说，从一个到下一个假设是呈直线的方式进展的。而另一些学生则倾向于使用比较复杂的假设，每个假设同时涉及若干属性。这种策略被称为**整体性策略**（holistic strategy），就是指从全盘考虑如何解决问题。

采取整体性策略的学生在从事学习任务时，往往倾向于对整个问题将涉及的各个子问题的层次结构以及自己将采取的方式进行预测，他们的视野比较宽，能把一系列子问题组合起来，而不是一碰到问题就立即着手一步一步地解决。采取系列性策略的学生，一般把重点放在解决一系列子问题上。他们在把这些子问题联系在一起时，十分注重其逻辑顺序。由于他们通常都按顺序一步一步地前进，所以，只是在学习过程快结束时，才对所学的内容形成一种比较完整的看法。如果他们要使用类比或图解等方法，也是比较谨慎的。

三、学习风格的社会因素

学习总是在一定的社会环境中进行的，它或多或少会受到同伴、师长的影响，因而具有社会性。下面是几种常见的影响学习风格的社会因素。

（1）独立学习与结伴学习。有些学生喜欢独立学习，与其他人在一起时不易集中注意或注意的持续时间短，从而使学习效率下降；而有些学生则相反，喜欢与他人一起学习，在集体的环境中相互激励、相互督促，能提升学习效率。为了满足所有学生的不同需要，有经验的教师既会提供小组或合作学习的机会，也会给学生留出独立学习的机会。

（2）竞争与合作。竞争和合作均是动机激发的主要手段，有些学生更倾向于通过竞争激发学习动机，而有些学生则偏爱合作学习，觉得在合作的情境中学习更有安全感。

（3）成人支持。有的学生在学习时会寻求成人支持，而有的学生在学习时则不需要成人的支持。

第三节 特殊需要儿童的教育

青少年儿童由于先天素质和后天环境的不同，他们的发展存在着个别差异，人们把与正常儿童发展水平有较大偏离的异常发展儿童称为**特殊需要儿童**（children with special needs）。美国特殊教育专家柯克（S. Kirk）对特殊儿童的定义是：在心智特质、感觉能力、生理特质、社会行为和沟通能力方面，偏离一般儿童，或具有多重障碍的儿童。个体之间的这种差异是客观存在的，因此，学校教育需要根据这些儿童的特殊需要，从学校环境、教育设施、课程设置等方面为他们提供服务，提高儿童的适应能力，促进他们最大限度地发展。

一、超常儿童

超常儿童（supernormal children）也被称作天才儿童，是指智力发展明显超过同龄人一般发展水平的儿童。一般认为，智商130分以上者属于超常儿童。最早对超常儿童进行研究的是英国的高尔顿（F. Galton），而美国心理学家特曼（L. M. Terman），首创用智力测验来筛查和研究超常儿童。

超常儿童大多数都具有超乎寻常的意志力、情绪稳定性、道德感以及对美学的鉴赏力。这些儿童普遍表现出以下特征：感知敏锐，观察力强；注意力集中，记忆力强；语言发展好，表达能力强；思维敏捷，逻辑性强；有独创性，求知欲旺盛；兴趣广泛深入；好胜、自信且具有独立性。在某些领域的学习中，如文学、历史、数学或艺术方面，他们表现出的水平显著超过一般儿童。

超常儿童一般有较好的遗传素质，但素质的优异只提供了发展的可能性。有研究（Tomlinson-Keasey，1990）发现，一半以上的超常儿童在学校中未能达到其实际能力水平。提供适当环境的影响，尤其是良好的教育（包括早期教育），才能使这种可能转化为现实。学校可以通过调整和改变课程内容和评估体系，包括具体目标、学习内容、教学方法、评价体系、师资水平等各方面，以适合超常儿童的发展特点，从而达到促进儿童身心健康发展、增长儿童才能的教育目标。"超常教育"的实施有多种模式和多种途径、手段。课程设计的形态主要有**加速制**（acceleration）和**充实制**（enrichment）两种。有研究者（Torrance，1986）认为，这两种都适合于此类教学。跳级、缩短修业年限和提早入学等是实现加速制的主要方式，充实制主要有水平充实与垂直充实两种形式。水平充实是指扩增教材或作业的分量而不增加难度，这等于给予智力超常儿童更多的练习、应用与复习的机会；垂直充实是指增加教材或作业的难度，便于智力超常儿童在同一教材单元内进行更深入的学习与研究。选择何种课程设计需要考虑不同的孩子和家庭的需要。在课程内容上，教师应重视培养超常儿童的思维能力，强调高层次概念的学习。与此同时，要陶冶这些儿童健全的人格，激发他们对社会的责任感，疏导社会期望所带来的过多压力。

二、智力落后儿童

智力落后（mental retardation）儿童是指一般智力水平明显低于平均水平并表现适应性行为障碍的儿童。按照儿童的智力水平分类，可以分为轻度智力落后（智商为50~70分）、中度智力落后（智商为35~50分）及重度和极重度智力落后（智商为35分以下）3类。特殊学校中的教学对象主要是轻度、中度智力落后儿童。

智力落后儿童在学校适应的各个方面表现出落后于正常儿童的情况。他们的语言发展迟缓；注意力容易分散；记忆力特别是短时记忆存在缺陷，不会运用记忆策略；学习迁移困难；思维大多停留在直观形象思维阶段，思维缺乏目的性、灵活性、独立性等；意志薄弱、缺乏主动性，高级情感发展缓慢；行为常常表现出固执性，缺乏灵活应变能力。

根据智力落后儿童的特点，教师在教学中需要遵循一些教学原则，如个别化原则、直观化原则和充分练习原则等。教学中应根据智力落后儿童的个体差异特点，为每个儿童设计他们所能达到的基本的学习量，然后采取相应的方法促进其发展；在活动中需要灵活采用直观教学手段，引导学生掌握知识，促进发展；在知识、技能的练习过程中要遵循充分练习的原则，将教师情感渗透进整个教学过程，使学生的身心在愉悦中得到协调发展。在个别化教学中，制订个别学习计划有利于学生将来在社会中适应生活和工作环境（Hallahan & Kauffman，2003）。

普通教育中常用的一些教学方法，如讲授法、谈话法、演示法和实习法等都可以用于智力落后儿童的教学。另外还需要根据智力落后儿童的特点和规律，采用一些符合自身特点的方法，如任务分析法、单元教学法、游戏法和多重感觉教学法等。实践中可以根据不同的教学需要进行选择。

智力障碍常常伴随着其他障碍的发生，如情绪或行为障碍、脑瘫以及肢体障碍等。其中，**自闭症**（autism）又称孤独症，是比较常见的发展性障碍，表现为认知发展困难，特别是言语发展障碍和社交发展障碍。游戏治疗、行为疗法和感觉统合等是自闭症儿童教育训练中常用的方法。

三、感官障碍儿童

感官障碍儿童主要是指患有**听觉障碍**（hearing impaired）和**视觉障碍**（visually handicapped）的儿童。

听觉障碍是由于听觉器官的结构或功能障碍而造成听力上的损失。听觉障碍影响了儿童的口语发展，进而影响书面语表达，集中表现为语言发展水平低，并以手语作为主要的交际手段。听觉障碍儿童由于听觉缺陷，所以主要靠视觉、肤觉等加以补偿；对直观形象事物的记忆快而且持久，理解抽象文字材料或事物则困难，易发生错误；思维中的抽象水平较低，以直观形象思维为主；注意力的稳定性较强，分配和转移能力相对较弱；意志一般较顽强，但思想较单纯，易波动，强烈渴望社会的认同，一旦受挫折又易产生自卑心理。

视觉障碍是由于各种原因导致双眼不同程度的视力损失而视野缩小，使得个体难以完成一般人所能从事的工作、学习或其他活动。听觉、触觉通道成为视觉障碍儿童主要的学习通道。盲文是这类学生获取知识和交流的一种独特形式。视觉障碍儿童智力正常，听力敏锐，语言水平和正常儿童相似，但由于缺乏视觉反馈，语言缺乏感性知识做基础，常常与具体事物脱节。也正由于他们缺乏视觉表象，常常独自思考，对事物的感知受到限制，所以他们以这些感性材料进行的推理也可能出现错误；视觉上的缺陷直接影响到其人际交往的效果，形成性格内向、自卑心理及消极的生活态度，对他人的评价极为敏感。

对感官障碍儿童的教育与正常儿童的教育规律基本一致，但在具体的教育教学过程中又表现出各自的特点。补偿听力缺陷，形成和发展语言是聋校的重要教学任务，同时在此基础上培养学生自尊、自信、自强的精神及合格的劳动技能。聋生在智力、听力和语言水平上都存在着差异，因此，集体教学显示出不足，需要灵活采用集体教学和个别辅导等方式，以尽可能满足每位学生发展的需要。在过去相当长的一段时期，教学过程中存在着手语和口语哪种效果最好的争论，目前认为应该综合两种方式（Hallahan & Kauffman，2003）。

在盲校中，学生的个体差异较大，特别强调个别指导和个别检查。在充分发挥积极性，引导学生参与课堂教学的同时，还应辅以课外作业和个别辅导。针对盲生缺乏事物的视觉表象的情况，教师需要制作特殊的教具，精心设计课堂活动，增加学生的感性认识，将教学过程与视觉补偿结合起来。在教学活动中，教师的指导作用，特别是语言及身体动作的示范作用至关重要。

四、学习障碍儿童

1962年，柯克提出了学习障碍（learning disability）这一名词。1988年，美国的国家学习障碍联合委员会（NJCLD）提出，学习障碍是不同学习异常的统称，包括在听、说、读、写、推理和计算等方面的能力获得和知识应用上出现明显困难的个体。这种异常是个人内在因素所引起的，一般认为是由中枢神经系统的功能失调所致。学习障碍可能发生在任何年龄。虽然学习障碍可能与其他障碍同时出现，如感觉缺陷、智力落后、严重情绪障碍等，或有外在因素介入，如文化差异或不恰当的教学，但这些障碍和外在因素并非导致学习障碍的主要原因。

学习障碍儿童常常在学习过程中表现出一些明显的特征（Litt & Nation，2014；Liu et al.，2017；Pelegrina，Capodieci，Carretti，& Cornoldi，2015；田丽丽，周欣，康丹，徐晶晶，李正清，2016）：① 行为特征，存在视听等感知觉的障碍，如汉字音形联结编码存在困难，朗读与默读伴随着指读或倒错等现象；② 学业表现，多数儿童表现出阅读障碍，书写速度通常较慢，对数学符号的辨认和数学空间关系的理解与应用存在不足；③ 语言方面，发展相对迟缓，不善与人交流，回忆能力差；④ 注意力方面，常常存在注意力缺陷、工作记忆执行缺陷，不专注、易冲动，常常表现出多动行为。

在教学活动中，教师首先应当重视学习障碍儿童中存在的个体差异，其次要寻找适合的教育训练方法。认知学习的许多基本原理都可以用来提高这些学生的注意力、记忆力和问题解决能力。柯克提出将任务训练和心理历程训练结合起来，主张历程—任务训练。一般来说，在学习障碍儿童练习某种技能的过程中，用工作分析的方法将这些技能细分为一系列的分项技能，然后将这些分项技能按一定的顺序排列后再教给学生，让学生掌握（如阅读训练）（Woodhead et al.，2013）。这对没有心理缺陷的儿童效果较好，但是对于存在心理过程障碍的儿童则无多大效果。如果认为学习障碍儿童的问题是产生于心理过程上，则需要克服记忆力、注意力等能力的缺陷，进行工作记忆训练（Zhu，Duan，& Wang，2017）。如果将两种训练结合起来，即将某些无意义的训练与教材等有意义的训练结合，同时，对任务和儿童本身进行分析，使训练过程有针对性，这样可能会取得更好的效果。

五、情绪或行为障碍儿童

情绪或行为障碍（emotional or behavioral disorders）是指儿童的行为在没有智力障碍和精神失常的情况下与其所处的社会情境及社会评价相违背，在行为上显著异于常态，且妨碍个人对正常社会生活的适应。情绪或行为障碍通常伴有身体或心理上的疾病，如哮喘和结肠病等，同时还伴随许多不良行为。这类儿童智力发展一般不低于正常儿童水平，但长期的情绪困扰对学业成就会造成影响，同时伴随语言障碍等。

注意缺陷多动障碍（ADHD）是一种常见的儿童情绪或行为障碍的症状。这类儿童一般智力正常，但存在着明显的注意力涣散、活动过多、冲动任性和自控力差等特征，以致影响学习。在教育活动中，教师要对这类学生给以充分的关心和帮助，对他们过多的精力合理引导，加强集中注意力的训练，培养他们形成规律的生活制度和习惯，培养他们的自尊心和自信心。

学校首先要从环境上为情绪或行为障碍儿童创设良好的氛围，运用社会生态学的观点，构建生态单元，尽可能快地使儿童重新适应学校、家庭和社区环境。教师必须制定严格的包括教室等场地在内的规则来规范严重的情绪或行为障碍儿童。在具体的教育过程中，教师可以运用心理教育法进行问题的矫正；针对每个行为障碍儿童的特点，为他们制订个别化教育计划，对行为问题进行全面评估，分析制订完整的教育计划。教师的重点应放在和谐的学习环境和亲密的师生、同伴关系上，运用一些具体的教育技术，如行为矫正法，结合儿童自身的认知对儿童外在的行为进行矫治，达到教育目标。

【知识拓展】
回归主流
与全纳教育

思考题

1. 简述个体智力差异的几种理论。
2. 加德纳的多元智能理论将智力分为哪几个部分？这对教学有何启示？
3. 简要叙述斯滕伯格的三元智力理论。
4. 了解学生的学习风格对教学有什么意义？怎样做到"因材施教"？
5. 如何为特殊需要儿童设计合理的课程？

推荐阅读

申克，D. H.（2003）. *学习理论：教育的视角*（韦小满等 译）. 南京：江苏教育出版社.

斯莱文，R.（2016）. *教育心理学：理论与实践*（第10版）（吕红梅，姚梅林等 译）. 北京：人民邮电出版社.

斯滕伯格，R. J.，威廉姆斯，W. W.（2016）. *斯滕伯格教育心理学*（第2版）（姚梅林，张厚粲等 译）. 北京：机械工业出版社.

席尔瓦，H.，斯特朗，R.，佩里尼，M.（2003）. *多元智能与学习风格*（张玲 译）. 北京：教育科学出版社.

陈琦，刘儒德.（2019）.*简明教育心理学*.北京：高等教育出版社.

伍尔福克，A.（2015）.*伍尔福克教育心理学*（第12版）（伍新春，张军，季娇　译）.北京：中国人民大学出版社.

谭顶良.（1995）.*学习风格论*.南京：江苏教育出版社.

第三部分　学习理论

第四章

行为主义学习理论

📍 知识导图 ▶▶▶

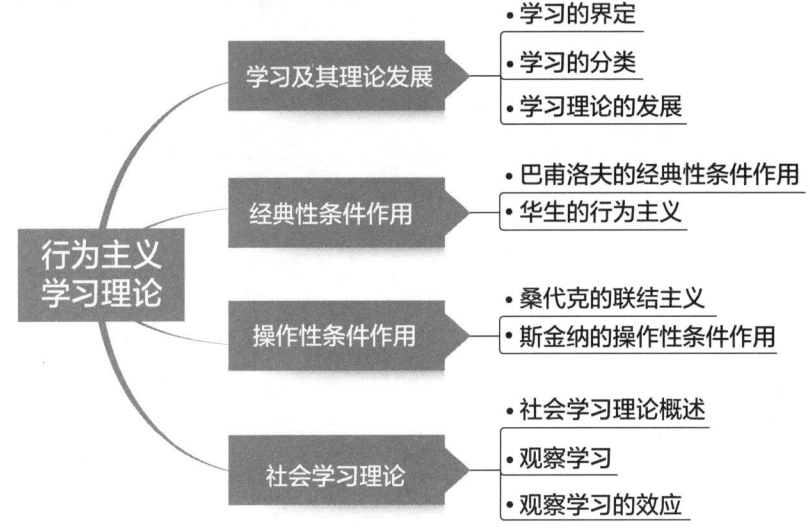

📝 学习目标 ▶▶▶

- ⊙ 阐述学习的含义及理论流派
- ⊙ 解释经典性条件作用与操作性条件作用的形成过程
- ⊙ 比较社会认知理论与操作性条件作用的差异
- ⊙ 在实践中应用观察学习

行为主义学习理论家们企图发现适于所有动物（包括人类）的行为学习原理，关注可观察、可改变的行为，强调根据环境中的事件来说明学习过程。行为主义学习理论认为，个体学习的行为就是由特定条件引起的反应，个体当前行为的后果改变了未来的行为，或者个体模仿了他人的行为。行为主义学习理论主要应用于教学设计和行为治疗方面。本章将介绍行为主义学习理论的主要人物和观点，并探讨行为主义学习理论在实际工作中的应用。在此之前，先简要介绍学习的概念与学习理论的发展脉络。

> 【考纲链接】
> 《教育知识与能力》（中学）：理解并运用行为主义、认知学说、人本主义、建构主义等学习理论促进教学

第一节　学习及其理论发展

一、学习的界定

在日常生活中，一提起"学习"，人们往往联想到知识和技能等内容，学校、教室和图书馆等场所，以及上课听讲、做作业和做实验等活动。实际上，人从出生（甚至更早）起就开始了学习，日常生活中的每一天都在学习。心理学家们对学习做出了各种界定。在广义上，**学习**（learning）是指基于经验而导致行为或行为潜能发生相对一致变化的过程（Gerrig，2013）。

学习是由于练习或反复经验而引起的心理和行为的变化。并非所有的行为变化都是由经验引起的，有些行为变化是由本能、疲劳、适应和成熟等引起的，就不能被称为学习。例如，成熟是在正常的环境条件下由遗传导致的变化（个子越来越高）。个体在出生时表现出来的特性（如对饥饿或疼痛的反射和反应）也不是学习。成熟往往与学习相互作用而引起行为的变化，如学习走路是一个发展的过程，但也取决于爬行和其他活动的经验；青春期的性冲动不是习得的，但是学习也决定着个体对未来伴侣的选择。学习的行为变化是比较持久的，而由疲劳、创伤和药物所引起的行为变化都比较短暂，并使得行为水平降低，一旦这些因素被排除，行为就能恢复到原来的状况。

学习引起的行为变化有时是直接的，有时要经过很长的时间才能出现。有的心理学家将它视为行为潜能的变化。然而，认知学习理论家则认为，学习的发生引起了内部心理结构的变化，故直接视其为思维的变化。当然，无论是思维还是行为的变化，都是比较持久的。学习不同于由外界环境引起的行为的微小变化。例如，一个人走在人行道上，为了避免撞到另一个人而向左转身。在这里，他并没有学习，因为这种行为并不能对他的思维、情感或行为方式产生长期的影响。

虽然学习所带来的行为变化往往要通过操作表现出来，但学习与操作表现不能等同，操作表现有时可多于学习，有时可少于学习，这要视每个学习个体的具体情况而决定。如学习后的记忆效果不同，学习对动机的激发程度不同，学习的操作表现也就不同。

产生学习的方式有很多种，有时是有意识的，比如，学生学习课堂上呈现

【知识拓展】
学习与脑的
可塑性

的信息；有时又是无意识的，例如，一个小孩看到手拿注射器的医生就感到恐惧，这肯定是习得的行为。这个小孩已经学会把注射器与疼痛联系起来，当他看到注射器时，身体就会出现情绪反应。这种反应可能是无意识的，但毫无疑问是习得的。

二、学习的分类

学习现象极为复杂，涉及不同类型学习者、内部过程、外部影响、内容、形式以及结果等。研究者们从不同角度对学习进行了各种分类。例如，机器学习、动物学习和人类学习；知识学习、技能学习和品德学习；初级学习和高级学习；认知领域的学习、情感领域的学习和动作技能领域的学习；等等。其中有些分类将在后面章节中有所阐述，这里只介绍以下 5 种分类。

（一）按学习水平分类

加涅（R. M. Gagne）根据学习的繁简程度将学习分为 8 种水平。

（1）信号学习：经典性条件作用学习，学习者对某种信号做出某种反应，其过程是：刺激—强化—反应。

（2）刺激－反应学习：操作性条件作用学习，其过程是：情境—反应—强化。

（3）连锁学习：一系列刺激－反应学习的联合。

（4）言语联想学习：由言语单位所联结的连锁学习。

（5）辨别学习：学习者识别多种刺激的异同并对其做出不同的反应。

（6）概念学习：学习者对刺激进行分类时，学会对一类刺激做出同样的反应，也就是对事物的抽象特征做出反应。

（7）规则学习：了解两个或两个以上概念之间的关系。

（8）解决问题的学习：在各种情况下，使用所学规则去解决问题。

此后，加涅对这种分类进行了修正，把前 4 类学习合并为一类，把概念学习扩展为具体概念学习和定义概念学习，这样学习就分为：连锁学习、辨别学习、具体概念学习、定义概念学习、规则学习、解决问题的学习。

（二）按学习结果分类

加涅认为，人的学习存在 5 种学习结果：言语信息、智力技能、认知策略、态度、动作技能。学习也就可以相应地分成这 5 种类型。详见表 4-1。

其中，智力技能包括 5 种子技能，这些子技能按学习水平由低到高依次排列为：辨别—具体概念—定义概念—规则—高级规则（解决问题）。每一级智力技能的学习要以低一级智力技能的获得为前提，最复杂的智力技能则是把许多简单的技能组合起来而形成的。这一观点就是加涅的**学习层级说**（learning hierarchies）。

这 5 种学习结果是不受学科限制的，例如，在数学课和语文课中都会学习智力技能（如规则），在体育课和化学课上都会学习动作技能（如操作）。而且人的学习结果往往是综合性的，在同一项学习活动中，学生能同时学到不同的学习结果。例如，在体育课上，学生不仅学习打球的动作技能，还学习打球的规则。

表 4-1　学习结果及其例子（加涅，1999）

学习结果	解释	行为表现举例
言语信息	有关事物的名称、时间、地点、定义以及特征等方面的事实性信息	北京是中国的首都
智力技能	运用符号或概念与环境交互作用的能力	把分数转换成小数
辨别	对一个或几个物理量不同的刺激物做出不同反应	说出两个物体（如生物标本）的异同
具体概念	在一系列事物中找出共同特征并对其赋予同一名称	指出两个具有共同属性（如颜色）或位置关系的物体
定义概念	用定义（句子或命题）表示事物及其性质和关系	给物理学中的"质量"下定义
规则	用语言符号揭示两个或多个概念之间的关系	陈述"勾股定律"
高级规则	由简单规则组合而成的、用来解决一个或一类问题的复杂的规则	把两个简单运算规则组合成一个组合算法，并能够在应用题中运用这套组合算法
认知策略	调控自己的注意、记忆和思维等内部心理过程的技能	画出组织结构图
态度	影响个人对人、事和物采取行动的内部状态	做出听古典音乐的行为选择
动作技能	通过身体动作的质量（如敏捷、准确、有力和连贯等）不断改善而形成的整体动作模式	打出字母 R；能"8"字形溜冰

（三）按学习方式和学习材料与学习者的关系分类

奥苏贝尔（D. P. Ausubel）等人根据两个维度对认知领域的学习进行了分类，一个维度是学习进行的方式，学习据此可分为接受学习和发现学习；另一个维度是学习材料与学习者已有知识的关系，学习据此可分为机械学习和有意义学习。这两个维度互不依赖，彼此独立，并且每一个维度都存在许多过渡形式，其中的一些具体组合可见图 4-1。

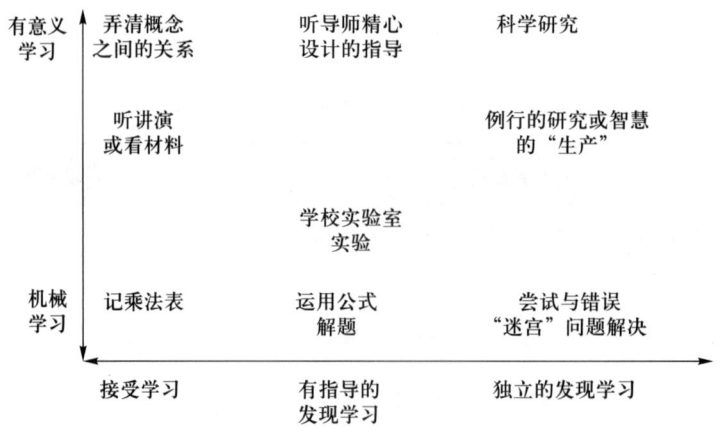

图 4-1 分布于有意义学习—机械学习、发现学习—接受学习之间的学习举例

（四）按学习的意识水平分类

按学习者在学习时的意识水平，可以将学习分为内隐学习与外显学习。**内隐学习**（implicit learning）是指有机体在与环境接触的过程中不知不觉地获得了一些经验并因之改变其事后某些行为的学习。例如，人们能够辨别哪些语句符合语法，却不一定能够说出这些语法规则是什么。**外显学习**（explicit learning）是指受意识支配、需要付出心理努力并需按照规则做出反应的学习。例如，学习数学中的代数和几何规则。

内隐学习这一概念最早是由美国心理学家雷伯（A. S. Reber）提出的。1978 年，雷伯等人在研究概念形成问题时，设计了一种他们称之为**人工语法学习**（artificial grammars learning）的实验，他们用这种语法组成一些字符串——**串词**（strings of word），存在于这些串词中的人工语法与被试所掌握的自然语法无关。他们把被试分为学习串词的实验组和学习随机排列的**字母串**（letter strings）的控制组。给两组被试的指导语都是要求他们机械记忆这些材料。结果发现，实验组被试随着练习的增多更善于加工和记忆串词，而控制组被试则没有表现出这种情况。在要求被试对新的含语法和不含语法的材料进行分类时，实验组的成绩也明显优于控制组。雷伯认为，实验组被试之所以有上述表现，是因为他们所学习的刺激材料中所隐含的规则即人工语法被他们掌握了。但是，雷伯指出，这些被试却难以用语言对学习到的东西进行准确的描述，而且他们所学到的规则还不容易遗忘，并能长期运用。对于这种无意识中习得概念规则的学习，雷伯称之为内隐学习。

内隐学习的现象出现在很多领域，如第二语言的学习、社会行为的习得以及运动技能的完善等。在一项普通的接球运动技能的研究中，发现其背后也蕴含着复杂的规则：当控制好某个角度的线性变化、增长速率时，则无论球的抛射角度、发射速率、接球者的起跑方向及始发速度如何变化，运动员都能准确地接到球。运动场景的复杂多变决定了其背后内含规则的复杂。人们通常很难言传，而只能说多练几次就会有感觉了。这种直觉就是内隐学习抽象的结果，即客观上已经掌握某种运动技能的基本规律，但尚不能把它提升到意识水平中。

内隐学习的研究证明，学习复杂任务时，人们常常以内隐的直觉方式进行，所以，教育应当适当地引入内隐学习。学校对学生的考查往往通过言语提问，但是内隐学习的理论却揭示，作业成绩的提高并不必然体现在学生回答言语问答的能力上，而且有时学生也不能描述他们所知道的。所以结合内隐学习的研究，我们在考核学生时，操作、行为和言语应该受到同样甚至更高的重视。

【知识拓展】
内隐记忆
与外显记忆

（五）正式学习与非正式学习

学习还可以分为正式学习与非正式学习两种。**正式学习**（formal learning）是指在学校的学历教育和工作后的继续教育中发生的学习，是通过课程、教学、实习以及研讨等形式进行的。**非正式学习**（informal learning）是指由学习者在非正式的学习时间和场合，通过非教学性质的社会交往而进行的自主学习。

正式学习与非正式学习的区别不在于学习发生的物理位置。即使在学校，学生也可能进行非正式学习。例如，与同伴进行交流互动、玩耍游戏以及接触各种信息媒体等。非正式学习在生活中更是随时都能发生，如家庭中父母的说教、旅游观光、网络通信和聊天、观看电视与电影等。非正式学习可随处进行，不需要专门的教室，不存在鲜明的组织性和制度性，可以发生在工作场所、博物馆、科技馆、动物园、植物园、水族馆、社区中心以及运动场等各种场合。

1973年，有学者（Scribner & Cole）在《科学》杂志上发表了一篇被广为引证的题为《正式与非正式教育中的认知后果》的论文，文中从大量的比较文化研究出发，推断出**正式教育**（formal education）和**非正式教育**（informal education）在实际生活中的思考、行动和学习上的差别。此后，有研究者（Lave，1988；Resnick，1987b）对此做了进一步分析，产生了很大影响，引起了对正式学习与非正式学习研究的热潮（Bransford et al.，2006）。随着信息与通信技术的发展，人们越来越关注社交传媒对正式学习与非正式学习的深刻影响（Chen & Bryer，2012；Greenhow & Lewin，2016）。

三、学习理论的发展

学习理论是心理学中最古老、最核心的领域之一。早在心理学尚未分化出来成为一门独立的学科时，就有不少哲学家论及学习。例如，古希腊哲学家柏拉图、亚里士多德和中国伟大教育家孔子的思想中就有不少论述学习与记忆的内容。心理学自成为一门独立的学科开始，就对学习的性质、学习的过程、学习的规律、学习的动机、学习的迁移以及学习的方法策略等进行了大量研究，从而增强了人们对学习及其本质的理解，形成了系统的学习理论。学习理论试图解释学习是如何发生的，它有哪些规律，它是一个什么样的过程，如何才能进行有效的学习等问题。

心理学家在探讨学习的规律过程中，由于其哲学基础、学科背景不同，研究手段不同，自然地形成了对学习的各种不同观点。这些不同观点构成了不同的学习理论流派，彼此存在着争论和歧见。例如，行为主义学习理论强调学习是因环境而导致的行为的改变；认知派学习理论认为学习是个体头脑中认知结构的改变，是对外部刺激的意义的理解和建构；人本主义学习理论强调人类学习过程的一些情感因素、动机因素、人际关系和沟通的作用；社会文化理论则强调社会文化对学习的影响，学习是个体自我概念的变化；等等。下面，简单介绍学习理论的发展过程。

（一）现代学习理论的发展渊源

心理学作为一门独立的学科是从 1879 年冯特（W. Wundt）建立第一个实验心理学实验室开始的。冯特试图把意识分解为许多最小的构成要素（元素），在心理学中对这些最小的要素进行研究，使之成为一门"真正"的科学。由冯特所领导的第一个心理学派，即构造主义学派。像哲学中的联想主义学派一样，构造主义学派相信心理是由观念的各种结合组成的结构。构造主义学派认为，如果能发现心理的结构，分析思维的要素，就能系统地研究人类的意识，那么，如何来分析思维的要素呢？构造主义者用的主要方法是内省（自己反省）或称自我分析，即训练被试在感知一个物体时详细报告其即时的经验——"原始"经验，而不是报告对该物体的解释，从该物体上所学到的东西。

冯特的构造主义很快遭到了来自心理学各学派的批评。机能主义学派的创立者詹姆斯（W. James）在其极有影响的《心理学原理》一书中批评道，意识是不能还原为要素的，相反，意识作为一个整体来起作用，其目的在于使有机体适应环境。杜威（J. Dewey）指出，孤立地研究一个要素单元纯属浪费时间，因为这忽视了行为的目的，心理学的目标应该是研究行为对适应环境的意义。机能主义学派对学习理论的主要贡献在于其不是研究一种孤立的现象，而是研究意识与环境的关系。机能主义学派反对构造主义学派的内省法并不是在于后者用结构主义研究意识，而是在于它将意识还原为要素的还原主义。机能主义学派不反对研究心理过程，而是坚持应该研究这些过程与生存的关系。

以韦特海默为首的格式塔学派强调经验的整体性，批评冯特的要素主义使他看不到人类经验的真实性，犹如音乐家如果把每个音符分开就永远听不到主旋律一样，"整体不是其各部分的总和"。如果只研究各要素或部分，就会把研究引入歧途。因为当各要素从其背景中被分割出来时，它们往往与原来在其背景中的表现不同。如果只去研究一部电影的每一帧画面，就永远不会了解整部电影讲的是什么。

以华生为首的行为主义学派批评冯特采用内省法作为科学研究的工具。行为主义学派同意研究要素，但不同意冯特发现这些要素的途径。华生认为，唯一可观察到并可采用科学方法来研究的是被试的外显行为。华生宣称，如果只有通过内省法才能研究意识，如果意识不与外显行为有相互关系的话，就应把内省法从心理学中"撵"出去。

来自各方的批评使构造主义学派成为"短命"的学派，而且在冯特和铁钦纳（E. B. Titchener）这一代人中就结束了。然而，这些批评反倒促进了心理学自身的发展，特别是行为主义学派和格式塔学派对构造主义学派从不同角度的批评，后来演变成了两派之间长期的互相抨击。

（二）行为主义学习理论的发展脉络

机能主义学派是最早起来反对构造主义学派的。随后，一些心理学家逐渐认为，似乎根本不必去研究意识，为了使心理学研究完全客观化，心理学必须以行为作为其唯一的研究对象，华生积极地接受了这种观念，公开打出了行为主义学派的旗号。他认为，心理学要真正成为一门科学，就必须使其对象能得到可信的测量，该对象就是行为。在行为主义的科学中，对行为的解释是不允许牵涉心理过程的，因为这些过程不能被观察到，因而也是无法测量的。

华生在提倡研究行为、反对内省、反对研究意识的主张时，发现俄国生理学家巴甫洛夫（I. P. Pavlov）关于条件反射的研究正是他所需要的——用可观察到的条件反射来代替冯特的观察不到的意识要素。华生立即发现所有的学习皆可用条件反射来解释，或者说以刺激与反应的联系来解释——学习即一系列刺激与反应联系的积累，没有必要再去研究顿悟或传统意义上的思维。在华生看来，心理学是一门纯粹的自然科学的实验性分支，其理论目标在于对行为的预言和控制，即便是人格，也只不过是许多条件反射的集合。华生是极端的环境决定论者，他认为，人类生来具有的仅是极少的一些反射和一些基本的情绪——恐惧、愤怒和爱。经由经典性条件作用，这些反射与各种各样的刺激结合，才产生了学习。他否认任何心理能力和先天素质的存在。在行为主义学派的影响下，美国心理学界以行为主义学派观点为主导研究学习理论长达半个世纪之久。

（三）认知学派学习理论的发展脉络

认知学派学习理论源自格式塔学派。格式塔是一个德语词，意即完形。该学派主张思维是整体的有意的知觉，而不是联结起来的表象的聚集。以韦特海默为首，加上苛勒（W. Kohler）、考夫卡（K. Koffka），他们认为构造主义学派把思维还原为所谓的基本要素，而行为主义学派则把行为还原为习惯、条件反射或刺激－反应联系，两者都是还原主义。格式塔学派反对任何一种还原主义，主张学习在于构成一种完形，是让一个完形改变为另一个完形的过程，学习是顿悟。顿悟的发生首先是有机体面临一个问题，发生认知不平衡，这种不平衡具有动机性质，使有机体试图去解决，求得心理的平衡。认知学派重视创造性，重视理解，这些构成了最初的认知学习论的观点。他们也提出了一系列学习律，如学习的组织作用、完形趋向律、场论等。

作为早期认知理论，格式塔学派对学习的许多合理解释，如强调人类学习与动物不同，强调认知结构、创造性等，为现代认知心理学奠定了基础。然而在遗传与环境的问题上，他们强调遗传的作用，主张内省法，未能与传统的唯心主义哲学划清界限。这些使格式塔学派在当时缺乏行为主义学派所具有的说服力。

直到 20 世纪 60 年代，行为主义的统治地位才由于心理学中的"认知革命"而让位。认知学习理论家集中于人类学习的研究。认知学派朝两个方向发展。一个方向是认知主义，即信息加工论。认知主义将人脑比拟为电脑，探讨人对信息的加工过程，安德森（J. Anderson）和加涅等是杰出代表。另一个方向是新结构主义，即建构主义，这种理论倾向于认为人类的学习是经验的重组、认知结构的获得和建构过程。这种思想来源于皮亚杰的非凡工作。皮亚杰的认知结构思想吸取了格式塔学派关于学习的认知和组织的观点，但是他更强调有机体与环境的交互作用通过同化与顺应的过程取得与环境的平衡；从学习理论上更强调建构的作用。皮亚杰认为，儿童获得知识和道德价值观都不是从环境中直接将知识内化，而是将新知识与已有知识联系起来，从内部通过创造、协调来建构知识。皮亚杰的理论在 20 世纪 60 年代被介绍到美国以后，得到了广泛的响应与研究。在教育心理学领域最有影响的奥苏贝尔的有意义接受学习论和布鲁纳的发现学习论都重视所学内容的结构的重要性。

最初的建构主义者受皮亚杰思想的影响，把学习描绘成儿童自身进行探索、发现和建构的过程。20 世纪 70 年代末以来，西方教育心理学受到苏联心理学家维果茨基的强烈影响，强调知识的发展是通过社会建构而激起的，这种社会性的建构是在两个或两个以上的持续谈话的社会环境中进行的。于是，合作学习和交互作用教学等学习（教学）方法应运而生。学生在与其他人讨论的过程中学到新东西，扩大其认知结构，更清楚地表达他们自己已有的概念并检验那些与别人相左的观念，加以重新建构。此类社会性的建构使学生的认知结构得以更健康地发展。

（四）人本主义学习理论的发展脉络

20 世纪 60 年代，西方社会特别是美国，由于社会和政治原因引发了社会动荡不安，人们开始从当时的教育制度和学校、学习理论中去寻找其教育失误。批评家们认为，行为主义的程序教学和行为矫治使用过度，以至于在许多情况下不切实际地忽视生活中的人类特征。人本主义心理学应运而生。人本主义心理学家一方面反对行为主义不重视人类本身特征，另一方面也指出，认知心理学虽然重视人类认知结构，但也忽视了人类情感、价值、态度等方面对学习的影响。人本主义心理学的主要代表人物是康布斯 (A. W. Combs)、马斯洛（A. H. Maslow）和罗杰斯（C. R. Rogers）。康布斯认为，要理解人类行为，必须理解行为者所知觉的世界，从行为者的观点出发看事物。人本主义者关注学生的情感、个人的知觉，因此，学习情境应该是学生中心和学生导向的；个人应该决定他们自己的行为；学习应该包括新信息的获得和个人对信息的个人化。马斯洛强调个人的动机指向自我实现或自我完成，提出了需要层次理论，认为低级需要的满足是发展高级需要的条件。罗杰斯特别强调人类具有天生的学习愿望；当个体理解到学习与他们自身需要的关系时，当学习是自我启动时，他们特别愿意学习；在无威胁的环境下能更好地学习。他还指出，教师如果真正体恤学生，表现出对学生的信任和信心，在交流中具有同情和理解，那么，教师作为学习促进者的作用就可以被大大地增强。

此外，受人类文化学以及维果茨基的社会文化历史论研究的影响，学习理论界兴起了社会文化理论思潮。这种思潮特别强调社会文化背景、情境以及学习共同体在人的知识建构过程中的重要作用。

几十年来，各派学习理论的争论无法得出谁是谁非的结论，正是因为各派都从某一个角度说明了一部分的规则，揭示了部分真理，他们又试图从某一部分真理推广为能说明一切学习现象的理论。随着心理科学的发展，尤其是计算机科学、认知科学、认知神经科学以及学习科学的发展，人们日益认识到简单地评论孰是孰非是无意义的，重要的是从各个方面去揭示学习的实质和规律，取各家之长，补己之短。这种互相取长补短的趋势使学习理论的研究得到了进一步的发展。

第二节 经典性条件作用

对学习的最早解释来自亚里士多德。他认为，人的记忆遵循3条联想律：相似律、相对律和邻近律。尤其是邻近律更具有普遍性：当两种或两种以上的事件（如"6×7"和"42"）经常一起出现，它们就会被人联系起来。以后，只要出现其中一种事件（如"6×7"），人就能够想起另外一种事件（如"42"）。前者是激活行为的事件，叫作**刺激**（stimulus），后者是可以观察的对刺激的回应行为，叫作**反应**（response）。人在记忆事实、外语单词或者操练某种技能时，形成了这种简单的刺激－反应配对联系。人在复杂的学习中，可能形成了更加复杂的刺激—反应关系。巴甫洛夫在其经典性条件作用理论中，最早阐明了复杂学习中的这种刺激－反应关系。

【微课】
经典性条件
作用

一、巴甫洛夫的经典性条件作用

经典性条件作用是由俄国生理学家巴甫洛夫首创的。巴甫洛夫（见图 4-2）于 1904 年获诺贝尔生理学或医学奖。

图 4-2　巴甫洛夫与研究助手们
（Atkinson, Atkinson, Smith, Bem, & Nolen-Hoeksema, 1996）

巴甫洛夫在研究狗的消化腺分泌变化时，需要用容器收集并测量狗闻到食物（肉末）气味后分泌的唾液。他意外地发现，狗即使没有闻到食物的气味，只听到实验人员的脚步声，也会分泌唾液。他推断，唾液分泌量的变化与外在刺激的性质和出现的时间存在密切关系，由此进行了经典性条件作用的实验（见图 4-3）。

在实验中，如果将食物放在一条饿狗的口中或嘴巴附近，食物就可以自动引起狗的唾液分泌反应。在这里，食物被称为**无条件刺激**（unconditioned stimulus，简称 US）。狗的唾液分泌反应无须任何训练和经验而会自动出现，被称为**无条件反应**（unconditioned response，简称 UR）。如果给狗呈现其他刺激，如铃声，狗就不会产生唾液分泌的反应，铃

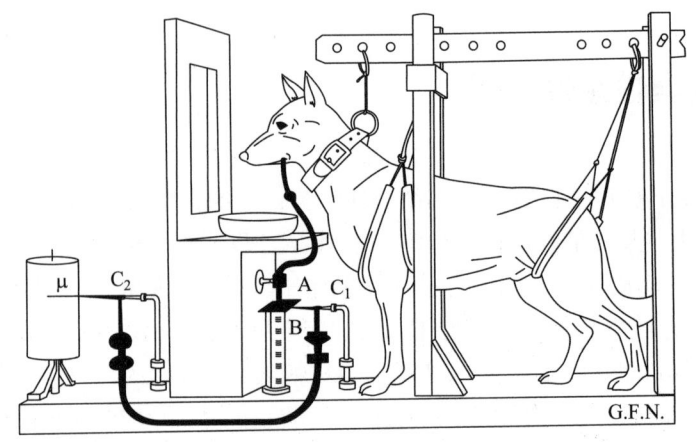

图 4-3　经典性条件作用实验（Weiten，1995）

声被称为**中性刺激**（neutral stimulus）。如果将中性刺激与无条件刺激反复多次配对呈现，中性刺激就成为**条件刺激**（conditioned stimulus，简称 CS），能够引起原先只有无条件刺激才能引发的反应，也就是分泌唾液，这种反应被称为**条件反应**（conditioned response，简称 CR）。这个过程被称为**经典性条件作用**（classical conditioning）（见表 4-2）。

表 4-2　经典性条件作用的形成过程（埃克斯特兰德，1985）

建立前	无条件刺激 （食物）——————————————→	无条件反应 （唾液分泌）
	中性刺激 （铃声）——————————————→	引起注意 （但无唾液分泌）
建立中 （多次重复）	中性刺激 （铃声）- - - - - - - - - - - - - - - → 无条件刺激 （食物）——————————————→	无条件反应 （唾液分泌）
建立后	条件刺激 （铃声）——————————————→	条件反应 （唾液分泌）

　　经典性条件作用形成后，如果反复呈现条件刺激，却不呈现无条件刺激，条件反应的强度逐渐减弱，条件反应甚至消失，那么这种现象被称为**消退**（extinction）。经过一段时间后，如果再次呈现条件刺激，条件反应又重新出现，那么这种现象被称为**自然恢复**（spontaneous recovery）。如果在条件刺激之后紧跟无条件刺激（这是所谓的强化），那么条件反应会得到最大限度的恢复。

　　经典性条件作用形成后，机体如果对与条件刺激相似的刺激做出条件反应，那么这被称为条件作用的**泛化**（generalization）。例如，狗对节拍器每分钟发出 70 次的滴答声建立条件作用后，有时当节拍变快或变慢，甚至钟表发出滴答声时，狗也会产生条件反应。在生活中，"一朝被蛇咬，十年怕井绳"就属于条件作用的泛化现象。如果只强化条件刺激，而不强化与其相似的其他刺激，就可以导致条件作用的**分化**（discrimination）。当狗学会只对条件刺激（每分钟 70 次的滴答声）做出条件反应，而对其他相似的刺激不做出条件反应时，就出现了条件作用的分化。

中性刺激一旦成为条件刺激，就可以作为无条件刺激。另一个中性刺激与其反复结合，可形成新的条件作用，这一过程被称为**高级条件作用**（higher-order conditioning）。在一级条件作用的基础上建立二级条件作用，在二级条件作用的基础上建立三级条件作用。例如，测验失败引起学生条件性的紧张或焦虑等情绪反应，就经历了一个高级条件作用的形成过程。测验失败一开始也许只是一个中性事件，但逐渐与家长或教师的批评联系起来，而批评本身是引起学生焦虑的条件刺激，久而久之，测验失败就会引起学生的焦虑。再进一步，与测验情境有关的线索也可能成为条件刺激。例如，当学生走进考场时，或者当教师宣布即将举行考试时，学生就感到非常焦虑。

凡是能够引起条件反应的物理性的条件刺激叫作**第一信号系统**（first signal system）的刺激，凡是能够引起条件反应的以语言符号为中介的条件刺激叫作**第二信号系统**（second signal system）的刺激。在生活中，"谈虎色变"就属于第二信号系统的条件作用。学生一想到测验或听到即将举行测验的消息就产生焦虑，也属于第二信号系统的条件作用。并不是测验使得学生产生焦虑，而是有关测验的观念和语义导致学生产生焦虑。

值得注意的是，巴甫洛夫的两个信号系统理论明确指出，由于有了以语言为主的第二信号系统，人类的学习与动物的学习才具有了本质的区别。这说明他本人对人类学习的研究并非只限于以刺激与反应间建立的条件反射并依此来解释人类行为。然而西方的学习理论中对巴甫洛夫理论的介绍只是取了其经典性条件作用部分，显然是不完善的。

教学指南
在课堂教学中应用经典条件作用

●将快乐事件作为学习任务的无条件刺激

让学生在群体竞争与合作中学习。创造一个舒适的读书角，吸引学生主动地阅读。提供温暖、舒适的课堂环境，使学生产生温馨的感觉，并将这种感觉泛化到学习活动中。

●帮助学生克服窘境

学生如果害羞，就可以给他分配更多的社交任务，如分发作业本和试卷，辅导其他同学等。学生如果害怕在全班同学面前讲话，就可以先让他在小组同学面前坐着读一个报告，然后站着读，接着根据笔记内容做一个报告，最后到讲台前给全班同学做报告。学生如果不愿意回答课堂提问，就可以先向他提问一些简单而明确的问题，并对他的主动回答给以积极评价，帮助他建立自信心。

●帮助学生摆脱考试焦虑

第一步，与学生一同罗列导致考试焦虑的各种情境，并将焦虑程度从最轻微到最严重排出等级。例如，最轻微的焦虑可能来自听到要考试的消息，比较严重的焦虑可能来自临考前夜看书或者走进考场，最严重的焦虑可能来自在考场上拿到考卷。第二步，让学生学会通过想象愉快的场景（如躺在沙滩上）和语言提示（如说"放松"）

来放松。第三步，学生一边放松，一边想象最轻微的焦虑情境，重复多次后，想象下一个严重一点的焦虑情境，直到想象最严重的焦虑情境而不感到焦虑为止。学生如果在想象某个情境时报告说仍然感到焦虑，就返回上一个已经不再引起焦虑的情境进行放松练习。在这里，导致放松的场景（无条件刺激）引起放松（无条件反应），引起焦虑的情境（条件刺激）与导致放松的场景（无条件刺激）多次同时出现，引发放松（条件反应）。如此，从最轻微的焦虑情境开始，反复结合，直到最严重的焦虑情境都引发了放松。值得说明的是，学生摆脱考试焦虑可能需要几个疗程，实施者必须受过专业培训，具有娴熟的技能，学生必须能够想象各种场景。

二、华生的行为主义

华生（J. B. Waston）是行为主义的奠基者和捍卫者（见图4-4）。他相信，巴甫洛夫的条件作用模式适用于建立人类行为的科学，如果将这种模式加以扩展，就可以解释各种类型的学习和个性特征。他认为，学习就是以一种刺激替代另一种刺激建立条件作用的过程。人出生时只有几个反射（如打喷嚏、膝跳反射）和基本情绪反应（如惧、爱、怒等），所有其他行为都是通过条件作用建立新刺激－反应（S-R）联结而形成的。例如，婴儿的恐惧可能由突如其来的巨响和得不到母亲的照顾而引起。各种环境与无条件刺激结对出现后，就变成了条件刺激，如在森林里与家长走散的儿童会对森林产生一种条件性的恐惧。

图4-4 华生

华生曾经用条件作用的原理做了一个恐惧形成的实验。当一种动物和一种引起婴儿恐惧的刺激产生了联系后，婴儿就产生了对这种动物的恐惧（见图4-5）。在这个实验中，11个月大的阿尔伯特本不害怕小兔子［图4-5（a）］。当他走近兔子时，背后传来一声巨响［图4-5（b）］，他猛地吓了一跳。不断重复这一过程，一周以后，阿尔伯特对兔子产生了情绪反应［图4-5（c）］。而且，他对兔子的条件反应泛化到了其他任何有毛的东西，如老鼠、制成标本的动物，甚至有胡子的人［图4-5（d）］。

(a)　　　　　　(b)　　　　　　(c)　　　　　　(d)

图4-5 恐惧形成的实验

根据这一实验，华生提出，有机体的学习实质上就是通过建立条件作用，形成刺激与反应之间联结的过程。条件刺激通过与无条件刺激在时空上的结合，替代无条件刺激与无条件反应建立了联系。在实际教育中，许多学生的态度就是通过经典性条件作用而习得的。例如，学生可能不喜欢外语，因为教师在课堂上要求他们大声翻译句子，或者要求他们回答难题，这引起了他们的焦虑，他们将外语学习与这种不愉快的体验联系起来，形成了对外语学习的恐惧反应，并可能将这种条件作用泛化为对其他课程乃至对学校的恐惧。

第三节　操作性条件作用

【微课】
操作性条件
作用

经典性条件作用关注诸如分泌唾液与恐惧等非自愿的生理与情绪反应，而且这些反应是由刺激引发的。但是，人的学习并非都是自动的或无意的，人的绝大多数行为是自发的或自愿产生的。人主动"操作"（operate）环境而产生各种后果。随着操作环境，我们学会了某种行为方式。桑代克与斯金纳发展的操作性条件作用的知识解释了这种操作行为所涉及的学习过程。

一、桑代克的联结主义

桑代克（E. L. Thorndike）（见图4-6）也是从动物实验中发展了他的理论，其中最著名的一个实验就是饿猫打开迷笼。

在这个经典实验中，研究者将一只饿猫放在一个迷笼里（见图4-7），将食物放在笼外可以被猫看得见的地方。猫只有用前爪踏到开门的机关，才能出笼获得食物。在经过一系列的盲目尝试之后，猫终于踏到机关，逃了出来。把猫多次放回笼中，猫几经尝试，逃出笼子的速度越来越快，犯错次数越来越少。经过反复尝试，猫学会了成功的反应而抛弃了不成功的反应，自动形成了迷笼刺激情境与踏动机关反应之间的联结。

图4-6　桑代克

桑代克根据其实验结果提出了**联结主义**（connectionism）的学习理论。这种理论认为，学习的实质在于形成这种刺激—反应联结，这种联结是通过尝试与犯错误的过程而自动形成的，不需要以观念为中介。鉴于对动物和人的研究结果存在相似性，桑代克坚持用这一基本的学习原理来解释各种复杂的学习。在他看来，一个受过教育的成年人不过是拥有成千上万个刺激—反应的联结而已。

桑代克超越巴甫洛夫之处在于，前者提出在某个行为之后出现的刺激影响了未来的行为。这

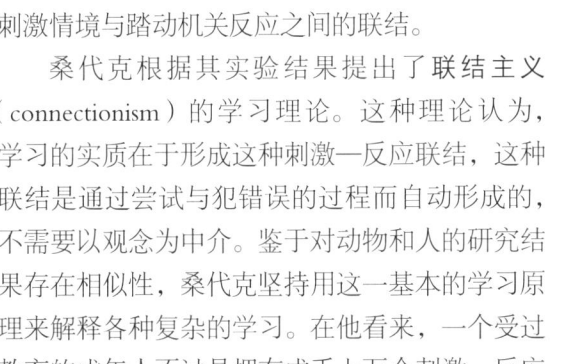

图4-7　迷笼实验

种操作性条件作用的思想隐含在桑代克所提出的学习的**效果律**（law of effect）之中。学习的效果律表明，在刺激与反应之间形成可改变的联结，若给以满意的后果，联结就增强；若给以不满意的后果，联结就减弱。这意味着，一个人当前行为的后果对他未来的行为起着关键的作用。一个动作如果导致了情境中让个体满意的一个变化，那么它在类似情境中重复出现的可能性将增加，但如果导致了让个体不满意的一个变化，那么这个动作重复出现的可能性将减少。

桑代克的学习理论指导了大量的教育实践。学校教育就是让学生形成大量的刺激－反应联结（如乘法表和高频词汇等），反复练习这些联结，并且奖励这些联结。

二、斯金纳的操作性条件作用

桑代克为操作性条件作用理论奠定了基础，斯金纳（B. F. Skinner）（见图4-8）则系统地发展了这一理论，并使之对教育实践产生了巨大作用。

（一）操作性条件作用的基本过程

斯金纳认为，行为可分为应答性行为和操作性行为。应答性行为是由已知的刺激引起的。无条件反应是由无条件刺激所引起的，是一种应答性行为。例如，用针刺手，手马上缩回；遇到强光，马上眯起眼睛

图 4-8　斯金纳

等。操作性行为并不是由已知刺激引发的，而是由机体自发产生的。例如，小孩子在幼儿园上课时会吹口哨、站起来以及扔玩具等。日常生活中的大部分行为属于操作性行为。操作性行为并不取决于其事先受到的刺激，而是由其结果控制的。根据这两种行为，斯金纳区分出了两种条件作用：应答性条件作用（与经典性条件作用相对应，又称刺激性条件作用）和反应性条件作用（又称操作性条件作用），前者强调刺激对引起所期望的反应的重要性，后者强调行为反应及其后果。斯金纳的工作主要集中在行为反应与其后果之间的关系上。

1. 操作性条件作用的形成

斯金纳在可控制的环境下对操作性行为进行了细致的研究，他发明了一种学习装置，叫作**斯金纳箱**（Skinner box），箱内装上一个操纵杆，操纵杆连接着一个供应食丸的装置（见图4-9）。研究者将一只饥饿的白鼠置于箱内，在这种缺乏明显的无条件刺激的环境中，白鼠偶然踏上操纵杆，供丸装置自动送出一粒食丸。白鼠经过几次尝试后，就会不断按压杠杆，直到吃饱为止。在这一实验中，白鼠学会了按压杠杆而获取食物的行为，把强化（食物）与操作性反应联系起来，形成了**操作性条件作用**（operant conditioning）。按压杠杆变成了获取食物的手段或者工具，操作性条件作用故而又叫工具性条件作用。

斯金纳认为，操作性条件作用与两个基本原则相联系：第一，任何反应如果紧随强化

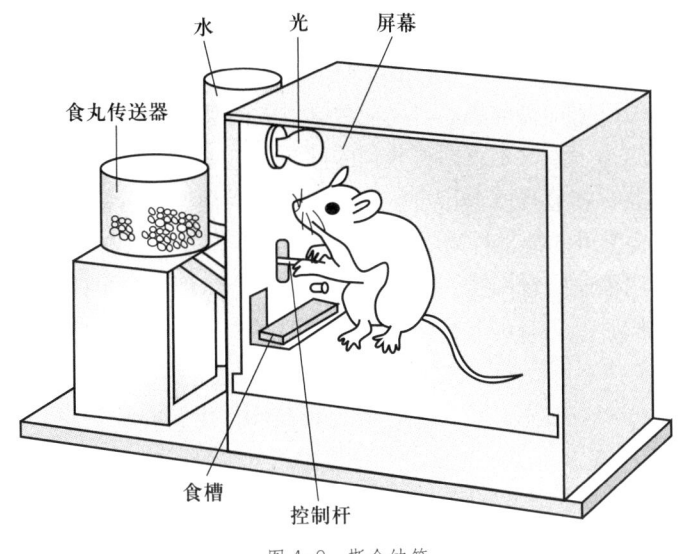

图 4-9 斯金纳箱

刺激，那么该反应具有重复出现的趋向；第二，任何能够提高操作反应率的刺激都是强化刺激。

根据这两个原则，与经典性条件作用的 S-R 过程相比，操作性条件作用是 S-R-S′ 的过程。在这一过程中，重要的是跟随反应之后的刺激。例如，幼儿园的学生在入园的第一周内可能有许多反应，诸如与其他同学交谈、注意教师、在屋子里走动或者打扰其他同学等，随着教师强化某些反应，如对注意教师的学生报以微笑，那么注意教师这一反应将会出现得更为频繁。表 4-3 比较了这两种条件作用的差异。

表 4-3 两种条件作用的比较

比较范畴	经典性条件作用	操作性条件作用
主要代表人物	巴甫洛夫	桑代克、斯金纳
行为	无意的，情绪的，生理的	有意的
顺序	行为发生在刺激之后	行为发生在刺激之前
学习的发生	中性刺激与无条件刺激的匹配	行为后果影响随后的行为
例子	学生将课堂（开始是中性的）与教师的热情联结在一起，课堂引发出积极情绪	学生回答问题后受到表扬，学生回答问题的次数增加

从这两个原则还可以看出，斯金纳与桑代克对学习的解释略有不同。桑代克认为奖励能加强刺激和反应之间的联结，而斯金纳认为强化刺激并不是加强了刺激与反应的联结，而是增强了相同行为再次发生的频率。

2. 操作性条件作用的消退和维持

消退是指消除强化从而消除或降低某一个行为发生的频率。例如，教师要求学生利用业余时间完成额外的数学和语文作业。几周后，他发现学生只做数学作业，没有完成语文作业。于是，他改变规则，只让学生在业余时间完成语文作业。学生很快就只完成语文作业了。在这里，教师应用消退取消了对完成数学作业的强化。再如，在小学二年级的课堂上，有些过分着急的学生不举手就回答教师的问题，这时教师可以不理会他们，只让那些举手的学生起来回答，并且提醒全班学生"小明举了手在等待回答""小华也举了手"等。教师很快就会发现，全班的举手行为明显增加，并且那些并不参与讨论的学生也举起了手。许多教师发现，使用消退比较困难。因为他们必须学会忽视某些不良行为，而且这些不良行为的发生频率降低后，还有可能突然重新出现，这一现象叫作自然恢复。因此，教师需要前后一致地忽视某些不良行为，而且可以结合使用消退与强化。

维持（maintenance）就是行为的保持。操作性条件作用形成后，为了永久保持所获得的行为，应当逐渐减少强化的频次，或者使强化变得不可预测。例如，一个学生每次解完数学题，教师都给予表扬，根据消退原则，一旦停止表扬，学生就可能停止解答数学题。根据维持原则，如果逐渐增加解答题数才给予表扬，并且以随机的时间间隔给予表扬，那么，他就可能在教师没有给以强化或给以很弱的强化的情况下，仍然能够长时间解答数学题。事实上，学生的生活世界里充满了许多自然强化物，可以维持他们在学校中学到的大多数技能和行为。例如，学生最初可能要求教师经常强化他们的阅读行为，一旦他们学会了阅读技能，他们就能借助阅读来了解世界。对大多数学生而言，此时不再需要对阅读行为进行强化，因为所读内容本身就具有高度的强化作用，维持了阅读行为。再如，那些成绩较差的学生可能需要教师对他们的学业行为给以较为细致而系统的强化。但过了一段时间后，这些学生就会发现，完成学校的功课可以获得很多方面的回报，诸如高分、家长的认可、理解能力提高或者知识的增长等，这些回报可以作为自然强化物来强化他们完成功课。此外，某些行为（如绘画、唱歌和下棋等）本身就能使学生感到愉快，即使从来没有得到强化，也能够长久维持下去。

3. 操作性条件作用的分化和泛化

在操作性条件作用中，行为的后果强烈影响行为，先前刺激也起着重要的作用。**先前刺激**（antecedent stimulus）是指行为之前的事件。它可提供这样的信息：什么行为将导致正面后果，什么行为将导致负面后果；什么时候应当改变行为，什么时候不应当改变行为。在斯金纳箱中，鸽子学会了只有在亮灯时才啄取食物，不亮灯时啄也没用，因为没有食物送进来。在数学课里，教师强化那些认真做题的学生，但是当教师宣布下课后而进行课间操时，学生的行为也会随之改变。我们常常对这样的先前刺激做出反应，却没有完全意识到它们在影响着我们的行为，而教师可以在课堂中有意识地使用这些刺激。

当某一种先前刺激（如数学课）存在时表现为一种行为，而当另一种先前刺激（如课间操）出现时表现为另一种行为，这就是操作性条件作用的分化。分化就是知觉到先前刺激的差异并对这种差异做出反应。这些先前刺激可能表现为一些线索、信号和信息，暗示着在什么时候行为更易得到强化。操作性条件作用的分化与经典性条件作用不同，前者涉及诸如啄食的自愿行为，后者涉及诸如分泌唾液的条件反射行为。

为了使学生产生分化，一方面，教师可以给学生提供一些线索和提示。线索对于那些必须在特定时间发生但却容易被遗忘的行为是非常有用的。有时候，教师还需要通过提示来帮助学生以适当的方式对线索做出反应。例如，上课时，班内秩序很乱，教师就举起一只手引起大家的注意，这就是给予**线索**（clue）。如果教师在这之后又附加"我举起手来是什么意思？"或者"我正等着你们做什么？"，这就是**提示**（prompting），确保学生对线索做出正确的反应。在使用提示时要遵循两个基本原则：第一，提示要紧跟在线索的后面，以便学生对线索而非提示做出反应；第二，尽可能淡化提示，避免学生依赖提示。

另一方面，教师必须对学生的反应的正确与否提供反馈，不仅表扬学生的正确答案，而且要对他们的不正确答案提供反馈，使学生知道什么情况下他们的反应是正确的。教师最好直截了当地告诉学生："要想得到强化，你就必须这样做。"甚至可以利用核查表来提示学生应当做出的行为，如发言先举手、大声发言以及倾听同学发言等。这样做能避免学生在错误的活动上花一些无谓的时间和努力，确保学生习得所要求的行为。

如果学生已经学会在数学课堂里坐在座位上认真做作业，那么他们是否也能在语文课堂上做出这种行为呢？这就涉及操作性条件作用的泛化问题了。泛化是指将所习得的行为、技能或概念从一个情境移到另一个情境中。泛化最容易在相似的情境中发生，一个新的行为从语文课上更容易泛化到常识课。值得注意的是，教师不要因为学生能在一种情境下做出某些行为，就想当然地以为他们在其他情境下也能做出这些行为。一般来说，学生并不会自动地将某一情境下的行为泛化到另一情境中。学生可能不会识别这两种情境相似的线索，或者虽能识别这些线索却没有动力做出反应。有时候，学生还可能学会了对不同环境的分化。幼儿在幼儿园里虽然学会了什么行为是受鼓励的、什么行为是受禁止的，在自己家应当做什么、在不同的朋友家应当做什么，但是，在各种环境下根据不同的规则和期望，他们的行为可能大不相同。

（二）强化

在操作性条件作用中，强化是最主要的自变量，行为之所以发生变化就是因为强化作用。斯金纳对强化问题进行了较为全面的研究。所谓**强化**（reinforcement），是指能够增强反应率的后果。斯金纳坚信，对强化的控制就是对行为的控制。

1. 后果类型

在操作性条件作用中，**后果**（consequences）决定了行为再次发生的频率。不同类型的后果可以增强或者减弱行为的发生频率。凡是能增强反应频率的刺激或事件叫作**强化物**（reinforcer）。**正强化**（positive reinforcement）通过呈现想要的愉快刺激来增强反应频率，**负强化**（negative reinforcement）通过消除或中止厌恶、不愉快刺激来增强反应频率。反之，凡是能够减弱行为或者降低反应频率的刺激或事件叫作**惩罚**（punishment），**Ⅰ型惩罚**（type Ⅰ punishment）通过呈现厌恶刺激来降低反应频率；**Ⅱ型惩罚**（type Ⅱ punishment）通过消除愉快刺激来降低反应频率。负强化容易与惩罚相混，表4-4说明了它们之间的关系。

表4-4　强化与惩罚的种类

	行为被增强	行为被减弱
呈现刺激	正强化（呈现愉快刺激，如给以高分）	Ⅰ型惩罚（呈现厌恶刺激，如给予批评）
消除刺激	负强化（消除厌恶刺激，如免除杂务）	Ⅱ型惩罚（消除愉快刺激，如禁看电视）

强化还可划分为一级强化和二级强化两类。**一级强化**（primary reinforcement）满足人和动物的基本生理需要，如食物、水、安全、温暖与性等。**二级强化**（secondary reinforcement）是任何一个中性刺激与一级强化反复结合后，自身获得了强化效力。以金钱为例，对于婴儿而言，它不是强化物，但当儿童知道钱能换来糖果时，金钱就能对儿童的行为产生效果。分数也是受到教师的注意后才具有强化性质的。二级强化可分为社会强化（社会接纳、微笑等）、实物（如金钱、奖品等）和活动（自由地玩、听音乐以及旅游等）。

在实际教育中，每个学生可能对不同的强化做出不同的反应。教师需要针对班上不同的学生提供不同的强化物系列（见表4-5）。教师要注意观察和了解学生对什么强化物感兴趣，可以事先让学生填写一个问卷，例如，在课堂里你喜欢干什么或玩什么东西？在课堂上你最喜欢做的3件事是什么？如果你去商店，你将买哪3件喜爱的玩具？教师还要注意不同年龄的学生对强化物具有不同的兴趣。例如，有些活动（如帮助教师或解答谜题）对小学生而言可能是有力的强化物，但对中学生而言，与朋友聊天、玩电子游戏、看杂志或听音乐可能是更合适的强化物。

表4-5 常用的强化物

实物	社会性	活动
五角星		
橡皮擦	口头肯定	选择时间
打钩标记	口头赞扬	和教师在一起
点数	一日之星	阅读故事
玩具	排头	解决数学题
食物	做一天班干部	喂养班级宠物
杂志	通知家长表扬	使用电脑
智力玩具	组织某次活动	帮老师做某件事情

在选择强化物时，可以遵循**普雷马克原理**（Premack principle），即用高频的活动作为低频活动的有效强化物，或者说用学生喜爱的活动去强化学生参与不喜爱的活动。如果学生喜爱做航空模型而不喜欢阅读，教师可以让他先完成一定的阅读后再去做模型。这一原则有时也叫作**祖母原则**（Grandma's rule）：首先做我要你做的事情，然后才可以做你想做的事情。例如："你吃完这些青菜，才可以吃肉。"

2. 强化程序

强化程序（reinforcement schedules）是指强化出现的时机和频率，也能增强或减弱行为。强化程序可以分为连续强化程序和断续强化程序两种类型。如果在每一个适当反应之后呈现一个强化，那么这叫作**连续强化程序**（continuous reinforcement schedule）。如果只在有些反应而非所有反应之后呈现强化，那么这叫作**断续强化程序**（intermittent reinforcement schedule）。断续强化程序又可分为间隔程序和比率程序。**间隔程序**（interval schedule）是根据历次强化之间的时间间隔而安排强化。**比率程序**（ratio schedule）是根据历次强化之间学生做出适当反应的数量而安排强化。间隔程序和比率程序既可以是固定的（可预测的），也可以是变化的（不可预测的），表 4-6 比较了这 4 种断续强化程序的界定、例子、反应模式以及停止强化后的效果。

表 4-6 四种断续强化程序

间隔程序		比率程序	
	固定间隔程序		固定比率程序
固定的	每隔固定时间予以强化		每隔固定反应次数予以强化
	例如，计时工资、每周五测验等		例如，计件工资，每举 3 次手会有一次发言机会等
	强化来临时反应率增高，强化过后反应率下降		反应率高，强化过后出现暂停
	维持效果弱，到了强化时间而不出现强化时，反应率急剧下降		维持效果弱，到了如期次数而不出现强化，反应率急剧下降
	变化间隔程序		变化比率程序
变化的	每隔不定时间予以强化		每隔不定反应次数予以强化
	例如，冲浪运动、随堂测验等		例如，老虎机，钓鱼，买东西讨价还价等
	反应率平缓而稳定，强化过后几乎没有暂停		反应率非常高，强化过后有暂停
	维持效果较好，停止强化后反应率逐渐下降		维持效果最好，停止强化后，反应率一度保持高，然后逐渐下降

　　每种强化程序会产生相应的反应模式。当学生学习新行为时，如果给予连续强化，他们就学得比较快。当他们掌握这个新行为时，如果给予断续强化，他们就能很好地维持这一行为。断续强化程序比连续强化程序可获得更高的反应率和更低的消退率。在断续强化程序中，比率程序比间隔程序更能提高行为获得的速度。如果根据学生做出反应的数量予以强化，学生积累正确反应的速度就越快，强化就来得越快。如果教师对学生说"你们做对这 10 道题，就去操场玩。"或者说"你们完成这 10 道题，20 分钟后我要检查你们的作业，全部做对的人可去操场玩。"前者与后者相比，后者会让学生更快地完成作业。变化的强化程序比固定的强化程序更能有效地维持行为。学生对行为的维持取决于强化的不可预测性。两种固定的强化程序（固定间隔程序和固定比率程序）以及连续强化程序均是可预测的。学生逐渐期待在特定时刻出现强化，当强化并未如期出现时，他们将很快放弃行为。在变化的强化程序中，强化的出现是无规律可循的，学生必须始终如一地做出反应。稍有松懈，可能就不符合强化条件，可能需要付出更大的代价。尤其是变化比率程序对维持稳定的反应最为有效，使用"老虎机"赌博就是一例。

教学指南

教师慎用惩罚

教师在某些情况下不得不使用惩罚。例如，当学生的行为使自己或他人陷入危险境地时，或者当强化的方法不能奏效时，教师使用惩罚可能比较有效。但是，教师在使用惩罚时需要遵循有效且人道的使用原则（参见第十五章"课堂管理"的"行为矫正"部分），另外，还需要注意以下几个事项。

（1）向学生建议所期望的行为。如果学生不知道除了正在做的事情之外他还可以做些什么，那么教师需要告诉、指导学生如何做一些被视为正确的事情，甚至可以为学生设立一些行为榜样。

（2）结合正强化进行惩罚。采用正强化补偿惩罚，奖励所期望的行为。一旦学生做出这些正确行为之后，教师就要给予学生强化。例如，一旦学生停止攻击性行为，表现出体谅他人的行为，教师就立即表扬他。

（3）即时惩罚。不期望的行为一旦出现，或者在事件发生后，在行为发生的地点，立即予以惩罚。

（4）绝不姑息。如果不当行为出现，就要确保学生无法逃避惩罚。如果学生连续犯事，就要连续予以惩罚。

（5）惩罚适度。惩罚的强度与所造成的危害相称，惩罚不宜过重、过久。尤其不能使惩罚产生副作用，例如，罚学生写作文，导致学生对作文产生了厌恶。

（6）尽量使用Ⅱ型惩罚，消除一个令犯规学生愉快的刺激。例如，拒绝给予表扬或想要得到的东西、机会或权利等，而非施加一个令其不愉快的刺激。

资料来源：斯滕伯格，R. J.，威廉姆斯，W. W.（2016）. *斯滕伯格教育心理学*（第2版）（姚梅林，张厚粲等 译）. 北京：机械工业出版社，220.

（三）行为的学习

1. 塑造

斯金纳认为，"教育就是塑造行为"。复杂的行为可以通过塑造而获得。**塑造**（shaping）是指通过小步强化达成最终目标。具体而言，塑造是将目标行为分解成一个个小步子，每完成一小步就给以强化，直到获得最终的目标行为。这种方法也叫作**连续接近**（successive approximation）。例如，训练鸽子将头抬到一定的高度，只有当它把头朝着所要求的方向抬起来时才给以强化，不断提高对高度的要求，直到达到所要求的方向和高度，获得新的目标行为。再如，教师在教学生26个英文字母时，先要求学生说出一个字母，然后要求说出几个字母，最后要求说出全部字母，这样逐步予以强化，引导学生达到最终目标。

行为塑造需要遵循以下步骤：

（1）选择目标。（终点行为）

（2）了解学生目前能做什么或知道什么。（起点行为）

（3）找出学生所在环境中的潜在强化物。（强化物）

【考纲链接】
《教育教学知识与能力》（小学）：了解小学生学习方式的基本类型和小学教师的课堂教学行为对小学生学习的影响

（4）将终点行为分解成有序的步骤，步调大小因学生的能力而异。（步调划分）

（5）即时向学生反馈其每一步的行为，使学生由起点行为逐渐向终点行为接近。（即时反馈）

在塑造行为时，教师要遵循一条原则：学生必须在力所能及的行为范围内得到强化，这些行为又必须能向新的行为延伸。学生能在 15 分钟之内解 10 道数学题，如果能在 12 分钟之内解出就应强化，而无须等到能在 8 分钟之内解出才予以强化。反过来，一个学生能做 20 道题，必须做 24 道题后才予以强化，不能在少于 20 道题时就予以强化。

2．连锁

行为塑造可以通过连锁的方法来实现。复杂行为是由许多反应组成的，这些反应是按顺序发生的，前一个反应引发后一个反应，这叫作行为链。当我们想吃口香糖时，我们将进行以下一系列行为：

（1）把手伸进口袋。

（2）掏出一包口香糖。

（3）从中抽出一片口香糖。

（4）剥开口香糖的包装纸。

（5）把口香糖放进嘴里。

这五步行为必须按顺序发生，前一步的反应改变了环境条件，这一变化作为刺激，引发了下一步的反应。所谓**连锁**（chaining），就是有步骤地训练复杂行为（行为链）的方法。如果采用这一方法，那么首先需要对复杂行为进行**任务分析**（task analysis），也就是将一个行为连锁分解成一个个单一的刺激－反应的过程。通过任务分析，这一复杂行为可以分解成以下一系列（S）-R：

（1）（口香糖在口袋中）—把手伸进口袋。

（2）（手在口袋中找到一包口香糖）—掏出一包口香糖。

（3）（手上拿着一包口香糖）—从中抽出一片口香糖。

（4）（手上拿着一片包着纸的口香糖）—剥开口香糖的包装纸。

（5）（手上拿着一片剥离了包装纸的口香糖）—把口香糖放进嘴里。

然后选择一种具体的连锁方法。连锁方法可分为顺向连锁和逆向连锁两种方法。**顺向连锁**（forward chaining）就是从第一步行为开始，每次只训练一步行为，从前往后将所有单步行为连接起来，最终使学生获得整个复杂行为。**逆向连锁**（backward chaining）则是从最后一步行为开始，每次只训练一步行为，从后往前将所有单步行为连接起来，最终使学生获得整个复杂行为。表 4-7 比较了两种连锁方法的不同训练过程。

逆向连锁是一种强有力的训练方法，在学生能力非常有限的情况下可以采用。从上表中可以看出，在逆向连锁方法中，学生每次都必须完成后面逐渐掌握的步骤，而感受到完整的复杂行为，这些步骤得到了自然强化。

表 4-7 顺向连锁与逆向连锁的程序

顺向连锁	逆向连锁				
（1）	（1） →	（2） →	（3） →	（4） →	（5）
（1）→（2）	（1） →	（2） →	（3） →	（4） →	（5）
（1）→（2）→（3）	（1） →	（2） →	（3） →	（4） →	（5）
（1）→（2）→（3）→（4）	（1） →	（2） →	（3） →	（4） →	（5）
（1）→（2）→（3）→（4）→（5）	（1） →	（2） →	（3） →	（4） →	（5）

注：黑色序号表示由学生完成；灰色序号表示由教师完成。

（四）对操作性条件作用的评价

斯金纳的操作性条件作用对教育产生了巨大影响，主要表现在这样 4 个方面。第一，教学理论和教学方法、技术。斯金纳认为，教学过程基本上就是一个塑造行为的过程。教师首先确定教学的目标（终点行为）和学生的水平（起点行为），然后明确描述从起点行为到终点行为的各个小步行为，通过各种手段（如教师讲演、学生小组活动以及完成课堂作业等）让学生按步骤学完所安排的内容，并且对学生主动回答的问题给予即时反馈。教学过程只有做到教学内容小步呈现、学生自定步调、积极回答以及教师即时反馈，才能取得较好的教学效果。斯金纳根据自己的教学理论和以上原则，发明了程序教学模式及其教学技术（如教学机器）。第二，教学目标的设置与表述方式。为了使学生从起点行为逐步达到终点行为，教师必须明确表述教学目标所涉及的行为。第三，行为的改变。操作性条件作用不仅可以指导塑造学生的新行为，同样可以指导改变学生的不良行为，包括消除或矫正不良行为。第四，对行为的自我调节或管理。行为主义心理学的新发展就是将多种认知过程（如思维、知觉、期望以及自我陈述等）融入行为主义的框架。这些新理论认为，学生有缺陷的认知过程引导或控制着他们的问题行为。如果改变了这些认知，他们的问题行为也将随之被改变。在这种理论的指导下，人们开发出了一些自我调节或自我控制的技术。

以上第一、第二个方面将在本书第十三章"有效教学"中具体展开；第三个方面将在第十五章"课堂管理"中具体展开；第四个方面将在十一章"自我调节学习"中具体展开。

第四节 社会学习理论

自 20 世纪 40 年代以来，行为主义心理学家们对儿童是如何习得社会行为的问题就很感兴趣。这些行为包括合作、竞争、攻击、道德—伦理和其他社会反应。行为主义认为社会反应主要通过观察和模仿别人的行为而学得，但强化理论已经不能令人满意地解释所有的模仿形式了。首先，儿童为什么总是有选择性地模仿而不是模仿了所有受到强化的行为？其次，为什么儿童有时会模仿那些过去没有相互作用过的行为？最后，为什么儿童在最初被观察的几天、几周之后，虽没有受到强化，也没看到榜样的这种行为受到强化，却会模仿新的行为？面对这些问题，班杜拉（A. Bandura）（见图4-10）提出了一套最为综合并且被广泛接受的模仿学习理论，这一理论最初被称为**社会学习理论**（social learning theory），由于这种理论使用诸如信念、期望、记忆以及自我强化等认知因素来解释社会学习过程，所以后来被看作**社会认知理论**（social cognitive theory），属于新行为主义。

图4-10　班杜拉

一、社会学习理论概述

班杜拉认为，儿童的大多数学习发生在社会环境中，儿童通过观察生活中重要人物的行为而习得社会行为，这些观察以心理表象或其他符号表征的形式储存在大脑中，帮助他们模仿行为。儿童没有必要在学习过程中表现这些行为，外在强化也不是绝对必要的。这些观点对行为主义的核心假设提出了挑战，关注线索对行为及其内在心理过程的作用，强调思想对行为和行为对思想的作用。这些观点在行为主义学派和认知派之间架起了一座桥梁。

社会学习理论对学习和行为表现提出了这样3个假设：个体、行为和环境之间是相互作用的；学习与表现是不能等同的；学习可以分为参与性学习与替代性学习。

（一）交互决定论

在社会学习理论看来，人类的行为既不是只受内部因素驱动的，也不是仅由外部环境刺激自动塑造和控制的。个人的行为可以由交互决定论来解释。**交互决定论**（reciprocal determinism）认为，个人、环境和行为是相互影响、彼此联系的。三者影响力的大小取决于当时的环境和行为的性质。图4-11表示了三者之间的关系。

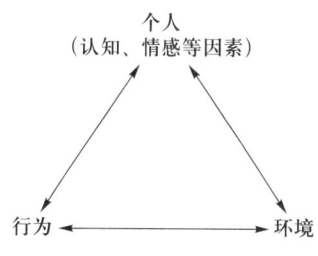

图4-11　个人、行为与环境之间的
交互决定关系

例如，攻击性强的儿童期望其他儿童对他产生有敌意的反应（个人的认知因素），这种期望使该儿童产生攻击性反应（行为），其后果是其他儿童对该儿童的行为更有攻击性（环境），从而又强化了该儿童的最初期望（个人的认知因素）。再如，教师讲课时，学生思考教师所教的内容（环境→个人的认知因素），如果不理解，他会举手提问（个人的认知因素→行为），教师于是复述这一内容（行为→环境）。学生做练习时，认为自己做得非常好，喜欢做这些练习（行为→个人的认知、情感因素），询问教师是否继续往下做（个人→行为），教师同意他们继续做（行为→环境）。

（二）学习和表现

为了说明行为主义的局限性，班杜拉将新的学习与习得行为的表现区分开来，强调知识的获得（学习）与基于知识的可观察的表现（行为表现）是两种不同的过程（申克，2003），人知道的要比所表现出来的多。他曾做过这样一个实验。学前儿童观看一场电影。在电影中，一个人正在踢打一个充气娃娃，第一组儿童看到那个人因为这种行为受到奖励；第二组儿童看到那个人由此受到惩罚；第三组没有看到任何结果。看完电影后，这些儿童被带到摆有充气娃娃的房间。结果发现：第一组儿童最具攻击性，踢打这些玩具；第二组儿童的攻击性行为最少，但是如果他们被告知，模仿电影中的人踢打充气娃娃可得到奖励，他们就会将攻击性行为表现出来。这意味着，尽管学习已经发生了，但除非情境是合适的或者有引起行为的刺激，否则是不会表现出来的。外在强化或者学生对即将出现的后果的高度相信会影响表现而不是学习。

学生是否把从观察中习得的行为表现出来，依赖许多因素，如动机、兴趣、外在刺激、觉察到的需求、生理状况、社会压力以及社会竞争等。有些学生尽管从同伴那里学到了一些不好的行为（如抽烟等），但却没有表现出来，因为学校不鼓励他们表现这些行为。小学低年级儿童可能学会了某些汉字，但因为他们的精细动作协调能力有限而可能写得不够工整。小学高年级学生可能学会了约分，但因为他们焦虑、生病或者误解题意而在考试中出现错误。在这些情况中，学生的表现并不能代表他们的学习程度。

事实上，学校尽管有一些活动（如复习课）要涉及以前习得的技能，但是学生的大部分时间还是花在新行为的学习上。

（三）参与性学习和替代性学习

社会学习理论把学习分为参与性学习和替代性学习（Bandura，1986）。**参与性学习**（enactive learning）是通过实践并体验行动后果而进行的学习，实际上就是做中学。那些能导致成功后果的行为被保留下来，而那些导致失败后果的行为则被舍弃。行为后果所发挥的作用与斯金纳的操作性条件作用中的情况是不一样的。斯金纳认为，行为的后果增强或减弱行为，而参与性学习的行为后果为学生提供信息和激励，是在建立预期、影响动机并塑造信念。参与性学习的行为后果告知学生其动作是否准确合适，如果成功地完成了某项任务或受到一定的奖励，学生就知道自己做得很好；如果失败或者受到惩罚，学生就知道自己犯了某些错误并会尽力加以修正。行为后果还能激发学生学习和表现的动机。学生总是学习并表现他所看重并确信能带来理想后果的行为，而避免学习和表现一些受到惩罚或令人不满意的行为。这意味着，正是学生的认知而非行为的后果影响了学习。在第十三章中所提到的探究性学习与基于问题学习等属于参与性学习。

替代性学习（vicarious learning）是通过观察别人而进行的学习。在替代性学习的过程中学生没有外显的行为。人类的大部分学习是替代性学习，它通常是通过观察或聆听下列来源中的榜样而进行的：现实生活中的（亲眼所见或亲耳所闻）、象征性的或者非人类的（广播中说话的卡通人物或动物）、电子产品（电视、电脑或手机）或印刷品（图书或杂志）中的。如果个体必须做出每个行为才能让学习发生的话，那么替代性学习可以大大提高这种学习的速度。替代性学习还可以避免个体去经历有负面影响的行为后果，如我们可以通过听他人讲述、看书以及看电影等来了解交通事故的危险性，而不必亲身去体验交通事故的后果。在第六章中所提到的认知学徒制就属于替代性学习。

学习复杂的技能一般要通过观察和实践才能学会。学生首先观察榜样来解释并示范这些技能，然后进行大量练习和实践，并从指导者那里获得反馈和激励。

二、观察学习

观察学习（observational learning）是指通过观察并模仿他人而进行的学习。观察学习包括注意、保持、复制和动机 4 个子过程。

在注意（attention）过程中，观察者注意并知觉榜样情境的各个方面。榜样和观察者的几个特征决定了观察学习的程度。观察者比较容易观察那些与他们自身相似的或者被认为是优秀的榜样。表 4-8 列出了在观察学习中易被注意的榜样的特征。有依赖性的、自身概念水平低的或焦虑的观察者更容易产生模仿行为。强化的可能性或外在的期望影响个体决定观察谁、观察什么。

表 4-8　观察学习中易受注意的榜样的特征（斯滕伯格，威廉姆斯，2016)

特征	为什么起作用	举例
卓越：在竞争中显得很突出的榜样	卓越的成人（家长和教师）的行为或者同龄人（好朋友）的行为，要比随机的成人或陌生儿童的行为更可能被模仿	高中数学教师演示如何使用正确的方法解决问题，要知道，教师（无论男女）对学生来说就是一个卓越的榜样
受人喜欢和尊敬：榜样受人喜欢和尊敬	儿童更可能模仿受人尊敬的教师或者朋友的行为，而不可能模仿陌生人或者他不喜欢的人的行为	为了给学生再提供一个受人喜欢和尊敬的榜样，数学老师让一个很受大家欢迎的学生第一个到黑板上解题
类似：个体认为榜样与自己很相似，这在观察学习中很关键	家长和好朋友更可能作为榜样的角色，是因为正在学习的个体感觉他们与自己有一定的类似	数学教师叫了好几名学生解题，这样每个学生都会开始预想，自己将是下一个要到黑板上解题的人
强化：所观察到的榜样行为的结果	如果榜样的行为得到了奖励，那么个体更可能模仿榜样的行为	数学教师在全班同学面前很公平地表扬每一个学生，不光针对最后结果，还对有助于解决问题的每一步骤都提出表扬

在保持（retention）过程中，观察者记住从榜样情境了解的行为，以表象和言语形式将它们在记忆中进行表征、编码以及储存。

在复制（reproduction）过程中，观察者将头脑中有关榜样情境的表象和符号概念转为外显的行为。观察者需要选择和组织榜样情境中的反应要素，进行模仿（modeling）和练习，并在信息反馈的基础上精炼自己的反应。

在动机（motivation）过程中，观察者因表现所观察到的行为而受到激励。观察者的模

【考纲链接】
《教育教学知识与能力》（小学）：了解小学生学习方式的基本类型和小学教师的课堂教学行为对小学生学习的影响

仿动机存在 3 种来源。① **直接强化**（direct reinforcement），在社会认知理论中，直接强化的作用并不是增强行为，而是提供了信息和诱因。观察者对强化的期望影响了他注意榜样行为的过程，激励他主动编码并记住可以模仿的、有价值的行为。② **替代强化**（vicarious reinforcement），是指观察者因看到榜样受强化而受到的强化。例如，当教师强化一个学生的助人行为时，班上其他学生也将花一定时间相互帮助。替代强化往往能够唤起观察者的情绪反应。例如，当电视广告上的明星因使用某种洗发露而风度迷人时，观众将体验到明星因受到注意而感觉到的愉快。③ **自我强化**（self-reinforcement），自我强化依赖社会传递的结果。社会向个体传递某一行为标准，当个体的行为表现符合甚至超过这一标准时，他就对自己的行为进行自我奖励。例如，补习了一年语言的学生为自己设立了一个成绩标准，他将根据成绩对自己的行为进行自我奖赏或自我批评。人还能观察自己的行为，并根据自己的标准对行为做出判断，由此而强化或惩罚自己。例如，在一次测验中，一个学生可能因得了 90 分而沾沾自喜，而另一个学生则可能感到大失所望。

三、观察学习的效应

在学校课堂中存在着大量的观察学习。教师需要明确意识到它们的存在，并按照观察学习的过程来指导学生，充分利用观察学习的习得效应与表现效应。

（一）习得效应

学生通过观看榜样行为习得了一种新的反应、新的认知过程、新的评判标准或者新的行为规则等，这就是观察学习的**习得效应**（observational learning effect）。例如，通过观察学习，学生可以获得一些基本的读写技能、课堂对话方式、攻击性倾向以及与健康有关的知识。而且，观察学习的一个重要结果可能是获得某些一般原理或规则。例如，某一个学生观察了其他同学的不同的复习方法，他综合了这些方法，结合自己的特点，产生了新的复习方法。

观察学习的发生存在不同途径。一种途径是由教师有意的努力所致，即教师通过示范教授一些新的技能或行为标准。例如，数学教师可以通过示范，有意教导学生如何在解题过程中运用图解法。另一种途径则是出自偶然的或者无目的的。例如，学生从同伴那里学会了某些骂人行为。

（二）表现效应

学生通过观察榜样行为而增强或减少了其原本习得的行为，这就是观察学习的表现效应。观察学习的表现效应包括抑制效应、去抑制效应和引发效应。

【考纲链接】
《教育教学知识与能力》（小学）：了解小学生学习方式的基本类型和小学教师的课堂教学行为对小学生学习的影响

（1）**抑制效应**（inhibitory effect），是指学生由于看见榜样受到惩罚的结果而引起了反应倾向减弱。例如，某一学生在课堂上不举手就发言，受到了教师的批评，其他具有这种行为倾向的学生看到这一后果，也不会不举手就发言了。又如，一个学生在课堂上回答问题，其他学生取笑她。这一事件直接影响她以后的参与行为。其他学生观察到她的经历，也许会减少自己回答问题的行为。因为他们已经替代性地了解到参与回答问题会给自己带来的不快后果，因而增强了对这种行为的抑制，选择不参与。

（2）去抑制效应（disinhibitory effect），是指学生看到榜样做出自己原来抑制的行为受到奖励时，会加强这种反应的倾向。例如，在演讲课上，学生们都害怕成为第一个演讲的人，他们预期会发生各种形式的个人窘态。然而结果表明，率先演讲的一个或两个同学并没有发生太糟糕的事，一些同学会因这一体验削弱了自己的抑制，也愿意上台演讲了。他们的行为被去抑制化了。去抑制效应可帮助教师认识某些课堂行为问题是如何形成的。有些不良的行为具有传染性。如果有学生做出了这些行为而未带来明显的不愉快的后果，其他学生就可能做出这些行为。例如，如果一个学生在考试中作弊并侥幸躲过了惩罚，这种行为就可能扩散开来。

（3）引发效应（eliciting effect），是指学生观看榜样行为引发其行为库中已有的反应。这种效应不同于习得效应，因为它没有习得新的反应。它也不同于去抑制效应，因为它并没有涉及消除害怕或抑制的过程。榜样行为为学习者提供了社会线索或提示，引发了他们出现相同行为。他们并未观察到行为的后果。例如，在某一学生回答问题很精彩时，有几位同学鼓掌，其他同学受到暗示很快也鼓起掌来。鼓掌这种行为并非新学行为，只是被引发出来了。鼓掌行为也不会带来什么满意的后果。

学生可能已经学会某种行为，并且知道自己也需要做出这种行为，但是，他们需要教师进行角色示范，促使他们表现出这些行为。例如，教师表示出对学生的尊敬、礼貌以及宽容等，学生就可能受到提示而表现出这些行为。

思考题

1. 学习理论存在哪些流派？它们是如何发展的？
2. 如何利用经典性条件作用帮助学生热爱某门学科？
3. 负强化与惩罚的区别是什么？
4. 如何利用强化程序来教学生习得并维持一个新行为？
5. 经典性条件作用与操作性条件作用有何关系？
6. 社会学习理论的基本观点是什么？
7. 参与性学习与替代性学习有什么区别？
8. 在课堂中如何应用观察学习？

推荐阅读

申克，D. H.（2003）.*学习理论：教育的视角*（韦小满等　译）. 南京：江苏教育出版社.

陈琦，刘儒德.（2019）.*简明教育心理学*. 北京：高等教育出版社.

索耶.（2010）.*剑桥学习科学手册*（徐晓东等　译）. 北京：教育科学出版社.

班杜拉，A.（2007）.*思想和行动的社会基础：社会认识论*（林颖等　译）. 上海：华东师范大学出版社.

　　斯莱文, R.（2016）.*教育心理学：理论与实践（第10版）*（吕红梅, 姚梅林等　译）. 北京：人民邮电出版社.

　　斯滕伯格, R. J., 威廉姆斯, W. W.（2016）.*斯滕伯格教育心理学（第2版）*（姚梅林, 张厚粲等　译）. 北京：机械工业出版社.

　　伍尔福克, A.（2015）.*伍尔福克教育心理学（第12版）*（伍新春, 张军, 季娇　译）. 北京：中国人民大学出版社.

第五章

认知学习理论

🔘 知识导图 ▶▶▶

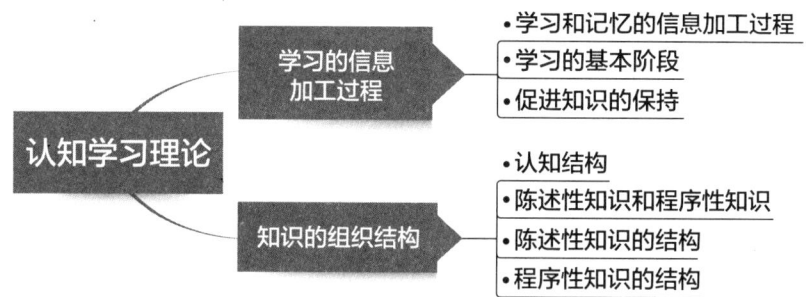

📝 学习目标 ▶▶▶

◉ 从信息加工的角度理解学习的过程

◉ 概括促进知识保持的基本思路

◉ 比较陈述性知识和程序性知识的差异

与行为主义不同，认知学习理论重在研究学习者对环境刺激（信息）的内部加工过程和机制，而不限于外显的刺激与反应；重在研究人是如何形成概念、理解事物以及进行思维和问题解决的，而非研究实验室中动物的行为学习。它一般强调，学习是主动的心智活动，是内在认知表征（如知识系统）的形成、丰富或改组的过程，而不只是行为习惯的加强或改变。认知学习理论发端于德国的格式塔学派。从 20 世纪五六十年代开始，随着对复杂学习活动以及语言发展等相关问题研究的深入，同时也由于计算机科学的影响，认知学习理论逐渐进入了发展与兴盛的时期。在这一时期，认知学习理论主要包括以下两种密切相关的倾向。一是信息加工的学习理论，它主要是受计算机科学的启发，用计算机来类比人的认知加工过程，从信息的接收、编码、存储和提取的流程来分析学习的认知过程。其代表性人物包括加涅（R. M. Gagne）和安德森（J. Anderson）等。二是认知结构理论，它与早期的格式塔学派有着更为密切的联系，它把人的认知看成整体的结构，认为学习就是认知结构的形成

【微课】
认知学习理论

和重组的过程，已有的认知结构作为内在的编码系统左右着个体对于新信息的选择、理解、组织和推理。此方面的代表性人物包括布鲁纳（J. S. Bruner）和奥苏贝尔（D. P. Ausubel）等。在本章中，我们不专门介绍有关的教育心理学家的理论，而是集中讨论认知学习理论所研究的核心主题，概括总结它所揭示的学习过程、条件和有效策略。

第一节 学习的信息加工过程

一、学习和记忆的信息加工过程

在学习活动中，学生会通过课本、教师以及其他各种信息来源接触到大量的信息。有些信息几乎没有被学生注意到，而有些信息则可以被长期地保持下来。人是如何加工、保持信息的呢？为了解释记忆的过程和结构，心理学家从计算机的信息加工过程中得到启示，提出了关于记忆的信息加工模型，其中被广泛引用的是阿特金森（R. C. Atkinson）和谢夫林（R. M. Shiffrin）提出的记忆模型。在关于记忆的信息加工模型的基础上，教育心理学家加涅提出了关于学习的模型。综合这些模型，我们可以用图 5-1 来解释学习的信息加工过程。

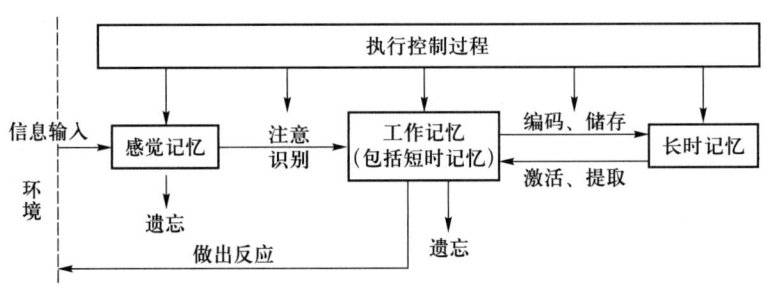

图 5-1 学习的信息加工过程

如图 5-1 所示，人的学习和记忆包括一系列的**信息加工**（information processing）流程，包括从外界接收和采集信息，进行注意识别，编码、储存，而后在需要时从长时记忆中激活、提取出来，加以应用。个体对以上信息加工流程进行不断的**执行控制**（executive control）时，通过各种策略来调节、促进自己对记忆信息的获取、编码、储存和提取。

从具体过程来看，首先，来自环境中的信息（刺激）作用于人的各种感受器，如眼、耳等，进入**感觉记忆**（sensory memory）。信息在感觉记忆中保留的时间很短——0.25～3 秒。在此时间内，人对信息进行最初步的加工。在进入感觉记忆的众多信息中，人只对其中一部分信息给予注意，进行识别，赋予其以意义（比如把一个图形感知为三角形）。这些信息便进入了人的短时记忆中。

【考纲链接】
《教育知识与能力》（中学）：
了解记忆的分类

短时记忆（short-term memory）是记忆系统中人当前能明确意识到和给予关注的内容，相当于信息加工的操作台。**工作记忆**（working memory）是一个比短时记忆更宽泛的概念。严格地说，工作记忆是指个体在执行认知任务过程中暂时储存与加工信息的容量有限的系统，是人类认知活动的核心，是学习、推理、问题解决和智力活动的重要成分（Baddeley，2001；Barrouillet，Mignon，& Thevenot，2008；Camos，2008；Grondin，Laflamme，& Mioni，2015；Matthews，2015；Montoya et al.，2018）。在这个空间中，新信息得到暂时保存和加工，并与从长时记忆中提取出的有关内容联系起来。短时记忆中的信息编码方式包括抽象的语义，也包括具体的感觉形象。短时记忆的容量是很有限的，通常认为只有5～9 个信息块。但每个信息块本身可以包括很多有联系、有组织的信息，如可以把零散的单词组成句子，一个句子就成了一个信息块。这样，人通过把零散的信息组织成更大的有意义的单元就可以扩大短时记忆中所保持的信息的数量。这种把零散的信息组织成更大的有意义的单元的过程被称为**组块**（chunking）。在短时记忆中，信息保持的时间也很短，一般在 20 秒以内。但是，如果学习者不断对信息进行重复，如反复地说一个电话号码，就可以使信息保持激活的状态，从而在短时记忆里保持更长的时间。通过对信息的复述，以及对信息进行意义解释，从而与已有的知识联系起来，人就可以把信息储存到长时记忆中，以便在以后需要的时候提取出来。

长时记忆（long-term memory）的存储容量几乎是无限的，储存的时间是长久的。后来回忆不起来的原因只是由于提取困难，是由于我们不能从长时记忆中找回有关的内容，借助一些回忆的线索常常可以起到帮助回忆的作用。按照储存的内容和形式的不同，长时记忆至少包括以下 3 个部分（Squire，Knowlton，& Musen，1993）。① **情景记忆**（episodic memory）：这是关于个人生活经历的记忆，在某时某地的所见所闻仿佛是一幕一幕的电影情节保存在人的记忆中，其主要表征（表示）方式是具体形象的。研究表明，将抽象知识的学习与生动的活动（如模拟、表演）和图像（如插图）结合起来，可以起到促进知识记忆的作用（Small，Lovett，& Scher，1993）。② **语义记忆**（semantic memory）：这是关于各种概念、思想及其关系的记忆，主要以语义的形式进行表征。③ **程序记忆**（procedural memory）：这是关于如何做某件事情的记忆，如如何使用计算机进行文字编辑。这种知识是通过一系列的条件—行动组合的形式进行表征的，即针对各种情况分别要做出什么行动。后两种记忆在学校教学中具有更为重要的意义，我们将在下一节中做更详细的分析。

二、学习的基本阶段

信息加工模型为深入理解学习的过程提供了一个基本框架。以关于学习和记忆的信息加工模型为基础，加涅分析了学习过程中必须按顺序完成的 8 个基本阶段（Gagne，1985）。

（1）注意：在学习的开始，学生首先要调节自己的注意力，使自己对可能接触到的教学信息保持警觉和敏感，并给予关注。所需要关注的信息可能是口语的或者书面的，可能是文字、图片或实物。

（2）目标预期：学生要明确所要达到的具体学习目标。这些目标或由学生确定，或由教师确定。对这些目标的预期将会引导学生对信息的选择加工和反应方式。比如，如果教师设置了 3 个问题，让学生带着这些问题阅读一篇课文，那么学生就会对与这些问题有关的信息进行更深的加工，而可能忽略其他的内容。

（3）提取已有知识：学生要针对当前的学习主题任务，回忆自己曾经学习过什么。

（4）选择性知觉：学生感知教学信息，辨认重要的信息要素，将其识别和转化为有意义的模式（如文字、几何图形），纳入工作记忆之中。

（5）语义编码：对进入工作记忆的信息进行加工和组织，同时联系长时记忆中的有关知识，形成对新信息的理解（可能是概念、规则、实例等），然后储存到长时记忆中。这是学习过程中最为关键的环节，缺了这个环节，学习就相当于没有发生。

（6）做出反应：在此环节，学生从长时记忆中提取所习得的知识技能，完成某个活动。比如，学生在阅读课文后回答教师提出的问题，或者在学习了"平行四边形"的概念后判断一些图形是否是平行四边形。

（7）反馈强化：针对实际的学习进展和活动反应情况获得有关的反馈，这种反馈信息可以由外部（如教师）提供，也可以由学生通过对学习活动的自我观察和反思而得到。如果学生通过学习活动达到了预期的目标，就会获得积极的体验，从而起到强化的作用。

（8）提取应用：此阶段可能在若干天之后才进行，主要任务是提取运用所习得的知识技能，将其推广应用到新的任务情境中。比如，在学生学习了三角形之后，让学生在一个立体图形中找出三角形。按照新情境中的线索提取和运用有关的知识技能，这有利于学生将所学的知识和更多的情境线索联系起来，从而促进学生对知识的提取，也有利于对知识进行灵活的应用。

在以上 8 个阶段中，前 3 个阶段相当于学习的准备活动，学生需要用几分钟的时间做好对某个学习任务的准备，形成对于学习的动机和期望。随后的 4 个阶段是学习过程的核心，是实际完成学习任务的阶段。根据学习内容的复杂程度，这个阶段可能要进行若干次的循环。最后一个阶段是对所完成的学习进行的迁移和概括。

三、促进知识的保持

有效地获取和保持知识是认知学习理论关注的核心问题。如何才能促进知识在长时记忆中的有效保持呢？从有关实验和理论研究来看，以下因素对于促进知识在长时记忆中的保持有重要的作用。

（一）加工深度

在记忆研究领域中，一个有重要影响的理论是克瑞克（F. I. M. Craik）等人提出的**加工深度理论**（levels-of-processing theory），其基本假设是：人往往在不同的深度层次上对各种外界刺激进行心理加工，而只有那些得到很深的加工的信息才能被长期保持下来。所谓深度的认知加工就是赋予信息以意义，理解信息的深层意义。这种观点得到了实验研究的支持。例如，在一个实验中，研究者向学生呈现了一系列单词，一部分学生的任务是根据单词的意义把它们分为褒义词和贬义词，而另一部分学生的任务是数出每个单词中的字母个数，或者看单词中是否有字母 e。在回忆测验中，进行词汇分类的学生比其他学生多回忆起了 60% 的单词（Hyde & Jenkins，1969）。在另一项研究中，研究者为被试呈现刺激词，随机要求被试采用不同的加工水平（浅层加工水平要求被试判断每个刺激词是大写还是小写，深层加工水平要求被试判断每个刺激词是否属于某一特定类别）对 40 个刺激词进行学习。在学习后的 5 分钟以及一周后，要求被试进行自由回忆。结果发现，无论是在即时回忆还是延迟回忆任务中，深层加工组的被试都比浅层加工组的被试表现得更好（Chang，2017）。深度加工不仅能促进个体的记忆，也能帮助个体更好地进行知识迁移。蔡晨等人（2016）以物体受力分析为例，操纵个体的认知加工深度（错误辨别组要求被试找出错误的受力分析；错误解释组要求被试找出错误，并解释；错误改正组要求被试找出错误，解释原因并改正），随后进行迁移测验。结果发现，对错误的受力分析进行改正（即认知加工深度较高）的个体，在迁移（远迁移与近迁移）测验中具有更好的表现。在实际教学情境中，那些能够促进学生对学习内容进行深度加工的教学方法更能够促进学生对知识的保持。例如，在一项实验研究中，研究者让中学生用 3 种方式学习地理：传统课堂教学，传统课堂教学结合实地参观，传统课堂教学结合实地参观以及积极主动的信息分析。12 周之后的测验表明，最后一组的学生比其他两组的学生多保持了 30% 的知识量（MacKenzie & White，1982）。

（二）多元表征

记忆研究中的另一个重要理论是佩维奥（A. Paivio）的**双重编码理论**（dual code theory），它假定长时记忆中的信息有两种表征形式：言语符号表征和视觉形象表征。按照这种理论推测，在学习过程中，那些同时以言语符号和视觉形象两种方式进行表征的信息比用单一方式进行表征的信息能够得到更好的保持。梅耶（R. E. Mayer）等人通过 8 个实验对这一假设进行了系列考查。其中，有些实验是针对基于书本的学习，这些实验对比了单纯的文字解释（单表征组）和文字解释配以插图（双表征组）两种条件下的学习效果；有些实验则针对计算机环境下的学习，对比了言语讲解（单表征组）和言语讲解配以动画演示（双表征组）两种条件下的学习效果。这些实验的结果综合表明，在需要运用所学知识解决相关问题的测验上，双表征组的成绩比单表征组的高出了约 75%（Mayer，1997，转引自张建伟，孙燕青，2003）。在一项元分析研究中，研究者对 91 篇关于通道效应（即视听双通道的学习效果优于单通道学习效果）的研究进行了分析，结果发现，相比视觉单通道，当图文信息以视听双通道呈现时更有利于促进学习者对多媒体学习材料的识记和理解（王福兴，谢和平，李卉，2016）。

（三）应用情境和学习情境的一致性

除了上述因素之外，应用情境和学习情境的一致性也会影响到学生对长时记忆中的知识的提取应用。在与学习情境相类似的情境中，学生能够更好地提取应用自己所学的知识。比如，以题海战术进行的训练学习能够提高学生在与这些习题相似的考试中的成绩，但无法真正提高学生在实际问题情境中应用知识的能力。因此，为了促进学生形成可以在实际情境中灵活应用的知识，应该更多地让学生在真实丰富的情境中进行学习。这种观点对于当前的情境性学习、真实任务学习有一定的影响，下一章将在建构主义学习理论中对此问题进行专门说明。

综合本节所述，学习包含一系列的信息获取、识别、编码、储存和提取应用的过程。为了促进学生对知识的获得和保持，应该促进他们对知识的理解深度，帮助他们用言语的、形象的等多种表征方式来表现和理解知识，应该让学生尽可能地在类似真实的情境中进行学习，从而促进所学知识在实际生活中的迁移运用。

相关链接

学习中的认知负荷

认知负荷理论（cognitive load theory）来自人体工效学或人体因素学领域的心智工作负荷概念。心智工作负荷（mental workload）是指工作者所感知到的任务要求自己付出心智努力的程度以及任务对个体自己而言的困难程度。斯威勒尔（Sweller，1999）将认知负荷理论引入教育界。

认知负荷理论从资源分配的角度来考察学习和问题解决。根据认知心理学，学习就是人的大脑对信息进行接收、储存、转换和提取的过程。这一信息加工过程是在工作记忆中进行的。工作记忆是暂时加工并储存信息的容量有限的系统，是理解和推理的重要基础。例如，在阅读一个句子时，学习者只能一次同时主动注意其中的一些词语；在观看一幅插图时，学习者只能在头脑中一次同时保持几个部位的表象。这种被学习者的意识觉察到的加工就发生在工作记忆中。如果同时加工几种信息，则存在容量资源分配的问题，而容量分配遵循"此多彼少，总量不变"的原则。一个完整的学习任务的完成正是工作记忆不断刷新信息、转换加工任务的结果。认知负荷是学习者在完成特定学习任务时所需的认知资源总量。若在问题解决或学习过程中所需要的资源总量超过了个体所能提供的资源总量，则会造成认知负荷超载，影响学习或问题解决的效率。

斯威勒尔基于认知负荷的不同来源，将认知负荷区分为固有认知负荷、附加认知负荷和生成认知负荷。固有认知负荷是知识本身所带来的认知负荷，由学习材料中包含的概念或元素的数量、概念或元素之间的相互关系决定。例如，如果学习任务是记忆一列单词表上的5个单词（它们是5个独立的元素），那么学习者的工作记忆在每一时刻只需识记一个单词，识记完一个单词后将其储存到长时记忆中，再转换到下一个单词。相比之下，如果学习任务是比较这5个新单词的异同，则意味着学习者的工作记忆不仅要识记这些单词，而且还需要在同一时刻将至少两个单词关联起来分析、对照，找出相同点和不同点，这一学习任务对工作记忆的认知负荷的要求要比单纯的记忆任务高。尽管两种任务所涉及的元素一样，但对这些元素之间的相互关系的学习要求不同。固有认知负荷也受到先前经验水平的影响。在单词比较的学习任务中，如果学习者事先熟悉其中一两个单词，或者具有词根、前缀、后缀的知识，则内在认知负荷就下降了，也就是说，他需要进行识记、分析和比较的工作量就下降了。在相同的时间内对工作记忆的容量资源的要求就减少了。

附加认知负荷指因外在的信息呈现和教学处理而产生的与教学目标无关的操作上的认知负荷，对学习起着干扰作用。例如，在单词比较的学习任务中，用两种方式来呈现信息，一种是单页呈现，就是将这5个单词放在同一本书的一页上，便于学习者在工作记忆中将其中某两个单词放在一起进行对比分析。另一种是分页呈现，就是将这5个单词放在同一本书的不同页面上。此时，学习者在对某两个单词进行对比分析时，需要在工作记忆中保持住某一页面上的某个单词的同时，再翻到另一个页面输入该页面上的单词。显然，分页呈现比单页呈现耗费了更多的工作记忆容量，前者的附加认知负荷要更大一些，尽管两个任务的固有认知负荷是一样多的。

生成认知负荷用于图式获得和规则自动化，对学习起着促进作用。例如，在单词比较任务中，学习者在多次的单词比较与记忆中，概括出了正字法、发音规则、单词构成（词根、前缀、后缀）等知识，并能将知识转化为稳定的操作模式，熟练地运用在单词比较任务之中。这些认知负荷属于生成认知负荷，是有效的认知负荷。

认知负荷的这3种成分之间是一种相加的关系，所加之和不能超过工作记忆的容量。固有认知负荷提供一种基础负荷，有效教学就是要减少学习者的附加认知负荷，增加生成认知负荷，促进深层理解。

斯威勒尔等人从认知负荷理论出发，提出了一些教学设计的原则（见表5-1）以降低附加认知负荷。

表5-1 基于认知负荷理论的教学设计原则

类型	说明
示例	在教知识之前，先呈现适当的例子供学生参考
完形问题	呈现问题的一部分解答过程，剩下的部分由学生完成
通道	由不同的感觉通道（如视觉和听觉）分别处理不同形式的信息
开放目标	让学生不受限制地表达自己在思考过程中的任一步骤和成果
注意分散	同时、同位置呈现多种形式的信息，以免学生分散注意力
冗余	如果单独呈现某一种信息就能被理解，就没有必要呈现多种信息
变式	变换问题的不同状态和情境，促进学习迁移
空间邻近	把标识文字置于图示的相应部位，减少不必要的视觉扫描过程
时间邻近	在播放动画的同时呈现相应的解说，以便学生在记忆中保持表象

这些原则可应用于课本编写、作业单设计以及多媒体教学资源的设计。例如，根据空间邻近原则，设计者需要精心思考如何在空间上排列各个要素，减少不必要的附加认知负荷。请看下面有关三角形角度问题的例子。

在图 5-2 中，∠1＝35°，∠2＝113°，求∠3。

这道问题的图文信息在空间上是分离呈现的，有时甚至是隔页呈现，学习者必须使用有限的工作记忆资源，进行来回多次的扫视，寻找与文字相对应的图，产生了不必要的附加认知负荷。如果将 35° 和 113° 的数字和问号直接写在图中所对应角的位置，文本与图形在空间上就是整体呈现的，文本被置于图形之内，靠近相关的元素，可以减少产生于视觉搜索和短时记忆保持上的附加认知负荷，使得学习者有更多的认知资源用于对问题的实质性加工上，增加生成认知负荷。

图 5-2　空间邻近原则举例

第二节　知识的组织结构

通过在日常生活和工作中积累知识经验，通过专门的学校教育，一个人会形成相当多的知识。那么这些知识是怎样储存的呢？人是把一条一条的知识经验散乱地堆积在头脑中吗？心理学的研究表明，一个人的各种知识之间是充满联系的，是一个动态的结构。人所具有的知识结构是人获得和理解新知识的基础框架，也是人进行联想、推理和思维活动的基础。

一、认知结构

格式塔学派是早期的认知学习理论的代表。该学派的一个核心观点是强调学习者的知识经验的整体性，"整体不是其各部分的总和"。人在认知活动中需要把感知到的信息组织成有机的整体，在头脑中构造和组织一种格式塔，对事物、情境的各个部分及其相互关系形成整体理解，而不是各种经验要素的简单集合。在这种思想的基础上，后来的心理学家，如皮亚杰、布鲁纳和奥苏贝尔等，集中发展了认知结构的观点。本书第二章已经对皮亚杰的观点做了集中介绍，下面主要概括介绍布鲁纳和奥苏贝尔对认知结构的解释。

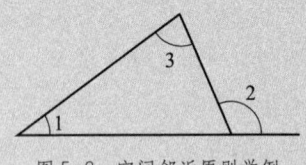

（一）布鲁纳的认知结构思想

美国著名教育心理学家布鲁纳（见图 5-3）在前人（如皮亚杰）的基础上突出强调了**认知结构**（cognitive structure）在学习和教学中的重要性。认知结构就是人关于现实世界的内在的**编码系统**

图 5-3　布鲁纳

（coding system），是一系列相互关联的、非具体性的类目。它是人用以感知外界的分类模式，是新信息借以加工的依据，也是人的推理活动的参照框架。

人所生活的大千世界如此纷繁复杂，而人的认知系统之所以没有被环境信息的复杂性压垮，是由于人具有归类的能力。人并不是把任何一个新接触的事物都当作全新的刺激来处理，而是试图把它们与某些类别联系起来。比如，见到一个陌生人，我们会判断他的性别、年龄、职业类型等，从而对这个人形成一个初步的认识，并选择对应的谈话内容和方式。在与环境的相互作用中，人建立了一套相互关联的、具有一定概括性的分类系统，构成了人内在的编码系统。人是根据自己已经建立起来的分类系统来与环境打交道的。人借助已有的类别来感知、处理外来信息，并基于外来信息形成新的类别。如果某种新信息与一个人已有的分类系统全然无关，它就会令其感到茫然不知所措，正如远古时期的人看到月食、极光等现象而感到神秘不解一样。

布鲁纳进一步认为，在感知外界时，人不只要把所感受到的信息归入某一类别中，还要根据有关的类别进行推理，形成相应的预期。举例来说，在我们参观一个自然博物馆看到各种以前从未见过的动物标本时，如看到一种动物长有羽毛和翅膀，我们尽管没有见过这种动物，但判断它应该是一种鸟，进而推断它会飞、会产卵、会鸣唱……其实我们并没有直接看到和听到这些。通过归类，我们可以将关于这一类别的知识推论到这个具体事物上，从而超越了所感知到的外界信息，超越了直接的感觉材料。所以，对事物进行分类和概括化的过程实际上是"超越所给信息"（beyond information given）的过程。学习就是发展和调整内在的认知结构（编码系统）的过程。学生要把同类的事物联系起来，赋予它们意义，并把它们按照一定的结构组合起来。为了促进学生更好地学习，提供信息是必要的，但是，掌握这些信息本身并不是学习的目的，还应该通过归类、推理超越所给的信息，形成更为丰富的理解。

与其认知结构的思想相联系，布鲁纳强调学科结构（disciplinary structure）的重要性。一个学科的教学一定要促进学生对该学科的基本结构的理解。学科的基本结构是指一个学科围绕其基本概念、基本原理以及基本方法而形成的整体知识框架和思维框架，如物理力学中的惯性定律、实验方法，代数中的交换律、分配律和结合律等，这些基本结构能够帮助学生形成良好的认知结构，为获得新的知识、解决新的问题提供非常有价值的思维框架。学科结构对于课程编制和教学过程都很有启发意义，产生了广泛的影响。教学不能只是着眼于一门学科的事实和技巧的掌握，学习一门学科的关键是理解、掌握那些核心的、基本的概念、原理、态度和方法，抓住它们之间的意义联系，并将其他知识点与这些基本结构有逻辑地联系起来，形成一个有联系的整体。

与布鲁纳的认知结构和学科结构思想密切相关，冯忠良在他的"结构—定向"教学理论中也十分重视教材内容和教学过程的结构化，强调应该合理编排教材内容，组织成合理的逻辑结构，要防止各部分之间彼此割裂、相互干扰或机械重复（冯忠良，1992）。他认为，那些基本的原理、原则和概念具有广泛的迁移应用价值。因而，在编写教材时，编写者应该把这些内容放在首位，放在主干教材的地位上。掌握了主干教材之后，许多知识、技能等都可以从中派生出来。在教学过程中，教师应该在主干内容上下功夫，在可以派生出来的内容上，要放手让学生去思考、推演，切忌平均用力，眉毛胡子一把抓。

（二）认知结构与有意义学习

人的知识是有组织、有联系的，从而形成了一定的认知结构。在学习活动中，学生已有的认知结构会对新知识的学习产生很重要的影响。美国教育心理学家奥苏贝尔（见图5-4）提出了**有意义学习**（meaningful learning）的理论，集中分析了新知识是如何被同化（纳入）到已有的认知结构中的。

图5-4　奥苏贝尔

奥苏贝尔突出强调了有意义学习和机械学习的差别。他认为，学生主要学习言语符号所代表的系统知识，它是有意义学习，而非机械学习。传统教育的弊端是让学生在太多的时间里以机械的而非有意义的方式来学习各种知识。所谓有意义学习，是指在学习过程中，符号所代表的新知识能够与学生认知结构中已有的适当观念（如表象、有意义的符号、概念或命题等）建立实质性的、非人为的联系。当新知识与已有认知结构合理地联系起来，有意义学习便发生了。奥苏贝尔发展了皮亚杰的观点，用同化的概念来解释意义获得和保持的机制。他认为，学生能否有意义地习得新知识，主要取决于他们的认知结构中已有的观念，这些观念能够对新知识起到"挂钩"（固定点）的作用。学生必须有积极主动的有意义学习的心向，在已有认知结构中找到有关的观念，作为新知识的固定点，这样才能把学习材料中的潜在意义转化为自己现实的心理意义，形成自己的理解，将新知识的意义纳入自己的认知结构中，同时，已有认知结构也发生了一定的变化。

奥苏贝尔认为，由于知识的概括水平的不同，认知结构是有一定层次性的。按照新、旧观念的概括水平及其联系方式的不同，他提出了3种同化模式。

1．下位学习

下位学习（subordinate learning）又称类属学习，是指将概括程度或包容范围较低的新概念或命题，归属到认知结构中已有的概括程度或包容范围较高的适当概念或命题之下，从而获得新概念或新命题的意义。例如，学生学习了"杠杆"的概念，知道了杠杆的力臂原理，而后他们学习定滑轮的知识，把"定滑轮"同化到"杠杆"的概念之下，理解了定滑轮实质上是一种等臂杠杆，就能很容易地理解定滑轮为什么不省力。随着对定滑轮的概念的同化理解，学生对杠杆的理解也会有一定变化：杠杆并不一定是细长的，它也可以是一个圆轮。

2．上位学习

上位学习（superordinate learning）是指新概念、新命题具有较广的包容面或较高的概括水平，这时，新知识通过把一系列已有的观念包含于其下而获得意义，新学习的内容便与学生认知结构中已有观念产生了一种上位关系。例如，儿童在熟悉了"鸟""鱼""野兽""昆虫"等下位概念之后，再学习"动物"这一上位概念。

3．组合学习

当新概念或新命题与认知结构中已有的观念既不产生下位关系，又不产生上位关系时，它们之间可能存在组合关系。这种只能凭借组合关系来理解意义的学习就是**组合学习**

（coordinate learning），如凭借水流的知识来理解电流等。在这种学习中，实际上，学生头脑中没有最直接的可以利用的观念，只能在更一般的知识背景中为新知识寻找适当的固定点。因此，这种学习通常会更困难。

奥苏贝尔认为，传统教学使得学生对教材进行机械学习的主要原因之一是在学生还没有具备起固定作用的先前知识时，教师就要求他们学习某种新内容。由于学生认知结构中还没有可以与新教材建立联系的有关观念，因而使得教材内容失去了意义。因此，在进行某个具体的教学活动之前，教师应该分析学生是否已具备了学习该内容所需要的先前知识。当学生缺少有关的先前知识背景时，教师可以在正式教学之前先向学生呈现准备性的、引导性的学习材料。奥苏贝尔把这种先于某个学习任务本身呈现的引导性学习材料称为**先行组织者**（advanced organizer），它可以在学生已有知识与需要学习的新内容之间架设一道桥梁，使学生能更有效地同化、理解新学习的内容。

总之，人的知识是相互联系、按照一定的结构组织起来的，有效的知识组织方式对于新知识的获得以及知识的保持和灵活迁移、应用都具有重要的意义。新知识必须与学生已有认知结构中的适当观念建立实质性的联系才能获得意义。但总体而言，布鲁纳和奥苏贝尔对认知结构的解释还很笼统。不同类型的知识的具体结构是怎样的？一个领域中的专家和新手在知识结构上有什么不同？如何帮助新手尽快发展起和专家类似的知识结构？这是后来的认知学习研究所着重回答的问题。

二、陈述性知识和程序性知识

如前文所述，长时记忆至少包括情景记忆、语义记忆和程序记忆 3 个部分，后两种记忆与学生的学习有更为密切的关系。安德森区分了两类知识：**陈述性知识**（declarative knowledge）和**程序性知识**（procedural knowledge），分别与语义记忆和程序记忆相对应。陈述性知识说明事物、情况是怎样的，是对事实、定义、规则、关系、原理等的说明。程序性知识是关于怎样完成

【微课】
陈述性知识和
程序性知识

某项活动的知识，如怎样驾驶，怎样用计算机进行统计分析，怎样进行推理、决策或者解决某类问题等。陈述性知识容易被人意识到，可以明确地说出来，如中学生可以说出功的计算公式 $W = Fs$；程序性知识体现在实际活动中，而且是否具备了程序性知识也只有通过个体的活动才能判断出来，如一个学生不仅可以说出功的计算公式，而且可以用它来解决有关问题，那就意味着他具有了这方面的程序性知识。程序性知识的表现不是被个体回忆起来，而是对所接受的信息进行加工变换。例如，知道了力的大小为 5 牛顿，物体在力的方向上通过的距离为 10 米，学生就可以计算出力做的功为 50 焦耳。所以，程序性知识是与一定的问题相联系的，在一定的问题情境面前，个体的某些程序性知识被激活和执行，这一过程几乎是自动进行的，常常不需要太多的意识参与。程序性知识是在陈述性知识的基础上进一步发展起来的，个体把陈述性知识与具体的任务目标联系起来，从而去解决某个问题。在解决问题的过程中，个体把陈述性知识转化成程序性知识，安德森等人（Anderson，Corbett，Koedinger，& Pelletier，1995）把这一过程称为**知识编辑**（knowledge compilation）。

在实际的学习和解决问题的活动中，陈述性知识和程序性知识是相互联系的。陈述性知识常常可以为执行某个实际操作程序提供必要的信息资料，比如在上文关于计算功的例子中，我们知道了力的大小和物体在力的方向上运动的距离，我们就可以求出这个力对物体所做的功，但力是多少牛顿，运动的距离是多远，这些都需要陈述性知识来提供信息。在学习中，陈述性知识常常是学习程序性知识的基础。反过来，程序性知识的掌握也会促进陈述性知识的深化。值得注意的是，这里所说的知识是一种广义的知识，它不仅包括关于各种事物的概念原理，而且包括运用知识解决有关问题的技能策略（皮连生，1996）。在这种意义上，知识不只表现为言词，同时也表现为技能和策略。传统教学往往把知识（主要指陈述性知识）和技能看作两类教学内容，分别加以训练，未能很好地促进陈述性知识向程序性知识（技能、策略）的转化。

如前所述，人的知识是相互联系、按照一定的结构组织起来的，形成了一定的认知结构。陈述性知识和程序性知识分别是以什么样的方式组织起来的呢？为了解释不同类型的知识的组织方式，心理学家提出了一些有关的模型假说，下面就分别加以介绍。

三、陈述性知识的结构

关于陈述性知识的结构，心理学家主要提出了 3 种构想：语义网络说、理论框架说和图式说。这 3 种假说的侧重点有所不同，在关于学习的研究中都得到了较广泛的采用。

（一）语义网络说

语义网络说的基本思想是：一个人的陈述性知识可以看作一个庞大的由结点（nodes）和连线（links）构成的网络，即语义网络（semantic networks），一个结点代表一个概念，一个连线反映了它所连接的两个概念之间的某种关系。两个结点与一个连线共同构成了一个命题，反映了一个想法或观念，它是能够评价是非对错的最小的意义单元。根据语义网络说，一些教育心理学家 [如诺瓦克（J. D. Novak）等] 提出，可以用概念图（concept map）来反映学生的知识结构，即用结点和连线来说明学生所具有的概念理解及其内部关系。比如，下面这段文字所描述的知识可以用如图5-5 所示的概念图来表示。

动物都有各种系统，体形高大的动物和体形矮小的动物都利用这些系统来进行各种生命活动，它们都要进行的生命活动包括呼吸、循环和消化等，体形高大的动物有一个特有的系统，即体内的骨骼系统，体形小的动物没有骨骼。

根据语义网络说，学生的陈述性知识是组织在一个网络结构之中的，学生对知识的联想、提取以及基于知识所进行的推理过程是经由概念之间的连线而进行的。当一个概

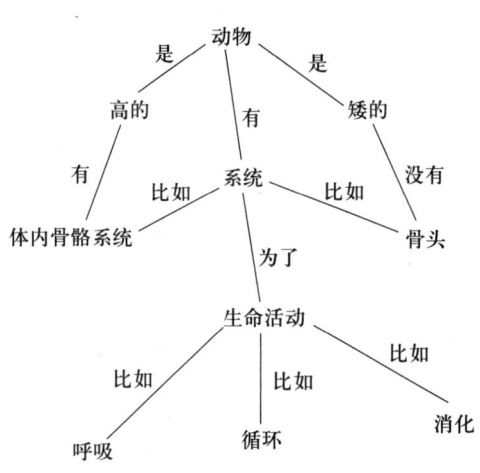

图 5-5 反映语义网络的概念图

念被激活（即进入活跃的加工状态）时，这种激活将会通过连线扩散到与它有关的其他概念上。例如，当我们想到"我喜欢巧克力派"时，就马上激活了"我喜欢巧克力"和"派中有巧克力"两个命题（在图中用波浪线表示），由这两个命题随后激活与之相关的命题："馅饼是用奶油做的"和"奶油是搅拌过的"。随后，将激活的命题传递到其他相关的命题"咖啡中的奶油味道好"等。此外，激活还将传递到我们有关"派"的知觉形象（未在图中标出）。由于工作记忆容量有限，每一时刻只激活有限的命题（见图 5-6）。

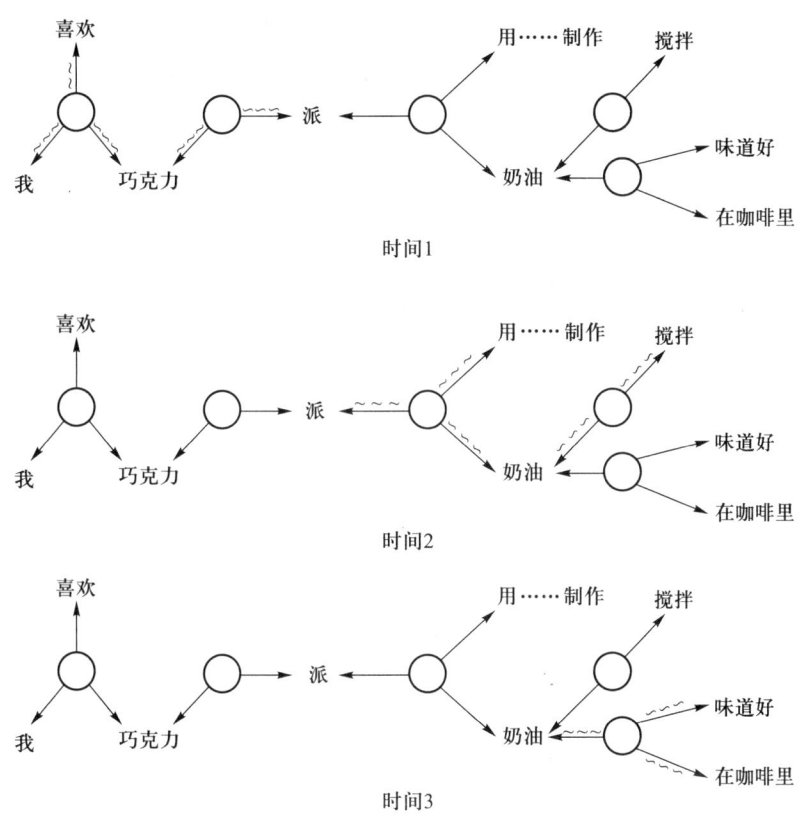

图 5-6　知识网络中激活的传播（Gagne, Yekovich, & Yekovich, 1995）

按照这种假说，不同概念之间的关系的密切程度是不同的，这可以用从一个概念到另一个概念所需经过的连线的数量来表示。一个人关于某一个主题领域（如几何学、流行音乐等）的知识之间会有更紧密、更直接的联系，而不同主题领域的知识之间的联系会更弱些。因此，同属于一个主题领域的概念之间更容易相互激活和产生联想，更容易被学生综合起来加以应用。

不同主题领域的知识的语义网络在结构模式上可能是不同的，这与该领域内的概念之间的主导关系有关。最典型的网络结构有两种。一种是层级结构，即按照概念的包摄性（概括性）水平形成一定的层次关系，最概括的概念在上层，它所涵盖的更具体的从属概念在下层。如关于动物学的知识，按照门、纲、目、科、属、种等逐级对各种动物进行分类。另一种是链锁结构，不同的概念及其之间的连线构成了一定的因果链或者时间顺序链等。如关于某个历史事件的前因后果及时间关系的知识。这种网络结构并不是学生从外界"复制"到头脑中的，而是学生在联系和运用已有知识来理解加工新信息的过程中建立的。学生对知识的理解越深，所形成的联系就越多，语义网络就越复杂。

（二）理论框架说

理论框架说是研究者提出的另一种解释，认为人与某个主题领域有关的知识可以看作一个理论系统，其基本结构是"中心—边缘"。一个理论的内核是若干核心的概念和原理，这些概念、原理通常是很基础、很抽象的。其他的概念、原理是围绕这些核心概念和原理衍生出来的，通常更为具体。数学和自然科学领域的知识体系大多比较典型地体现了这种组织结构，如欧式几何、牛顿力学、达尔文的进化论等。这些理论框架是专家们建立起来的，反映了专家的知识结构。尽管学生（作为这些学科领域中的新手）关于某个主题领域的日常概念、直觉理解常常与专家的理解有很大不同，但他们的日常知识也常常具有类似于科学理论的组织结构。因此，研究者（如 Gopnik & Meltzoff, 1997）把学生所具有的关于自然界的日常概念和直觉理解看作他们的**朴素理论**（native theories），这种理论也具有一定的中心—边缘结构。例如，沃斯尼亚多等人（Vosniadou & Brewer，1992，1994）对儿童关于地球形状、昼夜更替等问题的理解进行了访谈研究，发现儿童对这些问题的具体认识是与他们的一些核心信念和基本假定密切相关的。比如，儿童通常有这样的基本假定：空间是有上下之分的，而没有东西支持的物体将会向下落。这种观念使儿童无法相信地球是球体，因为如果是那样的话，住在地球下方和两侧的人岂不是要掉下去了？再如，很多儿童把大地看成扁平的，受这样的基本假定的影响，他们很难相信昼夜是地球的自转造成的（见图 5-7）。

当然，关于学习者的日常知识经验的组织结构问题，研究者的看法并不一致。也有研究者（如 DiSessa，1993）强调，儿童的日常经验并不像科学理论那样具有密切关联、协调一致的内部结构。一个人的日常知识经验中的各个具体概念常常是零散孤立的，并不一定相互关联和保持一致。

针对所学领域建立更为完善的中心—边缘结构是学生学习过程中的一个重要任务。通过对新手和专家的知识结构的对比研究，心理学家发现，专家的一个重要特征是他们对与某个主题领域有关的知识形成了完善的中心—边缘结构，从而能够在更深、更根本的层次上表征知识，形成对一个领域的更深层的理解。例如，当让物理学领域中的专家和新手对物理课本中出现的习题进行随意分类时，新手更倾向于根据问题的表面特征进行分类，如问题中提及的情境、仪器等；而专家则根据解决问题所需运用的基本物理学原理对这些问题进行组织分类。这一研究结论与布鲁纳关于学科知识的基本结构的思想是一致的，即都强调围绕着核心的、基本的概念、原理、方法来组织关于一个领域的知识。

"地球"的心理模型	"太阳"的心理模型	"日夜更替"的心理模型

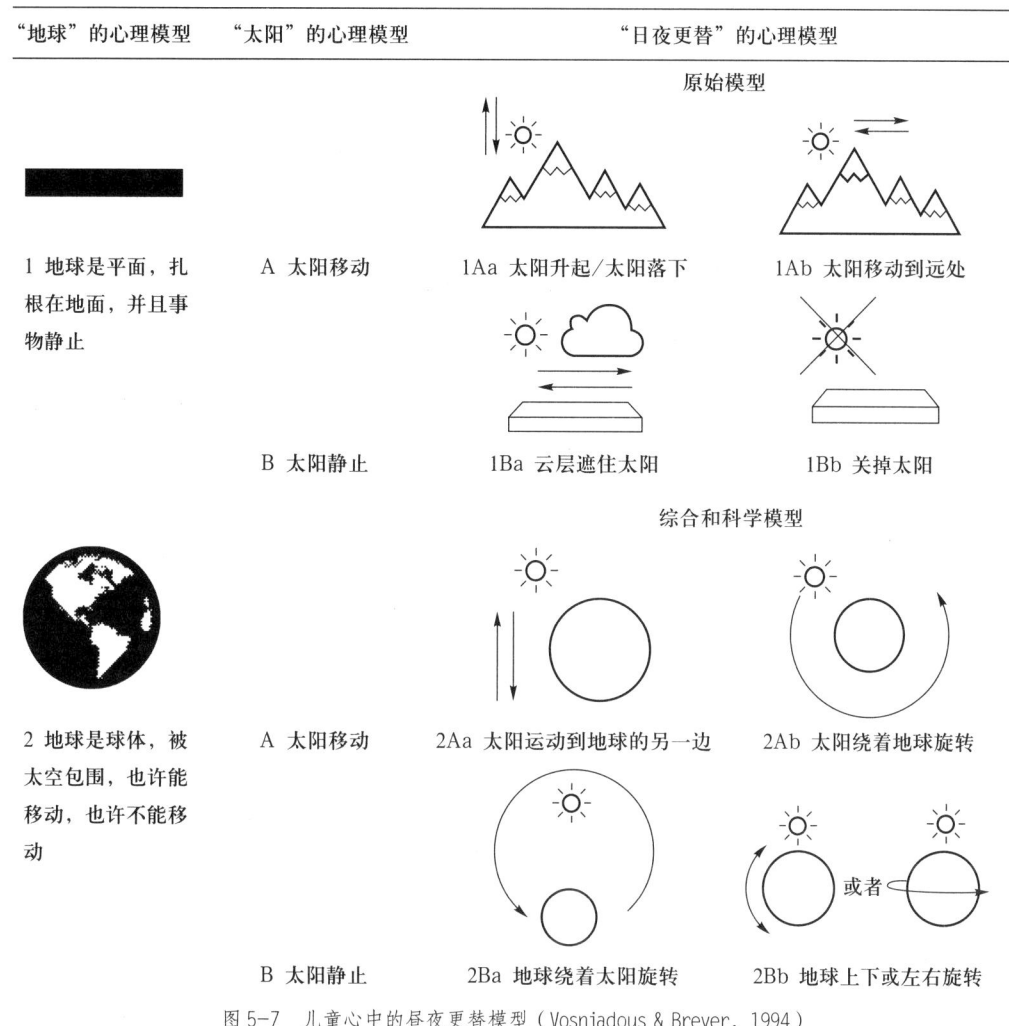

图 5-7　儿童心中的昼夜更替模型（Vosniadous & Brever，1994）

（三）图式说

关于知识的组织方式还有另一种假说：图式说。它重点揭示了人的陈述性知识之中所包含的一系列的重复发生的经验模式。例如，几乎每个上过学的人在头脑中都有关于教室的典型模式和活动"脚本"。一提到教室，我们就会马上想到与它相关的概念要素：教师、学生、讲台、课桌等，会想到教室的典型布置，想到当上课铃声响起后，教师走进教室、走向讲台，学生静下来，然后起立……这些场景和经历在我们的经验之中成了共同反复发生的模式。所谓图式（schema），就是关于某个主题的一个知识单元，它包括与某主题相关的一套相互联系的基本概念，构成了感知、理解外界信息的框架结构。一个图式中包括一些空位（slot），也可以说是一些维度或者变量，每个空位的不同取值就说明了事物在某个维度上的特征，表明了它在这一维度上所属的类别。例如，说起一种树，虽然我们还没有见过，但基于"树"的图式，我们可以想到以下问题：从树的外形（空位一）来说，它是乔木还是灌木？从生长季节（空位二）来说，它是落叶的还是四季常青的？从叶子（空位三）来看，它是阔叶的还是针叶的？等等。

图式相当于我们经常填写的表格（王小明，2009）。例如，大学生毕业找工作或报考研究生时需要投递个人简历，人们心中有一个有关个人简历的图式，这个图式可以用一张表格来呈现（见表5-2）。这样的表格中的空格涉及适合大学生基本面貌的所有内容，这些空格相当于图式的"槽"。表格中的这些空格按照一定的顺序编排。每个人都需要在空格中填写自己的信息。每个空格的信息可以在一定范围内变化，如性别包含"男"和"女"，民族有56个选项，专业要根据教育部的专业设置类别名称填写，而且这些信息之间要保持前后一致，如果院系是"心理学院"，专业就不可能是"古代汉语"了。

表5-2 大学生个人简历模板

姓名		性别	民族	出生年月		个人照片
学校		院系	专业	政治面貌		
个人简历 课程： 项目： 发表作品： 获奖： 特长：						

一个图式作为一个知识块经常被反复激活和"调用"，因此，当一个图式中的一些成分（比如一个空位、一种关系）被激活时，这个图式中的其他知识要素也非常可能会被扩散激活，这使得人会从一些信息想到与之有关的整个主题的背景知识和基本框架。图式构成了理解新信息的基础和参照框架，也可以帮助人形成对事件的预期，产生有关某个事物的疑问，从而引发对信息的探寻活动。

在不同的知识领域中，图式的具体表现方式是不同的。例如，研究表明，国际象棋高手（专家）的头脑中有上千种棋局，即由若干个棋子构成的某种有意义的（非杂乱的）模式。这些棋局模式能够使他们对下棋过程中棋盘上的格局变化形成敏锐的感知和洞察，从而有效地做出相应的决策。与此类似，计算机编程高手所具有的编程知识常常包含一些基本的程序框架，反映了编程过程中经常遇到的各种典型任务情境，如循环、分支判断等等。

这些程序框架成了编程的"积木",同时对于编程者读懂计算机程序也是非常必要的。

综上所述,人的陈述性知识表现出了复杂的组织结构,以上 3 种假说彼此独立而又互有重叠和衔接。语义网络说重点揭示的是一个人的各个知识要素之间的相互关联,或直接或间接,它说明了知识的一般组织方式。理论框架说则强调在一个人的知识网络之中,有些知识要素比其他知识要素更为重要、更为核心。学生应该针对所学习的主题领域建立起有深度的知识结构,即抓住最核心、最基本的概念和思想,以此为基础形成各种具体的知识和理解。图式说重点解释了人的知识经验之中经常重复发生的模式,与某主题有关的抽象信息框架经常被作为一个知识单元被重复调用、组织和理解新信息。这 3 种假说在解释陈述性知识的组织结构时各有优势和关注点,但它们之间并不能完全互相沟通,一种假说所说明的现象往往是其他假说所不容易解释的。例如,理论框架说所强调的中心—边缘结构在语义网络说上的表现方式应该是怎样的?这些假说之间的关系是心理学家需要进一步研究的问题。

四、程序性知识的结构

如前所述,程序性知识是关于"如何做"的知识。程序性知识的表现和组织结构是怎样的呢?安德森等人(Anderson, Corbett, Koedinger, & Pelletier, 1995)提出,程序性知识是以**产生式**(production)系统的形式进行组织的。在活动中,我们总是在进行各种决策,判断当前的情境和条件,然后确定相应的具体行动。例如,在上课时,一个教师经常会进行以下决策:

如果学生注意力不集中,我就先拍拍手,提醒一下。

如果大家注意力集中到我这里了,我就开始讲课。

如果大家很容易理解,我就少讲些。

如果大家学得很吃力,我就换种教学方法。

……

所谓"产生式",就是这样一些"条件—行动"的结合规则,它表明了所要进行的活动以及做出这种活动的条件。产生式以"如果……就……"的形式存在,即在满足某个条件的时候,我们做出某个行动。产生式具有自动激活的特点,一旦存在、满足了某种特定的条件,相应的行动(即"运算")就会发生。而且,一个产生式的结果可以作为另一个产生式的条件,从而引发其他的行动。这样,众多的产生式联系在一起,就构成了复杂的产生式系统。熟练的学生可能并没有意识到这些活动规则和决策过程的存在,整套活动看似是自动进行的。反复应用某种产生式规则解决有关的问题会增强条件—活动之间的联结强度,从而提高某种问题解决技能的自动化程度。

按照这种观点,要想有效地帮助学生形成某种认知的或操作的技能,最重要的是注意两个问题。① 必要的先前知识:在让学生练习解决某类问题之前,应该确保他们具备必要的先前知识和技能。例如,学习解决相遇问题(一类数学应用题)之前应该先掌握其中所需要的加法和乘法运算,理解速度、时间和路程之间的关系等。如果一项学习活动需要学生同时加工太多的新知识、新技能,就可能导致**认知超载**(cognitive overload),学生将没有足够的心理资源来真正完成这个学习任务。② 练习加反馈：为了让学生形成某方面的技能，如解决某类问题，应该让他们进行足够数量的练习活动，同时提供及时的有启发性的反馈。这有利于学生建立条件—行动之间的结合，更敏锐地识别情境线索（即提高对"条件"的敏感性），提高技能的熟练程度，以及把若干有关的产生式组合成更大的可以连贯执行的模块。

可以看出，程序性知识的条件—行动结合类似于行为主义的刺激－反应联结，但所不同的是，这里的"条件"和"行动"都既可以是外显的、可观察的，即环境刺激和外显行为反应，也可以是内部的认知过程，如以某种问题目标为"条件"，以某种认知推理为"行动"。

思考题

1. 用图表示学习的信息加工过程。

2. 加涅从信息加工的观点出发把学习过程分成哪些基本阶段？

3. 短时记忆有什么特点？针对这些特点，教师在教学中应该注意哪些问题？

4. 应该如何促进知识的有效保持？

5. 举例说明认知结构是如何帮助学生"超越所给信息"的。

6. 搜集、分析 1 套小学数学教材或者中学物理教材，重点分析：

这些教材是否有效地突出了该学科的基本结构？

这些教材是否能促进学生对知识的有意义学习？

在哪些知识点上主要采用了上位学习、下位学习或组合学习的方式？

7. 关于陈述性知识的组织结构有哪些主要的假说？其侧重点有什么不同？

8. 绘制一个概念图，说明陈述性知识和程序性知识的差异和联系。

9. 什么是产生式？从产生式形成的角度分析应该如何进行技能的教学。

10. 综合分析认知学习理论对教学的意义及其局限。

推荐阅读

斯莱文，R.（2016）. 教育心理学：理论与实践（第10版）（吕红梅，姚梅林等 译）. 北京：人民邮电出版社 .

布鲁纳 .（1989）. 布鲁纳教育论著选（邵瑞珍等 译）. 北京：人民教育出版社 .

陈琦，刘儒德 .（2019）. 当代教育心理学（第 3 版）. 北京：北京师范大学出版社 .

安德森 .（2012）. 认知心理学及其启示（第 7 版）（秦裕林等 译）. 北京：人民邮电出版社 .

第六章

建构主义学习理论

📍 知识导图 ▶▶▶

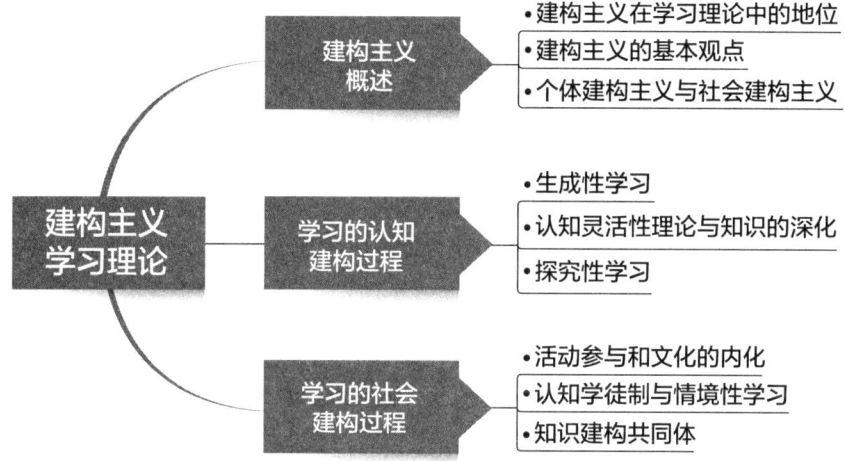

📝 学习目标 ▶▶▶

- ⊙ 概括建构主义的基本观点，比较个体建构主义与社会建构主义
- ⊙ 总结理解的生成过程，了解探究性学习的设计思路
- ⊙ 理解社会文化互动在知识建构中的作用

建构主义是认知学习理论的新发展，对当前的教学改革产生了非常深远的影响，它进一步揭示了学习者在学习过程中的主动性，突出了意义建构和社会文化互动在学习中的作用。建构主义不是一种学习理论，而是众多理论观点的统称。很多研究者都认为自己的理论是建构主义的理论，但他们之间却有很多分歧和不同。在本章中，我们先概要介绍建构主义的基本观点，而后重点分析学习过程中的意义建构和社会文化互动。

第一节　建构主义概述

建构主义是如何发展起来的？它的基本观点是什么？与以往的学习理论有什么不同？本节就来回答这些问题。

一、建构主义在学习理论中的地位

自 20 世纪 80 年代中期以来，建构主义作为新的认识论和学习理论在教育研究领域产生了非常深刻的影响。行为主义学习理论是以**客观主义**（objectivism）的哲学传统为基础的，即把知识和意义看成存在于个体之外的东西，是完全由客观事物本身决定的，而学习就是要把外在的、客观的内容转移到学习者身上。信息加工论改变了行为主义不谈内部过程的做法，把研究的中心放在认知活动的信息流程上，它看到了人对信息的主动选择、编码和储存等。但是，信息加工论假定，信息或知识是事先已存在的，个体必须首先接受它们才能进行认知加工，那些更复杂的认知活动才能得以进行。即便它看到了已有知识在新知识获得中的作用，也基本不把学习看成新、旧经验间的反复的、双向的相互作用过程。所以，与行为主义一样，信息加工论的学习理论基本上也是与客观主义传统相一致的。

建构主义（constructivism）则是与客观主义相对立的，它强调意义不是独立于我们而存在的，个体的知识是由人建构起来的，对事物的理解不是简单由事物本身决定的，人以已有的知识经验为基础来建构自己对现实世界的解释和理解。不同的人由于已有经验的不同，所以对同一种事物会有不同的理解。学习是积极主动的意义建构和社会互动的过程。教学并不是把知识经验从外部装到学生的头脑中，而是要引导学生从已有的经验出发，生长（建构）起新的经验，这一认知建构过程常常是通过参与共同体的社会互动而完成的。

从客观主义到建构主义是一个连续体，各种学习理论在这个连续体上的位置可以用图6-1 来表示。

从现实缘起来看，建构主义的许多观点是针对传统教学的诸多弊端而提出的。传统教学中学生习得的知识存在以下重要缺陷：① 不完整（incomplete），过于空泛，过于脆弱。

图 6-1　从客观主义到建构主义的连续体

② 惰性（inert），无法在需要的时候进行运用。③ 不灵活（inflexible），无法在新的相关情境中迁移应用。如何缩小学校学习与现实生活之间的差距，实现学习广泛而灵活的迁移，是建构主义者所关注的一个核心问题。另外，随着知识社会的来临，知识创新融入多数社会行业，成为社会发展的基础和动力，这就要求未来的社会成员具有创造性地探究知识和应用知识的能力。建构主义学习理论针对探究性学习和创造性学习的机制和策略提出了有价值的观点。

二、建构主义的基本观点

建构主义并不是"一种"学习理论，很多研究者都把自己的理论称为"建构主义"的理论，但他们在具体观点上却有很大的差异。为了帮助大家理解建构主义的核心观点，下面先对建构主义的基本信念做简要的概括（陈琦，张建伟，1998）。

（一）知识观

在知识观上，建构主义在一定程度上对知识的客观性和确定性提出了质疑，强调知识的动态性。建构主义者一般强调以下几点。① 知识并不是对现实的准确表征，它只是一种解释、一种假设，不是最终答案。② 知识并不能精确地概括世界的法则，在具体问题中，我们并不是拿来便用，一用就灵，而是需要针对具体情境进行再创造。③ 尽管我们通过语言符号赋予了知识一定的外在形式，甚至这些命题还得到了较普遍的认可，但这并不意味着学生会对这些命题有同样的理解，因为这些理解只能由每个学生基于自己的经验背景而建构起来。这种知识观尽管不免激进，但它向传统教学提出的挑战值得我们深思。"知识就是力量"是一句对人类发展有重要影响的名言，但值得注意的是，只有活知识才能给人以力量，死知识只会禁锢人的头脑，使人成为"书呆子"。学习不能满足于教条式的知识掌握，而是需要不断深化，把握知识在具体情境中的灵活变化。

【微课】
当代建构主义的
基本观点

（二）学生观

在学生观上，建构主义强调学生经验世界的丰富性和差异性。关于儿童早期认知发展的研究表明，即便年龄很小的孩子也已经形成了远比我们所想象的丰富得多的知识经验。例如，一个三四个月大的婴儿已经懂得一个东西需要支撑才不会下落（Needham & Baillargeon，1993），静止的东西被活动的东西碰撞时会改变位置。他们还能够发现有生命和无生命的东西的区别：有生命的东西可以自己移动，而无生命的东西不能自己移动，它们需要有外力的帮助才能移动。一个婴儿尚且如此，当他慢慢成长，进幼儿园，上小学，升中学……他的头脑中会形成多么庞大的经验体系。

学生并不是空着脑袋走进教室的，在日常生活和以往的学习中，他们已经形成了丰富的经验。小到衣食住行，大到宇宙、星体的运行，从自然现象到社会生活，他们几乎都有一些自己的看法。而且，有些问题即便他们还没有接触过，没有现成的经验，但当问题呈现在面前时，他们往往也可以基于相关的经验，依靠自己的推理判断能力，形成对问题的某种解释。由于经验背景的差异，学生对问题的理解常常各异，他们可以在一个学习共同体之中相互沟通、相互合作，对问题形成更丰富的、多角度的理解。因此，学生经验世界的差异本身便是一种宝贵的学习资源。每一个"顽童"都有一个七彩的经验世界。教师不能漠视他们已经存在的经验世界，像往瓶子里灌水一样给他们装入新知识，而是需要在他们已有的经验世界中找到新知识的生长点。

（三）学习观

与以往的学习理论相比，建构主义在学习观上体现出 3 个密切相关的重要倾向，或者说重心变化，即强调学习的主动建构性、社会互动性和情境性（张建伟，2001）。

1. 学习的主动建构性

建构主义认为，学习不是从外界吸收知识的过程，而是学生建构知识的过程。每个学生都在以自己已有的知识经验为基础建构自己的理解。在传统教学中，学生学习时的主要任务是对各种事实性信息及概念、原理的记忆保持和简单应用。建构主义的学习和教学则要求学生通过高水平的思维活动来学习，通过问题解决来学习（张建伟，2000）。学习过程中的核心认知活动是**高水平思维**（higher-order thinking）。高水平思维是需要学生付出较高的认知努力的思维活动，它需要学生对知识进行分析、综合、评价和灵活应用，解决具有一定复杂性和不确定性的问题。解决问题的方法不循规蹈矩，解决问题的方案常常是多元化的，评价解决方案的标准常常也是多元的。学生要不断地思考，对各种信息和观念进行加工转换，基于新、旧知识进行综合和概括，解释有关的现象，形成新的假设和推论，并对自己的想法进行反思性的推敲和检验。学生作为学习活动的主人，需要进行积极的自我管理和反思。

2. 学习的社会互动性

传统观点往往把学习看作每个学生单独在头脑中进行的活动，忽视了学习活动的社会情境，或者至多是将它看作一种背景，而非实际学习过程的一部分。在学校中，过度的竞争压力已经成为学生发展的障碍。建构主义者强调，学习是通过对某种社会文化的参与而内化相关知识和技能、掌握有关工具的过程，这一过程常常需要通过一个学习共同体的合作互动来完成。

所谓**学习共同体**（learning community），或称为"学习社群"，即由学生及其助学者（包括教师、专家、辅导者等）共同构成的团体，他们彼此之间经常在学习过程中进行沟通交流，分享各种学习资源，共同完成一定的学习任务，因而在成员之间形成了相互影响、相互促进的人际联系，形成了一定的规范和文化（张建伟，孙燕青，2005）。学习共同体内部所形成的学习文化是最具实质意义的要素。学习共同体与传统的班级有很大的差别，它具有以下关键特征。① 强调共同体内的各个成员所具有的多元化的知识技能优势，这可以使每个人都对团体目标做出有价值的贡献，得到认可和尊重。② 共同体具有共享性的目标，即围绕共同关注的问题推动集体性知识的持续发展，而不只是个人的知识技能的习得。③ 在学习活动上强调个人发展与共享性的知识建构活动的统一，强调成员之间知识技能的共享和综合，强调学习资源的共享，强调在成员之间实现学习过程的透明化。④ 强调共同体对学习过程的自我管理，而非教师的主导性控制。教师作为学习共同体的组织者、促进者，其核心责任是设计和组织以学习共同体为中心的学习活动（Bielaczyc & Collins，1999）。

学习共同体的协商、互动和协作对于知识建构有重要的意义。基于相关研究，这种协作互动在学习中的作用可以归纳为以下几点（张建伟，孙燕青，2005）。① 智慧的分布与共享：通过小组协作的形式对活动任务进行分解，每个小组成员分别负责不同侧面的子任务。这样，学习小组就可以共同进行单个学生无法完成的复杂探究任务。围绕着某个探究主题，小组中的每个学生都可以成为某方面的"专家"，他们彼此交流探究成果，分享经验感受，达到共同建构知识的目的。② 认知整合与思想改进：通过协作互动，学生可以表达多元化的见解，在学习共同体之中进行交流、争论、观点综合和思想改进。这有助于激发学生的深入思考，形成批判性反思，帮助他们建构起更深层次的知识，发展多视角的理解。③ 思维外显化与精致化：为了和他人交流共享自己的想法，学生必须将自己的思路及观点明确化，并提供足够的证据支持，进行**自我解释**（self-explanation）。这样，学生的知识和思维策略都被外显化和精致化了，这有利于促进学生的反思监控，提高思维和学习活动的质量。

3. 学习的情境性

传统教学观念对学习基本持"去情境化"的观点，认为概括化的知识是学习的核心内容，这些知识可以从具体情境中抽象出来，让学生脱离具体物理情境和社会实践情境进行学习，而所习得的概括化知识可以自然地迁移到各种具体情境中。但是，情境总是具体的、千变万化的，抽象概念和规则的学习无法灵活适应具体情境的变化，因此，学生常常难以灵活应用在学校中获得的知识来解决现实世界中的真实问题，难以有效地参与社会实践活动。因而，建构主义者提出了**情境性认知**（situated cognition）的观点，强调学习、知识和智慧的情境性，认为知识是不可能脱离活动情境而抽象地存在的，学习应该与情境化的社会实践活动结合起来。知识是生存在具体的、情境性的、可感知的活动之中。知识不是一套独立于情境的知识符号（如名词术语等），它只有通过实际应用活动才能真正被人理解（Brown，Collins，& Duguid，1989）。人的学习应该与情境化的社会实践活动联系在一起，就如同手工作坊中师父带徒弟一样。学生（如同"徒弟"）通过对某种社会实践的参与而逐渐掌握有关的社会规则、工具、活动程序等，形成相应的知识。本章第三节将对情境性学习进行专门讨论。

综上所述，当今的建构主义者对学习和教学做了新的解释，强调知识的动态性，强调学生经验世界的丰富性和差异性，强调学习的主动建构性、社会互动性和情境性。学生是自己知识的建构者，这正是其主体性的内在根据。学生的主体性不是教师仁慈地赋予他们的，而是他们作为学习者应该天然具有的。只有认识了学习的建构性才能真正认识到学生的主体性所在。

三、个体建构主义与社会建构主义

如前所述，建构主义没有一个清晰的理论体系，而是包含很多并不完全一致的理论。这些理论大致可以归纳为两种主要的取向：**个体建构主义**（individual/cognitive constructivism）和**社会建构主义**（social constructivism）。

个体建构主义所关注的是学生个体如何建构某种认知方面（如知识理解、思维技能）或者情感方面（如信念态度、自我概念）的素质，其基本观点是：学习是一个意义建构过程。这种取向的建构主义主要是以皮亚杰的思想为基础发展起来的，与原来的认知学习理论（如布鲁纳、奥苏贝尔的理论）有更大的连续性。根据皮亚杰的思想，学习是学生通过新、旧经验的相互作用来形成、丰富和调整自己的认知结构的过程，新旧知识经验的双向相互作用表现为同化和顺应的统一：一方面，学生需要将新知识与已有知识经验联系起来，从而获得新知识的意义，把它纳入已有的认知结构；另一方面，已有的知识经验会因为新知识的纳入而发生一定的调整或改组。本章第二节将会重点分析个体的知识建构。

社会建构主义所关注的是学习和知识建构背后的社会文化机制，其基本观点是：学习是一个文化参与过程，学生通过借助一定的文化支持参与某个共同体的实践活动来内化有关的知识。知识不仅是在个体与物理环境的相互作用中建构的，而且社会文化的互动对其更加重要。这种建构主义主要是在维果茨基的思想的基础上发展起来的，同时也受到了当代科学哲学、社会学和人类学等的影响。本章第三节将会对社会建构主义理论做详细的介绍。

综合本节内容，建构主义是认知学习理论的新发展，它在知识观、学生观和学习观上提出了一系列新解释。它强调，学习是建构知识的过程，而不简单是获得、接受知识的过程。从认知过程来看，知识建构是通过新、旧知识经验之间的同化和顺应过程而实现的。同时，建构主义强调学习的社会互动性和情境性。研究者对于各种建构主义观点产生了很多的争议，比如：知识是否具有客观性？世界是可知的吗？个体建构和社会建构在学习中分别占有何种位置？知识和认知过程必须是情境化的吗？等等。2000 年，安德森（J. Anderson）、格里诺（J. G. Greeno）、莱德（L. M. Reder）和西蒙（H. A. Simon）等 4 位参与争论的心理学家对一些可以达成的基本共识做了总结：个体认知过程和社会互动过程在学习活动中都具有基础性意义；在有些条件下，学生是可以通过脱离情境的方式来有效地学习抽象知识的，但有时情境化的学习方式会更好；关于情境性认知的研究和关于个体内在认知过程（即上一章的认知学习理论）的研究分别揭示了学习活动的不同侧面的规律；应该把这些侧面综合起来，更全面地认识学习的规律。

第二节　学习的认知建构过程

本节主要分析讨论个体的认知建构过程，综合有关理论，揭示在个体层面上的知识建构机制。我们将重点关注学生是如何建构知识的意义的，对知识的理解是如何深化的，以及探究性学习的过程和教学策略。

一、生成性学习

（一）理解的生成过程

我们是怎样建构对知识的理解的呢？比如读一段文字，似乎它所表达的意义就在字里行间，它"射入"我们的感官，进而进入我们的头脑中，我们就可以很自然地明白它在说什么。但其实，理解过程并不是这样"简捷"。请阅读下面的文字，看它说的是什么意思。

"这个程序实际上很简单。首先，你把总件数分成几组。当然，如果件数不多的话，一次就行了……很重要的是，一次件数不能太多。就是说，每次太多不如少些好。这在短时间内似乎无所谓，但经常不注意这一点，就很容易造成麻烦，而且，一旦带来麻烦，其代价可能是很昂贵的。一开始，整个程序可能看上去比较复杂，但要不了多久，它就会成为你生活中的一个部分。"（张庆林，1995）

这段话你理解了吗？

现在，我告诉你，这段文字的标题是"洗衣机使用说明书"。请再看一遍上面这段话。

在这段文字中，每个字我们都认识，每句话似乎都能懂，但整段文字会让人不知所云。而一旦给了标题，我们却又恍然大悟。一个简单的标题，实际上唤醒了我们头脑中的相关经验，有了这个经验背景，我们就可以解释、组织这段文字，而离开了经验背景，这段话就成了一些杂乱无章的文字符号。可见，理解并不简单是信息通过感官"射入"我们的头脑中，学生已有的知识经验也会"投射"到当前的情境中，意义的理解正是通过外界信息与已有知识经验的相互作用而实现的。

对知识的理解是通过新、旧知识之间的相互作用而建构起来的，那这种相互作用的具体过程是怎样的呢？美国教育心理学家维特罗克（Wittrock，1974）提出了**生成性学习**（generative learning）的理论，对理解的生成过程做了深入的分析和解释。他认为，学习是学生生成信息的意义的过程，意义的生成是通过已有认知结构与从环境中接收到的感觉信息的相互作用而实现的。学习的发生依赖学生已有的相关经验，要生成对所知觉到的事物的理解，学生总是需要与他以前的知识经验相结合。另外，人脑并不是被动地记录外界输入的信息，而是主动建构对输入信息的解释，主动地选择一些信息，忽视一些信息，并在此基础上进行推论。这也就是说，在生成理解的过程中，学生已有的认知结构——已经储存在长时记忆中的知识经验和信息加工策略——与从环境中接受的感觉信息（新知识）相互作用。在这一过程中，学生主动地选择和注意信息，主动地建构信息的意义（见图6-2）。理解的生成过程大致经历了如下环节：

（1）长时记忆中存在一些知识经验，它们会影响个体的知觉和注意倾向，会影响个体以某种方式来加工新信息的倾向。这些内容首先被学生提取出来，进入短时记忆（当前的工作记忆）。

（2）这些内容和倾向实际上构成了学生的动机，使他不仅能注意外来的、意想不到的信息，而且能主动地对感觉经验进行选择性注意，注意那些已经有过经验、仍有持续兴趣的信息，去进行选择性的知觉。在这种注意和知觉的过程中，学生要做出有意识的控制和努力。

（3）经过选择性知觉得到的信息，要达到对其意义的理解，还需要和长时记忆中存在的有关信息建立某种联系，从而主动地理解新信息的意义，这是意义建构的关键。

（4）在最后完成意义建构之前，学生要先试探性地建立这种联系，进行试验性的意义建构。学生激活一些有关的知识，形成一定的理解，同时监视这种试探性理解是否合适。

（5）在与长时记忆进行试探性联系、展开试验性意义建构的过程中，为了检验所形成

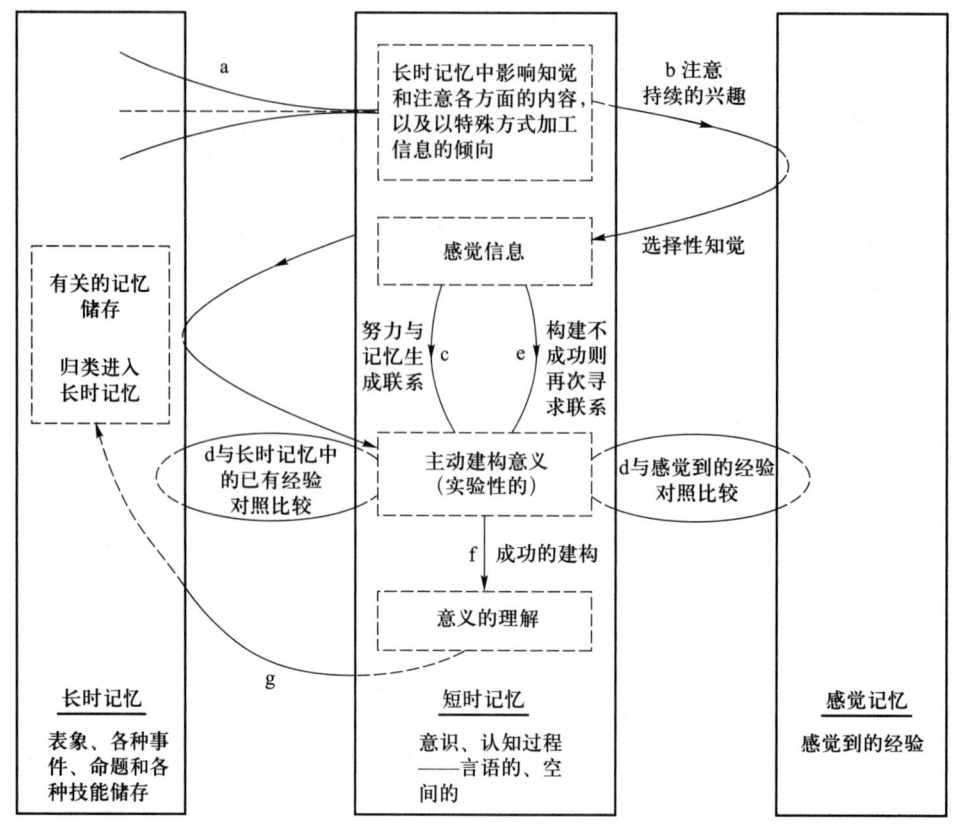

图 6-2　理解的生成过程（Osborne & Wittrock，1983）

的理解，学生可能要与感觉经验相对照，也可能与长时记忆中已有的经验做比较。

（6）经检验，如果意义建构不成功，应该回到感觉信息，检查感觉信息与长时记忆的试验性联系的策略。这包括：第一，构成选择性注意和选择性知觉的信息基础是否可靠；第二，从长时记忆中提取的建立联系的信息是否合适；第三，从感觉信息中选用的信息是否合适；第四，如果必要，应该系统地考虑感觉信息与长时记忆中所有可能的联系。

（7）如果意义建构成功，就实现了意义的理解。在新信息被理解后，学生可以从多方面对获得的理解进行分析检验，看新观念是否合理，它是否符合自己长时记忆中的其他相关经验，是否和其他有关信息相一致。经过这种检验，如果新经验与自己原来的经验结构之间基本是一致的，不存在什么冲突，就可以把新理解从短时记忆纳入长时记忆，同化到已有的认知结构中。相反，如果发现了新、旧经验之间的冲突，这就可能导致长时记忆中已有认知结构的重组。如学生在学习地球形状、昼夜交替等内容时，所学习的科学解释会与已有的日常经验相矛盾，这时，学生需要改变已有的错误概念，真正建立科学的概念。

从以上分析可以看出，理解的生成过程不只是信息从感觉记忆到短时记忆、再到长时记忆的单向的信息流程，而是新信息与长时记忆内容之间的双向的相互作用过程。记忆是知识获得中的一种重要的活动，但理解是更为核心的认知线索，意义的生成过程贯穿学习活动的始终。

（二）意义建构的有效条件

综合以上关于理解的生成过程的分析，学生的意义建构过程是通过新信息与已有知识经验的双向的相互作用而实现的。高水平的意义建构过程主要受 3 个条件的制约：

（1）学习材料本身的可理解性。学习材料应该以明确的方式表达信息，以符合逻辑的方式组织信息。

（2）学生的已有知识水平。即学习者具备与所学内容有关的知识经验背景。

（3）学生的建构性加工活动。学生不能仅仅关注学习内容中的一个个的名词或事实信息（如时间、地名等），不能仅仅记住、背诵课本中的原话，重复教师的说法，而是应该：联系自己的知识经验明确地澄清和具体地解释所学内容的意思；总结所学内容的整体意思和框架；积极地进行推理，得出课本中所没有表达的新假设，发现可以运用这些知识的新情境和新方式；察觉所学内容内部的矛盾之处以及所学内容与自己已有知识经验的冲突之处，从而不断地提出疑问；发现这些知识难以回答的问题，并尝试解决这些问题。

研究表明，学生的先前知识水平和建构性加工活动这两个因素不是独立起作用的，学生的先前知识水平对学习效果的影响主要是通过学生的建构性加工活动而实现的（Chan，Burtis，Scardamalia，& Bereiter，1992）。学生所具有的较丰富的知识基础有利于他们采用更高水平的加工策略进行建构性的加工活动，从而对学习产生促进性的作用。学生的建构性加工活动是完成高水平的意义建构的关键性条件。

可以看出，以上对意义建构的分析和前一章介绍的奥苏贝尔的有意义学习理论有很多共同之处，它们都强调联系和运用已有知识经验来理解知识的意义。但作为一种建构主义的观点，生成性学习突出地强调了学生的建构性加工活动的关键作用。通过这些建构性活动，学生不仅仅准确理解了学习材料本身的意义，而且超越了学习材料本身。他们把学习材料作为资源，发展自己的见解，提出和解决新问题，发现对知识的新应用。

（三）促进意义生成的策略

意义建构需要学生采用建构性的加工策略。基于对理解生成过程的分析，维特罗克强调，为了促进学生的理解，教师应该引导学生主动建构两类联系（Wittrock，1991）：

（1）当前所学的不同知识成分（如概念）之间的联系。为了促进这种联系的建立，教学中可以采用如下策略。① 加题目：为了给一篇文章加题目，学生需要把不同的内容综合起来，加以提炼。加什么题目，这并没有标准答案，但要抓住中心，要醒目而富有想象和创意。② 列小标题：为了给一个或几个段落写小标题，学生需要综合这一部分的意思，这不仅可以用于语文教学，也可以用于其他社会学科和自然学科的教学。③ 提问题：针对当前的内容，提出自己想弄明白的问题，这需要学生对内容进行综合和分析。提问题也可以用于多种学科。④ 说明目的：说明作者写这些内容的目的，这需要学生综合这段内容，结合前后文内容做出分析和推测。⑤ 总结或摘要：为全部内容写一份总结，或者更精要地概括它的中心思想，要尽量用自己的话来表达，而不是摘抄、罗列书上的原话，东拼西凑。要把内容的要点提炼出来，说清楚、说完整。这种方法可以用于语文、历史、地理、物理等学科的教学。⑥ 画关系图或列表：用画图或列表的方法概括、整理这段内容的要点，表现它们之间的关系，分析、比较相关概念的异同。

（2）所学知识与学生的已有知识之间的联系。为了帮助学生把当前的学习内容与已有的知识、经验联系起来，教师可以采用以下策略。① 举例：从已有经验中找到适当的例子来解释说明当前的内容。② 类比与比喻：用自己熟悉的事物来比喻、类比新学习的知识，比如用"水流"来类比"电流"。③ 证明：以已有知识、经验为基础来论证当前的概念、原理，为它们提供理由和证据。④ 述义：不是重复课本中的原话，而是用自己的话来表达所学知识的意思。⑤ 解释：用有关的知识经验来解释新学的知识，说明自己的具体理解。⑥ 推论：从这一知识出发，可以进一步推知什么。⑦ 应用：应用所学的知识来解决相关的问题，特别是与实际生活密切相关的实际问题，以及需要综合运用多种知识的综合性问题。

通过在阅读、科学等科目中所进行的大量教学实验，维特罗克发现，通过提高学生主动理解的意识，促使他们通过有效的策略建立上述两类联系，可以明显地提高学生的理解水平和对知识的灵活应用水平。

二、认知灵活性理论与知识的深化

学习是一个不断深化的过程。为了灵活地运用知识，解决各种问题，学生必须对知识形成深层的理解，只具有一些字面的理解，只记住了一些零碎的概念名词，这些是远远不够的。斯皮罗（R. J. Spiro）等人提出了**认知灵活性理论**（cognitive flexibility theory），重点解释了如何通过理解的深化促进知识的灵活迁移应用（Spiro，Feltovich，Jacobson，& Coulson，1995）。根据知识及其应用的复杂多变程度，斯皮罗把知识分为**结构良好领域**（well-structured domain）的知识和**结构不良领域**（ill-structured domain）的知识。在我们周围，有些知识领域的问题是比较规则和确定的，解决这样的问题有明确的规则，基本可以直接套用相应的法则或公式，这样的知识叫作结构良好领域的知识。但是，现实生活中的许多实际问题却常常没有这样规则和确定，在解决问题时，不能简单套用原来的解决方法，而需要面对新问题，在已有经验的基础上重新做具体分析，建构新的理解方式和解决方案。这就涉及结构不良领域的知识。结构不良领域的知识有以下两个特点：第一，概念的复杂性，在应用知识的每个实例中，都包含着许多应用广泛的概念（知识点）的共同作用，而不是只涉及某一个知识点；第二，实例间的差异性，在同一类别的各个具体实例中，所涉及的概念是不同的，它们之间的相互关系是不同的。结构不良领域是普遍存在的，可以说，在所有的领域，只要将知识运用到具体情境中去，就会有大量的结构不良的特征。例如，我们学习了教育心理学的原理，要把它用到自己的课堂教学中，而我们所教的学科是不同的，所面对的学生是不同的，具体的教学条件也是不同的，面对具体的教学问题，我们不可能简单套用所学的教学理论。我们不能靠将已有知识简单提取出来去解决实际问题，而只能根据具体情境，以已有的知识为基础，建构起理解和解决当前问题的方法，而且，这往往不是单以某一个概念、某一条原理为基础的，而是要通过多个概念原理以及大量的经验背景的共同作用。同样，医生看病、法官断案、工程师设计某项工程等都会涉及大量的结构不良的问题，不是能够靠简单套用规则而解决的。本书的"问题解决与创造性"一章对结构不良问题的解决做了更详细的分析。

针对结构良好领域与结构不良领域的划分，斯皮罗等人认为，按照学习所达到的深度和水平（而非年龄）的不同，学习可以分为两阶段：**初级知识获得**（introductory knowledge acquisition）与**高级知识获得**（advanced knowledge acquisition）。初级知识获得是某一知识主题的入门性学习阶段，教师只要求学生知道一些重要的、基本的概念和事实，只要求他们在测验中把所学的东西按照接近原样的方式再现出来（如背诵、填空、简单的练习题等），这里所涉及的内容具有结构良好领域的特征。高级知识获得则与此不同，它要求学生把握概念的复杂性，并把它们灵活地运用到各种具体情境中。这时，概念的复杂性以及实例间的差异性就显而易见，因而，高级知识获得大量涉及结构不良领域的问题。

在初级知识获得阶段，传统的教学策略是比较有效的。例如，在讲解知识时把整体分为不同的部分，学习普遍性的规则，强调标准答案，通过有反馈的练习来熟练掌握知识技能，等等。但传统教学有一个重要缺陷，就是它混淆了初级知识获得与高级知识获得之间的界限，把初级学习阶段的教学策略不合理地推到了高级学习阶段的教学中，使教学过于简单化，如将事物从复杂的背景中隔离出来进行学习，将本来连续的过程简单地当成一个独立的阶段处理，以及忽视各部分之间的相互联系等。必要的简单化对教学来说是有意义的，但在整个教学过程中都过于简单化则会使得学生的理解简单、片面和僵化，这正是妨碍学习在具体情境中广泛而灵活地迁移的主要原因。在高级知识获得阶段，学生开始涉及大量的结构不良领域的问题，这时的教学主要是以对知识的深层理解为基础，着眼于知识的综合联系和灵活变通，面对复杂多变的任务情境，灵活地理解问题、解决问题。

综上所述，建构需要经历一个不断深化的过程。知识的学习不只在于学生能够背诵多少概念、原理，更主要的是看所获得的知识的质量，看能否把知识灵活地迁移运用到各种相关的情境中。为此，在教学中，教师必须采用有效的教学策略促进高级的知识获得，其核心任务是深化学生对知识的理解。**"为理解而教"**（teaching for understanding）是学习和教学理论的一条重要信念。在这样的教学中，学生需要围绕有生成性的、可进行深度挖掘的主题领域进行持续的学习活动，对知识形成深层的、灵活的理解，其具体表现是学生能够综合运用与该主题相关的知识，以灵活的、有创见的方式从事有关的活动。例如，解决某个问题，做出某种决策，在新情境中使用已有的概念等（Perkins & Unger，1999；刘建，Sun，2018）。

三、探究性学习

为了促进知识建构，建构主义鼓励以学生为中心的探究性学习，而这种学习方式也在当前的教学改革中得到了越来越多的应用。探究性学习的基本过程是怎样的呢？

（一）以问题为中心的学习

在传统教学中，教师一般在教学之初先讲解所要学习的概念和原理，而后再让学生去做一定的练习，尝试去解答有关的习题。其潜在的假设是：学和做是两个过程，知识的获得和知识的应用是教学中两个独立的阶段。学生必须先学了，先知道了，才能去做，去解决有关的问题。实际上，学和做、知识的获得和知识的应用是可以合而为一的，学生可以

"在做中学"，"通过问题解决来学习"。以问题为中心进行学习是各种探究性学习活动的核心思路。**探究性学习**（inquiry learning，或 inquiry-based learning）就是学生通过发现问题和解决问题而建构知识的过程。按照这种思路，应该把学习活动设置到有意义的问题情境中，教师或学生针对所要探究的领域提出感兴趣的问题，学生通过不断解决问题和发现新问题来学习与所探究的问题有关的知识，形成解决问题的技能，并形成自主学习的能力。研究表明，以问题为中心进行的探究性学习有利于帮助学生提高灵活应用知识的能力，形成有效的问题解决和推理策略（Hmelo，1998），提高他们的自主学习技能（Hmelo & Lin，2000），并促进元认知能力的发展（撒婷婷，杨宁，2012）。例如，在英语学习中，以问题为中心的学习可以充分激发学生学习英语的兴趣，调动学生的积极性与主动性，有利于提高学生的综合语言能力（王新，2007）。此外，"互联网+"为问题解决学习带来了技术变革，学生可以依托计算机网络环境，利用计算机模拟真实的问题情境，从而促进解决问题能力、实践能力、创新能力的发展（申云凤，2018）。

一个广为采用的探究性学习的具体模式是**基于项目式学习**（project-based learning）。其基本做法是：针对课程内容设计出一个个的学习单元——项目，每个项目围绕着一个具有启发性的问题而展开，学生以合作的方式来分析问题、搜集资料、确定方案步骤，直至解决问题。作为这种学习活动的结果，学生通常要形成能表达自己理解的实际产品，如报告、模型、表演、多媒体演示软件、网站等。一个基于项目式学习的活动通常包括如下基本环节：

（1）提出驱动性问题：教师向学生提出驱动性的问题。例如，在我们周围的水中都有什么？它们是从哪儿来的？这种对学生有意义的驱动性问题为学生提供了一个宽而明确的探究框架，其中包含丰富的可能性，使学生可以在真实情境之中开展探究活动。

（2）形成具体探究问题和探究计划：学生必须形成自己要探究的具体问题，设计规划探究活动，并对探究计划的可行性进行评价。在规划探究活动时，学生通常需要确定分工与合作方式。教师可以观察各个小组对探究问题的分析和对探究过程的规划，提供适当的建议。

（3）实施探究过程：一旦学生决定进行某种探究活动，他们就要付诸实施，包括做背景性研究、搜集数据、分析数据、形成结论等。在此过程中，学生常常需要与其同伴、指导教师以及社区中有知识经验的相关人士进行合作和交流；教师可以为学生提供探究策略的指导。

（4）形成和交流探究结果：探究活动的结果通常体现为各种人工制品（如采集的水样、测量结果、统计图表等）和产品（如研究报告、多媒体演示、档案资料等）。

（5）反思评价：教师和学生一起对任务的完成过程进行反思，分享经验，结合活动过程和结果表现做出综合评价。

（二）设计型问题与解释型问题

如上所述，探究性学习是以问题为中心而展开的。按照问题所指向的结果的不同，博瑞特（Bereiter，2002）把问题分为两类：

（1）**设计型问题**（design problem）：针对某种实际问题提出某种可行的设计方案，如设计一种电路、一个机器人、一份提案、一种产品或者一个污染治理方案等。学生可能实施所设计的方案，也可能并不实施，而只是提出和论证设计方案。如很多中学都在进行的科技节活动（如设计"神舟号"飞船）就是学生们不可能实际执行的。

（2）**解释型问题**（problem of explanation）：针对某种现象提出一定的理论解释，说明其中的规律性关系及其原因机制，如解释光是怎样传播的，生物是怎样进化的。

在这两类问题的解决过程中，学生需要运用与该问题情境有关的知识和技能，而这些知识和技能也在问题解决过程中得到了深入的加工，因而是有效的学习。但是，这两类问题中所应用和加工的知识和技能是不同的。设计型问题往往需要学生综合更多的相关知识来生成某种实践性方案，更有利于实践性知识和技能的学习；解释型问题要求学生更多地聚焦在主题上进行深入加工，提出某种理论解释，更有利于习得超越具体实践情境的原理性知识和基本的技能。

当前的许多探究性教学活动往往过于重视需要学生动手操作的设计型问题，期望这种实践性问题可以自然而然地使学生形成某种理论知识，例如，通过设计航模来学习牛顿力学。实际上这是一种误解。设计型问题和解释型问题对于知识建构而言，有着互相不可替代的作用。理论解释本身并不能自动提供实践方案，同样，实践活动本身也不能提供理论解释。

（三）跟进性探究

值得注意的是，在探究活动中，问题的解决往往并不是一次性完成的，不是得到一个答案后就告终的。现实世界中的问题常常都牵涉非常复杂的关系，人的认知资源不可能一次性处理全部的关系，而只能先在一个水平上考虑一些关系，形成对问题的理解，在这个理解水平的基础上看到更深层次上的更复杂的关系，不断追问问题背后的问题，使问题的空间随着问题的解决过程而延展。这种随着理解的深化而不断发现和解决更深层的问题的过程被称为**跟进性探究**（progressive inquiry）或者**跟进性问题解决**（progressive problem solving）（Bereiter & Scardamalia，1993）。例如，在一项研究中，研究者对小学四年级学生的探究活动线索进行了定性分析。这些小学生在学习关于"光"的内容。一些学生对彩虹非常感兴趣，于是开始研究彩虹是怎样形成的。有的学生从读物中了解到，彩虹中的色彩其实是由太阳光（白光）分解出来的。那究竟是什么把太阳光分解了呢？他们进一步发现是雨后浮在空中的小水滴。学生又提出了问题：小水滴那么小，怎么能形成那么巨大的彩虹呢？彩虹中的颜色为什么总是按照同样的顺序排列呢？彩虹为什么会是弧形的呢？伴随着这种跟进性问题解决的过程，这些学生对彩虹的理解被一步一步地深化了。

跟进性探究是开放性的探究活动的核心过程。探究性学习已经开始在学校教学中得到了越来越多的采用，但在实际教学活动中，教师往往对探究的问题、过程和方法等做了太多的预先设定，限制了学生对探究活动的主导权。真正的探究应该鼓励学生自己在探究过程中不断提出更进一步的问题，从而自然地展开更进一步的探究。问题所指即探究所向。

综上所述，学习是一个积极主动的意义建构的过程，学生通过组建当前所学知识的内部联系以及当前内容与已有知识经验的联系而生成对知识的理解。建构性学习应该以深层理解为核心目标，而深层理解的体现之一是能够在复杂的、结构不良的情境中综合地、灵活地应用知识。为了建构深层的理解，应该将学习活动设置在有意义的问题情境中，让学生逐步解决问题和发现新问题，通过跟进性探究来进行持续性的知识建构。

第三节 学习的社会建构过程

上一节主要分析了个体学习者的知识建构，包括意义的建构、理解的深化以及以问题为中心的探究性学习过程等，突出强调了学习者个人的主动建构活动对学习的意义。在此基础上，本节将讨论在社会层面上的知识建构。学习不仅是个人对学习内容的主动加工，而且需要学习者进行合作互动。探究不仅是一种认知活动，也是一种社会文化活动，是对某种社会实践活动的参与。

一、活动参与和文化的内化

马克思主义强调实践活动对于认识发展的基础性作用，人的智力是按照其如何学会改变自然界而发展的。按照这样的思想，维果茨基提出了关于高级心理机能发展的理论，后来的列昂节夫更系统地提出了**活动理论**（activity theory）。当今的建构主义者在活动理论的基础上进一步对知识建构的社会文化机制做了分析。

（一）学习是社会文化的内化过程

吃饭是一种很简单的活动，假如有朋友请我们吃饭，我们可能不会对于如何吃感到困难。但是如果我们要去一位英国朋友或者阿拉伯朋友的家中就餐，就很可能会对于如何吃感到困惑了：吃饭的程序是怎样的（先吃什么后吃什么）？每种菜肴应该用什么样的餐具？如何用每种餐具？就餐时有什么礼仪规则？同样，假如我们请外国朋友来家中就餐，他们也会有同样的感觉。人类的每种活动都蕴含着一定的社会文化，涉及一定的工具、资源、分工协作方式以及有关的显规则和潜规则。一个成长于某种文化背景下的个体往往会对本文化的规范习以为常，其实，每个人在成长过程中都是经历了很多次活动（如就餐）后，才掌握了与该活动有关的知识。

按照维果茨基的观点，人具有其他动物所没有的高级心理机能，其核心特征是人能够利用符号工具——不仅用符号工具完成相互之间的交流，而且用符号工具指引、掌握自己的心理过程，即用语言进行思维。人的高级心理机能的发展是社会文化内化的结果。所谓**内化**（internalization 或 appropriation），即把存在于社会中的文化（如语言、概念体系、文化规范等）变成自己的一部分来有意识地指引、掌握自己的各种心理活动。

维果茨基分析了在内化过程中的两种知识的相互作用。一方面，在自己的日常生活、交往和游戏等活动中，学生形成了大量的个体经验，这可以叫作**自下而上的知识**（bottom-up knowledge），是从具体水平向高级水平发展的知识，走向以语言为中介实现的概括，从而形成更明确的意义理解，学生会更有意识地加以应用。在人类的社会实践活动中则形成了丰富的公共文化知识，在个体的学习中，这种知识首先以语言符号的形式出现，由概括向具体经验领域发展，所以可以称其为**自上而下的知识**（top-down knowledge）。例如，在物理教学中，中学生接触到教材中描述的"电流""电压"等较抽象的概念（自上而下的知识），同时他们也已经在日常生活中积累了很多关于电现象的直接经验（自下而上的知识）。在学习过程中，学生需要联系和利用自己的直接经验，形成对抽象概念的具体理解，使这些概念变得更生动、更真切，同时使自己的直接经验更明确、更概括。概念和理解的发展是连续性的过程，学生已经达到的概括性理解会参与到之后的思维活动中，成为达到更高的理解水平的基础。

（二）学习是通过参加活动实现的

在维果茨基的基础上，列昂节夫进一步强调了活动在内化过程中的关键作用。一切高级心理机能最初都是在人与人的交往中以外部动作的形式表现出来的，然后经过多次重复、多次变化，才内化为内部的智力动作。活动是这种内化过程的桥梁。人的心理是在人的活动中发展起来的。活动构成了心理特别是人的意识的发生、发展的基础。

人的活动具有对象性。活动是指主体与客观对象进行相互作用的过程，是一种感性实践过程。人通过活动反映客观世界，形成关于世界的知识，又通过活动反作用于客观世界，使知识得到检验和发展。活动和知识之间存在着相互反馈、相互作用的关系。我们在活动时获得知识理解，这些理解又影响我们的活动，活动进而又改变我们的理解，如此循环。

人的活动的一个核心特征是它的社会性。人的活动是在社会关系系统之中发生的，是社会性实践。活动不能简化成个体的行为，不单是行为主义所说的行为反应的总和。在活动理论的基础上，温格（Wenger，1998，2004）提出了**实践共同体**（community of practice）的概念。一个实践共同体是围绕特定的实践活动而形成的，如一个生产车间、一个科研课题组、一个剧团等。实践共同体有 3 个维度的重要属性。① 活动领域，每个实践共同体有其特定的知识经验和要从事的事情，其成员对于共同体的活动（事业）有共同的理解，并不断地在协商、磨合关于其活动的新理解。② 社会"圈子"，成员之间建立了双向互动、共同参与的关系，从而被"捆绑"成为一个整体（一个圈子内的人），去完成他们共同的任务。③ 实践方式，共同体的成员在较长时间的活动中形成了共享性资源集合，其中包括有关的知识、方法、工具、案例故事、文档资料、语汇，等等。共同体成员参与共同的活动系统，在这个活动系统之中，每个成员对于很多基本问题都有共同的理解。如：他们在干什么？这些活动在他们各自的生活中意味着什么？对他们的共同体意味着什么？等等。

按照活动理论，文化的内化是通过学习者参与某种社会性活动而实现的。学习者通过参与某个共同体的社会性活动，把有关的概念、语言符号、规则等内化为自己的一部分，从而逐步能够越来越自如地理解和参与该活动，完成与该活动有关的思维和交流。这时学习者也就逐渐进入该实践共同体之中，成为其中的一员。如数学学习可以看作参与和数学有关的社会实践活动的过程，这种活动包括数学家的数学活动，也包括有数学素养的人在日常生活中所进行的数学活动（如商店中的结算等）。学生需要有机会参与这种真实的数学活动，内化有关的符号系统、思维方式、工具和已经积累下来的知识资源，从而能够用数学来思维、解决问题和进行交流。在参与活动的过程中，学习者通过与比他们更成熟的成员的合作可以完成他们独自所不能完成的任务。这种通过合作所能达到的活动水平和独自所能达到的活动水平之间的差距就代表了学习者的最近发展区。

（三）支架式教学

为了盖一座大厦，建筑人员要先搭起脚手架。与此类似，在把学生的最近发展区转化为现实的发展的过程中，教师或者其他助学者也需要为学生的知识建构搭建"脚手架"。内化过程是通过学生参与某种社会性活动而实现的。在活动过程中，比学生更成熟的社会成员可以为学生提供"学习的脚手架"，即教师或其他助学者通过和学生共同完成蕴含了某种文化的活动（如数学活动、语言活动、科学活动等），为学生参与该活动提供外部支持，帮助他们完成独自无法完成的任务。随着活动的进行，逐渐减少外部支持，让位于学生的独立活动，直到最后完全撤去脚手架。

教学活动的中心作用就是为学生提供与成人以及同伴合作互动的环境。在教师或其他社会成员的指导和帮助下，学生能够做那些他们自己还不能独立做的事情，尝试解决自己还不能独立解决的问题。在与其他人合作进行的活动中，学生可以观察、捕获体现在活动中的知识经验，掌握有关的工具，理解活动中的社会关系和规则。逐渐地，学生就可以在没有外界指导、帮助的情况下独立地完成某种活动。这时，学生就完成了对有关知识的内化。

为学习活动搭建支架（脚手架）的具体方法很多，比如引导学生对关键信息加以注意，提供工具，提供启发引导，做演示，示范问题解决策略，提供活动反馈等。另外，不仅教师可以为学生提供脚手架，学生之间也可以相互搭建学习的脚手架，互为支持。在一个班级中，学生的兴趣和知识经验背景是多元的，每个学生都有自己擅长的知识领域。在进行某种探究活动时，学生可以利用自己擅长的知识技能为同伴提供一定的帮助和指导。

综上所述，活动理论集中解释了知识建构的社会文化实质。学习是学习者通过参与某种社会性活动而完成的对社会文化的内化过程。在学习过程中，成人以及同伴等可以为学生提供学习的脚手架，从而使学生能参与更为复杂的活动。

二、认知学徒制与情境性学习

在维果茨基思想的基础上，研究者对知识建构过程中的社会互动模式，如认知学徒制、情境性学习，进行了更为具体的研究。这些研究主要强调学校教学应该为学生提供参与活动的机会，而这种活动应该具有真实性，应该反映该活动作为一种社会实践活动的关键特性。

（一）认知学徒制

作为一种对文化内化过程的更深入的解释，布朗等人（Brown, Collins, & Duguid, 1989）提出了**认知学徒制**（cognitive apprenticeship）的概念，试图借鉴某些行业中师父带徒弟的传艺模式来使学生参与真实的情境性活动。简言之，认知学徒制就是指知识经验较少的学习者在专家的指导下参与某种真实性的活动，从而获得与该活动有关的知识技能。例如，在手工作坊（如木工、铁匠）中小徒弟所进行的学习是一种情境性的学习方式。在这种学习活动中，任务是真实的，环境是真实的，知识技艺是蕴含在真实活动之中的，徒弟学到的是可以解决实际问题的本领。小徒弟在手工作坊之中经历了一个合理边缘参与（legitimate peripheral participation）的过程，从最初的"打杂"开始，逐渐参与更高级的任务，获得高级的技能，从初学者或新手变成一个专家或是老手，从一个实践共同体的边缘进入到中心，参与更核心的任务。传统教学中的知识学习脱离了知识的实际应用情境。当前的教学改革应该从师徒传艺这种古老的教育方式中吸取有价值的成分。

按照认知学徒制的思路，教师可以作为师父（某领域的专家）在现场中对学生的认知活动进行示范和引导，学生在实际活动之中逐步学习专家所使用的知识和问题解决策略。这种思想在美术、语言、科学、数学等不同学科的教学中得到了不同的应用，但它们都有一些共同的要素（Woolfolk，2004）：

（1）学生观察专家（通常是教师）示范某种活动。

（2）在教练（通常是教师或辅导教师）的辅导下，学生尝试进行这种活动。

（3）随着活动的进行，外部支持、引导逐渐减少。

（4）学生不断对自己所学到的知识和过程策略进行思考，用语言进行总结。

（5）学生对自己的进展过程进行反思，将自己当前的活动表现与最初的表现做比较，与专家的做法进行比较。

（6）学生以新的没有尝试过的方式应用他们所学的知识。

（二）情境性学习

如本章第一节所述，建构主义强调学习的情境性。知识、学习是与情境化的社会实践联系在一起的。知识体现在实践共同体成员的活动和文化之中，学习者通过对该共同体的社会实践的参与而逐渐形成这种知识。因此，学习应与情境化的活动结合起来，即进行**情境性学习**（situated learning）。情境性学习的具体特征可以归纳为（张建伟，陈琦，1996；张建伟，孙燕青，2005）：

（1）真实任务情境：学习的内容要选择真实性任务，这种任务应该与对应的现实实践活动具有一定的同构性，不能对其做过于简单化的处理，使其远离现实的问题情境。由于实际问题往往都同时与多个概念理论相关，所以应该在一定程度上弱化学科界限，强调学科间的交叉。

（2）情境化的过程：学习过程应与现实的问题解决过程相类似，所需要的工具和资料往往隐含在情境当中，进行真实性的问题解决。教师并不是把提前已经准备好的内容教给学生，而是在课堂上展示出与现实中的专家解决问题相类似的探索过程，让学生能够完整看到学生自己的思维过程，看到其中的成功和错误尝试。教师的问题解决过程会对学生的思维过程起到示范、引导的作用。

（3）真正的互动合作：现实的实践活动总是在一定的共同体之中进行的，并与各种有关的专业共同体进行交流互动。在情境性学习过程中，学生也应该在学习共同体之中进行合作互动，持续地进行协商、交流。

（4）情境化的评价：情境性教学一般不需要独立于教学过程的测验，而是采用融合式测验或情境化的评估，学生在学习活动中对具体问题的解决本身就反映了学习的效果。

作为一种典型的情境性学习模式，美国范德堡大学的"认知与技术"课题组提出了**锚式情境性教学**（anchored instruction），其主要意图是将学习活动与某种有意义的大情境挂钩，让学生在真实的问题情境中进行学习（Cognition and Technology Group at Vanderbilt，1992）。在学习中，学生首先看到一种问题情境，他们要先运用已有的知识去尝试理解情境中的现象和活动。在此基础上，教师逐步引导他们形成一些概念和理解，然后让他们用自己的理解方式去体验和思考问题。在此过程中，学生常常要进行合作、讨论。该课题组根据这种模式设计了一种录像教材，由一系列历险故事录像片断组成（如旅行、经商等），由这些故事衍生出有待学生解决的问题。在主要问题之后，还鼓励学生解答类似的或延伸的问题，帮助学生发展起变通的、灵活的知识表征，深刻理解蕴含在问题中的原理原则。

三、知识建构共同体

学习是对某种实践活动的参与过程。在学校中，学生的学习是围绕着各个学科领域展开的，几乎每个学习领域都代表了某个蕴含了特定文化的实践领域。让学生仿照科学家的实践方式进行学习成了教学革新的重要思路。但是，在实际教学中，很多探究性学习活动往往仅仅让学生进行动手活动（如做实验）。实际上，"动手"不是科学探究活动的实质。有学者（Scardamalia & Bereiter，1994）认为，科学研究活动不是单个科学家在实验室中完成的认知发现，而是科学家作为一个科学共同体共同推进科学知识的不断进化的过程，它是一种社会建构过程。每个研究者的成果都在科学共同体之中发表和公开，每个人都受益于其他研究者的成果，不断在他人研究成果的基础上重新审视旧问题和提出新问题，不断地超越知识的前沿。在让学生进行探究性学习时，我们不能只是关注每个学生的探究活动，而是要建立真正的**知识建构共同体**（knowledge building community）。一个知识建构共同体是以一个思想的形成和持续改进为关注点的团体，其成员通过建构性的互动过程发展对于共同体有价值的思想。在知识建构共同体之中，学生共同完成"思想"的生成和持续改进过程。学生针对共同关心的探究领域发现和界定需要理解的问题，展开探究活动，形成初步的见解，并将这些见解作为观念对象在公共知识空间之中公开，而后相互对彼此的见解进行评点、质疑、改进、丰富和汇总，并延伸出新的问题。

【知识拓展】
知识建构共同体
互动方式的特征

为了支持和促进知识建构共同体，斯卡德玛利亚及其课题组研制了"计算机支持的目的性学习环境"，后改进为"知识论坛"系统。知识论坛为学习者建立了一种网上共享知识空间。学习者在此空间内协商确定需要探究的问题，贡献自己的思想，对公共空间中的思想进行持续的改进发展，建立链接、注解，进行相互参考和引用，并不断识别需要进一步探究的问题。这样，学习者就有了一个开放共享的"网上杂志"，每个学习者都是这个杂志的作者，也是其评委和读者。就像一个研究领域的科学家所拥有的学术杂志一样，杂志内容的发展就反映了共同体知识的增长历程。

相关链接

第二代认知科学革命

建构主义理论中的一些理论（如情境教学、社会文化认知等）也受到了认知科学中观念转变的影响。

传统认知科学假定：认知的本质是计算（对物理符号的操作），是在信息加工的硬件系统（如人脑或电脑）上运行的软件或程序。由于软件或程序从功能上是独立于硬件的（如同样的软件或程序在不同的电脑上运行的过程和结果是一样的），所以人的认知是"离身的"（disembodied），独立于包括大脑在内的身体。离身的心智表现在人脑上，就是人的智能，表现在电脑上，就是人工智能（李其维，2008）。换句话说，人的认知只是运行在人的大脑这一硬件上，却不依赖身体，其功能是独立的。传统认知科学的这一假定在哲学上是以笛卡尔的"物心二元论"为基础的，因而被称为"笛卡尔式认知科学"。

脑科学的发展成果被引入认知科学，推动了认知神经科学的发展。认知神经科学突破了传统认知科学的局限：心智在本质上是一种功能性的程序，而与硬件系统无本质性的联系。

自从20世纪90年代开始，传统认知科学更是受到了重归人体、重归行动和重归环境等学术思潮的挑战，拓宽了认知科学的研究领域，改革了认知科学的研究方式。有人将这些理论称为"第二次认知科学革命""非笛卡尔式认知科学"或"超脑认知"（extraneural cognition），其核心观点是：心智是一个可以分布于大脑、身体和环境的，或跨此三者的复杂系统。大脑以外的某些过程或活动也可以作为认知过程或认知活动的组成部分。认知过程和认知活动可以发生在大脑之中，也可以部分地发生在大脑之外的身体之中，还可以部分地发生在身体之外的环境之中。

一、重归人体

重归人体思潮包括具身认知。具身认知（embodied cognition）认为，认知是包括大脑在内的身体的认知。具体而言，身体的解剖学结构、身体的活动方式、身体的感觉和运动体验决定了我们怎样认识和看待世界。

第一，我们的身体构造特征限制或制约了我们感知世界的方式。例如，人类的颜色经验是三种不同的视锥细胞相互作用的产物，而鸽子拥有六种、金鱼拥有四种视锥细胞。可以推想，人类所经验到的颜色世界与鸽子和金鱼所产生的颜色世界是不相同的。即使人类本身，一个天生的盲人、一个后天的盲人与一个视力正常人所感知到的世界也是不同的，如对白色、对高山的感知。

第二，我们的语言和概念系统发源于我们的身体经验。一些抽象的概念需要用更为具体的概念来体会和理解，这样不断倒推，最后会追溯到我们认识或体验世界的最原始概念，而这些最原始的概念基于我们的身体位置或活动。例如，我们以身体为中心，产生直接的不依赖其他更具体的概念的原始空间感知（如上下、左右、前后、高矮、远近），进而把上面的、接近我们的视为积极的，如中心、提拔和亲密等；把下面的、远离我们的视为消极的，如边缘、贬低和疏远等。又如，冷、热、温、凉也是我们的身体感受，以这些身体感受为基础，我们发展出其他一些更抽象的概念，如形容情感状态的热情、冷淡等。有人（Gibbs，2006）指出，人们对身体的主观感受和身体在活动中的体验为语言和思想部分地提供了基础内容。

第三，我们的身体是认知过程的分担者。认知不只是位于大脑之中，而且分配于大脑与身体。简单来说，人的身体也参与了部分认知和情感过程。例如，身体的姿势参与了我们的评价和感受。在评价一个耳机的舒适度时，一边点头一边评价的被试比一边摇头一边评价的被试更倾向于给予较高的评分（Wells & Petty，1980）。在完成任务时，做出趾高气扬的姿态（昂头挺胸、腰背笔直）的被试比做出垂头丧气的姿态（低头、耸肩、弯腰）的被试感到更骄傲（Steppe & Strack，1993）。站着并微笑的表情更有利于被试提取自己愉快的生活经历（Rishkind，1984）。做出微笑表情（用牙咬住铅笔）的被试比不做出微笑表情的被试（噘嘴叼着铅笔），更倾向于认为搞笑图片更好笑（Strack，Martin，& Stepper，1988）。在笑的情况下，被试对愉快情绪句子的判断快于对悲伤句子的判断（Havas，Glenberg，& Rinck，2007）。身体状态以及身体与环境的互动方式参与了我们对外界的判断、对自身的认知以及我们的决策行动。例如，手握热咖啡杯的被试比手握冷咖啡杯的被试倾向于认为一个人更热情；试用热敷贴的被试比试用冷敷贴的被试更慷慨（Williams & Bargh，2008）。手持较重写字板的被试在写字板上评估某种外币的价值时，比手持较轻写字板的被试倾向于判断外币更值钱（Jonstmann，Lakens，& Schubert，2009）。洗手能够降低认知不协调（Lee & Schwartz，2010），洗手还能降低人的道德罪恶感（Zhong & Liljenquist，2006）。

在具身认知理论中，身体作为认知调节者可能还只是说明认知对身体的依赖作用，而身体作为认知分担者则突破了认知的大脑界定，将大脑之外的身体甚至环境都纳入认知过程。更进一步，人的心智寄寓身体，而身体又嵌入环境，这很自然地孕育了重归环境的学术思潮。身体作为认知调节者强调身体活动与认知的互动，孕育了重归行动的学术思潮。

二、重归行动

重归行动的思潮包括生成认知（enacted cognition）。生成认知认为，认知是在机体与环境的互动之中生成的。例如，当我们听不清楚从某处传过来的声音时，我们会转动头部，以便双耳能够更好地定位声音或更便于听清声音。

我们的知觉经验是由我们探究世界的方式所构成的。例如，当我们知觉一个三维物体时，我们只能看到朝向我们的侧面，但对没有出现在视野中的那些侧面也确实有着知觉，那是因为我们知道，如果我们移动身体到另一个方位，我们就能获得那个侧面的刺激。我们对这种感知运动的知识是一种不言自明的缄默知识。

我们的感知运动经验对知觉经验的发展也是必要的。有研究者（Held & Hein，1963）将刚出生的两只小猫置于一个圆桶内（见图6-3），圆桶中央有一个支柱，圆柱上设置一个支架，圆桶内部与圆柱都涂上斑马线，一只小猫拉着支架的一端，另一只小猫待在支架另一端的提箱中。

经过一段时间的练习后，研究者对两只小猫的知觉能力进行测试，结果表明，尽管两只小猫接受了相同的刺激，但提箱中的小猫没有形成正常的知觉能力。这只小猫

图 6-3 运动对小猫视知觉的影响实验（Held & Hein，1963）

因为缺乏感知运动经验而未能形成正常的知觉经验。

总之，根据生成认知，认知过程并不仅仅由大脑过程构成，机体作用于世界的方式和世界因此反作用于机体的方式都是整个认知系统的一部分。

三、重归环境

重归环境的思潮包括嵌入认知、分布式认知、延展认知和情境认知。这些观点之间互有重叠之处。嵌入认知（embeded cognition）是具身认知的自然延伸，因为人的认知是具身的，而身体又处于环境之中。嵌入认知认为，认知过程部分依赖身体之外的过程。根据嵌入认知，我们可以通过适当的探索和操作环境的能力，将大脑的认知任务卸载到环境（包括外部设备）来减轻大脑的负担。

分布式认知（distributed cognition）是指分布在个体内、个体间，媒介，环境，文化，社会和时间等之中而进行的认知。例如，笔算比心算相对容易一些。在笔算中，我们能够将心算的中间结果通过纸笔暂存于外部环境，减小了工作记忆的认知负荷。心算过程中的认知被分布了大脑与外部环境之中。分布式认知强调的是认知过程在认知主体和环境间分布的本质。

延展认知（extended cognition）认为，身体外的认知过程构成了认知过程的一部分。认知主体的大脑、身体和环境形成了一个延展的认知系统。系统中每一部分都在进行着积极的互动、配合，共同完成一项心智任务。以驾驶技能发展为例，有了倒车雷达和倒车影像技术后，司机凭后视镜倒车的能力就下降了，甚至随着智能驾驶技术的发展与普及，驾驶技能本身也将成为历史的记忆，至多像射箭一样，被列为一项体育比赛项目了。

情境认知（situated cognition）可以说是对所有涉及情境的思潮的一个统称，如嵌入认知、分布式认知和延展认知等，甚至可以说，连具身认知和生成认知也可以归于其中。情境认知理论强调情境在认知中的作用，人的认知发生在特定的情境之中，因此在研究人的认知时需要考虑人与情境的关联与交互。情境认知理论强调行动的意义。传统认知科学认为人的所有认知都发生在人脑内，人的行动依赖人脑中的计划，而情境认知理论则主张，每个行动的进程在本质上依赖它所处的物质和社会环境。情境认知理论还特别强调整体观和系统性，关注比个体行动和认知过程更大的交互系统，认为人和与其关联的人工制品（如纸笔、刀叉和手机等）是一个活动系统。根据情境认知理论，人脑不再是与环境孤立和隔绝的系统，而是与身体、技术、环境、社会及文化处在一个动态耦合的系统之中，认知过程就是在这样的系统中，在各个元素之间的交互作用中涌现的。

四、第二代认知科学对教育的意义

第二代认知科学对认知过程与认知能力发展的重新审视对教育具有一定的启示意义。

根据具身认知理论，认知受到身体的特征和活动经验的影响。教学需要重视身体在学习过程中的作用。教师要注意放松对学生身体的限制，如统一坐姿（将双手放在桌上或背后），容忍学生学习时的一些习惯性动作或姿势甚至小癖好（刘钊，舒寒，2015），加强师生之间身体的互动与交流（如一个眼神、一个动作、一个姿势或一个拥抱），让学生感受到老师的温暖和接纳（董芬，2014）。

根据生成认知和情境认知理论，认知与行动交互作用，知识与情境相互联系。知识的意义是特定于一定情境的，知识是在活动中、丰富的情境中、文化中不断地被运用和发展的，教学需要创设丰富的情境，调动学生的多种感觉经验，让学生参加社会实践，在行动之中学习。

根据分布式认知，人们在从事一项智力任务时头脑内部的认知将发生变化，所需要的认知技能也发生了变化，教学的重点也要发生相应的变化。例如，以前的图表需要利用尺子和笔在纸上画出来，现在有了电脑，就省去了这些工夫。教学就不再关注线画得怎么样，而是关注用什么样的图来更好地表达数据的含义。以分布式认知为基础，人们还提出了分布式学习的概念。分布式学习（distributed learning）是一种教学模式，它允许指导者、学习者和学习内容分布于不同的非中心的位置，使教与学可以独立于时空而发生。这一概念强调，学习是在学习共同体的个体之间分布完成的。这对合作学习、远程教育具有重要的理论意义。

综合本节所述，学习不单是学习者个人完成的认知活动，而且是一个社会建构过程。学习是通过活动参与而实现的文化内化过程。学习者通过逐步深入地参与蕴含着某种文化的实践活动而理解有关的活动方式和规则，建构有关的知识技能。在此过程中，教师、更为成熟的社会成员可以为学习者提供学习的脚手架，引导、帮助学习者完成自己所不能独立完成的活动。学习者之间也可以互相提供支持和帮助，互为脚手架。借助这种"认知师徒关系"，学习者可以在真实性的活动中逐步内化更为高级的知识技能。本节概要介绍了能够体现上述思想的一些学习模式，比如交互式教学、情境性学习、知识建构共同体等。除此之外，研究者还对各种类型的**协作学习**（cooperative learning 或 collaborative learning）进行了深入的研究。当前，学校教学中增加了越来越多的探究活动，但教师往往只注意到了探究活动的有形的一面（比如具体任务和成果形式等），而忽视了活动所应体现的文化情境。探究学习的设计应反映探究活动背后的社会文化实质，使学生的"做"能真正体现基于知识应用的实践活动以及以知识创新为目标的研究活动的关键认知要素和文化特性。

思考题

1. 对比分析建构主义与行为主义、信息加工理论的关键差别。

2. 简要概括和评价建构主义的知识观、学生观和学习观。

3. 比较分析生成性学习理论与学习的信息加工模型以及奥苏贝尔的有意义学习理论分别有什么异同。

4. 应该如何在教学中促进学习者的意义生成?

5. 对比初级知识获得与高级知识获得的差别,分析其教学启示。

6. 什么是基于项目式学习? 其基本过程是怎样的?

7. 查找1～2本小学或中学的教材,分析其中是否包含探究性学习活动。如果有,看看这些探究性学习活动的问题设计、过程和评价方式是怎样的,看看它们是否鼓励跟进性探究。在以上分析的基础上,提出自己针对这些教材的改进建议。

8. 大学新生往往会在相当长的一段时间内感到很迷茫,难以适应大学的学习和生活。请利用关于活动参与和文化内化的理论分析这一问题的成因,并提出解决这一问题的具体建议。

9. 支架式教学的基本思路是什么? 举例说明如何为学习活动搭建支架?

10. 用自己的话解释认知学徒制的含义,总结认知学徒制在教学中的应用方式。

11. 情境性学习的主要特征是什么? 对教学有何启示?

12. 什么是知识建构共同体? 知识建构共同体中的社会互动方式是什么?

推荐阅读

布兰思福特,等.(2002)人是如何学习的: 大脑、心理、经验及学校(程可拉等 译).上海: 华东师范大学出版社.

斯莱文,R.(2016). 教育心理学: 理论与实践(第10版)(吕红梅,姚梅林等 译).北京: 人民邮电出版社.

维果茨基(2005).维果茨基教育论著选(余震球 选译).北京: 人民教育出版社.

张建伟,孙燕青(2005). 建构性学习: 学习科学的整合性探索.上海: 上海教育出版社.

陈琦,刘儒德.(2019).当代教育心理学(第3版).北京: 北京师范大学出版社.

斯特弗,L.P.,盖尔,J.(2002). 教育中的建构主义(高文等 译).上海: 华东师范大学出版社.

伍尔福克,A.(2015). 伍尔福克教育心理学(第12版)(伍新春,张军,季娇 译).北京: 中国人民大学出版社.

第七章

人本主义学习理论及应用

知识导图 >>>

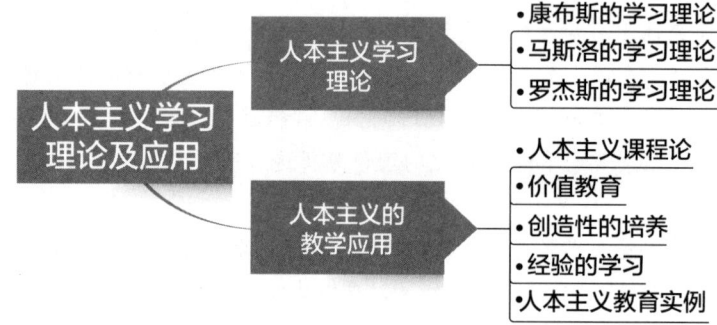

学习目标 >>>

- ⊙ 简述人本主义学习理论的基本观点
- ⊙ 举例说明价值澄清法的教学应用
- ⊙ 简述罗杰斯和马斯洛对创造性培养的观点

促进学生的全面发展，关注学生的情感、态度和价值观，俨然成为当今教育改革的最强音。其实，早在 20 世纪六七十年代，在美国兴起了一种有别于行为主义与精神分析主义、号称"第三势力"的心理学思潮——**人本主义心理学**（humanistic psychology）。这种思潮既反对行为主义的环境论，又反对精神分析主义的生物决定论，强调心理学应该研究人的本性和潜能、尊严和价值，强调社会文化应促进人的潜能的发挥以及普遍的自我实现。在教育上，人本主义旗帜鲜明地倡导全人教育和情感教育等。本章将介绍人本主义学习理论与教学思想。

【考纲链接】
《教育知识与能力》（中学）：理解并运用行为主义、认知学说、人本主义、建构主义等学习理论促进教学

第一节　人本主义学习理论

人本主义主张，心理学应当把人作为一个整体来研究，而不是将人的心理肢解为不能整合的几个部分；应当研究正常的人，并更加关注人的高级心理活动，如热情、信念、生命尊严等。人本主义学习理论从全人教育的视角阐释了学习者整个人的成长历程以发展人性；注重启发学习者的经验和创造潜能，引导其结合认知与经验，肯定自我，进而自我实现。人本主义学习理论重点研究如何为学习者创造一个良好的环境，让其从自己的角度感知世界，发展出对世界的理解，达到自我实现的最高境界。本节将介绍 3 位对教育最具影响的人本主义心理学家的学习理论。

一、康布斯的学习理论

人本主义心理学家康布斯（A. W. Combs）认为，个体的行为基本上是由他对自己和周围世界的知觉而定的。认知心理学家所指的知觉是理性的，是学习的基础，而人本主义心理学家把知觉解释为个人对其所知觉到的对象产生的一种感受，是感性的。这一点正是人本主义最突出之处。对于知觉与行为的关系，康布斯等人（Combs, Blume, Newman, & Wass, 1974）认为：不同的人既然会对同一事实产生不同信念，那么该事实对不同的人自然也就具有不同的意义。因此要想改变一个人的行为，不能只从行为表现上去加以矫正，而必须着手设法改变他们的知觉或信念。

康布斯曾经提醒教师："一个学生犯规，并不是他明知道错误而犯规，而是他知道自己那样做才能得到满足。"（Combs, Avila, & Purkey, 1971）有时候教师抱怨学生缺乏动机，学生实际上只是缺乏进行学习的动机。如果换一个读书的环境，同样是那些学生，很可能就会有强烈的动机。这种"设身处地"的基本信念在教育上颇具深意。教师要想了解学生在某种情况下表现的某种行为，必须了解学生是如何知觉该情境的。学校的要求有时不被学生认同，学生不遵守校规校纪，往往是由于学校对学生的这些要求并不符合他们的知觉和信念。例如，学生明知打架是违反校规校纪的行为，但仍然会那样去做，可能是因为他知道自己无法以优异的成绩取悦于老师，宁愿用反常的行为来获得朋友的赞赏。

按人本主义的解释，个人的知觉与其学习行为有密切关系。对学生而言，学习有两种

含义：学到一种新知识；新知识使个人产生了新意义。在教学中，学生并不一定会按教材的安排来学习，因为"意义"并不存在于教材表面，而是蕴含在教材中；学生只有专注其中，才会真正获得意义。由此可见，成功的教学不在于教师教给学生多少知识，而在于教师能启迪学生使知识个人化，从而获得意义。

康布斯还主张，教育的目标绝不只限于教学生知识或谋生技能，更重要的是针对学生的**情感需求**（affective need），使他能在认知和情感方面均衡发展，从而培养健全人格。学生的情感需求，是指他在情绪、情操、态度、道德和价值判断等多方面的需求。这些需求关系到人与人的关系，是人在社会生活方面律己、待人、处事所需要的能力。

二、马斯洛的学习理论

图 7-1 马斯洛

美国心理学家马斯洛（A. H. Maslow）被公认为是人本主义的领导人物之一（见图 7-1），他以性善论、潜能论和动机论为理论基础，创建了理论化、系统化的自我实现心理学。

马斯洛对教育问题的关注，主要集中于两大基本问题：教育的目标是什么？家庭教育、学校教育怎样才能确保这一目标的实现？围绕着两大问题，马斯洛对美国当时的教育现状进行了尖锐的批评，进而提出了区别于外在学习的内在学习论。这是人本主义区别于行为主义的一种学习理论。

（一）马斯洛的教育目标论

马斯洛最关注成长的目标，教育目标论因而成为其教育观的核心。

马斯洛从性善论出发，认为人具有一种与生俱来的内在潜能，而这种积极向善的潜能又是人的内在价值的核心。基于这一基本思想，马斯洛把传统心理学称为低上限心理学。马斯洛指出，我们不仅要看到人是什么，而且应看到人可能成为什么；不仅要看到人的表面和现状，而且要看到人的潜能和内在价值。

马斯洛的潜能论把自我实现作为教育的终极目标。他认为，教育的根本目标在于开发潜能，完美人性，完善人格，成为世界公民。在马斯洛看来，理想的教育制度培养出来的"自我实现者都有一个令其自身信仰的事业，一个为之献身的使命"（车文博，2003）。

（二）马斯洛的内在学习论

马斯洛认为，**外在学习**（external learning）是单纯依赖强化和条件作用的学习，其着眼点在于灌输而不在于理解，属于一种被动的、机械的、传统教育的模式。在他看来，学生浸透着外在学习的态度，并且像黑猩猩对训练员的技巧做出反应那样对分数和考试做出反应。读一本书的唯一理由是它可能带来的外部奖赏。为了获得"一纸文凭"或学位可概括为这一外在教育的弊端。

马斯洛认为，理想学校应反对外在学习，倡导内在学习。所谓**内在学习**（internal learning），就是依靠学生内在驱动、充分开发潜能、达到自我实现的学习。这是一种自觉的、主动的、创造性的学习模式。这种内在教育的模式会促使学生内发地学习，打破各种束缚人发展的清规戒律，自由地学他想学的任何课程，充分发挥想象力和创造性。

可见，内在学习可以让学生发现自我同一性并发现自己的事业发展方向，这就是学校和教师所应追求的使命。

（三）马斯洛的需要层次理论

马斯洛（2012）的**需要层次理论**（hierarchy of needs）认为，人有 7 种基本需要：生理需要、安全需要、归属与爱的需要、尊重需要、求知需要、审美需要和自我实现需要。这些需要从低级到高级排成一个层级，如图 7-2 所示。马斯洛认为，一个人只有在低级需要得到部分满足后才会寻求高级需要的满足，一个极度饥饿的人首先想到的是最近的饭馆在哪儿，而不是最近的电影院在什么地方。

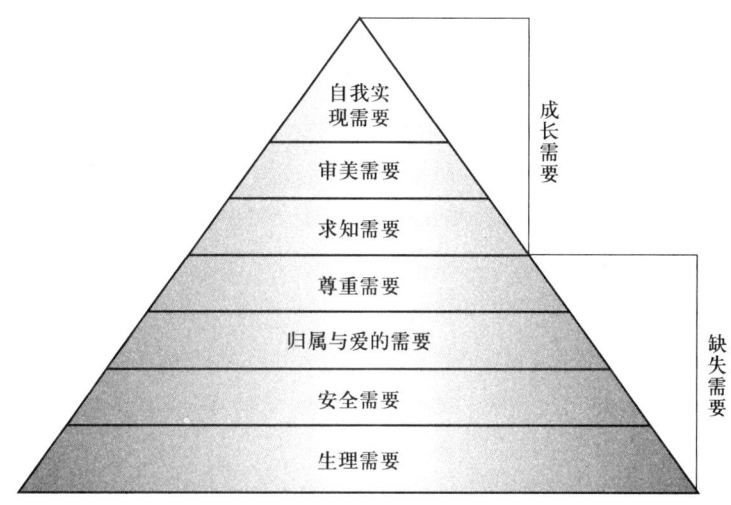

图 7-2　需要层次示意

人们有意识地选择目标实际上是为了满足他们的基本需要。一位刚上高一的学生决心争取加入足球队，可能是为了满足他的归属与爱的需要。参加到由同龄人组成的、有共同兴趣的小组中，有助于他与同伴之间形成一种支持性的社会关系。人们（尤其来自不同文化的个体）可能受价值观的影响设置了不同的目标。例如，在学校里获取考试成功或者参加某个剧团等，这都是为了满足共同的、核心的基本人类需要，如获得社会地位，赢得同伴尊重。

个体目标的设置常常受到多种需要的影响。一般来说，个体所设置的目标可以同时满足两种或多种需要。例如，一位学生参加足球队可以同时满足以下需要：通过与队友和体育老师建立一种有意义的联系而满足归属与爱的需要；成为足球队员使他赢得了同学的尊重，满足尊重需要；足球队与学校团体的稳定性有助于满足他的安全需要。

马斯洛（2018）对这 7 种需要进行了进一步的区分：位于需要层次底部的 4 种需要被归为**缺失需要**（deficiency need），它是个体生存所必需的，必须得到一定程度的满足。一旦这些需要被满足，个体有关这方面的动机就将减少甚至消失。如果所有的缺失需要都得到了一定的满足，那么个体将继续追求上面的 3 种高层次需要，这些需要被归为**成长需要**（being need），它能够让个体生活得更有质量。与缺失需要相反，成长需要永远得不到完全的满足。实际上，求知和理解世界的需要满足越多，个体学习知识的动机越强。越是有才华、有成就的人，越觉得本领不足。其原因是知识的半径越长，所感知的未知世界就越多，故而越发觉得需要求知好学。

人最后要满足的是自我实现需要。**自我实现**（self-actualization）是使自己更完备、更完美，能够充分发挥自己的能力，实现个人的最大价值的需要。为了更加理解自我实现，马斯洛研究了很多他认为达到了自我实现的标准的个体，如罗斯福总统、托马斯·杰斐逊和爱因斯坦等。他发现，虽然总计不会超过 1% 的人能彻底地达到自我实现的状态，但每个人都在为此奋斗。

需要层次理论的问题在于其描述的不精确。另外，低级需要并不是都要优先满足的，人们有时会冒着危险去挽救他人；对自我实现个体的特征研究得到的结论也并不一致（Petri, 1986）；自我实现可以采取多种形式，但它是如何表现、如何被影响的，仍然不清楚。

三、罗杰斯的学习理论

20 世纪 60 年代，罗杰斯（C. R. Rogers）（见图 7-3）将他的"来访者中心疗法"移植到教育领域，创立了"以学生为中心"的教育和教学理论，成为 20 世纪最重要的教育理论之一。

（一）教育目标

罗杰斯认为，在加速变化和充满矛盾的当代世界中，我们正面临着一个全新的教育情境。在这种多变的时代中，要把学生教育成能充分发挥作用的人。罗杰斯（1969）说：

只有学会如何学习和如何适应变化的人，只有意识到没有任何可靠的知识、唯有寻求知识的过程的人，才是可靠的人，才是有教养的人。现代世界中，变化是唯一可以作为确立教育目标的依据。这种变化取决于过程而不取决于静止的知识。

图 7-3 罗杰斯

教育的目标在于促进学生的发展，使他们成为能够适应变化、知道如何学习的自由人，将学生塑造成一个功能完善的人。自由的人敢于涉猎未知的、不确定的领域，勇于做出自己的抉择。一个功能完善的人对自己的经验保持开放的态度，他活在当下、信任自己。在教育过程中，教师作为促进者，承担一把钥匙的角色，帮助学生打开自己的心灵之门来更好地认识自己，从而将学生塑造为功能完善的人（罗杰斯，弗赖伯格，2015）。

（二）意义学习

罗杰斯认为，学习可以分为两类，分别处于意义连续体的两端。一类学习类似于心理学上的无意义音节。学生在课堂里学习的许多内容对于他们来说就具有这种无意义的性质。这种内容学起来困难，且容易遗忘。因此，学校教育只是促使学生学习没有个人意义的材料。这类学习只涉及**心智**（mind），是一种"在颈部以上"（from the neck up）的学习，没有感情卷入，缺乏个人意义，与完整的人没有任何关系。罗杰斯和弗赖伯格（2015）认为，这种独尊认知学习的做法是现代教育的悲剧之一。另一类学习是意义学习。**意义学习**（significant learning）是一种使个体的行为、态度及个性发生重大变化的学习。例如，一个辛苦掌握了某种阅读技能的学生，有一天被某本故事书迷住了，他突然意识到文字是多么神奇，可以将他带进另一个世界！这时他才真正学会了阅读。这不仅是一种增长知识的学习，而且是一种与每个人各部分生活经验都融合在一起的学习。例如，一个学生记住了"三加三等于六"，也许有一天搭积木的时候，他突然意识到"三加三等于六"。在思维和情感都参与的学习中，他发现了对自己有重要意义的东西。这种学习，对学生本身具有意义并存在联系。例如，一个五岁的中国孩子来到美国，如果她可以自由地和新伙伴玩耍，即使没有任何语言指导，那么她也会在几个月内习得英语，并且发音很准确。她的这种学习是重要的，是有个人意义的，因而学得很快。相反，如果按照某个教师所认为的有意义的单元来学习，她说不定学得非常慢，甚至可能会停滞不前。有意义的学习结合了逻辑思维和直觉思维、智力和情感、概念和经验、观念和意义。当我们进行有意义学习的时候，我们是完整的个体。

罗杰斯的意义学习理论是人本主义心理学区别于行为主义机械学习的一种学习理论，与认知派的**有意义学习**（meaningful learning）也有所不同，表7-1对比了两种意义学习的差异。

表7-1 两种意义学习的比较

比较范畴	认知派的有意义学习	人本主义的意义学习
代表人物	奥苏贝尔	罗杰斯
概念	意义学习是符号所代表的新知识与学生认识结构中已有的知识建立非人为的和实质性的联系	意义学习是指所学的知识能够引起变化、全面渗入人格和人的行动的学习
学习结果	它是在对事物理解的基础上，依据事物的内在联系所进行的学习，即将新的学习材料如何纳入已有知识的系统之中	学习不局限于知识的简单积累，而是渗入个人的行为，渗入他为了未来而选择的一系列活动。学习使其态度和人格引起变化，是智德融为一体的人格教育和价值观的熏陶
概念范畴	属于认知的范畴	属于知情统一
举例说明	如果只是让教师在课堂上教授学生"烫"这个词的意义，在教学中使用只对教师有意义的材料，那么学习的速度将会很慢，而且不容易在学生的记忆中长期保存	当一个儿童触到一个取暖器时，他就可以学到"烫"这个词的意义，同时也学会了"以后对所有的取暖器都要当心"，迅速学到的这些内容和意义都会长期保留在儿童的记忆中

（三）自由学习的原则

罗杰斯所倡导的学习原则的核心就是让学生自由学习。他认为，只要教师信任学生，信任学生的学习潜能，并愿意让学生自由学习，就会在与学生的交往中形成适应自己风格的、促进学习的最佳方法。罗杰斯在《学习的自由》一书中，详细解释了他所坚持的自由学习的 10 个原则：

（1）人生来就有学习的潜力。人类具有学习的自然倾向或学习的内在潜能，只要有适当的条件，这种潜能就能够释放出来。

（2）当学生觉察到材料有意义而且学习内容与他自己的目的有关时，意义学习便发生了。如果学生是被有意义的和有关联的材料激励，那么他所能获得的学习速度要比一般人快 3~5 倍。

（3）涉及改变自我组织（即改变对自己看法）的学习是有威胁性的，并往往受到抵制。学生拒绝对自身组织构成威胁的学习，当学习内容对其价值观构成威胁时，它要么被学生拒绝，要么迫使学生通过学习对价值进行重新评价。

（4）当外部威胁降到最低限度时，就比较容易觉察并同化那些威胁到自我的学习内容。例如，当要求一位不善于在众人面前朗读的人去学习朗读表演时，他会感到这是一种威胁。但当众人对他的朗读技巧不予嘲笑，允许他慢慢地按自己的方式表现，而又得到鼓励时，学习将会是有效的。

（5）当对自我的威胁很少时，学生就会用一种辨别的方式来知觉经验，学习就会取得进展。在对自身威胁低的条件下，学习就能较自由地进行。

（6）大多数意义学习是从做中学的。罗杰斯认为，通过实际做获得学习是改进学习的一种有效方法。如要成为一名外科医生，在教室里学习和在手术室里学习是不一样的。

（7）主动自发、全身心投入的学习才会产生良好的学习效果。这个原则要求学生选择自己的定向，探索自己的学习方法，提出自己的问题，确定自己的学习进程并关心自己选择的结果。

（8）涉及学生整个人（包括情感与理智）的自主的学习，是最持久、最深刻的。最有效的学习是整个人的智力和情绪参与的学习。因此，当遇到更为深入的学习时，学生自己就能决定是坚持还是放弃，不必让他人帮助判断。

（9）当学生以自我批判和自我评价为主要依据，把他人评价放在次要地位时，其独立性和自主性就会得到促进。当学生比较多地注意自我批评和自我评价而不是别人的评价时，独立性、创造性、自力更生等因素都会对有意义的学习起促进作用。教师要在这种学习氛围中培养学生，而且要培养他们对自我评价、决策及可能产生的结果做好准备。

（10）在现代社会中最有用的学习是了解学习过程、对经验始终持开放态度，并把它们结合进自己的变化过程中去。最有社会意义的有效学习是**学会学习的过程**（learning the process of learning），即对经验持续开放，并将自己结合进变化的过程。

根据以上原则，罗杰斯认为，教师的任务不是教给学生知识（这是行为主义强调的），也不是教学生学习的方法（这是认知派强调的），而是要为学生提供学习的手段，由学生自己决定如何学习。教师应该是一个促进者，为学生提供各种学习资源以及促进学习的气氛，使学生知道怎么学。

（四）自由学习的促进方法

罗杰斯和弗赖伯格（2015）列举了 10 种他们认为有助于学生自由学习的方法，尽管他们极不情愿也不欣赏指南式的指教：

（1）创设真实的情境。罗杰斯认为，要使学生全身心地投入学习活动，就必须让学生面临对他们个人有意义的或有关的问题。教师应该去发现那些对学生来说是现实的，同时又与所教课程相关的情境。

（2）提供学习资源。教师应该为学生准备各种学习资源，包括书籍、杂志和实验室设备等。其中，最重要的是要为学生提供人力资源——可能有助于学生学习和学生感兴趣的人，而教师就是最重要的资源。

（3）使用合约。使用合约有助于学生在自由学习的气氛内保证学有所得并对学习承担责任。合约允许学生在课程允许范围内制定目标，计划他们自己想做的事，并确定最终的学习目标。一般来说，合约包括 6 个要素。① 决定合约的期限。② 为合约拟定一个一般的格式。③ 收集资料的信息。④ 在学生的学习过程中给学生一定的反馈。⑤ 在合约中表明将如何评价学生。⑥ 从一个学生开始，如果成功，就再推广到其他学生身上。

（4）利用社区。社区可以提供学习的真实性情境，还可以提供其他的一些人力和物力资源。

（5）同伴教学。同伴教学能够引领课堂教学变革，它一方面充分关注学生之间的差异，另一方面能做到教学相长，促进"教"与"被教"双方的共同进步。在某种意义上，同伴教学能真正实现课堂翻转，有利于学生的深度学习（王有升，兰玉萍，2018）。一项元分析也发现，同伴教学可以激发学生的自主学习，促进学生的认知发展，有利于学生的学业表现（Balta，Michinov，Balyimez，& Ayaz，2017）。同伴教学对教学的双方都有好处。研究表明（Good，1979，转引自施良方，1994），在同伴教学中被指导的一方会表现出更强的自信、更强的学习动机，以及改善了对学习的态度，而指导者在自我确信和承担责任的意愿方面有所增强，学习更努力了，以期扩大和提高他们的数学知识。

（6）分组学习。学生既应该有主动学习的自由，也应该有被动学习的自由。一种简单的方法是将学生分成两组——自我指导组和传统学习组，学生可以自由地选择、自由地进出。

（7）探究训练。变化是当代社会的特征，因此教学的目标应该是让学生不把科学看成绝对的、完全的和永久的东西，而要形成探究的意识。在这样的教学目标下，教师对学生进行探究训练，为学生制定探究的步骤、形成探究的环境，尽可能使学生自主地发现，从而使学生在简单层次上成为"科学家"。

（8）程序教学。罗杰斯认为，好的程序教学有助于学生直接体验到满足感、掌握知识内容、理解学习过程，以及增强自信心，让学生感到任何内容都是可以学习的。在他看来，强调即时强化和奖励，而不是惩罚和评价，这是程序教学最有利的因素。

（9）交朋友小组。交朋友小组有助于形成一种意义学习的气氛，使每个参与者面临一种与人坦诚交流的情境，从而有助于解除各种戒备心理，以便在人与人之间形成一种自由的、直接的和自发的沟通。

（10）自我评价。罗杰斯认为，只有当学生自己决定评价的准则、学习的目标以及达到目标的程度等时，他才是在真正地学习，才会对自己学习的方向和速度真正负责。

（五）学生中心模式

罗杰斯认为，传统教育是培养能复制某些知识材料，具有从事某些规定的智力活动的技能、并且能复制教师思想的学生，其本质上是一种**消极的学习**（negative learning），是一种严重的知情分离的教育。

罗杰斯提出了以学生为中心的教学思想，强调将学生视为教育的中心，学校为学生而设，教师为学生而教。他认为，学生各有求知向上的潜在能力，只需设一个良好的学习环境，他们就会学到所需要的一切。因此，他将其非指导咨询理论中的三个基本条件引进教育领域（罗杰斯，弗赖伯格，2015）。

（1）**真诚一致**（congruence），在师生关系中，教师应该是一个表里如一、真诚、完整而真实的人。在罗杰斯看来，教师可以对学生热情、充满兴趣，也可以表现出敏感和同情，甚至可以表现愤怒和厌烦。教师如果在学生面前展示真实的自己，学生就会感到教师是一个有真情实感的、有血有肉的人，而不是课程标准的代言人，也不是灌输知识的机器。教师不是戴着面具，摆出一本正经的样子，装着与学生互动。这样，教师的工作反而有成效。

（2）**无条件积极关注**（unconditional positive regard），即对一个人表示看重、认可、欣赏其价值，而且这种感受并不以对方的某个特点、某个品质或者整体的价值为取舍、为依据。教师始终让学生感受到老师珍视他的感受、想法，珍视他这个人。教师无条件地接纳学生，能够接纳学生面临问题时所产生的犹豫和恐惧、进步时所产生的满足感；还能接纳学生偶尔的冷漠，钻牛角尖时的古怪想法，以及为了达到重要目标而付出的努力。教师通过珍视和接纳而将学生视作一个有着丰富情感和巨大潜力的不完美的人，表达对学生能力的信心和信任。

（3）**同理心**（empathy），即设身处地，感同身受。如果教师能够理解学生的内心反应，敏锐地捕捉到学生眼中的教育和学习过程，就能增加有意义学习的可能性。具有同理心的理解不同于评估性的理解。评估性的理解是"我知道你错在哪里"，而同理心的理解是从学生的角度体会学生的想法和感受，学生会对教师充满感激之情。

因此，**学生中心模式**（student-centered model）又称为**非指导教学模式**（non-directed teaching model）。罗杰斯认为，积极的人际关系可以促进个人成长，而教师的角色就是辅导者，只要师生关系良好、观念共享、坦诚沟通，学生就会对自己的学习负责。罗杰斯还认为，教育是具有整合目的的、不断充实的、具有生活意义的成长历程。教师和学生是一起成长的，他们都需要在学习中不断获得新的意义与启示。

第二节　人本主义的教学应用

人本主义的学习理论虽然没有形成一套完整的体系，但它对教育理论的构架提供了有力的基础。在教育目标上，人本主义学习理论强调发展人性，注重创造潜能的启发，引导认知与经验的结合，注重人的理性与情感的均衡发展，使学生肯定自己，并进而促进自我实现。在教育方法上，它重视自由创造、经验的学习、主动探索与角色扮演。在课程设计上，它重视以人与社会的幸福为学习内容，注重师生共同设计、问题解决并从行动中加以学习。在教学思想和实践上，它主张以自我发展为导向，一切教育措施应适合学生的需要，帮助学生发展。这些主张反映在学生中心模式及与其相关发展的开放教育、自由学校、合作学习和道德教育等之中。

一、人本主义课程论

人本主义课程论（humanistic theory of curriculum）是在抨击20世纪60年代知识中心课程的"非人性化"的浪潮中应运而生的。以学为中心的课程（learning-centered curriculum）强调课程的知识性，注重认知发展和智力的优异，根据现代科学的逻辑来建构知识内容，要求学生掌握科学家的"探究－发现式"研究方法。这种课程导致学科内容的高度理论性与抽象性，致使许多学生难以理解，造成"在过早的时期，过急地教授过多的内容"的现象，非但不能激发学生对学科的兴趣，反而会引起他们的厌学和恐惧。

人本主义课程又称以人为中心的课程（humanity-centered curriculum），是20世纪70年代西方教育发展的主要方向，也是人本化教育在课程论上的典型表现。它肯定人的情感（或意志）、情绪的重要性，坚持课程从"面向完整的学生"这一立场出发，主张统一学生的情感和认知、感性和理智、情绪和行为，强调开发人的潜能、促进人的自我实现。

人本主义课程的主要特点有：尊重学生的本性与要求；强调认知与情感的整合发展；承认学生的学习方式同成熟者的研究活动有重大的、本质的差异；学校课程必须同青少年的生活及现实的社会问题联系起来。

根据以上所述的人本主义课程的特点，人本主义心理学家力主学校课程人本化，主张开设以下3种类型的课程（见图7-4）。

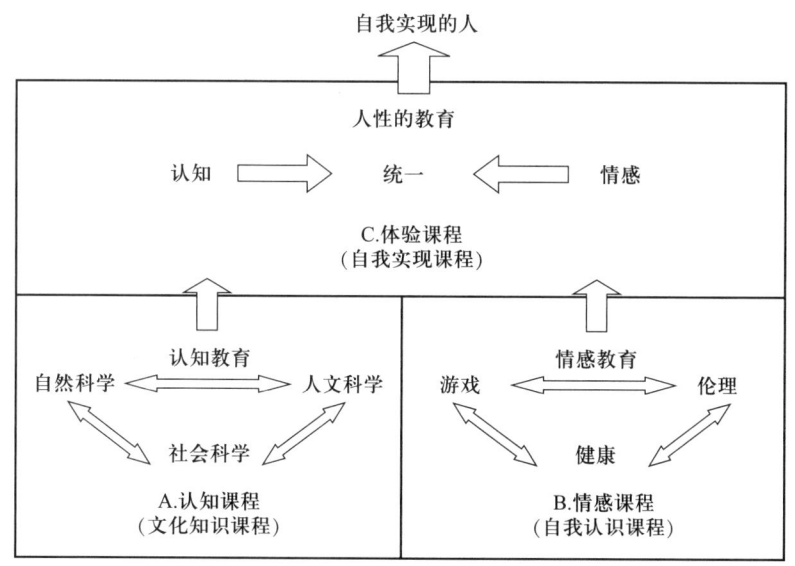

图 7-4　人本主义课程的结构

（1）认知课程（或文化知识课程）：是指理解和掌握自然科学、社会科学和人文科学的学术（科学）知识的课程。这不仅是学问中心课程所追求的内容，而且是人性中心课程所应包含的学术水准。

（2）情感课程（或自我认识课程）：是指健康、伦理及游戏这一类旨在发展非认知领域的能力的课程。它包括发展人的情绪、态度、价值观、判断力、技能熟练、音乐、美术，以及经过部分改革的体育、健康教育、道德、语文（文学）、家政等学科。

（3）体验课程（自我实现课程）：是指通过认知（或知识）与情感的统一，旨在唤起学生对人生意义的探求以实现整体人格的课程。它包括综合地运用各门学科的知识，在校内、校外活动中的体验性学习。

二、价值教育

人本主义的兴起，主要针对当时美国教育的两大偏失——重视科技而忽视人文社会、重视知识和能力学习而忽视全人教育。人本主义心理学家认为，学校要将道德教育的理念与实践融入各科教学活动中，使学生潜移默化，养成健全人格。

价值教育作为道德教育的代表，其主要目的在于增强学生的 6 种能力：沟通、移情、问题解决、批判、决策和个人一致（Woods，Brieds，& Pema，2013）。可见，价值教育主要是为了培养独立自主、慎谋能断、重视人类价值和尊严的、有道德的人。

西尔弗（M. Silver）认为，价值教育主要有 7 种实施方式，即价值灌输、价值澄清、道德推理及认知道德发展、价值分析、社会价值的角色扮演、统合教育和行动学习。这里简要介绍两种价值教育法。

价值灌输（values inculcation）是将社会与文化价值灌输给学生。其方法包括示范、积极及消极的强化、解释及操纵等。

价值灌输主要增进学生对价值的自我觉察、认同并获取符合个人、社会与文化的价值，通过各种经验的学习，从师生分享价值、澄清价值的教学过程中，了解人类价值及尊严的重要性。教师的作用就在于营造一个支持、接纳、情绪安全、友爱、亲切的学校气氛，增进教学的效果。

价值澄清（values clarification）是由美国心理学家拉茨等人（Raths，Harmin，& Simon，1966）所提倡的，它鼓励学生检讨分析自己的行为和信念间的关系，以澄清自己的价值观。其教学侧重个人的自由、自发以及健康全面的成长，尊重他人的价值以及社会、文化的价值。教学目标在于协助个人澄清其价值，发现个人及认知的意义。教师可以采用下列方法，让学生自由选择喜爱的休闲活动，从而协助他们澄清自己在这一过程中的价值观。

（1）把你平时最喜欢的休闲活动列出 10~15 种。

（2）从你列出的活动中，选出你最近参加的项目，并在后面画个"△"记号。

（3）从你列出的活动中，选出你最喜欢的项目，并在后面画个"☆"记号。

（4）从头到尾看一遍所有的休闲活动，选出其中需要用心设计的活动项目，并在后面画个"○"记号。

（5）从头到尾看一遍所有的休闲活动，选出其中个人曾经参与过的团体活动的项目，并在后面画个"+"记号。

（6）选出你喜欢的个人活动项目，并在后面画个"#"记号。

然后根据学生选择情况，讨论下列问题：① 一般学生喜欢哪些活动项目？② 一般学生有时间参加哪些活动项目？③ 一般学生最喜欢哪些活动项目？④ 一般学生选择活动项目的有哪些一致性与变异性？学生经此讨论后，可了解自己对选择活动的价值观，作为以后调整取舍的参考。

在价值澄清的过程中，教师应不断地引导学生表明其对某一件事的态度、价值，教师要接纳学生所表现出来的思想、情感和信念，而不妄加批评，最后教师再提出问题，协助学生慎思其所坚持的价值。

三、创造性的培养

人本主义心理学家认为教育的目标是促进个人的自我实现，想象力和创造性的启发是人本主义教学的重点之一。罗杰斯曾将创造性分为破坏性的和建设性的，而培养建设性的创造性的先决条件是建立心理安全感和心理自由感。**心理安全感**（psychological safety）是指无条件地接纳别人，提供没有外在评价的气氛以及移情理解。**心理自由感**（psychological freedom）是指允许个人有符号表达的自由，使其自由思考和感觉，增进其经验的开放性以及知觉和理解的轻松自如和自发性。

马斯洛也认为教育上的创造性有两种：一种创造性属于特殊才能的创造，这种创造性并非人人都能具有，也不是一般教育所能实现；另一种创造性是指自我实现的创造，这种创造性是指每一个心智健全的人所具备的处理新经验、应对新情境的能力。所以教育的主要任务是促进自我实现的创造。人本主义心理学家认为，启发学生的创造性时应注意两个因素。

一是提供良好的生理条件。良好的精神来自于健康的身体，而健康至少应包括充沛的体能、饱满的精神、敏锐的知觉、迅速的活动力以及愉快的情绪。在生活中，家长应特别注意学生是否有偏食的习惯。食物的正确烹调方法、营养知识、生活习惯、运动和情绪，这些都与学生的健康有关，父母和教师都不应忽视。

二是良好的学习机会。良好的学习机会是影响个人潜能发展的第二个因素。个人内在心灵世界的内容与品质常与其生活经验相关，因此教师和父母必须注意指导其生活的体验与经验，提供学习的机会。人本主义心理学家特别重视个人在人际关系中的经验学习，因为这有助于个人创造性的启发和培养。为了促进创造性的培养，教学活动应重视讨论、感受、启发和理解，让学生有充分的时间去思考，有充分的经历去体验，并鼓励学生去表现、去探索。

相反，限制学生潜能发展的一个原因是父母及教师忽视其人本的需要。有不少学生由于无法获得人性需要的满足，如被动的学习、师生之间的疏离、缺乏情感、破碎的家庭、功课的失败、不能在学校里发挥自己的特长等，而受到严重的伤害，逐渐走向失败。教师必须依据人性需要进行教学设计，使学生除了获得知识和技能以外，还能得到关爱与支持，获得成功的经验和自信，从而获得自我实现。

四、经验的学习

受现象学和存在主义等哲学思想的影响，人本主义学习理论强调主观的意识经验是一切知识的根源，侧重个别化和主观的认知，因而在教学上重视经验的学习，认为学习的过程是个人知觉改变的历程，所以教材内容应尽量符合学生的认知经验。

罗杰斯的经验学习论提出了教育上的两种学习：认知的学习（由一连串刺激与反应的联结所组成，是强记而无意义的）和经验的学习（对学生具有意义性和趣味性，是自发主动的学习）。罗杰斯（Rogers，1969）认为，经验学习具有下列基本性质：

（1）学习是个人的全部投入，是情感和认知的完全投入。

（2）学习是自我导向的，虽然刺激和引导来自外界，但是探讨问题及延伸学习的范围、知识的保持和理解则有赖个人内在自发的力量。

（3）学习的结果是"著乎心，布乎四肢"，造成学生行为、态度甚至人格的改变。

（4）学习的结果由学生自己来评价，评价的标准根据学生的差异而有所不同。

（5）学习的本质是意义。有意义的学习活动一旦发生了，教材中对学生有意义的部分就会立即被纳入个人完整的生活经验。

由此可见，经验学习的主要目标是将认知经验和个人需要相结合以培养创造性，使学生在不断变化的社会中具有良好的适应能力，促进各种能力的全面发展。为了促进学生的经验学习，教师首先要鼓励学生面对问题，思考生活中的各项问题如何解决，以便启发创造性；其次应具备真诚、接受、移情和理解的心理及态度，肯定学生的价值，学生的自我概念才会健全发展；再次要建立自由的学习气氛；最后应多提供与认知经验相关的教学资料。总之，经验学习就是要将认知的经验和个人的需要相结合，通过良好的人际关系来促进学习。

五、人本主义教育实例

随着人本主义教育理论的提出和发展，涌现出一大批具有人本主义教育精神的实验学校，这些人本主义教育的实验学校的教育目标都是促进学生在知识、社会和情感方面的健全发展。以夏山学校（Summer Hill）为例，学校特别重视给学生最大的自由，并主张自然的陶冶。学校的最终目标是使学生获得内心的幸福，愉快地工作，积极地生活。学校教育的基本原则是：自由、民主、工作、爱。下面简要介绍人本主义教育实践的一个代表性实例。

【知识拓展】
开放课堂

纽约市理性－情绪治疗的生活学校是1968年由纽约市的理性－情绪治疗高级研究中心所创立的，学校强调基础学科的综合性和理性思考的原则，重视经验的开放、自我的成长等。

理性－情绪疗法的创始人艾利斯（A. Ellis）认为，治疗学生情绪的困扰，只有改变其非建设性的思维、情绪及行为，使之成为建设性的思维、情绪及行为才有效。他将师生的治疗过程分为5个阶段：

（1）亲善（rapport）。与学生建立相互支持的关系。

（2）评估（assessment）。判断并界定学生的问题。

（3）**教导一些解决情绪问题的技巧**（teaching emotional problem-solving skills）。这些技巧主要涉及以下两个方面。① 让学生了解，情绪和情绪的表达能力都是具有个体差异的。② 让学生了解信念和思维可以决定情绪的产生，以及非理性的信念和思维所产生的结果。教师可以用不同字母的显示牌来代表不同的情绪，并且让学生在选择自己当前情绪的同时，在显示牌后填上适当的信念和思维，以便从认知上改变学生的不良信念和思维。例如，可以问学生：

- 这信念是基于事实、意见、推论还是假设？有什么证据可以表明这信念是真实的？
- 这种信念真的如此可怕吗？我真的不能忍受吗？它是最坏的吗？
- 这种信念让我有什么需要？对我又有什么益处？
- 它为什么不应该是这样？我是否总是可以要什么就能得到什么吗？
- 有哪些证据表明我是没有价值的？我的信念是如何导致这样的结果的？

（4）**练习解决问题的技巧**（practicing the problem-solving skills）。这些技巧的获得包括以下几个过程。① 以具体、行为的名词来界定问题。② 尽量想出不同的解决方法，越多越好。③ 评价每一种不同的解决方法，针对各种解法的积极与消极的结果加以说明，淘汰不良的解决方法。④ 挑选一种或两种最佳的解决方法，设计进行的步骤。⑤ 执行计划，并评价结果。

（5）**评估其改变及技巧的获得**（assessment of change and skill acquisition）。可以根据一些问题来加以评价。例如，这个学生能解决他的情绪困扰吗？他能解决实际的问题吗？他能为自己的情绪负责？学生及其家长对于取得的进步满意吗？

人本主义学习理论不仅丰富了人类学习理论的内涵，而且推动了当代教育改革的进程。第一，人本主义教育促进了当时西方的教育改革，其学习理论突破了行为学习理论和认知学习理论两大学习理论主要对动物学习进行实验研究的偏向，直接开展对人的研究，把握人类学习心理的特点和规律。第二，提倡内在学习、意义学习和自发学习，充分激发学生学习的潜能和内驱力，使学生的自我结构或人格日臻完善。第三，提倡学会学习和学会适应变化的学习观，把培养"学会怎样学习的人""学会怎样适应变化的人"作为教育目标。第四，人本主义心理学家把重视学生的意愿、情感、价值观看作学习理论的一项基本原则，强调创造性的培养，重视建立良好的师生关系和创造最佳的教学心理氛围。此外，人本主义心理学主张建立教师的人本特性，将教师与榜样人性化，建立现代教师的新形象。

但是，从哲学角度出发，人本主义心理学具有自然主义教育倾向，表现为它崇尚潜能决定论，倾向自发决定论，取消一切约束和规章。它忽视系统科学知识和技能的学习，而倾向情感主义，具有非理性主义教育倾向，人本主义教育的自由化和人性化的内涵就是以情感教育为主，知识教育为辅。因此，人本主义心理学兴起于 20 世纪 60 年代，到了 80 年代以后其热潮就逐渐衰退。从理论建构到教育实践，人本主义都受到了多方的批评和质疑。美国教育家比恩（Beane，1986，转引自张春兴，1998）指出，人本主义教育实践的难以见效，主要有 4 个方面的原因。① 缺乏明确的目标，抽象概念较多，但缺乏实际的操作性。② 缺乏周详的设计，过于强调自由开放，而忽视控制性的教学设计，使得教师缺乏明确的教学指导。③ 缺乏评价的依据，虽然更加注重情感教育，但在这方面评价标准的制订还不成熟，所以难以将认知与情感的因素区别开并加以评价。④ 理念缺乏共识，当学生的价值观与社会规范发生矛盾时，教师难以选择是遵从社会规范还是尊重学生的意愿。

思考题

1. 怎样理解人本主义中自我实现的概念？
2. 马斯洛和罗杰斯的教育目标论是什么？有什么共同之处？
3. 如何评价罗杰斯的以学生为中心的教育心理学思想？
4. 怎样理解价值澄清法？并举例说明。
5. 如何进行经验的学习和创造性的培养？
6. 如何在教育实践中实行人本主义的思想观点？

推荐阅读

马斯洛 .（2018）. *需要与成长：存在心理学探索*（张晓玲，刘勇军 译）. 重庆：重庆出版社 .

马斯洛 .（2012）. *动机与人格*（第 3 版）（许金声等 译）. 北京：中国人民大学出版社 .

罗杰斯，弗赖伯格 .（2015）. *自由学习*（王烨晖 译）. 北京：人民邮电出版社 .

罗杰斯 .（2015）. *论人的成长*（石孟磊等 译）. 北京：世界图书出版公司 .

第四部分　学习心理

第八章

学习动机

知识导图 ▶▶▶

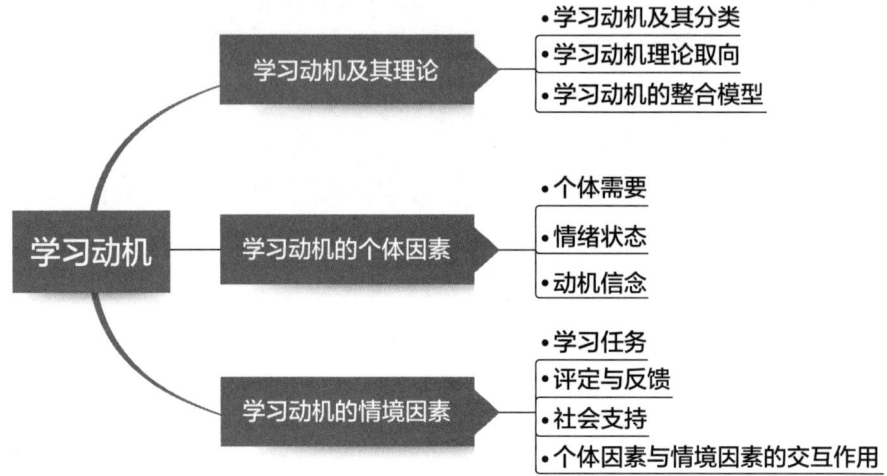

学习动机及其理论
- 学习动机及其分类
- 学习动机理论取向
- 学习动机的整合模型

学习动机

学习动机的个体因素
- 个体需要
- 情绪状态
- 动机信念

学习动机的情境因素
- 学习任务
- 评定与反馈
- 社会支持
- 个体因素与情境因素的交互作用

学习目标 ▶▶▶

⊙ 了解学习动机的定义及其分类
⊙ 阐述 4 种取向的动机理论
⊙ 分析影响学习动机的个体因素、情境因素
⊙ 说明学习动机的个体因素与情境因素的交互作用

学习动机是学习情感问题的核心，对学习具有重要的推动作用。学生厌学是一个让家长和教师十分头疼的问题，有些学生迷恋网络和游戏而逃避学习；有些学生过度焦虑而难以集中注意力；有些学生偏爱数学而害怕英语；有些学生则担心过多失败而不敢主动尝试。有些家长和教师想尽办法，促使学生主动好学，但效果甚微。有道是："你可以把马儿牵到河边，但你不能逼它喝水。"为了有效地解决这些问题，教师必须透彻地了解隐藏在行为背后的各种学习动机因素，然后采取针对性的措施，激发学生的学习动机，实现教学目标。更为重要的是，激发学生的学习动机本身也成为教育的关键目标之一。学校不仅要激励学生建构必要的知识，提升技能，更要使学生养成强烈的学习动机，推动学生持续不断的终身学习。本章将介绍动机的相关理论，讨论学习与需要、情绪以及信念等动机因素的关系，并提供可用于分析、激发以及养成学生学习动机的操作模型。

第一节　学习动机及其理论

一、学习动机及其分类

动机（motivation）是指激发、引导、维持并使行为指向特定目的的一种力量，它可用来解释个体行为的原因。动机好比汽车的发动机和方向盘，为个体活动既提供动力，又调节方向。动机的产生依赖需要和诱因两大因素。**需要**（need）是人体组织系统中的一种缺乏、不平衡的状态（如饥饿），推动人寻找满足需要的对象，从而产生活动的动机。**诱因**（incentive）是能够激发机体的定向行为，并能够满足机体某种需要的外部条件或刺激物（如食物的芳香是饥饿时觅食的诱因）。诱因可以是精神的，也可以是物质的。需要与诱因紧密联系。需要比较内在、隐蔽，是支配机体行动的内部原因；诱因是与需要相联系的外界刺激物，吸引机体活动，并使需要尽可能得到满足。个体的行为取决于需要和诱因的相互作用。需要和诱因相互结合才能成为实际活动的动机。

（一）学习动机的含义

学习动机（motivation to learn）是指引发与维持学生的学习行为，并使之指向一定学业目标的一种动力倾向。学习动机可解释引发、定向与维持学习行为的原因。学习动机的引发作用是指当学生对于某些知识或技能产生迫切的学习需要时，就会引发学习内驱力，唤起内部的激动状态，产生焦急、渴求等心理体验，并激发一定的学习行为。例如，一名同学平常的英语成绩非常好，可是有一天，遇上一位外国人向他问路，他咿咿呀呀地解释了半天还是没能让对方明白怎么走，他这才发现自己平日学的都是"哑巴英语"，强烈的羞耻感促发了其学好口语的学习行为。学习动机的定向作用是指学习动机以学习需要和学习期待为出发点，使学生的学习行为在初始状态时就指向一定的学习目标，并推动学生为达到这一目标而努力学习。如上面提到的同学学习英语口语的目的就在于能流畅地和他人用英语交谈、表达自己，这种目标定向

【考纲链接】
《教育知识与能力》（中学）：
了解学习动机的功能

促使其思索达成目标的方法——他决定报名参加英语口语班，寻找同伴一起练习，而且坚持每天早晨大声朗读英语。学习动机促使学生能在长时间的学习活动中保持认真的态度，坚持把学习任务胜利完成的毅力，这就是学习动机的维持作用。这3个作用相互关联、相互增强。

学习动机与学习是相互作用的。学习动机驱动学习，学习又能产生或增强后续学习的动机。例如，学生为了解决某一问题学习数学知识，而学习数学获得了乐趣、成功体验以及能力的自我提高，通过学习也深感自身知识的不足，从而愿意进一步学习数学。持续的学习动机不是通过"传递"或"灌输"而获得的，而是靠学习本身的强化作用来维持的。

一般说来，学习动机并不直接影响学习的认知过程，而是通过一些中介机制影响认知过程。强烈的学习动机有助于以下几个方面。第一，唤醒学习的情绪状态。学习动机可产生如好奇、疑惑、喜欢、兴奋、紧张或焦急乃至冲动等情绪。**学业情绪**（academic emotions）是指学生在学习过程中产生的与学业有关的主观情绪体验。学业情绪存在两种不同的来源：一种是由学业成败所引发的各种情绪，例如，成绩好时感到骄傲，成绩差时感到羞愧；另一种是伴随学习活动本身而产生的情绪，例如，在学习自己喜欢的科目时感到快乐，在考试时感到焦虑，完成作业后觉得轻松，等等。第二，增强学习的准备状态。学习动机易于激活相关背景知识，降低在学习过程中对事物的知觉和反应阈限，缩短反应时间，从而提高学习效率。第三，集中注意力。学习动机将学习活动指向认知内容和目标，克服分心刺激的影响。第四，提高努力程度和意志力。学习动机可以延长学习时间，增强学生学习的认真程度，使学生在遇到困难甚至失败时坚持不懈，直到达到学习目的。**毅力**（grit）是指对长期目标的坚持性及热情（Duckworth, Peterson, Matthews, & Kelly, 2007）。毅力水平高的人在完成挑战性任务时，即使在失败、困境或停滞时期依然会持续努力并且保有持久的兴趣，而毅力水平低的人就会放弃或中断学习活动。第五，增加学习投入。**学习投入**（student engagement）是指学生对社会、文化和智力等校内外活动的参与（Zyngier, 2008）。它包括3个方面（Archambault, Janosz, Fallu, & Pagani, 2009; Fredrickset, Blumenfeld, & Paris 2004）：认知投入，是学生在知识掌握、学业技能提高上的心理努力以及对学习的自我调节；情感投入，是学习活动中的情绪反应，如兴趣、倦怠、幸福、伤心和焦虑等和情感体验，如归属感、认同感等；行为投入，是学生参与各种有利于心理健康和学业成就的学习和生活行为，如遵守规则、纪律、参与活动与讨论等。学习投入受学习动机的影响，同时又是预测学习质量与学业成就的有效指标之一（Christenson, Reschly, & Wylie, 2012; Fredricks, Hofkens, Wang, Mortenson, & Scott, 2017）。

（二）学习动机的分类

人们对学习动机的分类存在许多种，这里列举对教学实践很有影响的两种分类。

1. 内部动机与外部动机

内部动机（intrinsic motivation）是指因学习活动本身的意义和价值所引起的动机（Pintrich & Schunk, 2002）。动机的满足在活动之内，不在活动之外。学生努力学习仅仅因为他们感兴趣或者在学习中获得乐趣。例如，许

【微课】
内部动机
与外部动机

多学生愿意学习摄影或电影欣赏之类的课程，即使不一定得到学分或高分，也会持之以恒地钻研。**外部动机**（extrinsic motivation）是指因学习活动的外部后果而引起的动机（Pintrich & Schunk，2002）。从事学习活动是达到某一结果的手段。动机的满足不在活动之内，而在活动之外。例如，学生努力学习是想在考试中获得好成绩、得到奖励、取悦老师或者逃避惩罚，学习成了获得表扬的一种手段。

内部动机和外部动机决定着学生能否持续掌握所学知识。具有内部动机的学生能够独立、自主、积极地参与学习过程，具有好奇心，喜欢挑战，能够坚持不懈地努力学习，忍受挫折与失败。具有外部动机的学生为了达到外在目标，往往选择没有挑战性的任务，一旦达到目标，学习动机就会下降。

人们往往误认为，内部动机和外部动机是一个连续体的两端，外部动机高意味着内部动机低。实际上，它们是两个独立的连续体，具有各自的高端和低端。两两组合，可产生4种典型的动机状态（见表8-1）。例如，有些学生可能既觉得学习主题有趣，也希望能在班上获得一个好名次，而有些学生认为学习仅仅是为了获得奖励。前者的内部动机和外部动机都处于较高水平，而后者具有较高的外部动机、较低的内部动机。

表8-1 内部动机与外部动机的组合状态

内部动机	外部动机	
	高	低
高	内高，外高	内高，外低
低	内低，外高	内低，外低

当然，内部动机和外部动机可随情境发生变化，一个本来十分喜欢数学的学生可能因为数学老师的偏见而对数学彻底失去兴趣，只是为了考上大学而硬着头皮学习数学。对大部分学生而言，学校中需要学习的很多内容本身没有太多乐趣，甚至从短期看也没有很多用处，如何让学习变得更有趣是教学必须关注的重要问题。

2. 认知内驱力、自我提高内驱力和附属内驱力

奥苏贝尔等人将学校情境中的学业成就动机分为认知内驱力、自我提高内驱力和附属内驱力3个方面。

认知内驱力（cognitive drive）是指要求了解、理解和掌握知识以及解决问题的需要。一般说来，这种内驱力大多是从好奇倾向中派生出来的。但个体的这些好奇倾向或心理素质最初只是潜在的而非真实的动机，还没有特定的内容和方向。它只有通过个体在实践中不断取得成功才能真正表现出来，并具有特定的方向。因此，学生对某一学科的认知内驱力或兴趣绝非天生的，而主要是后天获得的，且有赖特定的学习经验。在有意义学习中，认知内驱力是最重要且稳定的动机。这种动机指向学习任务本身（为了获得知识），满足这种动机的奖励（知识的实际获得）是由学习本身提供的，属于内部动机。

自我提高内驱力（ego-enhancement drive）是指个体因自己的胜任能力或工作能力而赢得相应地位的需要。这种需要从儿童入学开始日益显得重要，成为学业成就动机的主要组成部分。自我提高内驱力并非直接指向学习任务本身，而是把成就看作赢得地位与自尊心的根源，属于外部动机。从另一个方面说，失败对降低自尊是一种威胁，因而也能促使学生在学业上付出长期而艰巨的努力。

附属内驱力（affinitive drive）是指个体为了保持长者们（如家长、教师等）的赞许或认可而表现出把任务做好的一种需要，这显然属于外部动机。它具有以下 3 个条件。① 学生与长者在感情上具有依附性。② 学生能从长者处所博得的赞许或认可（如被长者视为可爱的、聪明的、有发展前途的人，而且受到种种优惠待遇）中获得一种派生地位。派生地位不是由学生本身的成就水平决定的，而是从他所自居的和效仿的人不断给予的赞许或认可中引申出来的。③ 享受到这种派生地位乐趣的人会有意识地使自己的行为符合长者的标准和期望，借以获得并保持长者的赞许。这种赞许往往使一个人的地位更确定、更巩固。

这 3 种内驱力在学业成就动机中的比重，通常由年龄、性别、社会阶层中的成员地位、种族起源以及人格结构等因素而定。

二、学习动机理论取向

【考纲链接】
《教育知识与能力》（中学）：理解动机理论

对于引发、维持与定向学习行为的诸多原因，学习动机与学习的互动关系，学习动机对学习的中介作用机制等问题，心理学家们做出了各种不同的解释，这些解释反映在各种学习动机理论中。学习动机理论可以分为行为主义取向、认知取向、人本主义取向以及社会文化取向 4 种。

（一）行为主义取向的动机理论

行为主义心理学家不仅用强化解释操作性学习行为的发生，也用强化解释动机的产生。在行为主义看来，人的学习行为倾向完全取决于这种行为与刺激因强化而建立的稳固联系，受到强化的行为比没受强化的行为更倾向于再次出现。如果学生因学习而得到强化（如获得好成绩，得到教师和家长的赞扬），他就会有学习的动机；如果他的学习没有得到强化（如没有获得好分数或赞扬），他就没有学习的动机；如果他的学习受到了惩罚（如遭到同学或教师的嘲笑），他就会产生避免学习的动机。

但是，人类的动机异常复杂。什么是强化物？什么不是强化物？强化物效果如何？这些问题往往是由个体因素和情境因素共同决定的。例如，教师的表扬一般能够影响学生的学习积极性。但事实上，教师表扬所起的强化作用受许多因素制约。教师如果对学生说："好好干！我知道你努力做的话，是能够做好的。"对那些感到难以完成任务的学生来说，这番话是一种鼓励或强化；而对那些轻而易举就能完成学习任务的学生说来，这实际上类似于惩罚，因为教师这番话意味着他必须经过特别努力才能完成任务。

> **相关链接**
>
> ### 决定强化效力的不同情境
>
> 假如完成一小时很轻松的工作，可以得到 60 元钱的报酬。对大多数人而言，这是一个非常有效的强化物。现在请你考虑下面 4 种情况。

情境一：王先生答应付给你 80 元，让你给他的花园除草。你可能觉得对于这项工作而言，80 元绰绰有余。所以，你倾尽全力来完成此事。可是，当你干完时，王先生却说："我认为你干的活不值 80 元，给你 60 元吧！"

情境二：王先生答应付给你 50 元让你给他的花园除草。你可能觉得，对于这项工作而言，50 元不算少。所以，你倾尽全力来完成此事。当你干完时，王先生十分赏识你出色的工作，给了你 60 元。

情境三：你和一位美女在一个晚会上相识，彼此互有好感。晚会结束，你们在月光下漫步许久。当走到她家时，她拿出 60 元对你说："谢谢你陪我走了一小时，这是 60 元，希望你能接受！"

情境四：你最敬重的老师给你 60 元，希望你能在周末给他的女儿补习英语。如果你答应了，那么你将错过一部期待已久的芭蕾舞剧。

在情境一、情境三和情境四的情况下，60 元并非有效的强化物。在第一种情境下，你最初的期待被提得很高，但王先生使其破灭。在第二种情境下所得报酬虽然也是 60 元，但两种情境下的心理感受则大不相同。在第二种情境下，你下次会更乐意为王先生干活。在第三种情境下，这位美女给你的报酬是带有污辱性的，你以后不但不会再陪她，甚至会厌恶她。在第四种情境下，虽然 60 元也是很慷慨的，但是对你而言，它和一个更有价值的活动相冲突了。

　　教师绝不能想当然地以为某一奖励一定具有促发动机的作用。在选择奖励时，一定要事先进行详细的调查，可以采用问卷方式或主题讨论形式，观察每个学生最看重的奖励是什么。

（二）认知取向的动机理论

　　小郭和小康是好朋友，两人一道完成家庭作业，还剩一点儿就要完成了。

　　"快点，我们先走吧，晚会马上就要开始了。"小康催促小郭说。

　　"等等，就一分钟。"小郭嘀咕说："怎么回事儿？！每一步都应该是正确的，为什么答案是错误的呢？我是不是漏掉了哪个关键条件？我想我马上就要算出来了。"

　　"你晚上回来再做吧！大家都走光了。再不去，就没座了。"小康抱怨说。

　　"你先去吧，我过一会儿赶过去。我再好好想想，我就是想知道这究竟是怎么一回事儿。"

　　从上边的简短谈话中可以看到，小郭的行为很难用行为主义取向的动机理论加以解释，他的行为更应该从认知取向的动机理论进行阐述。认知取向的动机理论关注的是学生渴望有序、理解世界、预期将来。当学生发现他们的经验与当前的认识不一致时，这种动机被本能地激活（Greeno，Collins，& Resnick，1996）。这也是小孩子能如此热情地探索他们周围环境的原因所在。为什么小孩子不断地打开盒子再关上盒子以确认盒子中的东西？为什么小孩子要求他们的父母一遍又一遍地讲述同一个故事而全然不顾父母早已濒临被激怒的边缘？为什么猜谜游戏对于 4 岁大的孩子甚至很多成年人来说同样具有吸引力？为什么小郭不愿去观看晚会而宁愿先将问题彻底搞懂？为什么人们对那些在他们预料之外发生的事情好奇？为什么人们一直坚持不懈地进行某项活动，但一旦熟悉后就不再愿意从事？认知心理学家们认为，他们都受求知需要所驱动——理解世界并使世界变得更为有意义。

人的行为不仅受求知需求驱动，而且以人对外在诱因的认识为中介。例如，一种认知取向的动机理论——**期效理论**（expectancy-value theory）认为，个体的动机依赖个体对成功的可能性（主观可能性）的估计和他认为的成功的价值大小（Locke & Latham，1990；Wigfield & Eccles，2000；Wigfield, Tonks, & Klauda，2016），也就是回答这么两个问题：我是否能成功完成这件事情？这件事成功对我是否有价值？如小林很想学习武术，可是他认为自己天资愚笨，根本不可能学成，那他习武的动机就很弱。将两者结合预测学生可能取得的成绩比用学生的真实能力去预测更为可靠。

（三）人本主义取向的动机理论

人本主义取向的心理学家认为，动机是人们试图实现人作为人的全部潜能的倾向。他们反对行为主义把人动物化的思想，认为人是环境的主体，人有理想、有意志、有个性，人能够改造环境，决定自己的命运，即强调人们由内心产生的希望成功、追求卓越的高级需要，而且影响人的所有因素都会引发或影响动机，包括思想、情感和环境各个方面。

在人本主义心理学家的眼里，没有所谓的无动机的学生，只是这些学生的动机被导向了非学术性活动的方面。人本主义要求教师以学生为中心，并努力营造一个利于学生成长的课堂气氛。人本主义认为，学生的学习是以内部需要为基础的，教育的目标就是帮助学生达到自我实现。因此，人本主义主张，教学要以人的能力的全域发展为目的。除了要发展学生的智力以外，还要发展学生的情感、意志、自尊心、兴趣、需要等非智力的方面，以达到情感与认知的统一。所以，在学校里，教师要试图影响学生积极的情感，采用支持性、关心的方式对待学生，更多解释为什么事情应该以某种方式去做，而不是仅仅强调这是纪律。

（四）社会文化取向的动机理论

社会文化取向的理论在理解动机时强调学生和他人一起学习时获得的经验。他们认为，人具有在社会环境中和他人发生联结的需要，这是所有人的基本需要。人参与活动来维持稳定的人际关系，来确定自己属于特定群体的信念。活动目的就是维持其在群体中的身份及其人际关系，而学习是通过观察和学习特定文化群体中更有能力的人而进行的，并涉及对群体实践的参与。**身份**（identity）是该取向观点的核心概念，如果学生把自己看作班干部，他的行为就将按照他认定的班干部应该做的事情去进行，如关心同学、协助教师等。个体具备何种身份，是由其在群体活动中的参与程度决定的，一个人要想成为班干部，必须受到教师的肯定，被同学推选，且具备相关的组织领导能力。

合法的外周参与（legitimate peripheral participation）意味着当个体刚刚进入一个集体时，虽然他的能力不够完善，对团体的贡献很小，但并不会被指责，而会被原谅。但为了不被集体摒弃，个体要不断进步。同时，集体中的其他人有义务尽心地帮他达到某种水平。在教学中，教师的作用就是创设各种类型的群体活动，确保所有的学生参与其中，让学生围绕问题进行合作，对学习产生责任感。

以上 4 种取向的动机理论的比较见表 8-2。

表 8-2　4 种取向的动机理论比较（Woolfolk，2004）

维度	行为主义	认知	人本主义	社会文化
动机的来源	外部诱因	内部需要	内部需要	内部需要
重要的影响因素	强化、奖励惩罚	信念、归因期望、自我决定	尊重需要自我实现	学习共同体集体活动
代表人物	华生	韦纳、德西等	马斯洛	温格、雷夫

三、学习动机的整合模型

根据对动机理论的简要评述，我们可以得知影响学习动机的因素众多。但在实际中，人们需要制订一个完整的计划，将各种各样的动机统一起来，并将各种激发学习动机的策略结合起来，从而在学校创造一种卓有成效的学习氛围，帮助学生管理自己的学习并承担更多的责任。

凯勒等人（Keller & Kopp，1987）提出了 ARCS 动机设计模型。这一模型认为，影响学生学习动机的因素有 4 类：注意（attention）、关联性（relevance）、自信心（confidence）、满足感（satisfaction）。ARCS 模型展示了这样一个过程：在实际的教学中，为了激发学生的学习动机，首先要引起他对一项学习任务的注意和兴趣，使他理解这项任务的完成与他有关联，接着要使他觉得自己有能力学会、学好，从而产生信心，最后让他体验学习结果所带来的满足感。

图 8-1 呈现了一个有关学习动机激发的整合模型。这个模型描绘了激发学习动机的个体因素和情境因素以及两者之间的交互作用。

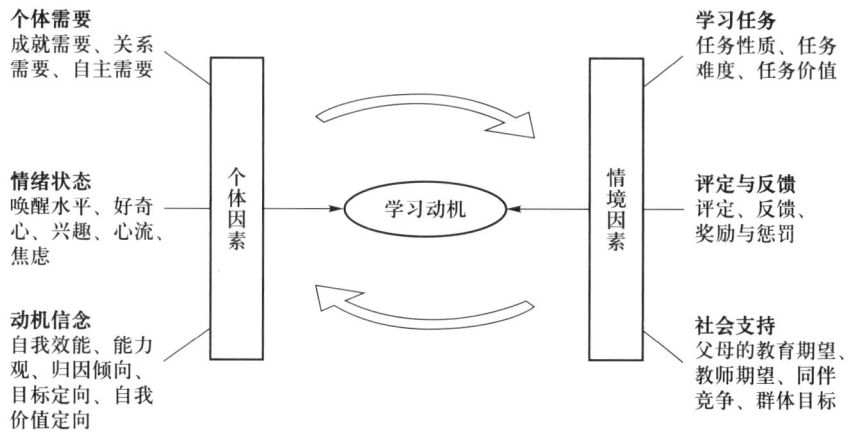

图 8-1　学习动机的整合模型

在这个模型中，个体因素包含个体需要、情绪状态和动机信念，其中每个方面亦有不同的子因素，如情绪状态涉及学生的唤醒水平、好奇心、兴趣、心流、焦虑等。情境因素主要涉及学习任务、评定与反馈以及社会支持。这个框架中涉及的所有因素都会对学生的动机水平产生不同的影响，同时，这些变量除了可以单独作用于学生的学习动机外，它们之间还具有复杂的交互作用。在接下来的两节里，我们将分别介绍个体因素与情境因素对学习动机的影响作用，并在第三节进一步阐释这一模型的互动过程。

第二节　学习动机的个体因素

一、个体需要

需要是激发人进行各种活动的内部动力，是人的积极性的重要来源。它可以是对食物的需要，也可以是求知和理解万物的需要——这是认知取向动机理论的基础。

学生有很多的需要，不同的时候有不同的需要。马斯洛的需要层次论（参见本书第七章）对教育具有特殊意义。在中国，某些处境不利的儿童（如父母离异、留守和流动儿童）的生活无人照顾，某些儿童正在遭受校园欺凌，这些情况对他们的缺失需要的满足构成了威胁。除了生理需要和安全需要，在学校中最重要的需要是归属与爱的需要和尊重需要。如果学生觉得自己没有被爱或认为自己无能，他们就不可能有强烈的动机去实现较高水平的成长目标，因而不能主动探索和理解新知识，对新观念也不会具有创造性和开放性。如果教师能让学生觉得安全自在，被人理解和接纳，不会因为自己出了差错而受到嘲笑甚至惩罚，那么学生将更加渴望学习，乐于创造和冒险，敢于接受新观点，就能成为自我指导的学习者。

阿特金森（J. W. Atkinson）强调学生的个体特质性需要包括成就需要、亲和需要和权力需要（Atkinson，1964）。自我决定理论强调能力需要、关系需要和自主需要（Deci & Ryan，1987）。这两组需要相互关联。能力需要相当于成就需要，关系需要相当于亲和需要，自主需要与权力需要皆强调控制，只是自主需要涉及自我控制，而权力需要强烈的人总是试图去控制别人，试图按照自己的意愿来改造其周围的世界，希望得到周围人的认可，关心自己在公众中受瞩目的程度。综合两组需要理论，我们将分别介绍成就需要、关系需要和自主需要。

（一）成就需要和成就动机理论

成就需要（need for achievement）是指克服障碍，施展才能，力求尽快尽好地解决某一难题的内部动力倾向。20世纪30年代心理学家默里（H. Murray）最先开展了对成就动机的研究。20世纪四五十年代，麦克里兰（D. McClelland）和阿特金森等在默里的基础上提出了成就动机理论。这种理论认为，个人的**成就动机**（achievement motivation）是激励个体乐于从事自己认为重要的或有价值的工作，并力求取得成功的内在驱动力。它可以分成两部分，其一是追求成功的意向；其二是避免失败的意向。也就是说，成就动机涉及对成功的期望和对失败的担心两者之间的冲突。

如果学生追求成功的动机大于避免失败的动机，那么他们为了探索一个问题，在遇到一定量的失败之后，反而会提高解决这一问题的愿望。如果获得成功太容易的话，那么反而会降低他们的动机。研究表明，他们最有可能选择具有挑战性的任务，能够抵制不可靠的意见，具有自己独立的见解。这种学生对那些完全不可能成功的或稳操胜券的任务的动机水平反而下降。相反，如果学生对失败的担心大于获取成就的动机，那么他们有可能由于失败而灰心丧气，由于成功而得到鼓励。这种学生在选择任务时，倾向于选择非常容易或非常困难的任务，选择容易的任务可使他们免遭失败；选择的任务极其困难，那么即使失败，也可找到适当的借口，从而可减少失败感。

成就动机理论的特征是用数量化的形式来说明理论。追求成功的动机乃是成就需要、对行为成功的主观期望概率以及取得成就的诱因值三者乘积的函数。其公式为

$$T_S = M_S \times P_S \times I_S。$$

在这个公式中，T_S 为追求成功的倾向，由以下 3 个因素决定。① M_S 代表对成就的需要（成功的动机），是个体争取成功的相对稳定的倾向（用《主题统觉测验》可测得）。② P_S 代表在该项任务上将会成功的可能性的期望。③ I_S 代表成功的诱因值，是对取得的成绩的自豪之情，完成一个困难任务并取得成功后体验到的自豪比完成一个容易任务并取得成功后体验到的更强烈。P_S 与 I_S 有相反的关系，也就是 $I_S = 1 - P_S$，即当 P_S 值减小时，成功的诱因值增加。例如，个体预期自己不太可能取得成功的事情最后成功了，他将感到异常高兴。

根据 P_S 和 I_S 的关系，中等难度（即在个体看来成功概率约为 50%）的任务对学生最具有挑战性。阿特金森在一项经典实验中揭示了这一点。他在实验中把 80 名大学生分成 4 组，每组 20 人，给他们一项同样的任务。对第一组学生说，只有成绩最好者能得到奖励（$P_S = 1/20$）；对第二组学生说，成绩前 5 名者将会得到奖励（$P_S = 1/4$）；对第三组学生说，成绩前 10 名者可以得到奖励（$P_S = 1/2$）；对第四组学生说，成绩前 15 名者都能得到奖励（$P_S = 3/4$）。实验结果如图 8-2 所示。

从图 8-2 可以看到，成功可能性适中的两个组成绩最好；成功概率太高或太低时成绩下降。第一组学生大多都认为，即便自己尽最大努力也极少有可能成为第一名；第四组学生一般认为自己肯定在前 15 名之列。于是，这两组学生都认为没必要那么拼命了。这一研究表明，最佳的成功概率是 1/2 左右。此时，大多数学生认为，如果尽自己努力，很有希望获得成功；如果不努力的话，也有可能会失败。

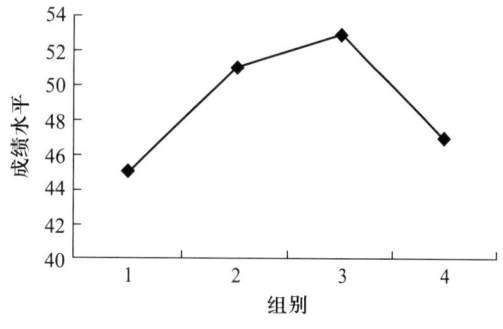

图 8-2　成绩与对成功的估计的关系

（二）关系需要

关系需要（need for relatedness）是指渴望与他人建立密切的情感纽带和联系。与其相

一致，**亲和需要**（need for affiliation）是指喜欢同他人保持一种亲密的关系，喜欢成为一个群体的成员。

关系需要可以促进学习。例如，个体为了给家庭或团队带来荣耀，为了成为某一崇尚学习的群体中的一员，而发奋努力学习。学生对教师的关系需要能够正向预测学生的学业成就（Marshik，Ashton，& Algina，2016），如果学生能够感受到与教师、父母和同伴的密切关系，他就能带着更多的情感投入学校活动。

关系需要也可能妨碍学习。有的学生为了保持与朋友的友好关系，害怕伤害彼此之间的感情，不去质疑别人的错误答案或概念，避免争论和竞争。对待这类学生，应尽量减少对其进行当众评价，更不要使其陷入竞争的困境。有时，学生为了与同伴团体在一起有趣或者避免让同伴觉得自己是一个令人讨厌的人，而故意不去学习。甚至对于他们来说，成功就是学业上的失败，而在团体同伴中的成功是重要的。对多数人来说，社会关系的需要是基本的，也是强烈的。

（三）自主需要与自我决定理论

自主需要（need for autonomy）是指个体希望具有控制事情发生、发展及其结果的能力，即希望能够更多地依赖自己而不是他人做出决定。如果受到他人或外部事件控制时，大多数的人会感到不愉快。

根据德西和瑞安的**自我决定理论**（self-determination theory），自我决定不仅是个体的一种能力，还是个体的一种需要。自我决定理论认为，人是积极的有机体，具有先天的心理成长和发展的潜能。自我决定就是一种关于经验选择的潜能，是在充分认识个人需要和环境信息的基础上，个体对行动所做出的自由的选择。自我决定的潜能可以引导人们从事感兴趣的、有益于能力发展的行为，这种对自我决定的追求就构成了人类行为的内部动机。自我决定理论把动机分为无动机、外部动机和内部动机 3 种类型。

1. 无动机

无动机（amotivation）者认识不到自身的行为与行为结果之间的联系，对所从事的活动毫无兴趣，没有任何外在的或内在的调节行为以确保活动的正常进行。无动机的外语学习者认为他们学习外语毫无意义，是在浪费时间；认为自己没有能力学好外语；没有获得成功的渴望。

2. 外部动机

外部动机（extrinsic motivation）者不是出于对活动本身的兴趣，而是为了获得某种可分离的结果而去从事一项活动。例如，为了获得高分或避免受到惩罚等。自我决定理论根据个体对行为的自主程度，由低到高地把外部动机分为 4 种类型。① **外在调节**（external regulation），个体完全遵循外部规则而行为，其目的是为了满足外在要求或是为了获得附带的报酬。例如，学习外语是为了找一份好工作等。② **内摄调节**（introjected regulation），个体吸收了外在规则，但没有将其完全纳为自我的一部分。在这种情况下，个体从事一项活动是为了避免焦虑或责怪，或是为了展示自己的能力（或避免失败）以维持价值感，还没有体会到是自我的真正部分。例如，学习外语是因为如果不能用外语跟朋友交流会感到难堪。③ **认同调节**（identified regulation），个体对一个行为目标或规则进行有意识的评价，如果发现这个行为是重要的，就接纳其为自我的一部分。个体更多地体验到自己是行为的主人，感觉到更少的冲突。它含有更多的自主或自我决定的成分。例如，个体渴望成为一个可以说外语的人。④ 整合调节（integrated regulation），个体将内化了的外在价值观与自我的其他方面整合为一体，使自我处于和谐状态。例如，个体感到学好外语实在是太重要了，甚至比其他专业课程还要重要。在此阶段，个体仍是由于目标对其有益或者重要而产生行为动机，并未对学习外语发自内心地乐之好之。

3. 内部动机

内部动机（intrinsic motivation）则是人类固有的一种追求新奇和挑战、发展和锻炼自身能力、勇于探索和学习的先天倾向（Deci & Ryan，1985）。它与个体的内部因素如兴趣、满足感等密切相关，是高度自主的动机类型，是自我决定的原型。此时，个体发自内心想做某些事，在做的过程中感到幸福、快乐并且享受这一过程。

【微课】
如何提升内部
动机：自主支持

自我决定理论认为这些动机类型并非截然分开的，而是处在一个自我决定程度或自主性程度的连续体上，由低到高分别为无动机、外部动机的各个子类和内部动机。外部动机通过 4 个水平的调节过渡，内化为内部动机。

从这种动机分类中可知，自我决定属于内部动机的一种。人在体验到成就或效能的同时，还必须感觉到行为是自主决定的，只有在这种情况下才能真正对内部动机有促进作用。反之，在任务的完成中，诸如威胁、最终期限、指令、压力性评价和强制性目标等对于内在动机有削弱作用。自我决定对于青少年而言尤其重要，因为他们正处于一种追求独立、渴望自由的阶段。教师对于学生的管理应该适当放宽，而不是事事过问，让学生学会自己决定，自己承担责任。例如，学生可以选择作业的形式（写论文或现场呈现）、选择合作的同伴、获取学习资源的方式（去图书馆查文献或上网咨询）、呈现学习结果的方式等。

二、情绪状态

各种情绪因素同样会影响学生的动机。其中，与动机关系紧密的情感因素往往有唤醒水平、好奇心、兴趣、心流和焦虑等。

（一）唤醒水平

唤醒水平是指一个人警觉、清醒及活跃的程度，是对某一行为的生理和心理的准备状态，是由包括大脑在内的中枢神经系统的活动所引起的。

耶基斯与多德森发现，对大多数的活动都有一个对应的合适的唤醒水平（见图 8-3）。总的来说，对一个简单的任务，如搬运货物等，需要一个较高的唤醒水平；对于较复杂的任务，如编写一个程序，那么较低的唤醒水平更为有

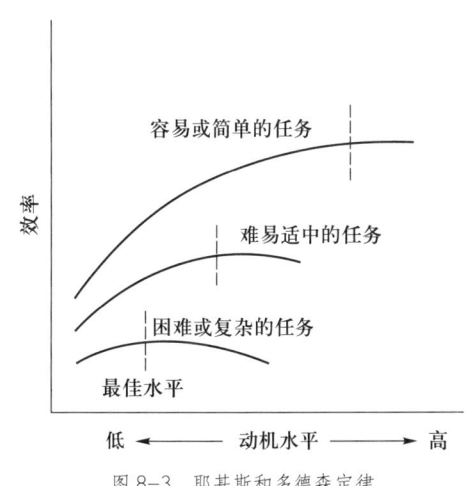

图 8-3　耶基斯和多德森定律

利。这也被称作**耶基斯－多德森定律**（Yerkes-Dodson Law）。

（二）好奇心

心理学家（Berlyne，1966）发现，个体有寻求新异、复杂、令人耳目一新的东西的本能倾向。人有一种探索和认识外界环境的内在需要，这种需要将引发个体的**好奇心**（curiosity），并表现为求知欲。关于教学的研究（Brophy & Good，1986；Stipek，1998）也发现，变化教学的方法和任务可以有效地促进学习。

瑞夫（Reeve，1996）提出了 5 个激发学生好奇心的策略。① 制造悬念。把学生的注意力集中在没有确定答案的假设上，如恐龙为什么绝迹。这样的问题能让学生尤其是那些喜欢说"告诉我们答案就行"的学生在寻求挑战性的问题的答案的过程中得到满足感。② 让学生猜测，教师提供反馈。教师介绍主题前先提出一些问题，让学生猜测，问题要与重要知识有机结合，且能引发多种回答，以便大部分同学发现他们只回答对了一部分（如"鸟的根本属性是什么？"答案为有羽毛，会飞，是恒温动物）。如果学生猜测错误，那么这将激发他对正确知识的好奇心，促使其更为执着地了解学习内容。③ 充分利用学生已有的知识，激发他们的求知欲。当学生具备了大量该主题的相关知识时，教师可以故意提出一些难度更大的问题，这种知识的再度空白会重新激发学生的好奇心。④ 引起争议。教师让学生对有争议性的问题（如，外星人是否存在）提出自己的看法，鼓励他们通过长期的讨论解决这些意见和分歧。在这个过程中，学生必须主动查询各种资料，以获得足够的知识。⑤ 制造矛盾。在学生获得了相当多的知识后，教师可以补充介绍与学生结论相反的信息，让学生意识到，问题比他们想象得更为复杂，促使其更全面地了解相关知识。例如，教师可以首先提出钠和氯化物都是对人有毒的，然后指出，两种物质结合成为的氯化钠却是我们每天都在吃的食盐。再如，有位语文教师在讲《祝福》一课时，先让大家通读一遍课文，然后提出："《祝福》讲的是一个妇女被封建礼教'吃掉'的故事，这样一个悲惨的故事，作者为什么用'祝福'这样吉祥的词汇作标题呢？"这一富有启发性的提问，一石激起千层浪，学生们议论纷纷，产生了极大的学习兴趣和求知欲。

（三）兴趣

越来越多的研究者强调，学习不单纯是一个简单的、毫无感情色彩的、冷冰冰的认知加工和问题解决过程。在学习的信息加工过程中，情感因素起着相当重要的作用。学生会更多地注意、学习、记忆和运用那些能引起他们积极情绪反应的事件和活动或者说是感兴趣的事情。

兴趣（interests）是指一个人经常趋向于认识、掌握某种事物，力求参与某项活动，并且有积极情绪色彩的心理倾向。兴趣是学生最好的老师。但缺乏兴趣却是目前学生遭遇的普遍困难。

激发学生的兴趣成为学校的主要任务之一，在激发学生兴趣时要注意以下方面。

1. 根据学生的年龄特征来提高学生的学习兴趣

不同年龄阶段的学生在学习兴趣的形成和表现上有很大的差异。小学生的学习兴趣还不稳定，比较笼统、模糊，易对学习过程的形式感兴趣并从中得到满足，任何新颖的、形象的、具体的事物都会引起他们极大的兴趣。因此，小学课堂教学更应注意教学方式的灵活多样、教学内容的生动活泼以及教具的新颖具体。例如，教学过程中学生手里的小棍、算盘上的算珠、书里的画页等的变动；读拼音、写生字、朗读课文等课堂活动的交替变化；回答教师的课堂提问、扮演游戏中的角色等，都能吸引他们投入学习活动中，并感到妙趣横生。因此，在小学中开展"愉快教育"，寓教于乐，是针对小学生的年龄特征培养学习兴趣的重要举措。随着年级的增高，学生的学习兴趣开始明显分化并趋向稳定，其学习兴趣的范围也不断扩大，表现为对课外阅读和课外活动的兴趣增强，开始注重学习内容。他们的学习兴趣已减少了与学习形式的直接联系，而逐渐被学习内容左右，即对复杂的疑难问题、对较高的智力活动产生兴趣。所以，在对年级较高的学生进行教学时，教师就不能仅仅满足于教学方法的生动活泼，而应注意从教材内容中挖掘深度，创设一定的问题情境，激发学生的智力活动，活跃学生的思维，使学生处于积极开动脑筋的智力活跃状态，只有这样才能使学生对学习保持持久的兴趣。此外，教师还应对严重偏爱某一学科的学生给予正确引导，一方面使其在对某一门学科兴趣的基础上培养起对其他学科的兴趣；另一方面还应以此为中心兴趣，指导学生涉猎更广泛的知识，从而培养学生以此为自己的志趣，甚至是一生的事业。

2. 根据学生的知识基础培养学生的学习兴趣

在学校中，几乎每个班级的学生都存在学习成绩优秀、知识基础好的学生和学习成绩差、知识基础薄弱的学生。教师要培养学生的学习兴趣，就必须"区别对待"，因材施教。一般来说，学习成绩优秀、基础好的学生往往都有着较浓厚的学习兴趣。但如果不注意引导，这些学生往往会产生骄傲情绪，满足于现状。因此，教师一方面应注意克服这些学生的骄傲自满情绪，使他们了解知识海洋的浩瀚无边和自己知识面的狭窄；另一方面，要为他们创造条件，提供较难、较深的学习材料，启发鼓励他们自学和独立思考，鼓励他们参加学校的课外活动小组和有关竞赛活动，引导他们参加小创造、小发明活动，为他们开辟创造性学习的途径，从而使这些学生对学习保持深厚稳定的学习兴趣。而对于学习成绩差、知识基础薄弱的学生，教师需要给予特别关心和照顾，深入调查研究他们学习积极性不高和学习成绩差的原因，有针对性地给予帮助和指导，具体包括以下方法。① 教师应帮助学生获得学习的成功体验，使其认识到只要付出努力，同样可以获得好成绩，从而树立自信心，提高学习的积极性。② 教师还应鼓励学习成绩差的学生参加各种课外活动，为他们推荐有价值的课外书籍，对他们的各种能力进行锻炼，从而发现他们的特长并加以正确引导，培养他们的学习兴趣。

（四）心流

当人对学习充满内部动机后，就能达到一种忘我的境界。在滑冰、下棋时，我们可能如此地专心致志，忘记了周围，也忘记了自我，以至于结束时不禁感慨：时间流逝得这么快！对这种与内部动机相关的情感体验状态，契克森米哈赖（M. Csikszentmihalyi）提出了一套心流理论。心流（flow）是指个体将自己的精神力量完全投注在某项活动上的感觉，伴有高度的兴奋感与充实感。在心流状态，个体沉浸在某项活动中，以至于其他任何事物都无关紧要；该体验是如此有趣，以至于人们即使付出很大的努力也还是去做，不为别的，仅仅为了去做这件事。在不同文化中，无论从事什么活动，诸如航海、沉思、画画，甚至在流水线上工作，当活动处于最佳状态时，这种心流体验是极为相似的。而且，个体喜欢这些活动的原因也有许多相似之处：这些活动使人们产生深度快感，以至于人们为了获得这种快感而乐此不疲。

心流体验大多具有两种共同特点。第一，这些活动不是随机的，而是有目的的活动，需要某种能量和技能。例如，登山者都有一个目标，要花很大力气，还需要一些必备的技能。在活动中，挑战与技能之间要达到最佳的匹配。挑战性太大或技能太少会导致挫折。挑战性太小又会很枯燥。为了产生流畅体验，必须不断提高挑战性水平，使其与日益增长的技能相匹配。在活动中，活动的目标必须有意义，而且需要反馈，以便让参与者了解自己是否在向目标接近。第二，参与者专心致志，自我意识丧失、忧虑感乃至时间感消失。无论跳舞、阅读、下棋还是滑冰，参与者们都描述了一种实质上超脱于外部世界的专注状态。值得注意的是，这些与流畅体验相关的特点不会在消极的活动中产生。个体很少在看电视或在吊床上干躺着的时候体验到流畅。在心流活动中，个体对活动要有主控感。

心流理论对学习动机的激发具有一定的指导价值。学生在课堂上要自主地从事一些对他们有意义的活动，学生为了达到目标需要付出能量，这些活动的挑战性要略高于他们的技能水平，当他们应付挑战之后技能水平得到相应提高。他们的活动还要得到反馈。他们在完成这些活动时有足够的心理安全感，不会因为犯错而被指责、被嘲讽或丢面子。帮助学生过得更有意义、更满足不仅是教育的目标，而且可以获得当下的幸福和快乐。

（五）焦虑

在我们的学校经历中，几乎每个人在面对考试或者在课堂作报告的时候都曾感到过紧张和不自在。这种紧张达到极致时，我们的心跳加快，嘴巴发干，心里忐忑不安，时刻担心失败，这种状态就是**焦虑**（anxiety），即一种普遍的不自在和紧张的感觉，它包含了部分害怕的情绪。关于焦虑的研究证明，焦虑和学生成就、学习投入具有某种程度的负相关（洪伟，刘儒德，甄瑞，蒋舒阳，金芳凯，2018）。焦虑可能是导致失败的原因，也可能是失败造成的结果。例如，一个学生考试成绩不佳，因为在考试中他过于焦虑，成绩不好又导致他更加焦虑、紧张。焦虑可以是一种特质也可以是一种状态。有些学生在大多数情况下都非常焦虑（焦虑特质），但有些学生只在某些特定的情境下感到焦虑（焦虑状态）（Covington，1992）。

焦虑包含认知和情感两个成分。认知成分包含忧虑和消极思维，例如，认定事情失败后情况会非常糟糕，并感知自己必然失败。情感成分则包括生理和情绪的反应，如出汗、胃疼、心跳加速和恐惧等。焦虑主要通过影响以下 3 个方面来影响学业成绩：注意力集中情况，学习和考试。当学生学习新材料时，高焦虑的学生把更多的注意集中在他自身面对新材料时体验到的紧张的不良情绪上。他对自己说："我太紧张了，我根本不可能解决这个问题！"同时，过度焦虑的学生缺乏良好的学习习惯，不能使用合适的学习策略提取记忆中的材料，不能对学习材料进行合理的重组。最后，焦虑的学生缺少必备的考试技巧，他们知道的远比他们在考试中表现的要多，因为他们一到考试，人就像被冻住了，根本不能将自己头脑中的知识释放。

三、动机信念

需要和情绪对人的学习动机有直接的影响，除此之外，人们是具有自我衡量和判断能力的，持有特定信念（belief）和价值观的个体，他会权衡再三，然后决定对某件事情是全力以赴、姑且一试还是干脆逃避。其中，和学习关系最密切的信念有：自我效能感、能力观、归因倾向、目标定向、自我价值定向等。

（一）自我效能感

自我效能感（self-efficacy）是指人对自己是否能够成功地进行某一成就行为的主观判断，它与自我能力感是同义的。这一概念是班杜拉最早提出的，在 20 世纪 80 年代，自我效能感理论得到了丰富和发展，也得到了大量实证研究的支持。不同自我效能感学习者的学习特征见表 8-3。自我效能感、自我概念和自尊三者的区别在于以下几点。① 自我效能感是自我做某特定的工作时对自己的能力的一种具体的判定，具有未来导向。② 自我概念包含自我效能感，是通过自我比较和与他人比较共同得出的。自我效能感不需要比较，只是说自己能否完成，对于其他人是否成功不关心。③ 自尊强调自我价值，自我效能感强调自我能力。一个人可以是高自尊的但是对于特定的事情却可能有低的自我效能感，如对于唱歌，某人的自我效能感很低，但是他的自尊水平却很高。

表 8-3 不同自我效能感学习者的学习特征

维度	高自我效能感者	低自我效能感者
任务定向	接受挑战性的任务	避免挑战性的任务
努力	面对挑战性任务付出更大努力	面对挑战性任务付出的努力较少
意志力	不达目标不罢休	达不到目标时就放弃
信念	相信自己会取得成功；没有达到目标时能控制自己的焦虑和紧张；相信自己能控制环境	总是考虑自己缺乏能力；不能实现目标时紧张、焦虑；认为自己对环境无能为力
策略运用	放弃无效的策略	坚持使用无效的策略
成绩	更好	更差

自我效能感主要受 4 个因素的影响。

（1）直接经验（mastery experience）。学习者的亲身经验对自我效能感的影响是最大的。成功的经验会提高人的自我效能感，多次失败的经验会降低人的自我效能感。不断成功会使人建立起稳定的自我效能感，它不会因一时的挫折而降低，而且会泛化到类似的情境中去。除能力因素外，非能力因素，如活动任务的难度、个人努力的程度、外力援助的程度等也都影响自我效能感的建立。如果任务很难，或者个人没有付出多少努力，或者没有什么外力援助，这时的成功会增强自我效能感，而这时的失败不会降低自我效能感。同时，班杜拉在研究中还发现，人们对于行为成败的归因方式，会直接影响自我效能感。

（2）**替代性经验**（vicarious experience）。学习者通过观察示范者的行为而获得的间接经验对自我效能感的形成也具有重要影响。当一个人看到与自己的水平差不多的示范者取得了成功时，就会增强自我效能感；反之就会降低自我效能感。这种观察学习对于自我效能感的影响是通过两种认知过程实现的。一种是社会比较的过程，即学习者采用与示范者比较的方式，参考其表现以判断自身的自我效能感。另一种是提供信息的过程，即学习者可以从示范者的表现中学到有效地解决问题的策略或方法。影响观察学习的诸因素都可能对自我效能感的建立发生作用。有人（Schunk，1984）以算术成绩极差的小学高年级儿童为被试，对自我效能感进行研究。他为这些学生安排了一个星期的训练，在每次训练中先让学生分别学习算术的自学教材，然后由榜样演示如何解题，榜样在解题时一边算一边大声地说出正确的解题过程，最后再让学生自己解题。在学生自己解题之前，他让学生把所有的题看一遍，并判断一下他们自己有多大把握来解每一道题，以此来了解学生解题的自我效能感。结果表明，经过训练，学生的自我效能感逐渐得到增强。与之相应，学生解题的正确性和遇到难题时的坚持性也得到了提高。此外，有研究者对 27 项干预研究进行元分析后发现，替代性经验能够有效地提升学生的自我效能感（Ashford，Edmunds，& French，2010）。

（3）**言语说服**（verbal persuasion）。这是试图凭借说服性的建议、劝告、解释和自我引导来改变人们自我效能感的一种方法。然而，依靠这种方法形成的自我效能感不易持久，一旦面临令人困惑或难以处理的情境时，就会迅速消失。一些研究结果表明，缺乏体验基础的言语说服，在形成自我效能感方面的效果是脆弱的，人们对说服者的意见是否接受，往往要以说服者的身份和可信度为转移。

（4）**情绪唤起**（emotion arise）。班杜拉认为，情绪和生理状态也影响自我效能感的形成。在充满紧张、危险的场合或认知负荷较大的情况下，情绪易被唤起，高度的情绪唤起和紧张的生理状态会妨碍行为操作，降低对成功的预期水准。焦虑水平高的人往往低估自己的能力，烦恼、疲劳则会使人感到难以胜任所承担的任务。当人处于过度焦虑或恐惧的状态时，会产生恶性循环：心情紧张、浑身颤抖使恐惧加剧，无能感会不断得到加强。

（二）能力观

对于能力，人们一般有两种基本的理解。一种为**能力实体观**（entity view of ability），持这种观点的人认为，能力是稳定的、不可改变的特质。根据这个观点，有些人会比另一些人更加聪明，但是每个人的能力的量都是固定的。另一种为**能力增长观**（incremental view of ability），持这种观点的人认为，能力是不稳定的，是可以控制的，它可以随着知识的学习、技能的培养而加强。通过努力工作、学习和练习，知识能够得到增长，能力也将提高（Dweck，1983）。每个孩子都倾向于特定的能力观。一二年级的孩子对能力和努力往往还不能很好地区分，认为聪明的孩子学习努力，如果自己成绩差，则认为自己不努力而且不够聪明。十一二岁的孩子开始明白努力、能力和学业表现之间的区别。这个时候，他们认为那些根本不用学习还能取得好成绩的人才是真正的聪明（Dweck，2017）。从这个时候起，个体对能力的信念开始影响动机水平。

持有能力实体观的学生倾向于建立表现目标，从而避免被别人看不起。他们选择适宜的工作，如不需花费太多精力而且成功的可能性很大的工作，以最好地表现他们聪明的一面，因为拼命工作换取的成功还不足以说明自己的天资聪颖。如果加倍努力依然没有成功，结果就更糟糕了，简直就是无能的写照。那些有学习困难的孩子更容易形成能力实体观。持有能力实体观的教师更倾向于给学生贴标签，而且即使他们遇到和他们观念不符的事实时也很难改变他们原本对学生的成见。

相反，持有能力增长观的学生，他们更多地设置掌握目标并寻求那些能真正锻炼自己的能力、提高自己的技能的任务，因为进步才意味着能力的提高，失败并不可怕，不过是走向成功必走的一步。失败只是说明自己还需要更多的努力，自己的能力并没有受到威胁，所以，他们选择中等难度的任务（Haimovitz & Dweck，2017；Paunesku et al.，2015）。

（三）归因倾向

考试过后，学生拿到了试卷，开始议论各自的成绩。

"你考得怎样，小郭？"小康问道。

"很糟糕。"小郭感到有些难为情，"我不是做这个的料。我从来都不擅长写老师所要求写的这种东西。我根本学不好。"

"我这次也没有考好。"小康回应说，"不过我早料到这次会考不好，因为我这段时间学习太不用功了，我就知道我这次会有麻烦了。不过我可不想这样的事情下次再发生。"

"简直难以置信！"小蓉抱怨说，"真见鬼了，我居然只得了'B'。老师到底有没有认真读我写的东西啊！"

"我才得了 C。"小冲补充说，"不过我倒不觉得有多糟糕，我从来就没好好学过这门课，让我及格，我已经是谢天谢地了。"

在各种有影响的动机理论中，归因（attribution）理论可被看作最具有认知性的一派理论。其基本假设是：寻求理解是行为的基本动因。根据这个观点，我们可以看到小康、小郭等都有着一种内部的需求来理解自己为什么会得这个评分，并给出了不同的理由，即归因。最早提出归因理论的是海德（Heider，1958）。他认为，人们具有理解世界和控制环境这两种需要，满足这两种需要的根本手段是了解人们行为的原因，并由此预言人们如何行为。后来，罗特（Rotter，1966）对归因理论进行了发展，提出控制点（locus of control）的概念，并依据控制点把个体分为"内控型"和"外控型"。内控型的人认为自己可以控制周围的环境，无论成功还是失败，都是由自己的能力或努力等内部因素造成的，他们乐于对自己的行为负责。而外控型的人则感到自己无法控制周围的环境，他们不愿为自己的行为承担责任。当然内控和外控不是绝对的一分为二的。人往往是处于从极端内控到极端外控的连续体上。

韦纳（B.Weiner）在海德和罗特的基础上，对归因理论进行了系统的探讨。他提出，个体对成功和失败的大多数解释都有 3 个特征：第一，原因是内部的（internal）还是外部的（external）；第二，原因是稳定的（stable）还是不稳定的（unstable）；第三，原因是可控的（controllable）还是不可控的（uncontrollable）（见表 8-4）。

表 8-4　归 因 类 型

控制点	稳定性	
	稳定	不稳定
内部	能力（不可控）	努力（可控）
成功	我很聪明	我下了功夫
失败	我太笨	我不够努力
外部	任务难度（不可控）	运气（不可控）
成功	问题很简单	我很走运
失败	问题太难	我运气不佳

韦纳认为，归因的每一维度对动机都有重要的影响。归因对学习动机的影响具体表现为以下方面：

（1）对成功和失败的情感反应，如果将成功归为内部因素，个体就感到自豪和满意；如果成功是源于他人或外部力量，那么学生感到的是感激而不是自豪。相反，如果将失败归因于内部因素，学生就会感到自责、内疚和羞愧；如果归因于外部因素，就会感到生气和愤怒。

（2）对成功和失败的期望。学生将成败归因于稳定因素时，对未来结果的期待和目前的结果一致，即成功者预期以后的成功，失败者看到的是以后的失败。但如果归因于不稳定的因素，那么对以后的成败预期影响较小。

（3）所投入的努力。如果学生认为失败是因为不努力而导致的，那么他在以后有可能更加努力，遇到困难也能坚持；若将失败归因于缺少能力，即努力也无法取得成功，他就很容易放弃。张贵良和郭德俊（1995）对初中生考试成绩归因模式研究亦验证了这些规律。

归因理论认为，人们都试图维持一种积极的自我形象（Thompson，Davidson，& Barber，1995）。故当活动成功时，个体倾向于将成功归因于自己的努力和能力；反之，活动失败时，个体将失败归因于一些不可控的原因，以挽回自己的面子（Juvonen，2000）。虽然归因于努力和能力在韦纳看来都是积极归因，但科温顿（Covington，1984）提出的自我价值论认为，成功的学生多半将原因解释成自己能力的体现，因为努力人人可为，但能力唯我所有，这使人感到更大的自我价值。如果失败的事件连续发生，他们就有可能将失败归因于内部的、稳定的原因。不可控是激发动机面临的最大的挑战，它会使学生产生习得性无助。如案例中小郭将其失败归因于"自己不是那块料"，长此以往，他会认为无论多么努力，他都不可能获得成功，甚至破罐子破摔。

相关链接

习得性无助

习得性无助（learned helplessness）是美国心理学家塞利格曼（M. E. P. Seligman）

在 1967 年研究动物时提出的。他用狗做了一项经典实验。起初，把狗关在笼子里，只要蜂音器一响，就给以难受的电击，狗因被关在笼子里而逃避不了电击。多次实验后，在给予电击前，先把笼门打开，蜂音器一响，此时狗不但不逃，反而不等电击出现就先倒地开始呻吟和颤抖，本来可以主动地逃避却绝望地等待痛苦的来临，这就是习得性无助。

随后的实验证明了习得性无助在人的身上也会发生。习得性无助的个体经历了某种学习后，在情感、认知和行为上表现出消极的特殊的心理状态。习得性无助的学生形成了自我无能的策略，最终导致他们努力避免失败。他们力求无法实现的目标，他们拖延作业，或只完成不费力气的任务。他们沮丧，并以愤怒的形式表现出来，这类学生是懒散、怠慢、有时是具有破坏性的。他们不完成作业或者当他们面临困难的作业时很快就放弃。他们会在被要求大声阅读、测验时变得焦虑。

（四）目标定向

目标（goals）是引导和保持学生动机的方法之一，目标是个体从事某项工作想要完成的事情。教育学家将目标分为学习目标、表现目标、回避工作目标和社会目标等。其中，备受关注的是学习目标和表现目标的差异。**学习目标**（learning goals）又称**掌握目标**（mastery goals），这种目标定向的学生，其学习是为了个人的成长，他不在乎在这个过程中可能会犯很多的错误或者遭遇众多尴尬，所以他们敢于接受挑战并且当他们遇到困难时，更能坚持到底。有这类目标定向的学生被称为**任务卷入的学习者**（task-involved learner），因为他们关心的是能否掌握任务，而不是和他人的比较，不关心他们的表现是否出众。这类学习者会更多地寻求帮助，使用较高水平的认知策略，运用更有效的学习方法。

具有**表现目标**（performance goals）的学生更关心自己能否向其他人证明自己的能力，通俗地说，就是做给别人看。他们更多地关注在考试中取得好的成绩，在比赛中获胜，在竞争中超越他人（Wolters，Yu，& Pintrich，1996）。他们常常会使用一些投机取巧的方法来证明自我。例如，选择读比较容易的书以成为读书最多的同学（Young，1997）。如果很难获胜，那么他们可能会采取避免失败的策略，即装出一副毫不在乎、漫不经心的样子。他们只是想告诉他人，他们没有成功是因为他们不屑做罢了。尼科尔斯和米勒（Nicholls & Miller，1984）将这类学习者称作**自我卷入的学习者**（ego-involved learner），因为他们关注的是自己，因而被视为非适应性目标定向（刘海燕，邓淑红，郭德俊，2003）。

两种目标定向的区别见表 8-5。

对学习目标和表现目标研究的重要意义在于，教师应该使学生相信学习不是为了分数（Anderman et al.，2001），教师应该强调学习内容的价值和意义，淡化分数和其他奖励。例如，教师可以说："今天我们学习分数是因为我们在日常生活中常常遇到将一个东西平分的问题。"而不是说："我们今天要学习分数的性质，大家注意听，因为明天我们要就此进行测验。"学习目标和表现目标也并非不可兼容，一个人想完成某件事情既可以因为他喜欢也可以因为他希望向别人证明自己的能力。

表 8-5 两种目标定向的区别

维度	学习目标	表现目标
成功的含义	改善，进步	高分，高水平的表现
看重的方面	努力学习	高于他人的能力
满足的原因	努力学习，挑战性	比别人做得好
教师的取向	学生如何学习	学生如何展示成绩
对错误的看法	学习的一部分	产生焦虑
关注的焦点	学习过程	学习结果
努力的原因	学习新东西	高分，优于他人
评价标准	自身的进步	与常模比较
任务选择	有挑战性的	非常容易或者非常难的（防御性策略）
学习策略	理解，有意义学习，元认知	机械性的，应付式的学习
教师的作用	帮助学习的资源和向导	给予奖惩的法官
控制感	强	弱

有一类学生，他们既不想学习，也不想被人看作聪明的学生，他们只是想逃避一切工作。这些学生匆匆完成所有的学业任务，不想再多费一点时间和精力钻研学业。尼科尔斯把他们的目标称作回避工作目标（work-avoidant goals），如果可以不用认真学习，他们就觉得达到目标了。

此外，有一类学习者，他们的目标为社会目标（social goals）。随着年龄的增长，当学生的社会网络关系逐渐丰富完善，具有这类目标的学生会增多。社会目标包含很多方面的需要，有些有助于学习，有些则可能阻碍学习。如在一个小组中，为了维持和同伴的良好关系，学生可能不好意思公开指出朋友的错误。

教学指南

如何制定目标

人是否成功在很大程度上取决于目标的制定是否有效。一个简单的目标确定过程包括：

- 清楚地界定目标。
- 列出达到目标的步骤。
- 考虑在实现目标的过程中可能遇到的困难。
- 考虑解决这些问题的方案。
- 为达到目标限定一个时间期限。
- 评价自我的进步。
- 任务完成后的自我奖励。

一个合理的目标应当是：

- 可达到的（achievable）：目标应适合自己的实力。中等难度的目标具有一定的挑战，但是并非高不可攀。
- 可相信的（believable）：你必须相信自己能够达到确定的目标。
- 可想象的（conceivable）：目标应是可以明确表述并可测量的。如把目标定为"看完这本书的第八章"比"对这本书进行学习"要具体得多，其可操作性强，它可以准确地告诉你，你什么时候就达到了目标。
- 可向往的（desirable）：所确定的目标是你自己想达到的，也是别人希望你达到的。

可以用 4 个英文单词的首写字母（A、B、C、D）来提醒我们如何制定学习目标。

罗克等人（Locke & Latham, 1990）认为目标能增强动机的原因为：

- 目标有助于集中注意力。如果目标清晰，那么我们将给它更多的关注。
- 目标有助于调动资源。目标告诉我们要取得成功，你需要做什么。
- 目标鼓励我们坚持到底。目标时刻提醒我们离目标达成还有多大的距离。
- 目标有助于任务的完成。当先前的策略不能有效促使目标达成，我们将寻求新方法、新思路。这促进我们个人能力的发展。

资料来源：McCombs, B. L., & Pope, J. E.（2002）. 学习动机的激发策略（伍新春，秦宪刚，张洁　译）. 北京：中国轻工业出版社，106–107.

（五）自我价值定向

学生的自我价值定向可以分为掌握定向、避免失败定向和自甘失败定向 3 种类型。

掌握定向的学生追求成就，他们持有能力增长观，认为能力是可以通过努力来提高的，所以他们倾向于建立掌握目标，他们努力提高自己的技能和能力，不担心失败，因为失败并不威胁其对自身的能力和价值的评价。他们会给自己设置中等难度的任务，这虽然有一定的风险，但是他们对于失败的处理是有建设性的，他们将成功主要归因于自己的努力，因此他们认为自己对自己的学习和成果是负有责任的。在竞争性的任务中，这类人的表现最佳，他们学习速度很快，有很强的自我效能感，在活动中的唤醒水平最强，非常渴望尽快了解"游戏规则"，所有的这一切都导致其最有可能成功。

避免失败定向的学习者持有能力实体观，认为能力是个体内部的一种不能改变的实体，所以他们给自己设置表现目标，为了维持良好的自我感觉，他们要确保自己不失败，即他们选择很容易就成功的任务，或者选择非常难的任务，非常难的任务几乎所有人都做不到，那他们就有足够的理由为自己的失败开脱。延迟、耽搁是他们自我保护的另一种策略，失败并不能表示他的无能，因为他可以辩解："我一直没有在意这次考试，我只是昨天才随便复习了一下课文，我连单词都还没来得及背。"把失败归因于过度的焦虑是他们的另一种自我保护策略。遇到没有把握的任务，他们可能会变得异常焦虑，这样万一失败，就可以解释成自己是太焦虑所以没做好。

如果持有避免失败的观念的学生每次都无法避免失败的发生，那么这些学生可能最终会承认自己的无能，成为那种自甘失败定向的学生。他们认为自己根本无法做好任何事情，所有的失败都是因为他们的无能造成的，每一次失败只是对自己无能的再次证明。

不同价值定向的学习者的比较见表 8-6。

表 8-6　不同价值定向的学习者的比较（Woolfolk，2004）

价值定向类型	对失败的态度	目标设置	归因	能力观	学习策略
掌握定向	不畏惧失败	掌握目标	努力，策略对头，知识充足带来成功	增长观	适应性策略：尝试其他方法，更加努力等
避免失败定向	非常担心失败	表现目标	无能导致失败	实体观	自我防御策略：假装不关心
自甘失败定向	自甘失败	表现目标或没有目标	无能导致失败	实体观	习得性无助，放弃

相关链接

调节聚焦理论

调节聚焦理论是希金斯（E. T. Higgins）在自己提出的自我差异理论上的延伸和发展。**自我差异理论**（self-discrepancy theory）区分了 3 种自我：现实自我（actual self）、理想自我（ideal self）和应该自我（ought self）。现实自我是对个体实际具备的特征的表征；理想自我是对个体理想状态下具备的特征的表征，代表自己所希望、愿望甚至渴望达到的理想状态，代表最高目标；应该自我是对个体有义务和责任应该具备的特征的表征，代表最低目标。自我差异指的就是现实自我与理想自我或者与应该自我之间的差距。自我差异理论认为，动机源于人们渴望缩小现实自我与理想自我以及责任自我之间的差距。现实自我与理想自我一致代表着积极结果的出现，两者的差距则代表着积极结果的不出现，这种差距会导致沮丧类的情绪，进而产生促使个体去缩小这种差距的驱动力。现实自我与应该自我的一致代表着消极结果的不出现，两者的差距则代表着消极结果的出现，这种差距会导致焦虑类的情绪，进而产生促使个体去缩小这种差距的驱动力。

在自我差异理论的基础上，**调节聚焦理论**（regulatory focus）进一步区分了人们在追求目标的自我调节过程中的两种动机倾向（Higgins，1997，1998）。一种是**促进聚焦或促进定向**（promotion focus/orientation），与进步、成就等提高需要相关。促进聚焦倾向的个体重视理想与抱负的实现，朝向理想、希望和愿景努力，对积极结果更加敏感，关注收益与否。如果说当前状态为"0"的话，他们的目标就是要把当前状态变成更好的"+1"状态。在这个过程中，他们会体验到喜悦—沮丧这一维度的情绪：成功获取积极结果时体验到喜悦，未成功获取积极结果时体验到沮丧。另一种是**防御聚焦或防御定向**（prevention focus/orientation），与安全需要紧密相关。防御聚焦倾向的个体重视安全，注重履行责任和义务，对消极结果更加敏感，关注是否有损失。他们的目标是要守住当前的"0"状态，防止更差的"-1"状态出现，他们追求目标的过程就是避免损失的过程。在这个过程中，他们会体验到放松—愤怒这一维度的情绪：成功避免消极结果时体验到放松，未成功避免消极结果时体验到愤怒。例如，同样想要在某一次考试中获得100分的成绩，对于促进聚焦的学生来说，"100分"是能够满足他们提高需要的理想与抱负，获得100分就代表出现了积极结果（+1）；对于防御聚焦的学生来说，"100分"则是满足他们安全需要的责任与义务，如果没有获得100分就代表出现了消极结果（−1）。事实上，促进聚焦的学生更渴望自己能够得到100分，而防御聚焦的学生则更担心自己不能够得到100分。

两种调节聚焦个体在追求目标时所采用的方式或策略也有所差异。促进聚焦的个体更倾向于采用能够促使积极结果出现的热切（eagerness）方式来追求目标，这是一种以获取收益为导向的行为方式，其典型行为表现为乐于创新，喜欢冒险，愿意尝试并探索新鲜事物。在问题解决过程中，他们更加偏好自上而下的整体加工，相比于准确性更加关注速度。防御聚焦的个体更倾向于采用能够避免消极结果出现的警戒（vigilance）方式来追求目标，这是一种以规避损失为导向的行为方式，其典型行为表现为遵守规则，保守谨慎，避免任何可能导致失误的尝试。在问题解决过程中，他们更加偏好自下而上的局部加工，相比于速度更加强调准确性（Higgins, 2000）。还是以考试获得100分为例，促进聚焦的学生会通过热切的方式来获取这一积极的结果状态，如查阅更多的课外拓展资料，从不同方面提升自己的能力，为完成分数目标寻找机会；防御聚焦的学生会采用警戒方式来避免没有得到100分的消极结果状态，如期末考试前拒绝朋友外出游玩的邀约，整理复习上课时记录的笔记，避免遗漏任何与考试相关的知识，为完成分数目标提供保障（见图8-4）。

促进聚焦　　　防御聚焦

成就、发展等提高需求　　安全需求

朝向理想、希望和愿景努力　　强调责任、职责和义务

对积极结果出现与否（收益和无收益）敏感　　对消极结果出现与否（无损失和损失）敏感

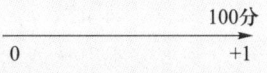

实际自我　理想自我　　　实际自我　应该自我

热切　　警戒

追求积极结果的匹配物（+1）　　回避积极结果的不匹配物（−1）

如去图书馆查找与课程相关的扩展资料　　如考前拒绝朋友外出游玩的邀约

急切，冒险，整体加工　　小心谨慎，保守，局部加工

重速度而非准确性　　重准确性而非速度

图8-4　为不同生存需求服务的两种动机倾向

近年来，越来越多的研究者开始关注调节聚焦理论在学业任务表现方面的重要作用。例如，有研究发现，相比于防御聚焦，处于促进聚焦状态下的学生在数学任务上

表现更好。还有研究表明，促进聚焦有益于创造性表现，相比之下，防御聚焦会阻碍创造性表现。在解一元一次方程题的过程中，促进聚焦倾向于考虑多种解答和创造性的解答，而防御聚焦倾向于选择确保不犯错误的常规解答（王佳，2017）。

调节聚焦作为一种长期的特质性倾向，反映了长期以来个体促进定向和防御定向的强度，也是一种可以被情境特征启动和操纵的暂时性的动机状态（高钦，2015）。在教学的过程中，教师不仅需要了解学生一般的调节聚焦特质，也要注意创设一定的情境，诱发学生的调节聚焦状态。例如，学生在完成作业的过程中，如果每做对一次就予以加分，诱发的就是促进聚焦状态，学生定向于理想状态，关注自己的得分距离最高目标分还有多远；如果每做错一次就予以扣分，诱发的就是防御聚焦状态，学生定向于安全状态，关注自己的得分千万不要低于最低目标分。诱发促进聚焦或防御聚焦状态将会引发学生的热切或警戒的加工方式，从而导致不同的学习效果。

第三节 学习动机的情境因素

一、学习任务

学习者是就一定的学习材料进行学习的，那么学习任务的性质、难度以及价值等亦将影响学习动机的激发和学习的效果。

（一）任务性质

在进行某种学习任务时，必然涉及相关的认知操作，如记忆、推论、分类和应用等，我们可以对学习任务进行如下分类。① 记忆任务，要求学生再认或回忆他们以前学过的内容，如字母匹配。② 程序任务，解决问题的步骤，如用 $S = a^2$ 计算正方形的面积。③ 理解任务，要求学生将观念联系起来，创设某种程序或以某种方式对所学的内容进行重新组织，从而使学到的知识超越给予的信息本身。④ 评价任务，即要求学生阐述个人的观点，如故事中哪个角色最聪明。

不同类型的任务具有不同的风险性（可能失败的概率）。例如，评价任务由于答案无所谓正确或错误，故风险性较小。简单的记忆任务和程序任务风险性也很小，因为它容易完成，但是复杂的记忆任务和程序任务则具有一定的风险性，如在很短的时间里背诵一篇1 000字的课文是很具挑战性的。不同类型的任务还具有不同水平的模糊性（预期答案是否明确）。评价任务很难预测正确答案，故而比较模糊，而复杂的记忆任务和程序任务则有相当明确的正确答案，对错泾渭分明，清晰度高。表8-7是根据风险性和模糊性两个维度对各种任务的分类。

表 8–7　不同任务分类

	风险性高	风险性低
模糊性高	理解任务	评价任务
模糊性低	复杂的记忆任务和程序性任务	简单的记忆任务和程序性任务

　　这种分类对学生的动机有什么影响呢？大多数学生都希望降低学习的风险性和模糊性，因为它们对取得高分造成了威胁，尤其对高焦虑和试图回避失败的学生而言。但教师总希望能多采用复杂的问题，借此让学生思考和解决问题，在这种情况下，学生就需要更多的指导，他们要求教师给出示范、规则和公式，甚至会就学习任务和教师讨价还价。风险性高和模糊性高的任务会让学生困惑重重，甚至导致泄气和失去兴趣。故适当降低任务的风险性和模糊性有利于维持学生的动机。

（二）任务难度

　　任务难度包含两类，即任务的客观难度和主观难度（自己认为任务的难易），题目过难或者过易，都会导致学生之间的差异不显著，每个人的成绩都非常优异或者非常糟糕，没有区分度，这不利于激发成绩好的学生，因为这样他会觉得无法在与他人的比较中看到自己出色的方面，而对成绩较差的学生而言，则可能不至于因此感受过多的压力。如何提高题目的区分度，是在教育测量学上被较多关注的问题。在这里，我们探讨任务的难度并非任务本身的难易问题，更多涉及成功的标准（如评分标准）的问题，或者说涉及完成某件事情取得成功的概率问题。这就如上文提到的阿特金森把 80 名大学生分成四组进行的实验一样，究竟是 25% 的成功概率对学生动机的影响更大，还是 75% 的成功概率对学生动机的影响更大。与此类似，在学校中的选拔性考试中，究竟是全班只有第一名能进入决赛还是前 10 名可以进入决赛对学生的积极性会有更大的影响。如果学生认为不论怎样努力都肯定不可能成功，那么他的学习动机就会处于极低的水平。因此，这需要教师适当地掌握评分标准，使学生感到要得到好成绩是可能的，但也不是轻而易举的，或者尽量减少那种高难度的选拔性测试。

（三）任务价值

　　一般来说，学习任务对学生有 3 种价值（Eccles et al.，1983）。① 成就价值（attainment value），它表明学生在任务中表现良好的重要性，与个体的需要及取得成功的意义相关，如在国际象棋比赛中获奖说明自己高水平的能力。② 内在价值或兴趣价值（intrinsic/interest value），它指的是个体从活动本身获得乐趣，如学习音乐出自对艺术的热爱。③ 效应价值（utility value），即帮助个体达到一个短期或者长期目标的价值，如学习外语可以为自己以后成为具有家园情怀、国际视野、全球意识和跨文化沟通能力 的人才提供更大的可能性。

　　为了促进学生了解学习任务的价值，在课堂教学中教师应更多采用真实性的任务。如果让学生记忆他们很少会用到的定义，或者学习只有在考试时才出现的内容，或者复习他们已经理解的功课，他们的动机就会比较弱。但反过来，如果任务既是真实的、有趣的，又是有意义的，就能促发他们产生强的学习动机。

二、评定与反馈

（一）评定

评定（assessment）是指教师在分数的基础上进行的等级评价和评语。有人认为，外界的等级评定会抑制学生参加竞争的欲望，学生会经常选择一些不太具有挑战性的任务。久而久之，由于任务过于简单，也不会产生太大的乐趣，成就体验不足。另外，过于强调外界评定会抑制学生的内在动机，故有人提出没有必要进行等级评定。哈特（Harter，转引自冯忠良等，2000）对此进行了实验验证，结果表明，在有评定的竞争条件下，学生选择的任务比较简单。后来，哈特又对学生的作文评定进行了研究。对前一组学生的作文给予实质性的评定，对后一组学生的作文只给予等级评定，却不指出存在的问题。结果发现，前者状态下的学生一般对学习感兴趣，愿意写作业或把成功归因于自己的努力；后者状态下的学生即使成功了，也难以将成功归因于兴趣或努力，只是觉得教师给分高或者题目太容易。可见，虽然等级评定有其弊端，但是废除它却是不实际的，关键在于如何运用。

美国心理学家佩奇（Page，转引自陈琦，2001）对74个班的2 000多名学生的作文评定进行了研究。第一组的作文只给甲、乙、丙、丁4个等级，既无评语也不指出作文中存在的问题。第二组给予特殊评语，即不仅给予等级，还给出了评语，但获得同一等级的作文的评语是一样的，不同等级的评语不一样。例如，对甲等成绩的评语为"好，坚持下去"；对乙等成绩的评语为"良好，继续前进"等。第三组除评定等级外，还给予顺应性评语，即按照学生作文中存在的问题加以个别矫正。结果表明，三种不同的方式对学生后来的成绩有不同影响。开学初，学生的作文水平差异不大，但到期末，各组作文水平的提高程度却有显著的差异。

结果表明，顺应性评语针对学生的个体差异效果最好；特殊评语虽然也有激励作用，但由于未针对学生的个别特点，所以效果不如顺应性评语的效果好；而无评语组的成绩则明显低于前两者。由此可以看到，评定是必要的，通过评定等级可以表明学生进步的大小，即评定的分数或等级并非表明个体的能力大小而是其进步快慢的指标。除了教师评定以外，近年来的研究也发现，同伴评定也能够通过鼓励学生进行高层次技能的学习，如分担责任、反思、讨论、协作，进而促进学习能力的提升（Ashenafi，2017；Hoogeveen & VanGelderen，2013；Strijbos & Wichmann，2018）。

（二）反馈

学习结果的及时反馈（包括作业的正误、成绩的好坏以及应用所学知识的成效高低）能有效激发学生的学习动机和积极性。通过结果的反馈，学生既可以看到自己的进步，激起进一步学好的愿望，也可以了解自己的特点，树立克服缺点的信心，从而提高学生学习的积极性。关于反馈的激励作用，国外已有不少实验加以证明。例如，罗斯（Ross，转引自陈琦，2001）等人把一个班的学生分成 3 组，每天在学习后进行测验。对第一组学生每天告知其学习结果；对第二组学生每周告知其学习结果；对第三组学生从不告知其学习结果。从第八周开始，除第二组学生仍旧每周被告知结果外，第一组学生与第三组学生的情况对调，即主试对第一组学生不再报告其学习结果，而对第三组学生每天告知其学习成绩。如此再进行 8 周学习和测验。比较 3 个组在 16 周的学习成绩表明：在第八周后，除第二组显示出稳步的进步外，第一组与第三组的情况变化很大，即第一组学生的成绩逐步下降，而第三组学生的成绩迅速上升。由此可见，反馈在学习上的效果是很显著的，尤其是每天及时反馈，较之每周反馈效果更佳。如果没有反馈，则学生缺乏学习激励，学习的进步很小。

利用学习结果进行反馈时应把握以下原则。

（1）学习结果的反馈要及时。只有这样，才能利用学生刚刚留下的鲜明的记忆表象，满足其进一步提高学习的愿望，增强其学习信心。斯金纳曾批评传统的班级教学强化较少，而且强化不及时。他认为，对学生的学习结果进行及时反馈，能使他们获得最大的、积极的学习成效。如果周一完成的考试一直拖到下周五才得到反馈，那么反馈的信息价值和激励价值都会降低。如果学生出现错误，那么他在这周内还将延续这种类似的错误。行为和行为结果之间的间隔过长，学生难以将两者联系起来，尤其对年幼的学生来说更为困难。

（2）学习结果的反馈要具体。反馈要具有针对性、启发性和教育性，使学生从中受到鼓舞和激励。越具体明确的反馈信息，越能使学生对自己的学习结果有更清晰、深刻的了解，使其清除模糊概念，增强其对知识的辨别能力。如在批改学生作文时，教师不是简单地写上"优"或"良"这样的等级，而是用眉批、评语的形式指出作文的优点及不足，同时用热诚的语言予以鼓励，从而使学生在获得激励的同时，明确进一步学习提高的方向。如：

● "干得不错，我很高兴看到你能自己用查字典的方法来查找课文中的生字词。"

● "这是一篇非常优秀的论文，你提出了一个与众不同的观点，然后列举了相关的事实来支持自己的观点，看来你阅读了大量的文献，拥有自己的见解，而且文笔很犀利，文章的结构也很完整，我很高兴能看到这么一篇出色的作品。"

（3）要经常提供学习结果的反馈。已有研究发现，反馈能提高学生的学习动机水平（Dresel & Haugwitz，2008），反馈信息的精细化程度越高，对自我效能的促进作用越明显（Wang & Wu，2008）。关于策略选择的相关研究也发现，与无反馈者相比，那些获得元认知反馈的被试使用知识理解和自我调节策略的频率更高（Lee，Lim，& Grabowski，2009）且能有效地将策略迁移到不同的学习情境中（Roll，Aleven，Mclaren，& Koedinger，2011）。

（三）奖励与惩罚

奖励与惩罚是对学生学习成绩和态度的肯定或否定的一种强化方式，它可以提高学生的认识水平，激发学生的上进心、自尊心。正确运用奖励与惩罚是激发学生学习动机的重要手段之一。

一般来说，表扬与奖励比批评与指责更能有效地激发学生的学习动机。但奖励也不是万能的。外部奖励可能反而会削弱内部动机。实际上，奖励的质量比奖励形式本身更为重要。对奖励的成功运用取决于奖励时间和方式要恰当。教师要奖励个体的良好成绩和表现，而不是奖励参与活动；奖励是对能力的认可；奖励要针对学生不感兴趣但需要完成的任务；奖励的内容属于社会性的而非物质性的。

例如，教师要求若学生读完 100 本书，就可以奖励给他一些玩具。这个奖励条件破坏了孩子读书的乐趣，让学生成了勉强的阅读者。而且，如果对所读书籍没有确定选择标准，学生将会选择薄而易读的书以尽快完成任务，这将造成他们对教育的玩世不恭的态度。如果对这一项任务进行以下改革：① 举行一次讨论，明确选书的标准和主题；② 写一篇论文论述读的书的精华；③ 向班里同学做一个讲演，并回答同学们的提问。当满足这些条件时，学生向有兴趣的听众展示了自己的成就，以他人认可来强化了自己的读书行为。

奖励最好用于完成常规的任务而不是新任务，用于具体的有目的的学习任务而不是偶然发现的学习任务，更多关注行为速度或者结果质量的任务而不是关注创造性、艺术性的任务，最好把奖励作为促进学生达到行为技能标准的动力（如打字、拼写、数学运算，这些技能要求进行大量的练习），而不是作为进行重要研究或演示项目的动力。而且仅对那些认为自己通过适当努力便有机会获奖的学生，奖励才具有有效性，所以，教师要想为全班学生并非只是能力较高的学生创造学习动力的话，就必须保证每个学生有平等（或者至少合理）的机会获得奖励。这可能要求教师要降低行为难度或采用其他一些较不正规的、个人化的成功标准。

奖惩必须充分考虑学生的个体差异。对于低年级学生，教师评价起的作用更大一些。对自信心差的学生，教师应给予更多表扬和鼓励；对过于自信的学生，教师则应提出更严格的要求。成绩差的学生对奖励很敏感，故宜多奖励；成绩好的学生往往对批评很敏感，故宜适当惩罚。对女学生宜个别谈话，切忌当众严厉指责等。只有这样，奖惩才能起到激励学习动机的作用。

三、社会支持

（一）父母的教育期望

学生的学习需要与家庭对他的期望、要求和态度有很大关系。有研究者（Wilder，2014）对父母参与孩子教育的方式的研究进行了系统分析，结果发现，在各种参与方式中，父母的教育期望对孩子学业的影响是最显著的。**父母的教育期望**（parental expectation）是指父母对孩子通过学习能达到的学历水平的期待，它反映了父母对学校、教师和教育的总体上的信念和态度。父母的教育期望影响孩子自己的期望和抱负水平（Lazarides，Viljaranta，Aunola，Pesu，& Nurmi，2016；Wu，Hou，Wang，& Yu，2018）。有较高期望水平的父母会更多地培养孩子在学习上的志向，与孩子讨论和学业及前途有关的问题，从而培养孩子的学习需要。父母的教育期望要适度，当父母的教育期望过高，超过孩子对自己能力的评价时，父母的教育期望就不能起到积极的作用。

（二）教师期望

教师期望是教师对自己学生未来的行为或学业成绩的推测，它建立在教师对学生现状了解的基础上。教师期望效应是指教师对其期望采取的相应行为发生在学生身上的结果。

有两类教师期望效应，第一类为**自我实现预言**（self-fulfilling prophecy），即原先错误的期望引起把这个错误的期望变成现实的行为。默顿（R. K. Merton）以银行破产为例提出了这个理论。他注意到有关银行破产的虚假谣言会让储户产生恐慌，并且蜂拥而上，从银行取出自己的存款，银行的财务状况经此一折腾真会就变得糟糕透顶，最终破产。以学校为例，如果某同学的父亲是著名的文学家，那他的教师很自然地认为该同学具有成为出色作家的潜力，假设该同学文学天赋平平，但这个教师对其满腔热情，表达了对其能力的十足信心，鼓励他经常练习，常常对其作业进行额外的批改，结果这种对待使该同学果真成为一名优秀的小作家。但如果教师不特别对待这位学生，结果就不会是这样的。

相关链接

皮格马利翁效应

皮格马利翁效应（Pygmalion effect）又叫罗森塔尔效应，指人们基于某种情境的知觉而形成的期望或预言，会使该情境产生适应这一期望或预言的效应。教师如果根据对某一学生的了解而形成一定的期望，就会使该学生的学习成绩和行为表现发生符合这一期望的变化。

美国心理学家罗森塔尔和雅克布森（Rosenthal & Jacobson）对这一现象进行了实验研究，于 1968 年发表了研究成果《课堂中的皮格马利翁》一书。他们在奥克学校（Oak School）所做的实验中，先对小学一至六年级的学生进行了一次名为"预测未来发展"实为智力测验的调查。然后，在这些班级中随机抽取约 20% 的学生，并让教师认识到"这些儿童的能力今后会得到发展"，使教师产生对这一发展可能性的期望。8 个月后又进行了第二次智力测验。结果发现，被期望的学生，特别是一、二年级被期望的学生，比其他学生在智商上有了明显的提高。这一倾向在中等智力水平的学生身上表现得尤为显著。而且，从教师所做的行为和性格的鉴定中可知，被期望的学生表现出更有适应能力、更有魅力、求知欲更强、智力更活跃等倾向。这一结果表明，教师的期望会传递给被期望的学生并产生鼓励效应，使其朝着教师期望的方向变化。

大量研究表明（宋广文，王立军，1998），教师是根据学生的性别、身体特征、社会经济地位、兄弟姐妹情况等各种信息形成对某个学生的期待的，期望形成后又通过各种方式如分组、强化、提问等影响被期望的学生，使学生形成对自己的期望，最后表现在学生的行动中，学生的行为表现又进一步影响教师的期望。罗森塔尔把这一现象称作皮格马利翁效应，该术语源于希腊神话。皮格马利翁是古希腊神话中一个主人公的名字，相传他是塞浦路斯国王，善雕刻。他对自己用象牙雕刻的少女产生了爱恋之情，由于他热诚的期望竟使这座少女雕像变成了真人而与他结为伴侣。

第二类是**维持性期望效应**（sustaining expectation effect）。维持性期望效应是指教师认为学生将维持以前的发展模式。其问题在于，如果教师认可这种模式，那么将很难注意和利用学生潜在能力的发展。如教师对后进生和优等生的不同期望，使得他很难关注前者的进步，甚至对其进步持怀疑态度，认定他是在别人的帮助甚至作弊下得到进步的。这种期望维持甚至增大了优等生和后进生的差距。

自我实现预言比维持性期望效应更有影响力，因为前者引导学生的巨大行为变化。不过，后者发生的频率更高，其累积效应也不可忽视。年幼而且常依赖教师的学生对教师期望效应更敏感，他们能更经常和更准确地对教师传递的期望进行解释。教师对持有不同期望值的学生会从很多行为方面对其施加影响（见表 8-8）。

表 8-8　教师传递的不同期望的一般方面及相关例子（Good & Brophy，2002）

维度	被认为有能力的学生	被认为比较没能力的学生
任务环境 课程、程序、任务定义、进度、环境质量	公开完成有意义的任务的机会多（如为一个故事提供自己的结尾）思考的机会比较多	公开完成没有意义的任务的机会多（如正确地拼单词）思考的机会比较少
小组作业	处理综合理解能力的作业比较多	对课程作业没有太多选择，大部分作业都是句型练习之类的
学习责任之所在	比较自主（做作业的选择余地大，学生很少受到干扰）	不太自主（教师频繁地督促作业，学生频繁受到干扰）
作业之反馈与评价	自我评价较多	自我评价较少
动机策略	真诚／应激的反馈比较多	真诚／应激的反馈比较少，无缘无故的反馈比较多
教师关系的质量	更多把其作为有独特兴趣和需要的独立的学生来尊重	很少把其作为有独特兴趣和需要的独立学生来尊重

（三）同伴竞争

竞争是指个体在任务中尝试超过他人的行为（Kelley & Thibaut，1969）。同伴竞争对个体的表现可能具有积极促进的作用或消极阻碍的作用。一方面，在竞争环境下，个体拥有更高的学习目标（Chen，Law，& Chen，2018），具有更高的自我效能感，会投入更多的学习努力，体验到更多的积极情绪（如快乐、兴奋），因而能够提高学习效果（Cooke，Kavussanu，Mcintyre，Boardley，& Ring，2011；Mendl，Fröber，& Dolk，2018；何力西，张庆，王才康，2011）。孙蕾和李建伟（2007）在初中代数因式分解运算的教学中，将学生分为竞争班（公开公布成绩）与非竞争班（私下告知成绩），结果发现，竞争班在远迁移任务上的成绩显著高于非竞争班。另一方面，竞争环境也会导致个体的任务表现水平下降（Landkammer & Sassenberg，2016；Rhodes & Brickman，2011）。有研究（VanLoo，Boucher，Rydell，& Rydell，2013）发现，竞争环境会导致男性在语言能力测试中表现更差，导致女性在数学测试中表现更差。有研究者（Murayama & Elliot，2012）对这种不一致的结果进行了解释：竞争同时导致了个体的表现趋近目标与表现回避目标，表现趋近目标会使个体学业成绩提升或任务完成得较好，而表现回避目标会使个体学业成绩降低或任务完成得不佳。在不同研究中发现的竞争带来的提高或降低实际上是两个过程相互抵消的结果。

教师在组织竞赛时应注意调动全体学生的学习积极性，题目应考虑调动部分中下水平的学生的积极性。为使竞赛能对绝大多数人起到激励作用，在组织方式上可采用以下方法。① 按能力分组竞赛，这样每个学生都有获胜的机会；或者按项目分组竞赛，如按音乐、体育、工艺、劳动以及数学、作文、英语等分别开展竞赛，使不同智力、不同兴趣、不同特长的学生都有施展自己才能的机会。② 鼓励学生自己和自己竞赛。让学生和昨天的自己比赛，争取这次成绩比上次好、今年的进步比去年大。这样的竞赛既没有副作用，又可保持同学们之间团结友爱、互助合作的关系，还能在任何时间和内容上开展竞赛。

（四）群体目标

有关群体对学习动机影响的系统研究始自多伊奇（Deutsch，1949）提出的目标结构理论，它是在勒温（K. Lewin）群体动力学的基础上提出的。多伊奇认为，团体中对个人达到目标的奖励方式存在差异，这将导致个体之间相互作用的方式不同。研究表明，个体相互作用的方式主要有相互对抗、相互促进和相互独立 3 种形式，与此相对应，也存在 3 种现实的群体目标结构：合作型、竞争型和个体化。三者的差别见表 8-9。

表 8-9 3 种不同群体目标结构的比较

类型	合作型	竞争型	个体化
定义	学生认为只有其他人的目标达到，自己的目标才能一并达到	学生认为只有他人的目标没有达到，自己的目标才可能达到	学生认为自己的目标的取得与否和他人的目标完成没有任何关系
例子	排球，接力赛，话剧	百米赛跑，班长竞选	学习新语言，戒烟

在合作型目标结构中，团体成员之间有着共同的目标，只有所有成员都达到目标，某一个体才有可能达到目标，取得成功。这样，个体会以一种既有利于自己成功也有利于同伴成功的方式互动，同伴之间的关系是相互促进的、积极的。这种情境容易激发以社会目标为中心的动机系统。在合作情境中常常出现帮助行为，另一明显特点是共同努力，每个成员都积极担当集体义务。当要求儿童在合作性集体中学习时，即使儿童之间的成绩具有显著差异，他们也认为自己的水平、能力相近，即它引起的是平等的自我评价。

在竞争型目标结构中，个体成员之间的目标具有对抗性，只有其他人达不到目标，某个个体才可能达到目标，取得成功。在这种情况下，个体重视取胜、成功甚于公平，同伴之间的关系是对抗的、消极的。它激发的是学生以表现目标为中心的动机系统，竞争情境最大的特点是能力归因，它激发学生用社会标准进行比较。在这种情况下，唯独最有能力、最有自信的学生的学习动机得到激发，而能力较低的学生明显感到自己注定失败，他们通常回避这种情境。最后的结果是，竞争获胜者夸大自己的能力，失败者认为自己天生无能。

在个体化目标结构中，个体是否成功与团体中的其他成员是否达到目标没有关系，个体注重的是自己的学习的完成情况和自身的进步幅度，因此同伴之间的关系是相互独立、互不干涉的。在这种情况下，激发学生以掌握目标为中心的动机系统，个体将成功归因于自己的努力，注重自己和自己比，即使失败，也不否定自己的能力和水平。

3 种目标结构激发学生不同的学习动机，大量研究表明（Slavin，1995），合作型目标结构能够最大限度地调动学习的积极性因而被认为是一种有效的学习策略，可以促进多种积极认知、情感和社会结果的发生（McWey, Henderson, & Piercy, 2006）。例如，有研究发现，合作型目标可以为学生提供更多的讨论、共享学习和自我管理的机会（Slavin & Cooper, 1999），提高学生的学习成绩（Cianciolo, Henderson, Kretzer, & Mendes, 2001; Nolinske & Millis, 1999）。但是要使合作学习有效，必须将小组奖励和个体责任相结合，否则极有可能出现责任扩散和"搭便车"现象。

四、个体因素与情境因素的交互作用

学生和情境的不同因素都将影响动机的激发，而且它们并非单纯地简单作用于动机，它们之间还有复杂的交互作用。下面以教师对学生交互影响为例加以说明。首先请看下面这个案例。

【微课】
学习动机的
激发与培养
策略

小杨在小龙老师的数学课上的表现一向不佳。当小龙老师在课上布置练习时，她发现，小杨对应用题的理解毫无进展。

"加油，小杨。我知道你能做出这道题的，"小龙老师在小杨耳边低语，"好好花上几分钟仔细阅读题目，然后把问题分解成好几部分，等一下我会过来看看你做的怎样！"

几分钟后，小龙老师回来问道："怎么样？"

小杨还是不太清楚，但是显然他已经开始摸到了问题的关键，并开始动手解答，他说："他们想知道这单价降低的百分比。""很好，你还知道了些什么？"小龙老师笑着说。

当小杨开始解释他对问题的理解时，小龙老师只是不断地问相关的问题让他回到合适的思路上来。当他终于解决了问题后，小龙老师笑着说："太棒了，来，你现在再重新看看我们是怎样一步步地解决这个问题的，过几分钟，我会再来看看你最终的解答，好吗？"然后走到了另一个学生处。

在这个例子中，小龙老师首先鼓励小杨同学试图自己解决这问题（言语鼓励），然后，她使用引导的方式让小杨自己努力来解决问题。更重要的是，小龙老师提供明确的证据证明小杨在自己的努力下同样可以取得进步，并最终把问题解决。由此可以看到，教师对学生的自我效能感具有很强的影响力。

【考纲链接】
《教育知识与能力》（中学）：
掌握激发与培养中学生学习
动机的方法；
《教育教学知识与能力》（小
学）：了解小学生学习动机
激发的基本方法

在个体因素与情境因素对动机的交互作用中，一些情境因素可以直接影响动机，但可能因个体因素的不同而产生不同的影响。以教师的行为来说，教师同样一个行为（如批评）对不同的学生可能产生不同的效果。我们来看看教师的某种行为是如何通过个体因素而产生不同影响的。

（一）归因表述

归因表述是教师对学生的成绩的原因的一个评述，它将影响学生对自己的能力的信念。例如，一个教师与一个正在解决问题的学生交谈，下面哪句话更有效呢？

"我知道你很努力，我想这些问题对你确实比较难！"

"我相信你只要再稍微加把油，你就能解决这个问题。"

根据归因理论，第二种显然会更加有效。第一种归因指向能力的缺乏，这个教师虽然可能比较关注学生的情绪，但是这无疑降低了学生的自我效能感（Stipek，1998）。相反，归因于努力不足显示学生有足够的能力完成任务。

现在假设一个学生成功解决了一个问题，下面哪种评价会更有效呢？

"你很擅长解决这类问题！"

"干得漂亮。我知道你一直在努力。"

同样，第一种会更好。我们认为把失败归因于努力不足可提高自我效能感，但把成功归因于努力会降低自我效能感。因为学生常常认为笨鸟才先飞，低能力的人才需要加倍努力。

但是归因于努力的效果可能因为掌握水平的不同而不同。当一个学生刚刚学习一门新的技术时，把进步归因于努力是必需的，但是当他们的技能进一步提高时，他们更愿意归因于能力。 不同的归因方式会影响主体的行为，所以可以通过改变主体的归因方式来改变主体以后的行为，这对学校教育工作有着重要意义。在学生完成某一学习任务后，教师应指导学生进行成败归因。一方面要引导学生找到成功或者失败的真正原因，即正确归因；另一方面，更重要的是，教师应根据学生的一贯表现，从利于长远的学习进步的角度进行积极归因，哪怕这时的归因并不真实。积极归因对学业不良学生的转变具有重要的意义。由于学业不良学生往往把失败归因于能力不足，导致习得无助感，学习动机降低。因此，有必要通过一定的积极归因训练，将他们从失望的状态中解脱出来。德维克（Dweck，1983）曾对一些数学成绩差又缺乏自信的学生进行归因训练。在训练中，让他们解答一些数学题。当他们取得成功时，告诉他们这是努力的结果，而当他们失败时，告诉他们是因为他们努力不够。一段时间后，学生不仅形成了努力归因，而且增强了学习信心，提高了学习成绩。

（二）表扬和批评

适当的表扬或批评对学生的学习活动予以肯定或否定的强化，从而巩固和发展正确的学习动机。一般说来，表扬、鼓励比批评、指责能更有效地激励学生积极的学习动机。因为前者能使学生产生成就感，后者则会挫伤学生的自尊心和自信心。

一般认为，使用表扬是激发动机的简单易行的策略。但实际上并非如此简单，年长的学生会认为表扬和努力更为相关，而不是一种对能力的认可，甚至如果在一项简单的任务上获得教师的表扬，会认为教师觉得他低能（Graham，1991；Stipek，1998）。

批评好像也是应当尽力避免的，但是，研究却显示批评对学生的自我效能感也会有正面作用。学生认为教师对他们的批评反映了教师对他们的高期望，认为他们具有相当的能力。

（三）情绪表达

教师对学生成功和失败的情绪反应也会影响学生的归因。例如，教师对学生的失败感到愤怒并感到挫败时，学生会倾向将自己的失败归因于缺乏努力，但如果教师对学生的失败抱着同情的态度，学生将归因于能力的不足（Graham，1991）。教师的不同情绪表达影响了学生对失败的原因的理解，也影响对未来成功的期望。

（四）提供帮助

主动给学生提供帮助同样对学生的自我效能感有破坏作用。例如，研究者发现，6岁的孩子就已经意识到教师往往给那些能力低的学生主动提供帮助。而且，那些被主动提供帮助的学生体验到消极的情绪，如无能、焦虑和愤怒等。

所有这些并非说明教师就不应该表扬学生，不能表达同情，不能提供帮助或者鼓励努力。相反，它想说明的是教师的一言一行都会影响到学生。而引发学生动机的因素是多样的，其作用的途径也是千差万别的，所以针对学生的任何行为都应该经过更加敏感和谨慎的考虑。

思考题

1. 什么是学习动机，学习动机和学习效果有什么关系？
2. 列举学生学习的各种原因，利用内部动机与外部动机组合表分析学生某一学习活动的动机来源。
3. 比较不同取向的动机理论的观点的差异。
4. 与学生学习密切相关的需要有哪些？在激发有不同需要的学习者时应注意什么问题？
5. 焦虑对学生的学习将产生什么影响？如何有效地降低学生的焦虑水平？
6. 影响自我效能感的因素有哪些？自我效能感与自尊、自我概念是什么关系？
7. 不同的归因对学生的学习有什么影响？如何指导学生进行积极归因？
8. 分析不同目标定向的学生的差异。
9. 学习任务的哪些方面将影响学生的学习动机的激发？
10. 有效反馈应该把握什么原则？
11. 教师的期望效应有哪两种？教师的期望可以从哪些方面进行传递？
12. 竞争是否必然导致消极的作用？
13. 激发一个学生的学习动机，可以从哪些角度进行综合考虑？

推荐阅读

McCombs,B.L.,& Pope,J.E.（2002）. *学习动机的激发策略*（伍新春，秦宪刚，张洁 译）. 北京：中国轻工业出版社.

刘儒德.（2010）. *学习心理学*［M］. 北京：高等教育出版社.

第九章

知识建构

📍 知识导图 ▶▶▶

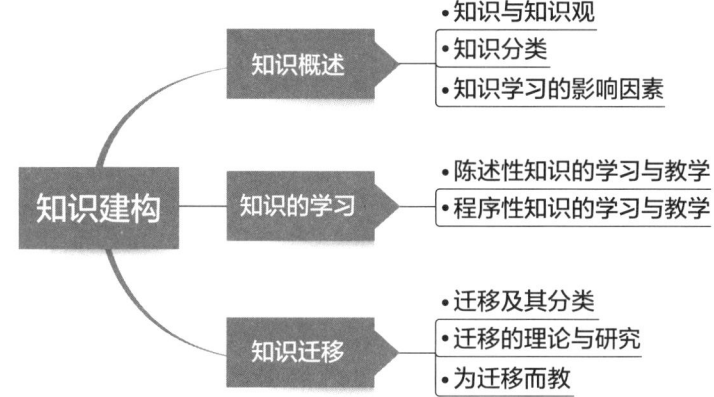

📝 学习目标 ▶▶▶

- ⊙ 理解知识的定义及其类别
- ⊙ 描述影响知识学习的因素
- ⊙ 比较陈述性知识与程序性知识的差异
- ⊙ 理解如何在教学中促进正迁移的发生

　　知识的积累和创新推动了人类历史的进步和发展，长久以来，人们不断探讨知识的本质以及知识的巨大作用。对教师和学生来说，"学知识是学生的本职任务"这种论调，大家都不陌生。可是书本上所有的内容都能称为知识吗？该如何学习知识？如何把书本上的知识变成自己的知识和灵活能用的知识呢？这些都是在教学过程中应该进一步探讨的中心课题。本章将结合建构主义理论分析阐述这些问题。

第一节　知识概述

一、知识与知识观

　　人类对知识含义的探究由来已久，特别是从认识论角度的哲学探究。一般认为，知识是实践经验或实践活动的认知成果。例如，《现代汉语词典》（第7版）对知识的解释是："人们在社会实践中所获得的认识和经验的总和。"这种界定肯定了知识的稳定性和明确性，特别是在教育领域中各门学科所涉及的知识，基本是该学科中较为确定、接近共识的内容，是人类积累下来的较为可靠的经验体系。然而，只从这个角度认识知识是不全面的，这样定义知识，不能揭示认知活动中主体与客体的动态关系。教育心理学，特别是建构主义，从主客体互动的角度解释了什么是知识。从本质上说，**知识**（knowledge）是人对事物属性与联系的能动反映，它是通过人与客观事物的相互作用而形成的（陈琦，刘儒德，2019）。

　　知识本身总在不断地进化和更新，因为人总是在试图对世界做出更准确、更完整与更深刻的理解和解释。通过对什么是知识这一问题的探讨，人们形成了各种各样的知识观。**知识观**（conception of knowledge）具体是指怎样理解知识，对知识抱有什么样的态度。这种对知识的态度影响着学习和教学的过程，学习者自己的知识观、学习观是其学习活动的内在背景（Greeno，1989）。

　　知识观可以分为现代主义知识观和后现代主义知识观（龚孟伟，2008；陆静，2010）。现代主义知识观认为知识具有客观性、普遍性和价值中立的特点（万伟，2003）。这种观点把知识视为对现实的一种客观反映，是封闭的、稳定的、可以从外部加以研究的意义系统。在后现代主义知识观的视野中，知识是一种动态的、开放的解释，研究者也并非完全置身于认识过程之外（王攀峰，2003）。也就是说，知识并不是一种绝对客观的、固定不变的终极真理，而是具有不确定性、建构性、多样性和可质疑性等特征。理解现代知识观与后现代知识观之间的特点和取向的差别对教师准确把握知识形态、形成符合自己教学实践的知识观有着重要的作用（刘儒德，倪男奇，2002）。

　　学生的知识观随着年龄的增长发生着发展性变化，舒梅尔等人（Schommer，1993；Schommer，Calvert，Gariglietti，& Bajaj，1997；Schommer & Easter，2006）的研究发现，从高一到高三，学生的知识观表现出明显的差异，随着年龄的增长，他们不再把知识看得那样简单和确定，同时也越来越重视坚持和努力在学习中的作用。而且知识观对学业成绩有明显的预测作用，学生越是重视坚持和

【知识拓展】
现代知识观
与后现代
知识观之比较

努力在学习中的作用，越不把学习看成简捷的、一次性的活动，越会表现出更好的学业水平。

二、知识分类

人类的知识复杂多样，人们从不同角度对知识进行了不同分类（见表 9-1）。

表 9-1　知识的分类

划分类型	解释及举例
感性知识和理性知识（或人文知识和理科知识）	感性知识如诗歌；理性知识如数学推理知识
主观知识和客观知识	主观知识是人脑中对知识的理解，每个人的主观知识各有不同；客观知识是相对的、约定俗成的知识
个体知识和公众知识	个体知识是独特的，如个人的学习方法；公众知识是整个组织享有的，如班级规则
结构良好领域的知识和结构不良领域的知识	结构良好领域的知识是指有固定答案的知识，如需要背诵的课文中的语言知识；结构不良领域的知识是指生活中比较复杂的知识，不是简单回答就能理解解决的知识，如问题解决中的知识
陈述性知识，程序性知识和条件性知识	陈述性知识是说明事物、情况是怎么样的知识，例如，故宫是明清时期的皇宫；程序性知识是关于完成某项活动的知识，如根据乘法交换律解题；条件性知识是指用来确定何时、为何要应用前两种知识的知识
显性知识和隐性知识	显性知识是指能用语言解释清楚的，如通过书本传播的知识；隐性知识并不能用语言充分表达，如我们可以从千万人中认出一个人的脸，但是却说不出是如何认出来的

除了表 9-1 中所列的知识分类以外，还存在其他一些知识分类，如皮亚杰将知识划分为物理知识和逻辑数理知识，有人将广义上的知识分为狭义的知识（学科知识）和技能（皮连生，1997）等。表 9-1 中有些知识分类已经在前面章节介绍过了，这里重点介绍最后两种知识分类。

（一）陈述性知识、程序性知识和条件性知识

安德森（Anderson，1983）根据知识的状态和表现方式把知识分为陈述性知识和程序性知识。梅耶（Mayer，1987）在此基础上，将陈述性知识称为语义知识，并将程序性知识分为两类：用于具体情境的"程序性知识"和有关学习、记忆、问题解决的一般方法的**条件性知识**（conditional knowledge），后者用来确定何时、为何要应用那些知识，帮助学生选择和应用陈述性知识和程序性知识。条件性知识最有可能在长时记忆中用命题网络的形式储存，并与陈述性知识、程序性知识密切相关。条件性知识的实质是"有关……的知识"，同时属于程序性知识。例如，"如果我没有获得文章的要点，那么就要放弃现在的阅读，重新

回顾一下"，这就是一个条件性知识。这 3 种知识的特点见表 9-2。

表 9-2　3 种知识的比较（申克，2003）

类型	理解	举例
陈述性知识	是什么	历史日期、数字事实、事件（何时发生了什么）、任务特征（故事有情节和背景）、信念（"我数学不错"）
程序性知识	如何做	数学计算法则，阅读策略（略读、浏览、总结），目标（把长期目标分解成短期目标）
条件性知识	什么时候，为什么	略读报纸，因为这样既能获得要点，又不会花很多时间；仔细阅读课文就能理解课文

（二）显性知识和隐性知识

1958 年，英国科学家、哲学家波兰尼（M. Polanyi）（转引自张民选，2003）提出了"显性知识"和"隐性知识"的知识形态。波兰尼认为，**显性知识**（explicit knowledge）是指用书面文字、图表和数学表述的知识，通常是用言语等方式，通过表述来实现的，所以又称为"言明的知识"，即明确知识。**隐性知识**（implicit knowledge）是指尚未被言语或其他形式表述的知识，是"尚未言明的""难以言传的"知识，即缄默知识。波兰尼用一个经典的比喻证明隐性知识的存在。他说，我们能够从成千上万甚至上百万张脸中认出某一个人的脸，但是在通常的情况下，我们却说不出我们是怎样认出这张脸的。这便是波兰尼的著名命题："我们知晓的比我们能说出的多。"（We know more than we can tell.）

波兰尼一方面指出显性知识通过教育而传播，另一方面也强调了隐性知识在教育中的作用。认识和识别显性知识并不是难事，因为教育教学任务中的"基本知识"和"基本技能"就是指显性知识，只是由于过去把显性知识当成知识的全部，所以就没有突出它的"显性"特征（石中英，2001）。隐性知识因为其尚处于"缄默"的状态，难以外显出来，一直没有得到足够的重视。但是从某种程度上说，对学习者来说，隐性知识比显性知识更重要。隐性知识的开发利用方式已经成为一个重要的研究课题。例如，以往学校也开展了"学习方法谈"等活动，但是每一次大家谈出来的结果都大同小异，对别的学生启发不大，所以需要采取不同的方法来促进隐性知识显性化。

有研究者（Nonaka & Takeuchi，1995）建立了一个知识转换的矩阵，说明了隐性知识与显性知识之间的互相转化关系（见表 9-3）。我们可以通过两种知识之间的转换达到管理知识的目的。

表 9-3　隐性知识和显性知识的转化

	隐性知识	显性知识
隐性知识	社会化	外化
显性知识	内化	综合化

社会化是指共享个人隐性知识的过程。分享别人的经历和经验是理解别人的思想和感情的最好途径。在一定意义上，隐性知识只有共享才可被交流。外化需要将隐性知识说出来并以其他人能够理解的方式表达出来。在交谈过程中，个人会超越自我和外部边界，交谈、倾听能给所有的谈话参与者带来好处，因而是知识外化的一种极好的途径。在实践中，知识外化一般通过暗喻和类比的方式进行。内化是指将新创造的显性知识转换成个人的隐性知识的过程。综合化涉及将显性知识转换成更复杂的显性知识的过程。传播某一方面的知识、编辑和系统地整理这类知识，是这个转化模式的关键。这样，在知识外化过程中就会生产出新知识。做中学、培训和练习是表达显性知识的重要途径。

三、知识学习的影响因素

知识学习是一个系统的过程，教师不仅要考虑到学生方面的内部因素的影响，如学生的先前经验和认知结构等，还要考虑到学习材料和教师指导等外部环境的影响，这两方面多个因素的共同作用影响着学生对新知识的建构（见表9-4）。

表9-4　影响知识学习的因素

影响因素		解　　释
内部因素	先前知识	在学习知识的过程中，个体接受的速度和程度都有所不同，除去智力的因素之外，主要是因为学生本身具备的先前知识不同。学生的先前知识和年龄、思维发展阶段、经历相关，年龄越大，经历越广，先前知识越丰富在建构知识的过程中，越能把新知识与旧知识联系起来
	认知结构	在学习中，由知识组成的心理结构的质量，如知识的准确性、知识间联系的丰富性和组织性等都影响学生在学习新知识、解决新问题时提取已有知识的速度和准确性
	学习动机和态度	学生如果在学习知识时能认识到所学知识的重要性，就更可能积极投入当前的学习。学生对学校及学习的态度影响其自身的投入程度，从而影响知识学习的效果
	学习定势	心理定势（mental set）是一种由先前学习引起的，对以后的学习活动能产生特殊影响的心理准备状态，对学习具有定向作用。学习定势既可以成为积极学习的心理背景，又可能带来消极作用；需要具体问题具体分析
外部因素	学习材料的内容安排与表达形式	学习材料的内容安排与表达形式会影响学生对知识的理解。选择合适的内容、适当复习都是激发学生先前经验的重要手段。一般来说，直观呈现的内容为抽象内容提供了具体信息的支持，更容易被学生接受，但不能为了直观而直观，那些包含了正确的原理原则、有一定概括性的知识有利于学生在学习新知识或解决新问题时的积极迁移
	教师指导	教师在教学时有意识地引导学生发现不同知识之间的关系，启发学生概括总结，指导学生监控自己的学习或教会学生如何学习，对知识学习和迁移都会产生良好的影响
	学习情境	学习情境如学习时的场所、环境的布置、教学或测验人员等的相似性，都能成为学生学习、迁移时的线索，影响学习和迁移的质量

第二节　知识的学习

人类对知识的学习存在不同的类型和水平，每种学习都能使学习者获得不同的能力。陈述性知识和程序性知识的划分是比较有代表性的划分方法，本节重点讨论这两种知识的学习。

一、陈述性知识的学习与教学

陈述性知识的学习一般包括以下内容。① **符号表征学习**（representational learning），学习具体的词汇代表什么，即建立符号与事物之间的等值关系。② **概念学习**（concept learning），掌握同类事物的关键特征。③ **命题学习**（propositional learning），学习事物之间的关系。由于符号表征学习主要涉及记忆，概念往往是以命题来表达的，因此这里主要讨论概念学习与概念转变的内容（邵瑞珍，皮连生，吴庆麟，1997）。

（一）概念的表征与分类

概念（concept）代表着事物的基本属性和基本特征，是一种简单的表征形式。概念是抽象的，在真实的世界里它们并不存在，只存在概念的个别例子。概念的内涵和外延各有差异，有些概念内涵小、外延大，如动物、植物等；有些概念内涵大、外延小，如麻雀、郁金香等。许多概念比较复杂并且没有完善的定义，如文化、家具和游戏等。有些概念的含义随着时间的变化也在不断变化。概念的特征分为直觉特征（如颜色）、功能特征（如用于凿洞）、关系特征（如表弟是姨妈的孩子）等。不同概念在头脑中是互相联系的，具有一定的层次关系，因此它们就构成了概念层次网络组织。在这个层次网络中，概念的特征进行了分级表征。在概念的每一级水平上，只储存该级概念所独有的特征，而同一级的各概念所具有的共同特征则储存在上一级概念的水平上。

1. 概念的表征

概念在头脑中的储存和表征有一定的结构形式。心理学中主要有两种理论来讨论概念的本质：特征表理论和原型理论。由伯恩等人（Bourne, Dominowski, & Lofus, 1979）提出的**特征表理论**（feature list theory）认为，概念是由定义特征和概念规则两个因素构成的。定义特征是概念的实例共同具有的特征（次要的特征即特异特征）。概念规则是指整合这些定义特征的规则。概念规则有肯定、否定、合取、析取、关系等。特征表理论能解释具有明确定义特征的概念，如等边三角形。但大多数概念，如聚会，虽然人们在头脑中确实知道聚会的形象，但其定义特征可能很难定义，这是因为我们头脑中存有"聚会"的原型。**原型理论**（prototype theory）认为，概念是由原型和与原型有相似性的成员构成的。原型就是某一类别的最佳实例。类别成员的代表性的程度，就是其他实例偏离原型的容许距离。罗施（Rosch, 1975）在一个实验研究中发现，椅子和沙发是"家具"概念的原型（或最佳实例），而柜橱和床则是偏离原型距离较远的实例，肯定"椅子是家具"比"床是家具"所需的反应时要短。罗施由此认为，概念原型和概念的其他成员相比，前者具有更多的共同属性。概念容许其他实例在一定范围内发生变异，但原型是核心。原型为这些各具特点的众多实例组成一个整体提供了基础。根据此理论，儿童似乎最先是从成人提供的最好例子或原型中学习真实世界中的概念的。

除此之外，我们头脑中存有关于概念的图式化知识。例如，我们是如何知道"假币"不是"真正的"钱的呢，尽管假币非常适合我们对"钱"的原型和特征？因为我们知道它产生的历史。假币是违法的人印刷的，所以我们理解钱的概念要涉及犯罪、伪造、国库等知识。

2. 概念的分类

根据不同的维度，可以把概念划分成不同的种类，常见的概念分类如表 9-5 所示。

表 9-5　概念的分类

分类	解释	举例
日常概念和科学概念	维果茨基提出，日常概念又称前科学概念，它是没经过专门的教学而在日常生活中通过辨别学习、积累经验而掌握的概念；科学概念则是在教学过程中通过揭示概念的内涵而形成的概念	例如，"蜜蜂是鸟，鸭不是鸟"是学生头脑中的日常概念，而"鸟是卵生、身上长羽毛的脊椎动物"是关于鸟的科学概念
初级概念和二级概念	奥苏贝尔提出，可以从概念的正反例子，通过分析概括揭示出的概念是初级概念；二级概念则不经过观察概念的正反例子，直接用定义的形式揭示出来	如"四边形"是初级概念，而"平行四边形"为二级概念
具体概念和定义概念	加涅提出，具体概念是指可以通过观察直接获得的概念；定义概念则指只能通过概念定义获得的概念	具体概念如"上下"，定义概念如物理中"力"的概念

（二）概念获得

人们通过概念的形成和概念的同化两种方式获得概念。**概念形成**（concept formation）包括两种研究取向，一种研究取向是人工概念的研究，比较经典的是霍尔（Hall, 1920）的研究。霍尔根据实验提出了联想理论，试图根据强化反应的原理来解释概念的形成。如果学生能够正确地识别出某个概念的一个例子，就给予强化，告诉他答案是对的，如果学生对刺激识别错了，则告诉他答案错了。这样，学生就不会形成错误的联结。通过一系列的尝试，正确的反应与适当的刺激就联结起来了，因而，学生的概念也就形成了。后来，布鲁纳等人提出了假设检验理论，认为在概念形成过程中，学生并不是被动地、消极地等待各种刺激的出现以形成联想，而是积极地、主动地去探究这一概念，通过一系列的假设—检验来发现这一概念。学生在形成概念的过程中，还会采取各种策略，以求加快发现这一概念的过程。这些理论都是以人工概念的研究为基础的，除此之外，认知心理学家罗施（Rosch, 转引自陈琦，刘儒德，1997）根据学生在日常生活中使用概念的特点，提出了**范例理论**（example theory）。例如，如果你看到公园里有一张新奇的长椅，你可能要把它与你家客厅里的沙发比较一下，确定这张奇怪的长椅是不是用来坐的。原型是通过许多的范例建立起来的。

另一种研究取向是学生在自然条件下获得概念的方式。学生在校外获得的许多概念都是通过观察学得的，特别是儿童，由于已有知识比较具体而贫乏，理解能力也有限，所以只能从大量的例子出发，概念形成是他们获得初级概念的基本形式。例如，儿童学习"汽车"这一概念，最初是听人指着某一设备说"小汽车"。此后，儿童可能将卡车、摩托车等都纳入"小汽车"的概念之中，但随着时间的推移，这一概念逐步分化，直到他能明确区分"小汽车"和"非小汽车"。同样，儿童也是通过观察和经验来学习较难的概念，如"淘气""干净""有趣"等。

完全不同于人们在自然条件下形成概念或科学家发明与创造概念，也不同于在人工条件下形成概念，在教学条件下，学生要形成概念，就要接受系统的教学。因此，他们获得概念的主要形式是**概念同化**（concept assimilation），就是教师利用学生认知结构中已有的概念，以定义的方式直接向学生提示概念的关键特征，从而使学生获得概念的方式。例如，学生学习"平行四边形"这一概念时，教师直接告诉他们平行四边形的定义是"两对边平行且相等的四边形"。首先，学生要接受新概念（平行四边形），并与自己认知结构中已有的知识（四边形）联系起来，把新概念纳入已有概念（四边形）中。其次，他们必须精确分化新概念和已有的有关概念（如梯形、四边形等）。最后，他们还需要使一般四边形、平行四边形、梯形等有关概念融合成一个整体结构，以便记忆和运用。上述同化过程要求学生必须积极地参与到认知活动中，而不是被动地接受知识。

（三）概念学习

1. 概念学习的方式

概念学习（concept learning），实质上就是要理解一类事物共同的关键属性，也就是说，使用符号来代表一类事物而不是特殊的事物。上文提到，概念的获得有概念的形成和概念的同化两种形式，所以相应地可以采取两种方法组织概念的教学。一种方法是先给学生一个定义，要求他们识别正例和反例，然后分析这些例子是如何代表这一定义的，这种方式称之为规则—例子—规则。在学校所教的概念常常采用这种方式。这种方法的效率比较高，比较适合高年级或者有一定基础概念的学生，但是如果从建构主义的角度来看，这种方法存在一定的局限性，它更多地关注了概念的定义特征，而忽略了学生已知的范例，可能对概念的加工、应用不够。

另一种方法是先向学生呈现某个概念的正例和反例，然后要求他们总结归纳出一个定义，再呈现例子以巩固学到的概念，这种方式被称为例子—规则—例子。随着对原型理论研究的兴起，教学也开始考虑利用儿童在实际生活中从成人那里获得的关于概念的最好例子或者原型。教学就是通过连接原型和特例来形成概念（Tennyson，1981）。这种方法是从例子开始的，先根据概念的特征，呈现给学生正例，防止出现**概括不足**（undergeneralization），即把属于这个概念本身的成员排除在外；然后可以呈现给学生类似的反例，防止出现**过度概括**（overgeneralization）的情况，即把不属于概念本身的成员包含进来，人为扩大概念的外延。这种方法能帮助学生建构对特殊概念的理解，同时发展学生的实际思维技能，如检验假设的能力。

教学指南

概念获得教学

教师帮助五年级学生学习一个熟悉的概念和实际的思维技能。

教师首先说："我头脑中有一个概念，你们来猜是什么，我一次给出一个正例和一个反例，大家从中判断。"他把正例和反例两种情况在桌子上分别做了标记，接下来他把一个苹果放在"正例"的标记前，一块石头放在"反例"的标记前。教师这时问学生："现在大家猜猜我想的这个概念是什么。"教师把"假设"写在黑板上，在简单讨论了假设的意义后，把"吃的东西"列在"假设"的下方。接下来的假设是"生物"和"长在树上的东西"。在讨论了这两个假设后，教师又拿出一个樱桃放在正例方，拿出一个胡萝卜放在反例方。鼓励大家根据这些条件，重新考虑列出的所有假设，并讨论出了一个新的假设"红色的东西"。通过讨论更多的正例（桃子、李子、橘子）和反例（莴苣、红薯、土豆），学生把他们的假设缩小为"我们吃的是这些东西的种子"。学生最后"建构"了一个概念"水果"——食用果实的食品（或者更加高级的定义——植物的子房都非常好吃，如豌豆荚、坚果、樱桃、菠萝，或者我们吃的部分是从花发展而形成的部分）。

这个课例非常清楚地说明了概念形成模型。教师在讨论概念的定义前非常有效地区分了正例和反例。这些正例给出了概念的外延范围，包括许多无关因素，但是这些无关因素能防止学生简单地把概念的范围窄化。反例与概念本身非常相关，只是少了一个或者几个关键特征，防止概念的范围过宽。

资料来源：Eggen, P. D., & Kauchak, D. P. (1996). *Strategies for teachers: Teaching content and thinking skills* (3rd ed.). Needham Heights, MA: Allyn & Bacon, 105–107.

利用概念形成模型进行教学应该注意表 9-6 提到的 3 个阶段（Woolfolk，2004）。

表 9-6　概念形成模型教学的阶段

阶段	师生活动
阶段一：呈现概念的定义或数据	教师呈现合适的正例和反例 学生比较正例和反例的特征 学生形成和检验假设 学生根据这些基本的特征给出一个定义
阶段二：验证概念的猜想	学生判断新的例子是否符合概念教师分析确认假设，给概念命名，并下定义 学生举例
阶段三：分析思考过程和思维策略	学生描述思考的过程 学生讨论假设和特征的意义 学生讨论假设的类型

2．概念教学

为了帮助学生有效掌握概念，教师在教学上要注意以下方面。

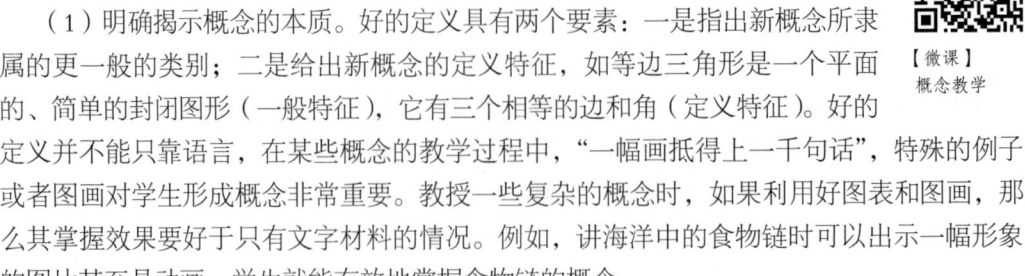

【微课】
概念教学

（1）明确揭示概念的本质。好的定义具有两个要素：一是指出新概念所隶属的更一般的类别；二是给出新概念的定义特征，如等边三角形是一个平面的、简单的封闭图形（一般特征），它有三个相等的边和角（定义特征）。好的定义并不能只靠语言，在某些概念的教学过程中，"一幅画抵得上一千句话"，特殊的例子或者图画对学生形成概念非常重要。教授一些复杂的概念时，如果利用好图表和图画，那么其掌握效果要好于只有文字材料的情况。例如，讲海洋中的食物链时可以出示一幅形象的图片甚至是动画，学生就能有效地掌握食物链的概念。

（2）突出有关特征，控制无关特征。大量的实验研究和教学经验证明，概念的关键特征越明显，学习越容易；无关特征越多、越明显，学习就越困难。因此，教师在概念教学中可以采用突出有关特征（定义特征）、控制无关特征的方法促进教学。能飞并不是鸟的有关特征，虽然许多鸟会飞，但是有些鸟不能飞（如鸵鸟），而有些不是鸟的动物却能飞（如蜜蜂）。

（3）正例和反例的运用。概念教学需要举例说明。在教那些对学生而言比较难的概念时，教师需要运用较多的例子。正例和反例在划分类别的界限中都是必不可少的。正例最有利于概括，为了便于学生从例子中概括出共同的特征，最好同时呈现若干正例。反例则最有利于辨别，有助于加深对概念本质的认识。反例的适当运用，可以排除概念学习中无关特征的干扰，如蝙蝠不是鸟。例子有简单和复杂之分，简单的事例通常可以形成某个概念，而那些比较复杂的例子才是检验概念是否真正形成的标尺。

有人（Tennyson & Park，1980）指出了在运用例子说明概念时的 3 条原理：① 按由易到难的顺序呈现例子；② 选择彼此各不相同的例子；③ 比较正例和反例。例如，教"液体"这一概念时，教师可以由易到难举例，先举水、果汁，然后举黄油、洗发水。黄油、洗发水在无关特征上彼此各不相同，黄油较厚、不透明，洗发水则不能吃；这样，以防外延缩小。然后举出几个反例，如沙子、稀泥，虽然它们也能倾泻，但不是液体；这样，以防外延扩大。

（4）变式和比较。变式是指概念的正例在无关特征方面的变化。例如，学生不仅要学会概括"椅子"的性质特征，还要能够把它和其他可以坐的物品区分开来。可以用表 9-7（申克，2003）提出的步骤来帮助学生概括和辨别概念。

表 9-7　概括和辨别概念的步骤

步骤	例子
命名概念	椅子
定义概念	有靠背的座位
举出相关特征	座位、有靠背
举出不相关的特征	是否有腿、大小、颜色、材料
举出实例	安乐椅、高椅子、有垫子的椅子
举出非实例	长凳、桌子、凳子

3. 概念的扩展与应用

学生初步掌握某个概念后，就应该将概念与相关的知识图式联系起来，扩展对概念的理解，还应当在各种水平上和各种问题情境中应用概念解决问题。

（1）概念关系图

概念关系图，也叫**概念图**（concept mapping），是一种用图表的形式表征知识的技术，被广泛地运用在评估科学领域知识结构的复杂性及命题的有效性等问题上。概念关系图利用了地图的某些性质，以网络的形式组织知识。这个网络由节点和连线组成，节点表示概念，连线代表概念之间的关系。例如，学生学习"水"这个概念时就可以建构以下概念关系图（见图9-1）。

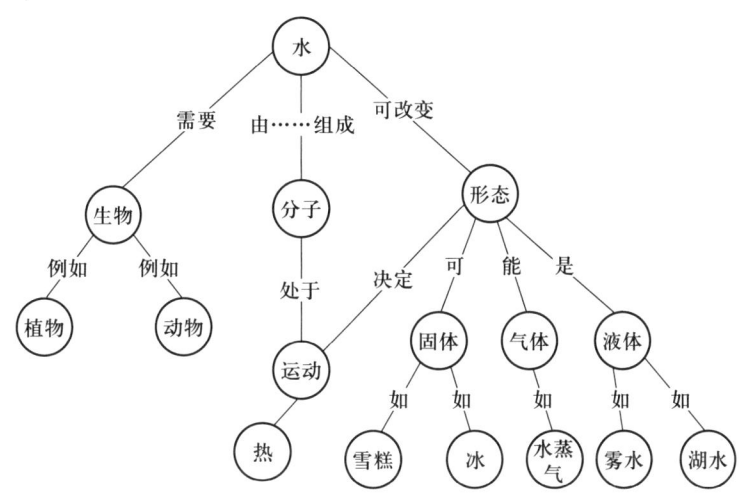

图 9-1　水的概念关系图

通过制作概念关系图，学生就能"视觉化"他们对概念的理解，达到扩展和巩固知识的目的。做概念关系图的目的，具体来说有以下几点：① 形成观点（利用概念关系图进行头脑风暴）；② 设计复杂的结构（设计复杂的电脑程序）；③ 交流观点，特别是复杂的观点；④ 在新旧知识之间建立明晰的联系；⑤ 评价理解程度；⑥ 诊断错误概念。

正如上面提到的，建构概念关系图的过程是一个把自己头脑中的知识外显的过程，有研究（Spiepgel & Barufaldi，1994）证明，训练学生阅读后用概念关系图来组织知识，有拓展和记忆科学信息的功能。

概念关系图不仅是一种有效的教学工具，也是一种重要的研究和评价工具。它可以直观地发现学生的错误概念，探讨概念转变的途径。学生如果在做概念关系图时遗漏了某些概念、某些连线，就表明他对这一概念缺乏足够的理解（Abrams & Wandersee，1992）。关于概念关系图本身的研究表明，学生所选的上位概念是统合整个知识的关键（Mintzes，Markham，& Jones，1993）。

（2）概念的应用

概念一旦被获得，就能在认知活动中发挥作用，从而对认知活动产生重大影响。已经获得的概念，可以在知觉水平和思维水平上被运用。

在知觉水平上的运用。个体在认知结构中已经获得同类事物的概念以后，再遇到这类事物的特例时，他就能立即把它看作这类事物中的具体例子，把它归入一定的知觉类型，如把特殊的房子看作一般的房子的一例。这样就从知觉上理解了房子。在教学中，教师以一个范例说明一个已有的概念，实际上就是知觉的分类。已经获得的概念，以后在新的地方出现时，学生不必经过一系列的认知过程，可以直接从知觉上觉察它们的意义。

在思维水平上的运用。在接受学习中，将新的概念归属于已有的层次较高的概念，或者识别某一类已知事物的一个不大明显的成员（即在思维水平上分类），都属于概念在思维水平上的运用。现实生活中的许多实际问题常常没有明确的规则和确定，特别是面对比较复杂的情境，不能简单套用原来的解决方法。这时，学生要针对新问题，精心组织、处理大量结构不良领域的知识，在已有经验的基础上重新做具体分析，建构新的理解方式和解决方案。这也是概念在思维水平上运用的特征。

（四）概念转变

知识建构的另一个方面是已有经验因为新经验的出现而发生顺应。学生必须对新旧知识经验进行调整，否则学生即便"知道"了某种知识，他也不能"相信"这一说法的合理性，从而无法使新知识真正与已有的知识经验实现整合。这时候的学习不仅是新的知识经验的获得，同时也意味着既有知识经验的改造。概念转变的研究正是要从顺应的侧面来研究知识建构的过程，揭示学生的错误概念及概念转变的规律。

1. 错误概念与概念转变

学生并不是带着空头脑进入教室的，在日常生活以及以往的学习中，他们已经形成了大量的经验，其中有些是与科学的理解基本一致的，但有些理解却是与当前科学理论对事物的理解相违背的，这就是**错误概念**（misconception），或称为**另类概念**（alternative conception）。错误概念往往不单是由于理解偏差或遗忘而造成的错误，而是常常与日常直觉经验相联系，植根于一个与科学理论不相容的概念体系。有时，它恰巧是科学界以前所主张的观点，如"重的物体会更快落地"等。错误概念不仅在儿童中出现，甚至在大学生身上也会出现，它们出现的频率在各年龄阶段的变化不大（Gil-Perez & Carrascosa，1990；Kaltakci-Gurel，Eryilmaz，& McDermott，2017）。而且，错误概念的出现与学生的学业水平之间没有明显的相关，优等生也常常有这些错误概念（Weller，1995；Yang & Lin，2015）。在一项研究中，克莱蒙特（Clement，1983）向被试（工科学生）呈现了图9-2的问题情境——一个小方块物体被抛到空中后落下，要求被试用箭头标出物体在各个位置上所受的力的方向。左侧的图显示了专家的答案，而右侧的图是学生中表现出来的典型错误。在这一研究中，没有学过大学物理的工科学生有12%的人答对了这个问题，而在那些学过两个学期大学物理课程的学生中，也只有30%的人答对了这个问题。这说明，尽管物理教学在一定程度上改变了学生的已有概念，但仍有相当多的学生（70%）"坚守"着原来的看法。

在知识学习中，学生不仅是在形成概念或同化概念，还需要转变头脑中的错误概念。科学学习的一个核心问题就是概念转变。**概念转变**（conceptual change）是指个体已有的某种知识经验由于受到与此不一致的新经验的影响而发生的重大改变（袁维新，2009；张建伟，

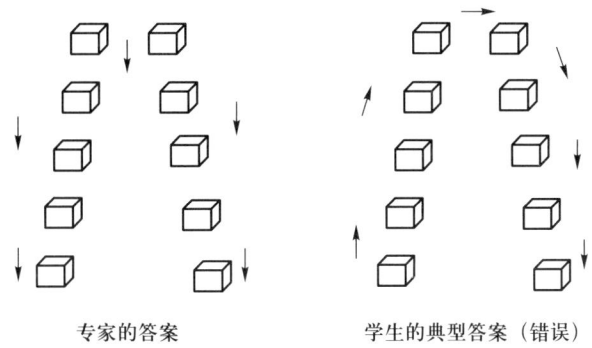

专家的答案　　　　　　　学生的典型答案（错误）

图 9-2　抛到空中的物体所受的力

1998)。需要说明的一点是，这里的"概念"并非心理学中通常用的狭义定义，而是指与某个概念相关的所有知识。例如"大象"，个体知道的所有关于大象的知识都是包含在"大象"这个概念里的，如大象的生活习性、生活环境等。概念的变化有两种可能。一种可以被称为"丰富"，即新知识的纳入补充了现有知识，通过积累的方式使这些知识发生变化。在这种情况下，新知识与已有知识之间基本是一致的。另一种可以被称为"修订"，这是指新获得的信息与现有的信念、假定或有关理解之间存在着冲突，因而要对对立的理解做出调整。概念的前一种变化是较容易实现的，而后一种情况则会遇到较大的阻力。概念转变主要就是针对后一种情况，即个体在面临与已有经验不一致的信息时，对现有的理解、解释做出的调整、改造，而不是针对细枝末节的变化，所以有人（Vosniadou，1994）又将概念转变称为**原理转变**（principle change）或**信念转变**（belief change）。

2. 概念转变的过程及因素

在与外界的相互作用过程中，当个体遇到已有经验无法解释的新现象、新观点时，常常会出现认知冲突，解决冲突有很多可能的途径。为了解决冲突，个体就要对已有的观念进行调整、改造，使其顺应新情境。概念转变就是认知冲突的引发和被解决的过程。要想使已有的错误观念发生根本性转变，并不是一件容易的事，学生常常会以各种方式避免转变已有观念。波斯纳等人（Posner，Strike，Hewson，& Gertzog，1982）提出的**概念转变模型**（conceptual change model）认为，一个人已有观念要发生转变（顺应）需要满足 4 个条件：

（1）必须对已有概念产生不满。只有当学生发现自己相信的概念已经不起作用时，他们才会愿意去改变这种概念。根本的概念转变发生之前，学生往往已经积累了很多没有解决的疑惑和认知冲突，已经对用已有的概念来解决这些问题失去了信心。

（2）新概念必须是可理解的。学生必须能理解新概念，并不仅仅是字面上的理解，而是要将各片段联系起来，形成整体一致的表征。

（3）新概念必须是合理的。任何新概念要被接受，必须与现有的知识观、基本假设一致，与其他理论或知识一致，即它至少能够解释已有概念能解释的问题。

（4）新概念必须是有效的。学生必须能看到新概念的价值，能解决其他途径难以解决的问题，并有扩展的潜力，能够借此探索更多的未知领域。

这里应注意，上述 4 个条件不是新观念实际上应如何如何，而是学生自己所看到、所意识到的可理解性、合理性和有效性，是个体对新旧经验整合过程的自我意识。新概念的可理解性、合理性和有效性密切相关，其严格程度逐级上升，人理解观念是看到概念合理性的前提，而看到概念的合理性又是意识到其有效性的前提。

研究者后来发现满足了以上 4 个条件后，学生也不一定能自然而然地接受新概念。波斯纳等人也对其模型进行了修改，提出在概念转变中要考虑情感、态度和社会方面的影响因素。例如，许多新学习的科学知识在用于解释现象时，还没有已有概念令人满意，学生自然没有理由要去进行概念转变（袁维新，2004）。此外，学生也缺乏对新概念的元认知（详见第十一章），所以学生常会继续持有他们的错误概念，而将科学概念置之不理（Wandersee，Mintzes，& Novak，1994）。

泰森等人（转引自袁维新，2004）综合概念转变的各种观点，用**多维解释框架**（multidimensional interpretive framework）来解释学生的概念转变过程。这个架构主要是从本体论、认识论与社会 / 情感 3 个维度来解释学生的概念转变。其中，本体论探讨的是学生对于自然现象的认识与概念的本质。以密度概念的本质为例，物质内部的微观观点是本体论探讨的重点。认识论探讨的是学生对于所学知识的理解情形，也就是学生如何看待知识。学生是否能够以密度概念来判断物体浮沉问题，是认识论探讨的重点。社会 / 情感探讨的重点是学生学习时的态度与情感，如参与程度、喜好程度等因素。

齐等人（Chi，Slotta，& de Leeuw，1994）将概念分成 3 种：物质概念、过程概念和心智状态概念。物质概念，如鲜花，是客观存在的物体；过程概念主要指物质变化的过程，如物理学中"力""电流""光""热"等基本概念；心智状态概念，如"思维"，是抽象的，用来表示人们心理的状态。他认为学生的错误概念往往是因为对概念进行了不恰当的归类，如"力"应属于过程概念，而非物质概念。要改变学生的错误概念，实质上就是要帮助学生改变其头脑中对概念的不正确的归类。

波斯纳等人面对批评更加关注学习中更复杂的其他背景因素，他们把影响概念发展的个体的经验背景称为**概念生态**（conceptual ecology）。概念生态构成的要素，如问题解决的策略、文化、语言及历史等，对学生学习的过程产生着非常重要的影响，也可能对不同的学生的概念转变产生影响。概念生态的研究一般认为，概念生态包含以下几个组成因子：认识信念，已有概念，获取知识的方式，解释知识的方式，问题解决策略，情绪情感，对科学本质的看法（袁维新，2004）。

3．概念转变的促进

概念的学习不只是利用一些策略教授新概念。教师仅对学科内容进行清晰地讲解是不够的，更重要的是，要探明学生头脑中已有的日常概念和相关的知识、信念，并用一定的策略促进错误概念的转变。为了促进错误概念的转变，教学一般包括以下 3 个环节。

（1）洞察学生的已有观念。在教学过程中，教师需要关注学生想法的变化。教师应该保留自己的或者书本中的见解，了解学生对当前主题的想法，创设比较宽松的环境，采用具有揭示力的探究性问题，让学生在推论、预测中表现自己的想法。可以给学生描述一个事件或一种情境，运用相关知识推测结果会怎样，采用"如果……将会……"的形式。例如，在关于地球形状的教学中，教师可以问学生："假如你从现在站的地方出发，一直向东走，没有山水挡你的路，你可以一直走下去，最后你会发现什么？"真正相信地球是圆的学生会说："我会发现我又回到了这个地方。"而如果一个学生内心深处仍觉得地球是平的，那他可能会说："我发现我走到了大地的边缘……"这就比直接提问"地球是什么形状的"更能了解学生真正的想法。

（2）引发认知冲突。教师要让学生意识到与已有观念相对立的事实或观点，引导学生投入积极的思维活动中，这是转变学生的错误观念的基本途径。呈现对立性事实的基本方法是预测实验和观察。例如，在学习"浮力"时，很多学生认为，完全浸没在液体中的物体所受的浮力和物体浸没的深度有关。为了转变这一错误观念，教师可以用一个实验来检验这种想法：用弹簧秤钩住一个砝码，浸没在盛有水的烧杯中。教师必须鼓励学生预测：改变砝码在烧杯中的深度，弹簧秤读数的变化。实际的实验操作能引发持有错误观念的学生的认知冲突感。除了直接进行实验和观察外，教师也可以通过介绍科学家所做的实验来引发学生的认知冲突。

（3）鼓励学生交流讨论。在认知冲突情境中，教师要进一步组织学生进行讨论，引导学生去思考现象背后说明的问题，促进学生对问题的深层理解。教师不要在头脑中存有固定的讨论路线，不要牵强地把学生"诱导"到正确结论上，而是要按照学生讨论中实际表现出来的真正思路去自然而然地相互讨论，逐渐地澄清问题。

二、程序性知识的学习与教学

从阅读、计算到医学诊断领域，专家有别于新手的重要之处在于，专家的许多陈述性知识已经转变为程序性知识，能够自动执行，无需花费太多的工作记忆，从而能够腾出更多的记忆资源从事更为高级的认知任务。当学生将陈述性知识转化为程序性知识后，学生就具备了运用这些知识解决问题的能力。

（一）程序性知识的分类

程序性知识可以分为两大类：特定领域的程序性知识和一般领域的程序性知识。特定领域的程序性知识又可分为特定领域自动化的程序性知识和特定领域的策略性知识（Gagne，Yekovich，& Yekovich，1993；吴庆麟，1999）。

1. 特定领域自动化的程序性知识

特定领域自动化的程序性知识又称为特定领域的**自动化基本技能**（automated basic skills），涉及只适于特定专门领域的产生式系统，如阅读、计算、造句等。

自动化基本技能的获得经历 3 个阶段：认知阶段、联结阶段和自动化阶段。在认知阶段，学生需要依赖陈述性知识和一般问题解决策略来完成学习任务。例如，当学生学习异分母分数加法时，学生需要按部就班地记住并执行教师所教的每一个步骤（如找到最小公分母、通分、分子相加、约分等）。学生需要有意识地密切注意执行每一步，并注意各中间步骤的结果，甚至还要想一步执行一步，此时对工作记忆资源的耗费是最大的。在联结阶段，学生将所陈述的各个步骤形成一连串的条件—动作系列，随着这一系列的不断重复执行并不断排除错误，每一步产生式的执行激活下一步产生式的条件，这些步骤被合成一个前后连贯的程序。学生不再依赖各步骤的陈述性提示，不再需要停下来考虑下一步是什么。所有步骤之间的联系加强，学生对这些步骤的执行更快速、更精确，而付出的意识努力越来越少。自动化阶段是联结阶段的自然延伸，随着对技能的熟练练习，学生对执行过程的意识控制越来越少，达到自动化的程度。当然，当学生不再需要对自己的执行过程做缜密思考时，常常也不能清楚地说出自己的具体执行过程了。

为了帮助学生达到基本技能的自动化，教师需要做到 3 个方面的工作。第一，帮助学生达成子技能或前提技能的自动化。例如，为了让学生熟练掌握异分母分数加法，学生必须熟练掌握同分母分数加法、通分和约分等子技能。第二，帮助学生将小的程序合成大的程序。例如，让学生把通分、同分母分数加法和约分前后两个两个地合成大一点的程序，然后将两个大一点的程序合成一个完整的程序。第三，帮助学生将这些技能自动化，让学生反复练习完整的系列步骤，直到熟练操作为止。

2．特定领域的策略性知识

在解决问题的过程或学习过程中，并非所有的程序性知识都能变成自动化基本技能，即使某个领域的专家也不例外。例如，不管司机的驾驶技术多么熟练，在开车时必须时刻有意识地注意周围交通情况，根据路况的变化而有意识地采取相应的对策，以确保安全行驶。像这种有意识的程序性知识被称为**特定领域的策略知识**（domain-specific strategies）。在策略知识中，条件—动作中的条件始终存在着变化，学生需要对在什么条件下执行什么动作做出有意识的监控。

为了帮助学生灵活使用问题解决策略或学习策略，教师需要做到两个方面的工作。第一，帮助学生熟练执行构成策略的基本技能。如果司机在加速、刹车、转向、换挡等方面的基本驾驶技能不能达到自动化的水平，那么即使他能够监控周围交通状况的条件变化而能够选择合适的动作，但在执行相应动作时手忙脚乱，那也不能确保安全行驶。第二，给学生提供条件不同的问题，让学生有机会练习如何有意识地识别条件的变化而选用并执行不同动作。例如，在驾驶训练中，教练让新手司机反复练习如何根据路况变化而进行加速、减速、换道和转弯等。

在实际教学中，由于缺乏对策略的条件性知识的训练，学生往往将有些策略予以自动化，表现出一定的刻板和定势。例如，初中生在解一元一次方程时，如 $6(0.2x+1)=24$，有些学生明明具有采用简易解方程的策略，如将 $(0.2x+1)$ 看作一个单元，先进行"系数化为 1"的操作——等式两边同时除以 6，然后移项、合并、未知数 x 的系数化为 1。但在实际解题时，学生很少启动储存在头脑中的这些简易解题策略，而习惯性地采用自动化了的基本操作程序，如先开括号，然后移项、合并、未知数 x 的系数化为 1，增加计算的工作量。在教学中，教师需要不断变换问题的条件，促进学生有意识地识别条件特征从而采取不同的行动，使学生保持思维的灵活性。

3．一般领域的策略知识

一般领域的策略知识（general strategies）是有关思维、问题解决和学习的一般方法或步骤的程序性知识。例如，"看问题要一分为二""做事之前先有计划"等。这种策略知识涉及不同领域、跨多种情境，具有广泛适用性。一般领域的策略知识也是受到意识控制的，学生需要有意识地根据所面临的情境条件而启动相应的行动。

但由于这种程序性知识的条件存在广泛的变化，并不能用来直接解决具体的问题，因此是一种"弱"方法，但它却是学习特定领域的程序性知识的基础。学生往往根据这些一般领域的策略知识，结合特定领域的陈述性知识，开始学习特定领域的程序性知识的。例如，学生在学习解决路程问题的应用题时，先根据一般性问题解决的步骤（如理解问题、做出计划、执行计划、评价解答），结合路程问题的特殊知识，开始学习路程问题解决技能和策略的。

本书有关问题解决和学习策略的章节将会介绍一些一般性的思维技能和学习策略的训练程序。但值得注意的是，一般领域的策略知识的获得似乎存在较大的难度。如一般的批判性思维技能、创造性思维技能、解决问题策略以及学习策略，尽管可以教给学生，但要确保学生可以将其灵活地应用到新的情境之中，具有高度的挑战性。这是因为学生难以在完全不同的情境中识别出这些一般性策略知识所需激活的相同的条件。例如，"做事之前先做计划"，这种方法可以适用于完成家庭作业、房间布置或外出旅游，但要教会学生看到完成这些任务的相同过程却不是一件容易的事情。

（二）程序性知识的学习

程序性知识的学习可以分为两类（Gagne，1985）：一类是模式识别学习，一类是动作序列学习。这两类学习是相互关联的。

1. 模式识别学习

模式（pattern）是由若干元素按照一定关系组成的一种结构，在实际生活中，各种物体、字母、图形、声音和人脸等都可以是模式。**模式识别**（pattern-recognition）是指将输入的刺激（模式）的信息与长时记忆中有关的信息进行匹配，从而辨认出该刺激属于什么范畴的过程。

模式识别的主要任务是把握产生式的条件项，这一任务一般通过概括和区分来完成。**概括**（generalization）是指对同类刺激模式的不同个体做出相同的反应，即学生对凡是符合同类刺激模式的共同特征的所有刺激做出同样的反应，而个别刺激所具有的非共同特征不再是做出识别和判断的必要条件。例如，在学习识别"浮力"现象时，教师先在水中放了木块、塑料碗、纸船、橡皮球等，告诉学生它们都会受到水的浮力，学生就可能得出判断一个物体在水中是否受到浮力的产生式 P_1，然后教师将铁块、瓷碗、沙包、铅球放进水中，告诉学生它们也会受到水的浮力，学生得出判断一个物体在水中是否受到浮力的产生式 P_2，之后由于概括的作用，学生会将 P_1 和 P_2 概括为产生式 P_3，继而能对任何置于水中的固体是否受到浮力做出正确的判断（莫雷，2002）。

P_1　如果　某固体置于水中

　　　　　　且该物浮于水面上

　　　那么　判断该物受到水的浮力并说出"某物体受到水的浮力"

P_2　如果　某固体置于水中

　　　　　　且该物沉于水下

　　　那么　判断该物受到水的浮力并说出"某物体受到水的浮力"

P_3　如果　某固体置于水中

　　　那么　判断该物受到水的浮力并说出"某物体受到水的浮力"

不难发现，概括正是通常我们所讲的"提供概念的若干正例（变式）以促进概念学习"

的心理基础。在模式识别的学习过程中，变式越充分、越典型，学生通过概括得到的概念的本质特征越准确，产生式的条件项越精练、数量越少，进行判断和识别时就能越少受到概念的无关特征的影响。正例能够有效地促进概括的进行。

区分（discrimination）与概括相反，它是指对不同类的刺激做出不同的反应的过程。区分导致产生式条件项的增加，使产生式的使用范围缩小。经由概括而形成的模式识别的产生式中，所有的条件项均是必不可少的，但并不能保证所有必不可少的条件项全部被包括在内了。例如，教师在教"圆"的概念时，在黑板上画了许多大大小小的圆和其他图形，由于这些图形都已经在同一平面上，学生在判断圆形时只注意了"是否各点到圆心距离相等"这一条件，直到教师拿来一个球，学生才意识到判断"圆"的必要条件中应加上一项"所有的点位于同一个平面上"。可见，区分过程常常是通过反例来帮助实现的。反例的出现有利于提高模式识别中辨别和区分的准确性。

2．动作序列学习

动作序列（action-sequence）是指顺利执行、完成一项活动的一系列操作序列，这种学习主要是对产生式中动作项的学习而言的。动作序列实际是对做事、运算和活动的规则和顺序的现实运用能力。动作序列学习是从陈述性的规则和序列开始，动作序列的执行则是从模式识别开始，即只有先对需要执行某一动作序列的情境条件的模式做出准确判别，动作序列的执行才能有效地解决问题，否则就会造成"解题时胡乱套错公式"的现象。

动作序列学习经过了两个阶段：程序化和程序合成。程序化就是形成清晰的产生式，这个目标要分两步来实现。第一步，建立规则和序列的命题表征，以供学生执行这些动作序列时依顺序激活命题表征并作为行为的指示。如果在这个阶段，命题表征发生顺序不对、操作有误等错误，就会直接导致动作序列的失误；或者新的操作序列中的某些环节包含以前没有学过的知识或操作方式，整个动作序列就很难让人理解并执行了。第二步，将动作序列的陈述性的命题表征转化为程序性的产生式表征，并在执行时逐渐脱离陈述性命题的检索、提取和监控，实现自动化。

程序合成是指把若干产生式合成为一个产生式，把简单的产生式合成为复杂的产生式的过程。产生式的合成一方面因为减少了产生式的数量而缩短了激活时间，另一方面也能减少工作记忆的负担，使复杂的动作序列更为流畅。但是，这并不是说我们应该把所有能组合的产生式都合并在一起。因为产生式组合可能导致操作定势，使人固守一套解决问题的模式，缺少灵活性。因此，在学校教育中，对那些最基础的、变化较少的、以后会大量使用的动作序列才可以考虑合成，如基本的读、写技能等，以便以后学习复杂的知识；而对于那些只在解决特殊问题时组合在一起的动作序列，要保持一定的独立性。不难发现，不管是程序化还是程序合成，都需要大量的练习和反馈。

（三）程序性知识的教学过程

程序性知识的学习往往是从对程序性知识的陈述性描述开始的，如教师告诉学生汉字的一般书写规则是"从上到下，从左到右"。也就是说，程序性知识学习的第一个时期是对陈述性规则的学习。促进陈述性知识学习的一般性条件在此阶段也都适用。在这一时期，程序性知识尚未在实际操作中转化为动作和运算行为。程序性知识学习的第二个时期是程序化阶段，即从陈述性知识转化为实际操作中的技能，并经过大量练习和接受反馈，在准确性和速度上不断提高，直到成为高度灵活的纯熟的技能。为了促进程序性知识的学习，教师在程序性知识的教学时需要注意以下事项。

（1）展示过程，教学中应该重视向学生展示程序操作完整的、精细的过程。示范及练习的讲解应注重程序性知识执行过程的演练、分析和评价。

（2）合理使用变式。变式是促进概括化最有效的方法，但选择变式一定要注意选择典型的、特殊的变式，且最好采用连续呈现多个变式的方法。

（3）提供正例与反例。在呈现例证时，应该呈现一些与正例相匹配、容易混淆的典型范例，促进分化的进行，并提高其准确性。

（4）练习和反馈。教师设置的练习应该数量充分，难度多样，安排合理。尤其在学习之初，练习的速度要慢，问题要精，要具有典型性，一次练习的时间不宜过长。反馈信息则应该侧重对操作细节的解剖和分析，而不是只给出对或不对的简单回答。

（5）强调条件。教师要了解所学知识应该具有适用条件，而不是万能的。

第三节　知识迁移

人类对其所学不仅要能够重复应用和表达，而且要能够举一反三、触类旁通以及推广类化。这都可以用迁移来解释。探讨迁移发生的规律及其影响因素，以此作为教育教学的理论依据，从而有计划、有意识地通过各种教学活动促进学习的积极迁移，消除或尽量避免消极迁移，对帮助学生更为有效和高效地学习是必要的。

一、迁移及其分类

一般认为，**迁移**（transfer）是指一种学习对于另一种学习的影响。进一步来说，迁移是在一种情境中技能、知识和理解的获得或态度的形成对另一种情境中的技能、知识和理解的获得或态度的形成的影响。利用所学的技能、知识等去解决问题的过程也是一种迁移的过程。

随着迁移研究的不断深入，研究者逐渐认识到，在不同的任务中，迁移的机制以及迁移所需的基本成分是不同的，并提出了一些新的分类。对迁移的不同分类方法体现了人们对迁移的理解深度和研究角度的不同。

（一）不同领域的迁移

从迁移发生的学习类型或领域来看，迁移不仅发生在知识和动作技能的学习中，同样也发生在情感和态度的学习形成方面。例如，学会英语，有助于学习法语，这属于知识和理解的迁移；学会弹钢琴有利于弹手风琴，这主要是动作技能方面的迁移；对中国历史感兴趣，以致对世界历史感兴趣，这主要是情感和态度方面的迁移。

【考纲链接】
《教育知识与能力》（中学）：
了解学习迁移的分类

先前经验和知识的丰富性会影响迁移的发生。研究者随着对知识本质认识的深化，揭示出不同类型知识的迁移具有不同的内在机制和规律（吴庆麟，2003），不同类型的知识之间存在各种形式的相互作用，出现了不同的迁移现象（见表9-8）。

表9-8　不同类型知识的迁移

后一学习	前一学习		
	陈述性知识	程序性知识	
		自动化基本技能	认知策略
陈述性知识	例：古代历史知识的学习，对近代历史知识学习的影响	例：英文打字的熟练，影响对五笔输入法规则的学习	例：学会总结文章大意，对理解学科内原理或观点的影响
程序性知识 ——自动化基本技能	例：语法知识的学习，对语言表达能力的影响	例：学会仰泳对学习蝶泳的影响	例：学会制订计划，将有助于修理电视机
程序性知识 ——认知策略	例：理解乒乓球大小对球速的影响，有助于决定采用何种发球方法	例：开车技能的自动化，有助于预测各种驾驶情境	例：编写程序的方法（如流程图），有助于安排学习活动

（二）顺向迁移和逆向迁移

先前的学习对后来的学习的影响，称为**顺向迁移**（forward transfer）；后来的学习对先前的学习的影响，称为**逆向迁移**（backward transfer）。例如，当学生面临新的学习情境和问题情境时，学生如果利用已有的知识或技能获得了新知识或解决了新问题时，这种迁移是顺向迁移；相反，学生已有的知识技能不足以使其学习新知识或解决新问题，学生需要对已有的知识进行补充、改组或修正，这种后来的学习对先前的学习的影响就是逆向迁移。

（三）正迁移和负迁移

从迁移的影响效果来看，迁移可分为正迁移和负迁移。**正迁移**（positive transfer）即一种学习对另一种学习的积极影响，包括一种学习使另一种学习具有了良好的心理准备状态，所需的时间或练习的次数减少，学习的深度增加或单位时间内的学习量增加，使学生顺利地解决了面临的问题。**负迁移**（negative transfer）一般是指一种学习对另一种学习的消极影响，多指一种学习所形成的心理状态，如反应定势等对另一种学习的效率或准确性产生了消极的影响，使另一种学习所需的学习时间或所需的练习次数增加或阻碍另一种学习的顺利进行、知识的正确掌握等。一般而言，两种学习间的刺激越相同，且两种学习间的反应越不相同，越能产生负迁移。例如，学英语时态时，同样为"做"，过去式用did，现在式用do。听到同样的铃声（刺激相同），有时为上课，有时为下课（反应相反），这常常让学生混淆。

（四）特殊迁移和非特殊迁移

从迁移发生的方式来分，迁移可分为特殊迁移和非特殊迁移。**特殊迁移**（special transfer）是某一领域或课题的学习直接对学习另一领域或课题所产生的影响。**非特殊迁移**（nonspecial transfer）则是指迁移产生的原因还不明确，既可能是原理、原则的迁移，也可能是态度的迁移。这样产生的迁移可能是由动机、注意等因素引起的，也可能是由学习的其他准备活动或学习方法、策略引起的。布鲁纳认为一般的技巧、策略和方法有广泛迁移的可能性，他十分重视非特殊迁移的重要性。

（五）近迁移和远迁移

近迁移（near transfer）是指将所学的经验迁移到与原来学习情境比较相似的情境中。**远迁移**（far transfer）是指个体能将所学的经验迁移到与原来的学习情境极不相似的其他情境中。例如，学生学习解决有关汽车的路程问题的应用题后，能够利用时间、速度和路程之间的关系解决飞机、自行车、轮船或者步行等情境下的路程问题，这属于近迁移；如果能够利用这种关系解决工程问题（这种问题隐含着天数、每天完成工作数量与总工作数量之间的关系）的应用题，就属于远迁移。

（六）低通路迁移和高通路迁移

依据迁移发生的自动化程度，可以将迁移分为**低通路迁移**（low-road transfer）和**高通路迁移**（high-road transfer），其区别见表9–9。

表 9–9　低通路迁移与高通路迁移（Woolfolk，2004）

类型	低通路迁移	高通路迁移
界定	反复练习的技能自动化的迁移	有意识地将在某一情境下习得的抽象知识运用到新的情境中
主要条件	在各种情境和条件下过度练习	关注从情境中抽象出规则、核心概念或者程序用以应用到新的情境中
举例	骑不同类型的自行车 找到高铁检票口	利用做笔记策略来阅读文章 利用数学知识设计校报的版式

二、迁移的理论与研究

（一）迁移的经典理论

1. 形式训练说

古希腊人特别重视音乐、数学和演讲的训练，认为它们是发展心理能力的极好工具，

【考纲链接】
《教育知识与能力》（中学）：
理解形式训练说、共同要素
说、概括化理论、关系转换
理论、认知结构迁移理论

具有了这些心理能力就自然地迁移到其他领域。作为对它的理论概括，以沃尔夫（C. Wollf）为代表的官能心理学提出了迁移的**形式训练说**（formal discipline theory）。这种理论假定，人类大脑的许多区域代表了许多不同的官能，如注意、意志、记忆、知觉、想象、推断和判断等。人的心智是由许多不同的官能组成的，不同的官能活动相互配合就构成各种各样的心理活动。各种官能可以像训练肌肉一样通过练习增加力量（能力），记忆的官能通过记忆的训练而得到增强，推理和想象的官能则通过推理和想象的训练而得以增强。由于对各种官能施加的训练不同，所以各种官能及其组成的活动会有不同的强弱。例如，拉丁语和希腊语等语言和数学具有训练记忆、推理和判断的心理官能的形式，因此学校里应该重视语言和数学的教学，借此强化学生的思维，甚至规范学生的言行。因为这种学说缺乏科学事实的支持，所以只是在早期有较大的影响。

2. 相同元素说与共同要素说

后来，心理学家从实验的角度来驳斥形式训练说的谬误，桑代克提出了**相同元素说**（identical elements theory）。这种理论认为，一种学习之所以能够对另一种学习产生影响，是因为两者有相同的元素。但是桑代克所指的相同元素，必须是不折不扣的共同因素，强调任务本身的共同特点。学会加法有助于乘法，但是仅限于乘法中能用加法处理的内容。

桑代克的相同元素说揭示了迁移现象中的一些事实，但是，这种学说实际是从联结主义的观点出发的，只是指学习内容中元素间一对一的对应，即所谓的共同的刺激和反应的联结，而未能充分考虑学生的内在训练过程。

后来，伍得沃斯（R. S. Woodworth）把相同元素说改为**共同要素说**（common components）（陈琦，刘儒德，2019）。也就是说，在两种活动中有共同的成分才能发生迁移，不仅包括内容或实质的相同，还包括程序的相同。内容的相同如阅读和作文能产生迁移是因为使用了相同的文字；程序的相同是指习惯、态度、情绪、原则、过程和策略等通用于不同的情境中。

桑代克的相同元素说在当时的教育界曾起过积极的作用，使学校脱离了那种在形式训练说的影响下不考虑实际生活只注重所谓的形式训练的教学状况，在课程方面开始注意重视应用学科，教材的安排也尽量与将来的实际应用相结合。

3. 概括化理论与关系转换理论

贾德（Judd，1908）并未考察刺激－反应之间的关系（相似或相异等），而是以实验研究了原则和概括性的迁移，认为在经验中学到的原理、原则才是迁移发生的主要原因，迁移的发生不在于任务之间的表面相似性，而在于被试是否获得对有关知识的概括化的理解。根据迁移的**概括化理论**（generalization theory），对原理了解、概括得越好，对新情境中学习的迁移就越好。但应看到，原则的概括有着较大的年龄差异，同时，应注意到在对知识进行概括时常会出现过度概括化，或者是由于错误的概括化造成对学习的定势，从而导致负迁移的产生。

后来的研究支持了概括化理论。例如，格式塔学派提出的迁移的**关系理论**（relationship theory）和斯彭斯（K. W. Spence）的**转换理论**（transposition theory）类似，常被合称为关系转换理论，就是对概括化理论的进一步发展。关系转换理论认为，迁移的关键在于被试对情境中各种关系（或完形）的顿悟，如果两个问题具有相同的深层结构关系，那么对其中一个问题的训练将对另一个问题产生迁移。

（二）迁移研究的进展

随着建构主义的兴起和迁移研究的深入，有相当一部分的实证研究和教学研究发现，学生很难将学校中习得的内容灵活地应用于新任务的解决，迁移并不像人们所期望的那样容易产生或自动地产生。对迁移的研究开始重新审视迁移的现象，更多地考虑情境因素和个人因素对迁移的影响。

【微课】
现代的理论
解释

1. 情境因素与迁移

在建构主义看来，知识的意义要通过知识的应用来理解。学习迁移就是知识在新的条件下的重新建构，这种建构同时涉及知识的意义与应用范围两个不可分割的方面（刘儒德，2001）。学习迁移就变成了在新条件下对知识的进一步学习、对知识的深化理解以及对知识的心理应用范围的扩充，学习迁移的机制实质上等同于学习的机制。

知识的应用迁移，离不开一定的情境。情境包括最初的学习与后来的迁移中所涉及的物理情境和社会情境。以格林诺（J. G. Greeno）等人为代表的研究者强调迁移的情境性，并提出了迁移的情境性理论（Greeno，1998；姚梅林，2000），认为迁移问题主要是说明在一种情境中参与某种活动将如何影响在其他的不同情境中参与另一种活动。其他一些研究也证明，加强社会交互作用与合作学习，可以促进迁移的产生。还有研究者（Engle，2006）探讨了课堂情境对迁移的影响，强调通过交谈、给其他同学解释自己学习的东西、在多种情境中进行练习活动等措施来加强合作学习，进而促进迁移。虽然一些极端的建构主义者认为所有的知识都是对完成任务的特定情境才有用，没有更一般的迁移，有一定的局限性，但是知识学习、应用和迁移的情境性已经成为不可忽视的因素。

【知识拓展】
一般迁移与
特殊迁移之争

2. 个人因素与迁移

越来越多的研究者对学生的主观能动性，尤其是主动迁移的意识予以关注。主动迁移意识实际上是学生认知自我调控的一种表现，一些研究和实际教学都发现，有时尽管学生头脑中储存了迁移所必需的经验，但这些经验似乎处于惰性状态，不能被有效地加以利用。这与缺乏主动迁移的意识是有关系的。可以说，自我调控是促进学习与迁移的关键。有些研究者（Bereiter，1995；Langer，1993）认为，迁移在很大程度上受个体的个性倾向性的影响，如意志坚定性、持久性等特征，对新情境的主动探索的精神、自信心、努力表现出最佳学习成效的动机等都会影响迁移。由于个性倾向性的差异，所以有时尽管不同学生可能具有相同的已有经验水平或认知经验，但具有积极、主动的个性倾向性的学生更容易产生稳定的迁移。至于概念或原则等认知经验，只有当它们被充分地结合到认知系统中，并成为个性的一部分时，才会被真正地获得，才有可能迁移到新的情境中。

人们还注意到了元认知与迁移的关系。运用元认知技能学习或解决问题的过程就是一种迁移的过程。具有元认知能力的学生能自动地掌握、控制和监控自己的认知过程。在学习及其迁移中，元认知有两种：有关自己已有知识的思考和有关如何调控自己学习过程的思考，后者又表现为对自己学习过程及所用策略的反思，对自己学习掌握程度及完成情况的判断和预期等。

三、为迁移而教

布鲁纳等人早在 1988 年就指出，各科的教学目标就是为了尽可能地促进迁移的发生。但是，对真实性数学问题的研究表明，学生很难把学校中学到的数学原理直接用来解决生活中的问题（Lave，1988）。如果没有鼓励和引导，学生就不会自然而然地应用掌握的新知识和问题解决的程序。大多数研究者认为，通过恰当的教学，迁移能力是可以得到提高的。

一般认为，具体领域的内容知识以及跨领域的一般技能和策略对于迁移而言都是不可缺少的，也是可以通过教学来加以教授的。在一般技能方面，人们尤其强调元认知的训练；在具体领域的内容知识方面，尤其强调有意义的理解学习。而且，迁移教学非常强调一般和具体的整合，即在具体的学习活动中或结合具体的学科来训练具有广泛适用性的一般技能，或综合教授各种类型的内容知识、程序性知识与策略等，同时，对良好个性的培养也给予了必要的关注。在促进迁移的教学中，教师要注意以下事项。

【微课】
为迁移而教

1．确立明确具体、现实的教学目标

教师要在每个新的单元教学之前为学生确立明确具体的教学目标，如有可能可让学生一起参与教学目标的制定，并要学生了解某一阶段学习的目标。明确而具体的教学目标可以使学生对与学习目标有关的已有知识形成联想，即有一个先行组织者，会有利于迁移的发生（陈琦，刘儒德，1997）。

2．注意教学材料和教学内容的编排

在教学材料和教学内容的编排上，教师要注意在各个教学单元相对独立的前提下，体现出各单元和各部分内容之间的内在逻辑联系和前后衔接，切忌造成各部分之间的相互割裂。教学层次要合理，在选择教材和教学内容时也应注意避免内在逻辑性差的教材和内容。教学中应充分利用教学材料中的内在联系。例如，在小学两步应用题的教学中，应充分利用教材中两步应用题与一步应用题间的逻辑联系，引导学生产生积极的迁移。对缺乏内在联系的教材，则利用教学进行弥补。

3．教学对学生有意义

有研究（Bereiter，1995；Mayer & Wittrock，1996）表明，学生对材料的理解程度以及教学方式的有意义程度对迁移有直接的影响。不管学生记得有多清楚，通过死记硬背的知识都不可能迁移到新的情境中。没有理解只是机械地记忆很难持久，没有经过熟练化，甚至是"过度学习"的理解，学习的内容就不能被自如地应用，迁移的效果也会大打折扣。

对学生有意义包括所呈现的教学内容要有价值，要对学生离开学校走入社会有所帮助。在强调终身学习的今天，学生今后的学习更依赖其在学校学到的知识的正迁移。另外，这种意义性还包括教学过程有趣味性，符合学生的特点和接受能力，如可以采取真实生活中的例子。内容越能激起学生的主动探究，学生的卷入程度就越深，学得就越牢固，越容易产生正迁移。

4．在各种情境下呈现多种实例

20世纪六七十年代，由美国学者罗耶（Royer，1979）提出的认知迁移理论从信息加工的角度认为迁移的可能性取决于在记忆搜寻过程中遇到相关信息或技能的可能性。这样，教师在教学中帮助学生建立抽象的知识结构和认知图式时，应给学生呈现最大范围的实例和这些知识的应用情境，使学生了解课堂中习得的知识是如何应用的。而且，这些例子最好与真实的生活背景相联系。通过呈现各种各样的正例和反例，特别是让学生自主举例证明，有利于学生了解概念与原理的适用性，刺激学生在解决问题时多做尝试。在新环境中运用知识的能力部分依赖知识、技能获得时环境的多样性。在学生自主寻找例子时应注意考查学生对原理的把握程度。除了提供各种各样的例子之外，还要指出每个例子是如何体现概念的本质特征的。

5．有意识地教学生学会如何学习，灵活运用各种策略

布朗等人（Brown & Palincsar，1982）在阅读理解方面的实验表明，使用了元认知策略的学生，不仅对当前任务的正确反应率明显提高，而且更多地把这种学到的策略迁移到了常规课堂的其他学习中。但是当前学生对策略的重视不够，可能是因为学习策略太浪费时间，或者没有意识到策略能给他们的学习带来哪些变化。这就需要教师采用灵活多样的方法促进学生对策略的重视，以使学生达到灵活运用的程度。

思考题

1. 如何理解现代主义知识观与后现代主义知识观的区别与联系？
2. 简述陈述性知识与程序性知识的关系。
3. 如何理解条件性知识在陈述性知识和程序性知识中的重要作用？
4. 如何促进隐性知识转化为显性知识并在教学中加以利用？
5. 谈谈自己对影响知识学习的因素的理解。
6. 用概念学习中例子—规则—例子的方法设计一堂概念学习课。
7. 什么是错误概念？
8. 简述概念转变的条件。
9. 如何促进程序性知识的学习？它与陈述性知识的学习有什么联系？
10. 什么是正迁移，负迁移，高通路迁移，低通路迁移？
11. 什么是概括化迁移理论？
12. 谈谈情境对迁移的影响。
13. 如何在教学中促进正迁移的发生？

推荐阅读

申克，D. H.（2003）.*学习理论：教育的视角*（韦小满等　译）.南京：江苏教育出版社.

陈琦，刘儒德.（2019）.*当代教育心理学*（第3版）.北京：北京师范大学出版社.

吴庆麟.（2003）.*教育心理学*［M］.上海：华东师范大学出版社.

第十章

问题解决与创造性

📍 知识导图 ▶▶▶

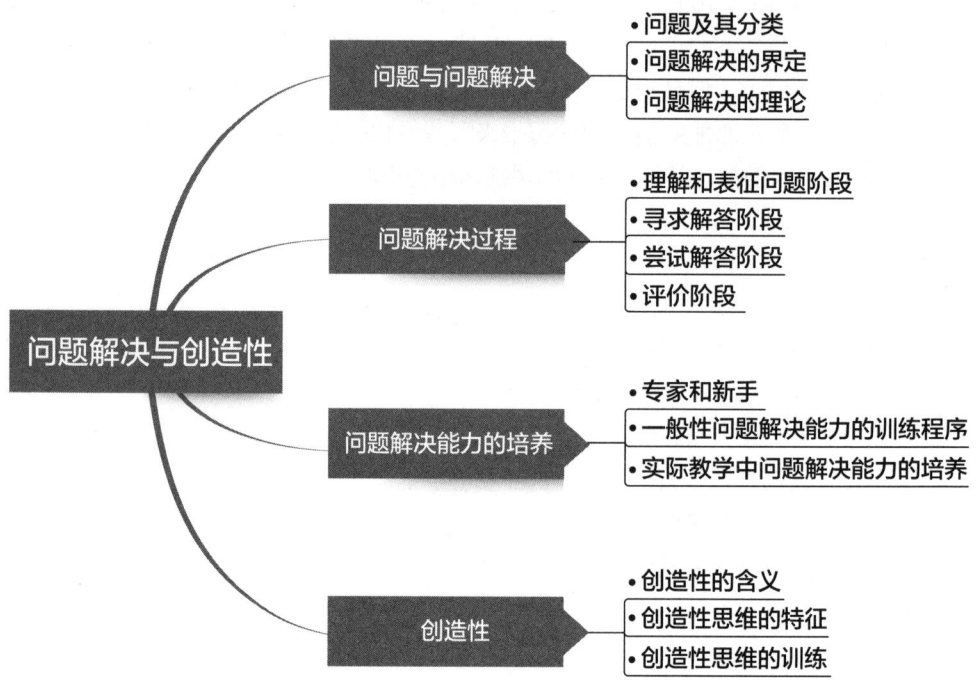

📝 学习目标 ▶▶▶

- ◎ 简述问题与问题解决的核心概念与基本理论
- ◎ 掌握问题解决的步骤
- ◎ 理解问题解决能力的培养策略
- ◎ 掌握创造性思维训练的方法

人类掌握知识的目的在于解决面临的新问题，解决问题是高级形式的学习活动。加涅（Gagne，1977）认为，教育有一个重要的终极目标，那就是培养学生解决问题的能力——无论数学问题、物理问题、健康问题、社会问题，还是个人适应的问题，都是如此。问题解决技能的学习，显然是学校学习的核心内容之一。本章将介绍问题解决、创造性思维与批判性思维的有关理论与实践，并探讨问题解决能力在实际教学中的培养。

第一节　问题与问题解决

一、问题及其分类

（一）问题的界定

在日常生活中，我们每时每刻都会遇到问题，如诊断疾病、解答数学应用题、设计大桥、编写剧本等。我们都知道什么是问题，但是，为了科学地探讨问题解决，有必要对问题做出明确的界定。目前，多数人比较赞同纽厄尔和西蒙（Newell & Simon）的定义。所谓问题（problem），是指这样一种情境：个体想做某件事情，但不能马上知道完成这件事情所需采取的一系列行动（施良方，1994）。事实上，当遇到不可能直接完成的事情时，就有了问题。无论简单或复杂、抽象或具体、持续时间的长或短，每一个问题都必然包含以下 3 种成分：① 给定信息，是指有关问题初始状态的一系列描述。② 目标，是指有关问题结果状态的描述。③ 障碍，是指在解决问题的过程中会遇到的种种有待解决的因素。如此看来，问题就是给定信息与目标之间有某些障碍需要加以克服的情境。

问题有两个关键特征（Jonassen，2000）：① 问题是某种情境（是指目标状态与当前状态之间的差异）下的一个未知状态。这种情境既包括有规则算法的数学问题，也包括纷繁复杂的社会问题。② 发现或解决这个未知状态必须具有一定程度的社会、文化或智力上的价值。也就是说，这个问题解决过程是有价值的。如果没有人能够感知到这种未知状态，或是没有解决这种未知的"需要"，也就不会有"问题"存在了。

（二）问题的分类

人们在生活中的问题是相当复杂多样的，研究者对问题进行了不同方式的区分，乔纳森（Jonassen，2010）曾经区分出 6 种典型的问题：故事问题、决策问题、诊断问题、战略绩效问题、政策分析问题和设计问题。

比较流行的一种分类是把问题分为结构良好问题和结构不良问题。学生在学科学习中遇到的绝大多数问题都是结构良好问题（well-structured problem），也就是那些具有明确的初始状态、目标状态以及解决方法的问题。例如，从北京出发乘火车到香港，最好的路线是什么？其初始状态、目标状态和解决方法都是具体明确的。再如，"求 169 的平方根"，其初始状态、目标状态以及解决方法也是明确的。另外，让学生进行加减乘除的运算，在考试中进行单项选择，或者是解决一个复杂的物理问题等，都是结构良好的问题，因为学生可以根据给定的信息和目标，选择明确的解决方法来解决问题。

结构不良问题（ill-structured problem）是指那些没有明确的初始状态、目标状态或解决方法的问题。在这里，结构不良并不是指这个问题本身有什么错误或是不恰当，而是指它没有明确的结构或解决途径。例如，"修电灯"，其初始状态不明确：电灯的故障出在哪儿？"设计一个漂亮的市中心"，其目标状态不明确：什么样的市中心才算"漂亮"？让学生考察当地城市的污染状况并写出一篇论文，其初始状态、目标状态甚至解决方法都不明确。同样，学生如何提高自己的学习成绩，教师如何上好一堂课，在很大程度上也都是结构不良问题，因为没有任何一个明确、固定的步骤能够帮助学生或教师很好地解决相应的问题。

结构良好问题与结构不良问题可能在以下几个方面存在差异（见表 10-1）。

表 10-1 结构良好问题与结构不良问题的差异

比较维度	结构良好问题	结构不良问题
问题条件／数据	全部呈现	部分呈现或冗余
答案	标准的、唯一的、确定的／封闭的	多样的／开放的或者根本没有答案
解决方案	唯一的、规定性的	多种方案
所涉及的概念、规则和原理及其组织	常规的、经过良好组织的、来自结构良好领域的	不明确的
学科	单一学科	跨学科
目标界定	清晰、确定	模糊、不确定
评价标准	单一	多样化
与真实生活的联系	无联系	来自真实生活情境
解决方法	熟悉的、确定的、唯一的	不熟悉的、多样化的

需要指出的是，问题的结构不良程度可以有所不同，它既可以在某一个方面具有结构不良的特征，如问题条件冗余，也可以在以上所有方面都结构不良。如果将结构良好问题和各方面都结构不良的问题之间视作一个连续体，很多结构不良问题可能位于连续体的中间。有些维度是相互联系的，例如，如果一个问题的答案是开放的，那么，其解决思路也不会是唯一的，其所涉及的概念、规则和原理很有可能是不明确的，没有经过良好组织的。

二、问题解决的界定

有人认为，人类的绝大部分学习活动都包括了问题解决的过程（Anderson，1993）。**问题解决**（problem solving）是指问题解决者面临问题情境而没有现成方法可以利用时，将已知情境转化为目标情境的认知过程（皮连生，1996）。当常规或自动化的反应不适应当前的情境时，问题解决就发生了。一般来说，问题解决的结果是形成一个新的解答，即超越过去所学规则的简单应用而产生一个解决方案（邵瑞珍，1988）。这意味着，问题解决者需要组合已经习得的概念、命题和规则来达到一定的目的。加涅在对学习进行分类时，将问题解决视作高级规则的学习，强调问题解决是规则的组合，其结果是生成了新的规则，即高级规则，所以问题解决是更为高级的一种学习活动。请看下面这个例子。

已知这样 3 个定理：

① 如果两个三角形的两条边及其夹角对应相等，那么这两个三角形全等。

② 如果两个三角形全等，那么这两个三角形的所有对应的边和角都相等。

③ 三角形中两边相等，那么它们所对应的角也相等。

现在求证这样两道题：

1. 从图 10-1 的条件中能得出什么结论？

2. 根据图 10-2 中的条件求证：$BE = CE$.

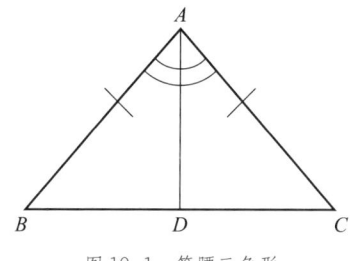

图 10-1　等腰三角形

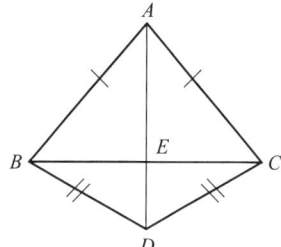

图 10-2　三角形求证

第一题不构成问题，这只是将已知的定理直接运用于新的情境。第二题才构成问题，因为要转换和组合已知的定理才能达到既定的目的。

问题解决是由处理问题时所涉及的种种心理活动和行为构成的，这个过程既涉及思维或认知成分，也涉及情感或动机成分，还涉及行为或行动成分。例如，学习心算数学题，是思维或认知成分；该学生是否相信自己有能力解决问题，这是情感成分；学生把计算结果写下来，这是行为成分。后两种成分对问题解决也是至关重要的。如果教师让学生解一道趣味题，可是学生并不感到有趣，认为不值得花时间去解决，学生就不会从事这一活动，因而也就不可能解决这一问题。目前，心理学对问题解决的研究往往只涉及认知方面，如何把情感（或动机）和行为（或行动）成分结合进来，形成一个完整的问题解决的理论模式还有待于进一步研究和探索。

一般来说，无论领域如何不同，问题情境怎样，问题解决的难易程度如何，问题解决都具有一些共同的特点。① 问题解决是解决新的问题，即所遇到的问题是初次遇到的问题。某一教学问题，如果不是第一次试行解答，而是第二次、第三次甚至多次解答过，就称不上问题解决，只能说是一种**操练**（drill），解决问题与练习不同。② 在问题解决中，要把掌握的简单规则（包括概念）重新组合，以适用于当前问题。因此，原先习得的简单规则，是问题解决过程中的思维的素材。③ 问题一旦被解决，人的能力或倾向就会随之发生变化。在问题解决中产生的高级规则（已有规则的组合），会储存下来构成学生"知识宝库"（认知结构）中的一个组成部分，以后遇到同类情境时，学生借助回忆即可做出回答而不再视为问题了。所以问题解决是更为高级的一种学习活动。

三、问题解决的理论

教学的最终目标是要使学生能自如地解决问题。如何看待并解释学生的问题解决呢？这是教育学家和心理学家历来探讨的重点。这里介绍 3 种代表性观点：试误说、顿悟说和问题解决的认知观点。

【微课】
问题解决的
理论

（一）试误说

最早利用动物研究问题解决行为的是桑代克。他通过猫走迷宫的实验提出了**试误说**（trial and error theory）。这一学说认为，问题解决是由刺激情境与适当反应之间形成的联结构成的；这种联结是通过尝试错误逐渐形成的。问题解决过程首先要通过一系列的盲目的操作，不断地尝试错误，发现一种问题解决的方法，即形成刺激情境与反应的联结，然后再不断重复巩固这种联结，直到能立即解决问题。

试误说看到了问题解决过程中一系列建立刺激与反应联结的、尝试错误的阶段，重视问题解决的过程和系列操作，对后来的模式有一定的影响。但是，试误说认为问题解决的尝试错误过程是盲目的，忽略了认知因素在问题解决中的重要作用。

（二）顿悟说

格式塔派心理学家苛勒以黑猩猩摘取香蕉的经典实验为基础（见图 10-3），提出了问题解决的**顿悟说**（insight theory）。顿悟说认为，人遇到问题时，会重组问题情境的当前结构，以弥补问题的缺口，达到新的完形，从而联想起一种可行的解决方案。这一过程的突出特点是顿悟，即对问题情境的突然领悟。在顿悟说看来，桑代克的猫由于在迷宫里看不到开关的结构，因此，只能通过一部分一部分的经验，逐渐了解整个情境。

顿悟说注意到了重组情境的认知成分，这实际上就是后来人们所强调的对问题的理解和表征。但是顿悟说把这种认知成分看成先验的，并且片面强调顿悟，取消了对问题解决过程的研究。

图 10-3 黑猩猩取香蕉实验

如果剔除试误说中盲目性和顿悟说中先验性的一面，那么根据对立统一的辩证观，试误和顿悟是问题解决既相互对立又相互联系的两个方面。人在面对一个新问题时，总是要用已有的经验（非先验的）在理解问题时转换问题，重组问题的当前结构，以期联想起一种可行的解决方案，如果实在不成功，人就会有计划、有目的地（非盲目地）尝试一种又一种解决方案。有时，表面上的一个顿悟，实际上是经过了好多次的试误之后才出现的。试误和顿悟的这种对立统一在后来的一些模式中将有所反应。

（三）问题解决的认知观点

认知心理学把问题解决看作信息加工系统（即大脑或计算机）对信息的加工，把最初的信息转换成目标状态的信息。问题解决的过程也就是通过一系列的操作达到目标的过程。在这个过程中，问题解决者遇到各种问题情境，这些问题情境的总和构成了问题状态。问题状态分为初始状态、目标状态以及从初始状态到目标状态的一系列中间状态。问题解决者的目的就是想办法从问题的初始状态一步步转变为目标状态。问题解决者把一种问题状态改变成另一种问题状态称为**操作方法**（operator）。因此，问题解决的过程就是利用操作方法从初始状态转变到目标状态的过程。一系列问题状态和转变问题状态的操作方法就组成了**问题空间**（problem space），这就是对问题构成的一个表征。

问题解决的关键环节是对问题情境建构起一个心理表征（或心理模型），也就是问题空间（Jonassen，2000）。个体对问题内在的问题空间可能包含多种表征形式，如结构化知识、程序性知识、反思性知识、系统表象、隐喻以及执行与策略性知识（Jonassen & Henning，1999；魏雪峰，崔光佐，2012）。然后，问题解决者需要通过活动实施对所建构问题空间的操作方法，实际上就是思维内化的活动（Jonassen，2000），将该问题空间的初始状态逐渐转变为目标状态。总之，问题解决是"一系列趋向目标的认知操作"（Anderson，1980，转引自Jonassen，2000；袁维新，吴庆麟，2010）。

第二节 问题解决过程

关于问题解决的具体过程，杜威最早提出了五阶段论。这种理论认为，学生问题解决过程包括5个步骤：① 开始意识到难题的存在；② 识别出问题；③ 收集材料并对之分类整理，提出假设；④ 接受或拒绝假设；⑤ 形成和评价结论。他坚信大量的实践和发现活动都与学生的问题解决有关，因此他倡导在所有年级和所有课程都要采用问题解决的方法。从20世纪初到50年代，直到皮亚杰的工作以及其他应用各种认知和信息加工策略的模型出现，杜威的模式一直被人们看作一种经典的问题解决的方法。尽管在认知理论家们看来，杜威提出的五阶段论过于简单了，但人们尤其是数学教师和科学教师仍然觉得它具有一定的实践意义。

华莱士（Wallas，1926，转引自陈琦，刘儒德，2007）提出，创造性地解决问题经历4个阶段。① 准备，即搜集信息的阶段。② 沉思，即处于酝酿状态。③ 灵感或启迪，即突然涌现出问题解决办法。④ 验证，即检验各种解决办法。这4个阶段较好地反映了问题解决的几种不同的认知状态。

布兰斯福德和斯坦恩（Bransford & Stein，1993）提出了一种被称作IDEAL的问题解决五步策略（见表10-2）。IDEAL以及其他类似的问题解决策略的开始阶段都是仔细审题，如要解决的问题是什么，可利用的资源和信息是什么，如何表征问题（如使用草图、提纲或流程图等）；然后再采取其他一系列的步骤，如识别要达到的目标并确定如何达到目标。纽厄尔与西蒙建议问题解决者要反复地问："当前状态与我要达到的状态之间的差距是什么？怎样才能减少差距？"

表 10-2　IDEAL 的问题解决五步策略

I	Identify problems and opportunities.	发现问题与机会
D	Define goals and represent the problems.	界定目标与表征问题
E	Explore possible strategies.	探索可能的问题解决策略
A	Anticipate outcomes and act.	预期结果并实施
L	Look back and learn.	回顾与学习

基克等人根据对问题解决策略的研究，认为一般性的问题解决的策略包括 4 个阶段，并在此基础上提出了一种有助于一般性问题解决策略教学的模式（见图 10-4）。下文将重点对这一策略进行介绍。

【微课】
问题解决的
一般过程

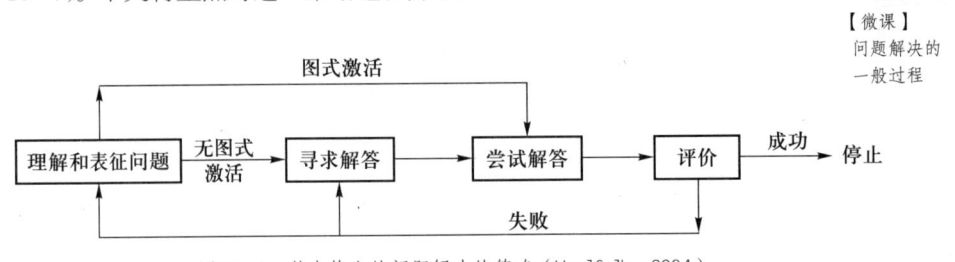

图 10-4　基克等人的问题解决的策略（Woolfolk，2004）

一、理解和表征问题阶段

解决问题的第一步是确定问题到底是什么，这意味要理解和表征问题，即从什么角度看待问题，包括问题的条件、目标以及可用的操作。根据信息加工论的观点，这一步就是要形成问题空间。对问题的表征不同，对问题的解答也不同。在实际教学中，理解和表征问题就是审题或理解题意。在理解问题的过程中，问题解决者需要完成以下几个方面的工作。

（一）相关信息识别

学校课程中的问题常常是一些结构良好问题，这些问题明确，有限定的已知条件。现在，人们越来越认识到，这些问题与实际生活中的问题存在很大的距离，实际问题往往是结构不良的。例如，问题并未明确提出，已知条件也不可能被限定。有些学校已在考虑对学校中的问题进行改造，以求其与实际问题相似，培养学生解决实际问题的能力。例如，提供的已知条件偏多，让学生识别哪些是有关的或必要的，哪些是无关的或多余的；或者提供的已知条件不多，需要学生补充；或者，不明确提出问题，而是创设问题情境，让学生自己提出问题；等等。

（二）语义理解

在找出问题的相关信息后，问题解决者还必须运用某一问题领域特定的知识准确地表征问题。假定所待解决的问题是以语言文字来描述的，那么，问题解决者必须理解问题中每一句话的含义。例如：

小船在流水中每小时行驶 10 km，小船在静水中比在流水中每小时快 5 km。小船出发时在静水中行驶，4 h 后到达目的地，返回时在流水中行驶。那么，小船从目的地回到出发地需要多长时间？

面对这一问题，问题解决者需要运用语文知识、常识、学科基础知识来理解题意。要准确理解问题中的语句，问题解决者需要具备一定的语文知识，例如，知道"每小时""行驶""出发""返回""比……快"等的含义；要准确理解题意，问题解决者还必须具备一些常识性的知识，例如，知道"静水"是什么情形，知道"流水"到底是指顺水还是逆水，知道船的行驶速度与水的状态的关系；要准确理解题意，问题解决者更要具备学科中的一些基础知识，例如，知道距离、速度和时间的关系，知道求时间需要具备什么条件。

在理解题意时，有些句子比另一些句子理解起来要困难。在上例中，"小船在流水中每小时行驶 10 km"属于赋值语句，指明某一个量的数值；"小船从目的地回到出发地需要多长时间"属于问句，提问未知量的数值；而"小船在静水中比在流水中每小时快 5 km"属于关系语句，表述两个量之间的关系。有研究表明，关系语句比赋值语句更难以理解和记忆。在一个研究中，学生复述关系语句的错误是赋值语句的 3 倍。有些学生将关系语句转换成了赋值语句，如将"小船在静水中比在流水中每小时快 5 km"记成"小船在静水中每小时行驶 5 km"。问题解决者一旦误解了问题中某个句子的含义，就很难正确地表征整个问题。

在理解题意时，并非所有的语句都同等重要。关系语句是理解题意的重点和关键。把握了关系语句，就把握了数量之间的关系，就能从整体上把握问题中各数量之间的内在联系，从而有助于找到已知数量和未知数量之间的关系，最终运用已知数量去解答未知数量。

（三）整体表征

准确地理解了问题中的每一句话，并不等于完全把握住了整个问题。当问题解决者理解了问题中的每一句话之后，还要把对所有句子的理解联系起来，将所有语句和数量整合到一个统一的框架中来，达成对整个问题的准确理解。有时候，即使问题解决者理解了问题中的每一个句子，仍然可能误解整个问题。例如：

两个火车站相距 100 km，某个周六下午 2：00，两列火车分别从两站相向而行，正当火车驶出车站时，有一只鸟从第一列火车出发飞向第二列火车，到达第二列火车后，又飞回第一列火车。如此反复，直到两车相遇。如果两列火车的速度都为 25 km/h，小鸟的飞行速度为 100 km/h，请问在两车相遇之前，小鸟飞行了多少 km？（见图 10-5）

问题解决者如果把这个问题理解成一个距离问题，先算出小鸟从第一列火车到第二列火车的距离，然后返回第一列火车的距离，又返回到第二列火车的距离……再求出这些距

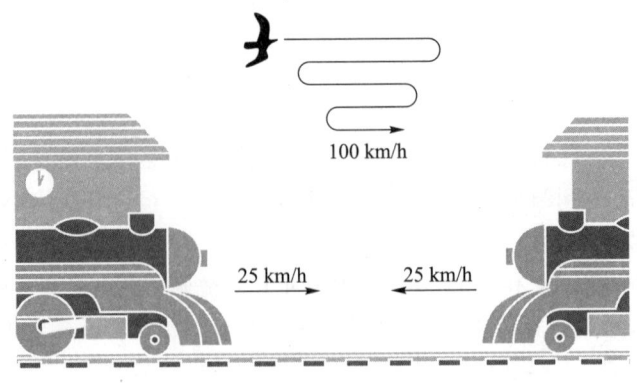

图 10-5 小鸟飞行问题（Weiten, 1995）

离的总和……那么，将会感到非常棘手。其实，问题解决者可以用一个比较好的方法来组织这个问题，可以把这一个问题表征为一个时间问题，把注意力放在小鸟在空中飞行的时间上，如果知道了小鸟在空中飞行了多长时间，就很容易地确定它在空中飞行了多少距离，因为它的飞行速度是已知的。

对于许多问题，运用示意图来表征题意可能是一个更为有效的方法。有大量研究表明，自拟示意图有助于从整体上把握题意。例如：

有一个和尚要到山顶上的一座庙里烧香，不得不在庙里过一夜。山路盘山而上，这个和尚日出时步行上山，日落时才到达山顶。他在山上过了一夜，烧了香。他于第二天日出下山，只用了半天时间，中午就到达了山底。请问：山路中是否有这个和尚上山下山时同时经过的一个地方（见图 10-6）。

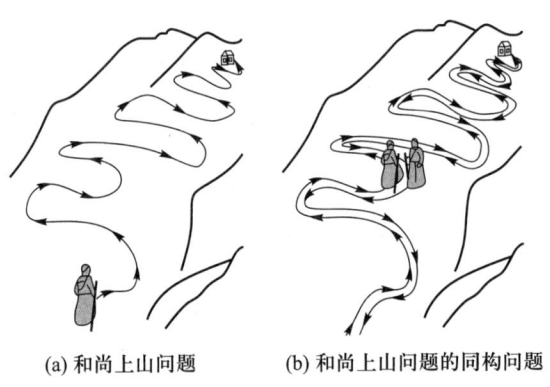

(a) 和尚上山问题   (b) 和尚上山问题的同构问题

图 10-6 和尚上山及类似问题（斯滕伯格，威廉姆斯，2012）

这似乎是一个很难的问题，因为问题解决者可能推想这个和尚上山下山走的路是不一样的。而如果用这样一种表征的方法，就可使这个问题变得容易：假想有两个和尚，日出时一个从山顶向下走，一个从山底向上走，他们能相遇吗？肯定能。

（四）问题归类

在实际的问题解决的过程中，有些学生很快就能决定所问的问题是什么。在一个研究中，有些被试只看一下标准代数题开头的几个句子，就马上做出决定，并且将问题归入某一类型中。一旦将问题归入某一类（例如，这是一个距离问题），一个特定的图式就被激活了，这个图式将引导问题解决者对有关信息的注意，并预期正确答案应当是什么样的。

当学生使用适当的图式表征问题时，他们似乎不容易被无关信息或欺骗性的文字蒙蔽，甚至能够主动寻找所缺的必要信息。但是，当学生使用错误的图式时，他将跳过关键信息，使用无关信息，甚至可能为了迎合这个错误的图式而误读或错认某些信息，最终导致错误地表征问题，从而增加问题解决的困难。

在具体某一个领域中，要想促进学生转换和选择图式，就需要让学生观察各种不同类型的例题，并且让学生比较这些例题，想想每种解答的异同及其原因，引导学生像教师一样，对所有解过的问题进行归纳总结，分类整理。以小学数学应用题为例。就两个数字而言，可以分为 5 种结构：加法结构、减法结构、乘法结构、等分除结构、包含除结构，共包含 36 种题型。前两种结构是部分数与总数的关系，后 3 种结构属于每份数、份数与总数的关系，总的来说，都属于部分与整体的关系。有研究（张庆林，1995）表明，在强调整体与部分关系的实验班，学生掌握 5 种结构和 36 种题型的状况优于一般教学条件下的学生。有研究表明，问题归类是影响小学生数学应用题解题成绩的重要因素，也就是说，小学生越能够对应用题的知识和结构进行归类，那么在解题过程中就表现得越好（路海东，董妍，王晓平，2004）。除了对例题和习题进行归类训练外，教师还可以进行自编问题的特别训练。例如，无目标习题训练——只给定已知条件，要求学生尽可能多地推算出题目中的各种潜在未知量的值。许多理科学科如运动力学、几何学和代数等都能编制出这种习题。或者，反过来，进行无已知条件的习题训练——只给定问题，要求学生以尽可能多的方式提供条件。或者完全自由编题——只给定两个数字或题型，要求学生进行自由联想。

我们从基克等人的问题解决过程的模式可以看到，理解和表征问题阶段有两种主要的结果。第一种，如果对问题的表征能使问题解决者联想起一个即时的顿悟式的解决方案，那么，他就能解决这个问题了。这就是顿悟式的问题解决，即对问题进行突然的重新组织或重新归类，从而明确了问题，联想起了一个可行的解决方法。用认知心理学家的话来说，这是激活了一个适当的图式，解决方法跃然而出。从某种意义上来说，问题解决者并没有真正解决一个新问题，只是再认了一个新问题，只是把这个问题看成过去解决过的旧问题的一个"伪装"版本而已。这就是所谓的图式—驱动问题解决，即在问题情境与头脑中的解题系统之间进行匹配，这样，他按"图式激活"的捷径，直接进入尝试解答阶段。第二种，如果并没有一个现存的图式能使问题解决者联想起一个即时的解答，他就得进入寻求解答阶段。很明显，这条路径并不如前面那条途径有效，但有时，这却是唯一的选择。

二、寻求解答阶段

寻求解答或制订计划是指确定问题解决的一般过程，如重新描述问题，使之与熟悉的问题更类似；建立问题的子目标层级；选择问题解决的策略等。一般来说，在寻求解答或制订计划的过程中，可能存在算法式和启发式两种策略。

算法式策略（algorithm）是指将达到目标的各种可能的方法都列出来，具体化，逐一加以尝试。试误说就属于典型的算法式策略，如玩魔方，一会儿这么试，一会儿那么试，最终可能完成任务。算法式策略能确保成功，在解决某一个问题时，如果问题解决者选择的算法合适，并且又能正确地完成这种算法，那么我们保证能获得一个正确的答案。在实际教学中，这样的例子屡见不鲜，例如，"1 + 2 + 3 + 4 + 5 + …… + 10 000 = ？"我们只要仔细地按照相加的算法，反复地做下去，就能获得最终的答案。但是，算法式策略费时又费力。在上例中，我们用连加的算法，虽也能获得最终的答案，但将非常烦琐。而且，算法式策略有时在实际中根本不可能实现。例如，我们到一个城市，要找一位朋友，但不知道他在哪个单位，怎么办？如果采用算法式策略，我们就要将该城市的每一个单位逐一查过去，那将是无限烦琐的，以至于不可能获得最终的解。这时就得采用另一种策略。

　　启发式（heuristic）策略是指根据目标的指引，试图不断地将问题状态转换成与目标状态相近的状态，从而只试探那些对成功趋向目标状态有价值的算子。例如，在查找朋友时，我们会根据经验，利用共同的朋友、朋友的专业、以前的工作或学习单位等方面的信息，缩小我们的查找范围。这意味着需要使用一般的策略试图去解决问题。例如，在解答前面连加题"1 + 2 + 3 + 4 + 5 + …… + 10 000 = ？"时，就可以根据其特点，转换成"（1 + 10 000）× 10 000 ÷ 2"进行简便计算。启发式策略简单省时，但往往不能确保成功。

　　日常生活中的许多问题非常复杂，或者没有被定义好，或者没有明显的算法，因此，采用启发式策略就显得非常重要。下面，我们讨论几种属于启发式策略的问题解决的方法。

（一）手段 - 目的分析法

　　手段 - 目的分析法是人类解决问题、搜索问题空间的普遍方法之一。其一般特征是把总目标分成子目标，运用算子，进行匹配，消除差别，最终达到总目标。也就是说，将目标划分成许多子目标，将问题划分成许多子问题后，寻找解决每一个子问题的手段。例如，对某些学生而言，写一篇 20 页的论文是很头痛的问题，但如果将该任务划分成几个子任务，如选题、查找资料、阅读资料、组织材料、编写提纲、分段写作等，他们就可能表现得好一些。

（二）爬山法

　　这是一个形象的比喻，其基本思想是：先设立一个目标，然后向目标方向走到与起始点邻近的某一节点，逐步逼近目标。这就像爬山一样，如果在山脚下，要想爬到山顶，就得一步一步地往上走，每走一步，就要估计一下是否离目标更近了，如果更近就继续下去，这样会离目标越来越近，最终使问题得以解决。爬山法与试误说的差别在于前者每做一次尝试就要对距离目标的距离进行一次估计。在日常生活中，爬山法是一种有用的方法，不少实际的问题是靠这种方法解决的。例如，医生在给慢性病人用药时常常用这种方法来确定药的剂量。爬山法的最大弱点是只能保证爬到眼前山上的最高点，而不一定是真正的最高点，问题解决者常常会到达一个"小山丘"而不是真正的山顶。例如，医生给病人的药达到一定剂量后，病人的病情有好转，再超量就会引起一些生理反应。这时，医生往往会误以为这个剂量就是最佳剂量，然而事实上也许更高剂量才能使病人真正痊愈。因此，问题解决者在使用爬山法时，最好选择几个不同的起点一起来尝试，如果几个起点到达的都是同一个点，这一点才算是真正的目的地。

（三）逆向反推法

在有些问题解决中，从初始状态出发可以有多种走法，但只有一条路能到达目标状态。在这种情况下，用逆向反推法解决问题是较为可行的。逆向反推法就是从目标开始状态出发倒推到达目标所需的前一个中间状态及其算子，直到退至初始状态。在几何证明题中常用这种方法。在处理生活中的问题时，我们常常运用逆向反推法，设置中间期限就是一个很好的例子。例如，如果三周之内要让编辑部收到这篇论文，那必须在某一天从邮局发出，必须在某一天打印，必须在某一天完成草稿……

逆向反推法与手段－目的分析法都要考虑目标，并且要确定运用何种操作去达到目标。但是，手段－目的分析法要考虑目标状态与当前状态之间的差别，而逆向反推法却不用考虑这一点。因此，手段－目的分析法在搜索问题空间时受到的约束较大。当在问题空间中可以从初始状态引出许多途径而从目标状态返回到初始状态的途径相对较少时，用逆向反推法就相对容易些。

在实际问题解决中，可以结合使用顺向推理和逆向推理这两种方法，进行双向推理。面对问题时，一方面，我们可以进行顺向推理，即根据已知条件，联想有关的公式或定律，推出新的已知条件。如此，可以增加信息量。我们产生的已知条件越多，最终找到未知量的可能性就越大，有时，在推出的已知条件中就包含了未知量。这样做的缺点是思维方向不明确，容易使我们一旦走上错误的思维方向就迷途难返。另一方面，从未知量出发进行逆向推理可以使我们明确思维的方向。双向推理有助于缩短未知量和已知量之间的心理距离，使我们更容易在心理视野（工作记忆）范围内看到已知和未知之间的路径。

（四）类比思维法

当我们面对某个问题而对该问题的领域知识所知甚少时，我们常常会使用类比思维法来解决问题。我们一般是先对问题进行表征，然后去获取与当前情境相关或相似的熟悉领域的知识，加以利用。例如，在人们发明潜艇后，科学家们试图测定潜艇在海下的方位，通过研究蝙蝠的导航机制，最终发明了声呐技术。

有人（Gick & Holyoak，1980，1983，转引自申克，2003）研究发现，给被试提供两个类似的故事，比只提供一个故事，能让被试更好地解决问题。这些结果表明，在一个陌生的问题领域，学生需要获得如何应用类比的指导，并且需要提供多个类似的例子。

三、尝试解答阶段

当表征某个问题并选好某种解决方案后，下一步就要尝试解答，即执行计划。如果解决方案主要涉及某些算法的使用，如解数学应用题中的列式计算，那么一定要避免在使用算法的过程中产生一些错误的算式或系统性的错误。有些研究表明，学生常常是非常有逻辑地或"聪明"地犯错误，很少有错误是随机的、偶然的，他们通常应用某些错误的规则或程序来回答问题或解决问题。布朗等人（Brow & Burton，1979，转引自陈琦，刘儒德，2007）开发了一些计算程序，能查出学生在解决减法问题中所使用的错误。他们的研究表明，在学生的算法中存在的错误比教师想象的要多得多。例如，他们发现在减法中，存在这样一个错误的算法：学生总是从大数中减去小数，不管哪个数在上面。教师一旦发现了学生的错误，就要加以矫正，这比单纯要求学生细心或重做一遍要有用得多。

四、评价阶段

当选择并完成某个解决方案之后，还应该对结果进行评价。评价结果的方法之一，就是寻找能够证实或证伪这种解答的证据，对解答进行核查。许多人总是在达到最终的答案之前就停止了工作，只是接受在某种情况下行得通的答案。例如：

有 3 个人一起下象棋，每人下了 2 盘，问总共下了几盘棋？

有的人脱口而出"6 盘"，这个答案适合 3 个人与其他人下棋，不适于 3 人之间下棋。只要核查，马上就发现解答有错误。

再如，有个中学生解这样一个方程组：

$$\begin{cases} 8x + 4y = 28 \\ 4x - 2y = 10 \end{cases}$$

他很快写出：$x = 2$，$y = 3$。这一解答只在第一个等式里行得通，但在第二个等式里行不通。这个学生找了证据来核查这个解答，但没有把核查进行到底，看看这一解答是否适于问题的所有方面。对于这种具有冲动性认知方式的学生，教师应当给以额外的帮助。

在解决数学问题时，常常采用验算的方法来评价解答，如以减法验算加法，以加法验算减法，改变相加的顺序验算连加算式等。有时候，可能会凭着对答案的估计来评价答案，如 11×21，答案应在 200 左右，因为 $10 \times 20 = 200$，如果答案为 2 311 或 23 或 562，就应该马上意识到这些得数是不正确的。

第三节　问题解决能力的培养

关于问题解决，存在着一个长久的争论。有些心理学家认为有效的问题解决的策略只在某一具体领域起作用，这就是说，解决数学问题的策略只能对数学有用，解决艺术问题的策略只能用于艺术领域，等等。因此，要想成为某一领域中的一名专家，就必须掌握这个领域中的策略。另一些心理学家们则认为，存在某些在许多领域都能发生作用的一般性问题解决策略。本节先讨论专家和新手的差异，然后介绍一些一般性问题解决能力的训练程序，最后探讨教师在实际教学中可以采取的培养学生问题解决能力的措施。

一、专家和新手

（一）专家和新手的差异

大多数心理学家认为，有效的问题解决是以丰富的某一问题领域的知识储存为基础的。

在某一领域，专家拥有大量的知识、事实、概念和程序，并且，这些储存的知识都必须被精细加工和组织化，以便需要时很容易从长时记忆中提取。

对专家知识的现代研究开始于对象棋大师的探讨（Simon & Chase，1973）。研究结果表明，象棋大师能很快回忆5万个不同的象棋定势，对一个象棋定势（如"双马防御"），他们只需看几秒钟就能回忆出每一棋子的位置。对于大师，象棋定势就仿佛词语，如果在词语储存库中显示一个词语几秒钟，他就能想出词中的每一个字母及其顺序。但是，随机安排的一组字母却很难回忆，对于象棋大师也是如此。当棋子随机摆在棋盘上时，大师回忆的成绩可能还不如一般人，这是因为在这个过程中，大师并没有进行有意识的分析思维过程。与其说象棋大师是一个深刻的思维者，不如说他是一个超级的再认者。

在其他领域中也出现了类似现象。齐等人（Chi et al.，1981，转引自申克，2003；邵瑞珍等，1997）曾开展了一个实验。他们分别让具有博士学位的物理学专家和刚学过一门物理学课程的大学生对物理书上的问题进行归类。结果发现，大学生归类的依据是：所用到的装置（如杠杆、电子波）的种类，问题中使用的词语，外观的相似性（如他们使用的典型词语是"斜面上的木块"）。而专家则根据问题解决时所需的隐含的物理学原理（如运动定律、牛顿定律）来划分问题。而且，专家根据"深层结构"划分问题而新手更多地依赖表面特征划分问题，两者之间有相当明显的差异。例如，图10-7（a）和图10-7（b）分别展示了新手和专家关于"斜面"的记忆结构。

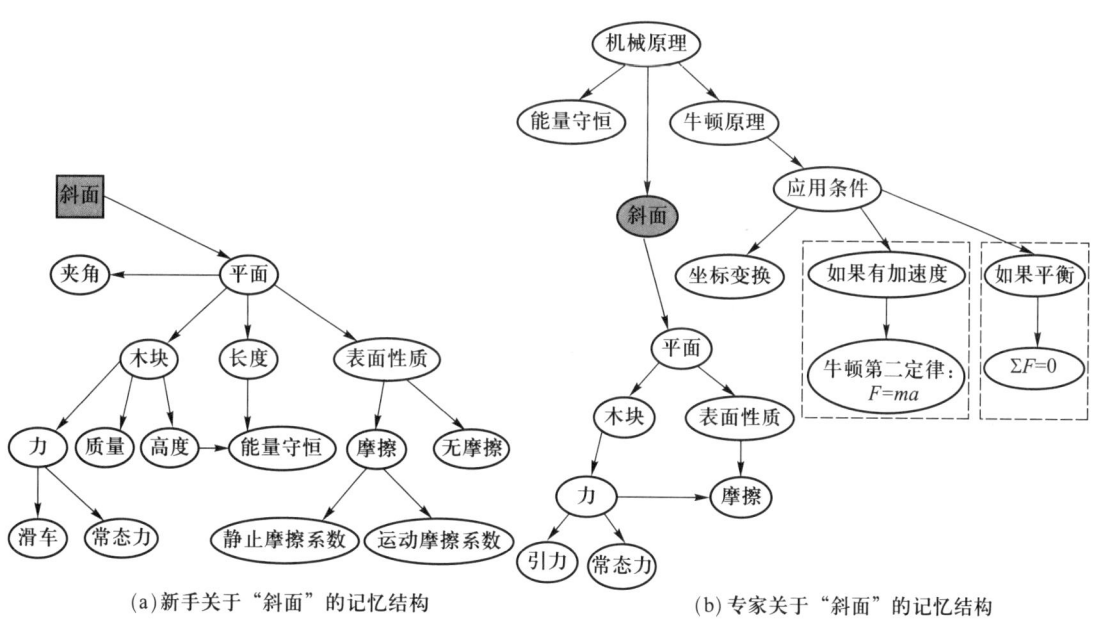

(a) 新手关于"斜面"的记忆结构　　　　　　(b) 专家关于"斜面"的记忆结构

图10-7　新手与专家的记忆结构（吴庆麟，2003）

专家不仅具有丰富的陈述性知识，而且以自己的方式储存大量的程序性知识。也就是说，他们储存了大量的条件产生式，能轻巧地操作陈述性知识去解决问题。这样，理解和表征问题、尝试解答这两个步骤就自然而然地一起发生了（Mormen，1982，转引自陈琦，刘儒德，2007）。专家似乎更容易走问题解决过程模式中图式激活的捷径，当然，这意味着他们必须拥有大量的可利用的图式。成为一名专家很大程度上在于获得大量的某一特定领域的知识。要做到这一点，就必须经历这个领域中许多不同的问题，看其他人解决问题，并亲自实践解决问题。

新手通常会使用错误的原理来解题。麦克洛斯基和凯泽（McCloskey & Kaiser，1984，转引自申克，2003）为学生出了下面这道题：

一列火车在穿过一座横跨山谷的大桥时，火车上的一个旅客从窗口丢下一块石头，问这块石头落点会在哪里？（见图 10-8）

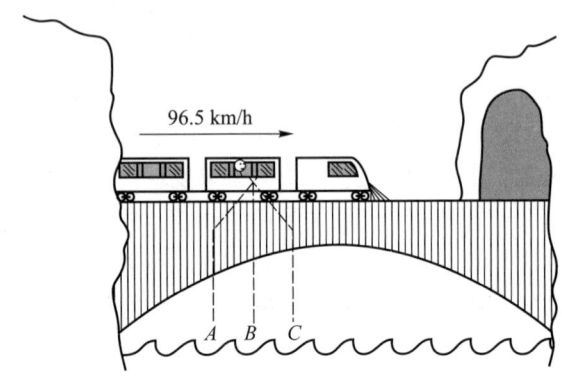

图 10-8　对石头下落问题可能做出的回答（申克，2003）

约 1/3 的学生说石头会垂直下落，他们相信一个物体的推或扔都需要一个力。但该物体没有获得这样一个力，所以只能垂直下落。学生的这种分析是类比一个人静止地站着扔一个物体，物体垂直下落这种情况。但从火车上扔石头是沿抛物线的轨迹落下的。那种物体受力的想法是错误的，因为物体与它的运动载体以相同的方向和速度运动。当石头下落时，它仍然继续和火车一起往前走直到重力将它拉下去。新手过度扩展了基础知识的应用，得出了一个错误的结论。

专家和新手解决问题（如物理问题）的差异可以归纳为以下 3 个方面。第一，专家不注意中间过程，可以很快地解决问题；新手需要很多中间过程，而且要有意识地加以注意。第二，新手先明确目的，从尾到头地解决问题；专家或者立即推理，或者搜集信息，从头到尾地解决问题，是一种再认的过程。第三，专家更多地利用直觉，即根据生活经验的表征来解决问题；新手则更多地依赖正确的方程式来解决问题。专家解决问题所依据的经验中的基本关系是复杂方程式的基础。

（二）新手的误区

新手有时持有一些错误的直觉观念，物理学提供了许多这方面的例子。大多数新手用大量的错误信息解决物理学问题。新手有的许多关于物理世界的直觉观念都是错误的。例如，大多数小学生认为光线通过照亮物体周围的区域帮助人们看见物体，他们没有认识到看见一个物体是由于物体将光线反射到自己的眼睛。可这一原理并不符合日常生活中用一束光线照亮黑暗区域的经验。有研究表明，即使有些人学过了反射的光线引起视觉，仍坚持他们的直觉观念。由此可见，自然科学课的教师了解学生心目中的直觉观念是非常重要的。为了学习新的信息，学生有时一定要丢掉心中的常识（陈琦，刘儒德，1997）。

（三）专家的优势与隐患

有研究指出（Sternberg & Williams，2003），专家比新手在以下 5 个方面存在优势。① 专家比新手更容易发现大量信息背后所隐含的结构，换句话说，他们比新手更容易看到信息的全貌，而新手则关注信息的细节。② 专家执行任务的速度更快，错误更少。③ 与新手相比，专家能够在更深的层次上处理问题，因此，他们思考的是问题所隐含的深意，而不仅仅是那些由对问题的看或听所提供的表面信息。④ 专家对本领域的信息的记忆能力比新手要强，因为他们有丰富的知识背景，而且他们的专业知识是高度组织化的。⑤ 专家在行动之前会花更多的时间对问题进行分析，因此在处理问题的时候比新手更有效率。在很大程度上，专家在他所擅长的领域里通过处理各种问题积累下了大量的经验，使得他们能够对相关领域内的问题自动化地解决。这种自动化式的问题解决不再需要付出很大的努力，甚至某些任务都是在无意识的状态下完成的。

专家有时候解决问题也有其隐患。一方面，专家可以通过自动化使问题的解决变得容易。另一方面，这也可能使专家的思维变得僵化，只以一种固有的、习以为常的方式来看待一类问题，而不能换一个角度进行思考。已经熟练某种问题解决的方式以后，做出改变本身就是一项巨大的挑战，会给问题解决者带来极大的压力。

二、一般性问题解决能力的训练程序

训练一般性问题解决能力的最流行做法，也许是教学生各种不同的一般原理或原则，这些原理或原则来自对问题解决过程的理论分析和对成功的解题者与不成功的解题者的比较观察。例如，在试行解决某问题前，对问题进行简洁的陈述，并规定界限；抛开某些没多大希望的先入为主的想法，另做其他的考虑和选择；弄明白任何前提所凭借的假设；思考提出的论据有多大的可靠性和代表性；等等。这些原理或原则的启示有助于问题解决技能的培养。但是，这些只是对解决所有问题都适用的泛泛之谈，对特殊问题的解决效果不大。而在那些旨在提高问题解决的特殊思维能力的训练程序中，短期的程序并未取得相应的效果，长期而精深的训练程序却取得了较好的效果。下面是几种知名的训练程序。

（一）创作式思维教程

创作式思维教程（Productive Thinking Programs）是由科温顿等人（Covington，1967，转引自张庆林，1995）主持创编的，由 15 册卡通组成，每册 30 页，讲述了一个侦探的故事。故事中主要有 4 个人物，两个儿童——吉姆和莱拉，两个成人——吉姆的叔叔约翰和大侦探塞奇。故事先就某个迷案提供一些线索，要求读者回答问题，目的是让读者用自己的话陈述问题，自己提出问题，产生能解释迷案的各种想法。当读者产生了某些想法之后，小册子中的吉姆和莱拉通过对话提出他们的想法。实际上，这是思维方法的"榜样"。就像真正的破案过程一样，他们起先会产生一些错误的想法，但后来在两个成人的评析和帮助下，最终揭示了要侦破的迷案。每个故事中的成人评析都针对问题解决的一些策略。例如，产生不同寻常的新看法，改变心向，从不同角度看问题，摸清问题的要点，注意与问题有密切关系的事实和条件等，最重要的是在关键时刻决定最佳行动方针的策略。

（二）问题解决模式

问题解决模式（Pattern of Problem Solving）是鲁宾斯坦（Rubinstein，1975，1980，转引自张庆林，1995）编制的一套供大学生使用的训练教程。教程的主要目的是向学生提供许多可使用的问题解决工具。例如，使用矩阵来表示逻辑前提，使用等式表示故事中所包含的问题，画示意图表示不熟悉的命题表述等。这一教程的教学大约会花 10 周时间，教程中包含了许多解答好了的问题，主要引自工程学或数学领域，教程的前半部分教一般技术，讲解如何使用一些思维工具，教程的后半部分探讨问题解决的数学基础，包括概率论、决策论，教程中还包含许多问题解决过程的实例，学生能从中学到表征问题的抽象技术。

（三）CoRT 教程

德波诺（De Bono，1985，转引自陈琦，刘儒德，2007）的 CoRT 教程（Cognitive Research Trust）教学生如何看待他们可能在校外面临的问题，并对问题进行了独特的解答。教程包括广度、组织、交互、创造力、信息和感觉、行动 6 个单元，每个单元包括 10 课，每一课都集中训练表征或分析某一问题情境的特定策略。每一课开始，先由教师简要解释所要学习的认知技能。例如，结合实例解释什么叫作"处理各种想法"，然后将学生分组，让他们练习问题的解答。几分钟过后，各组汇报自己的进展，在教师的组织下进行讨论。该教程中的大多数例题来自实践和现实生活，而不是人为编制的智力测验性质的测题或游戏。

相关链接

有利因素、不利因素、兴趣点（PMI）

在"PMI思维方法—有利因素、不利因素、兴趣点"一课中（波诺，波诺，2002），作者指出，人们对于一种观点的本能反应是：喜欢或者不喜欢，赞同或者不赞同，这会导致看问题的片面性。PMI 思维方法是一种对观点或建议进行全面分析的思维方法。P（plus）即优点或有利因素；M（minus）即缺点或不利因素；I（interest）即兴趣点，也就是让人感兴趣的方面，或者既不是优点也不是缺点的方面。

问题：当你在公共汽车中被挤得连呼吸都有些困难的时候，车却在拥挤的道路上缓缓爬行时，有人向你提出一个问题解决的办法："要是能把车中的座位都拆掉就好了，可以多装些人。"你对这个方法持什么态度？

P（有利因素）：

（1）每辆车上可以装更多的人。

（2）上下车更容易。

（3）制造和维修公共汽车的价格会更便宜。

M（不利因素）：

（1）如果公共汽车突然刹车，乘客会摔倒。

（2）老人和残疾人乘车时会遇到很多困难。

（3）上车携带挎包者或小孩会有诸多不便。

Ⅰ（兴趣点）：

（1）可生产两种类型的公共汽车，一种有座位，另一种没有座位。

（2）同一辆公共汽车可以有更多的用途。

（3）公共汽车上的舒适度并不重要。

这个很多人看上一眼就会认为荒谬的观点已经被运用到实践中了，而且确实在一定程度上缓解了交通问题。在泰国，上班高峰期的公共汽车确实是无座的，目的是多拉一些乘客，因为此时人们最急迫的需要是按时上班而不是舒适程度。其他时间的公共汽车是有座位的，以方便老人、妇女和小孩，那些无座的公共汽车此时被当作卡车来用。

（四）思维工具强化教程

以色列教育家弗斯坦（R. Feuerstein）的"思维工具强化"（Instrumental Enrichment）是广为人知并且进行了广泛研究的思维技能课程。弗斯坦曾从事特殊教育工作，他的研究发现，有学习障碍的学生往往来自父母不向儿童解释或讨论事情的家庭。对这些儿童来说，生活中的日常事件似乎没有任何意义和目的，因为没有人就这些事件向他们提供任何解释，因此他们在对新问题或新学习任务做出反应时会发生困难。例如，家中讨论去海滩旅游，就是儿童学习订计划的机会。家长对儿童说"带上你的提桶和小锹，到了海滩你才能建造沙城堡"。又如，家长对儿童说"请你到商店买 3 瓶牛奶，以免明天一大早出发时商店还没开门"就比单纯说"请你到商店买 3 瓶牛奶"更能显示出预先计划的作用。这样做，儿童可以认识到周围事件的意义以及人的行为目的或动机。弗斯坦的思维工具强化教程就是为了弥补许多家庭教育的上述缺陷，给儿童提供讨论和解释周围世界的机会，使思维的工具逐渐丰富起来。

思维工具强化教程包括一系列专为发展不足或学习能力不足的青少年设计的练习，包括点的组织、分析知觉、图解、空间定向、比较、家庭关系、数列、演绎推理、分类、指导语执行、时间关系、传递关系以及表征模板设计等工具，每种工具包含一种或几种思维策略或认知技能。

教程一般每周 3~5 小时，至少持续 2 年，共 200~300 小时。对于每一个练习，教师先引入问题，让学生各自解答，然后全班讨论问题解决的方法，最后教师进行总结。这样，学生能够接触许多新颖的问题，也能将自己的方法与他人的方法进行比较，这样做，有助于教学生如何产生和评价表征和解答问题的各种思维策略。思维工具强化教程有一个重要的特点，就是运用"架桥"的方法将该教程中所教的知识技能和真实世界的问题联系起来。

总之，一般性问题解决能力训练研究往往要注意以下几个问题：① 影响问题解决的因素很多，很难决定训练的内容和方法；② 在实验室条件下的短期结果能否推演到学校和日常生活情境中问题解决能力的长期变化上去；③ 训练效果的普遍性等。

相关链接

批判性思维

　　问题解决离不开批判性思维能力的培养。批判性思维（critical thinking）指通过逻辑、系统地检查问题、证据以及解决方案来对结论进行评估（Woolfolk，2004）。在过去的二十多年里，人们为了增强学生的批判性思维技能，已经开发了丰富的教学程序。

　　关于批判性思维中包含哪些技能，人们从不同的特定学科领域出发，提出了不同的看法。有人根据一般性的分析，提出批判性思维包含着一些基本的技能，如贝耶尔（Beyer，1988，转引自 Woolfolk，1990）和尼德勒（Kneedler，1985，转引自 Woolfolk，1990）等。其中，尼德勒所提供的批判性思维基本技能一览表较有代表性（见表 10-3）。他认为，批判性思维包含 12 种基本技能，这些技能可以分为定义和明确问题、判断相关信息以及解决问题或得出结论等 3 个方面。

表 10-3　批判性思维基本技能

定义和明确问题

1. 识别中心论题或问题。识别一篇文章、一个评论、一个政治讽刺画的中心大意或包含在评论中的理由和结论。

2. 比较异同点。能比较各种人物、观点、同一时刻或不同时刻的情境的相同点和不同点。

3. 确定哪些信息是相关的。能识别可证实的和不可证实的、相关和不相关的信息之间的差别。

4. 形成适当的疑问。这个疑问能引导人们对某个问题或情境进行更深刻的探讨。

判断相关信息

5. 区别事实、观点和合理的判断。能运用某个标准去判断某个观察和推理的质量。

6. 核查一致性。能确定某种论述或符号在上下文中是否彼此一致，例如，一场政治辩论中的不同观点，是否和中心议题相关和一致。

7. 识别字里行间的假设。能识别那些没有明白表述但可推想得到的假设、观点和结论。

8. 识别原型和套话。能识别对某个人或团体的套话或惯用语，这些套话的含义一般都是恒定的。

9. 识别偏见、情感因素、宣传以及语义倾向性。能识别包含在一篇文章或图表中的偏见，确定来源的可靠性。

10. 识别不同的价值系统和意识形态。能识别不同的价值系统和意识形态之间的异同。

解决问题／得出结论

11. 识别材料的适当性。能决定所提供的信息在质和量上是否足以证明一个结论、决定、概括性的命题或貌似合理的假设。

12. 预测可能的后果。能预测某个事件或一系列事件的可能的后果。

　　资料来源：Woolfolk, A. E.（2004）. *Educational psychology*（9th ed.）. Boston: Pearson Education, Inc, 338.

三、实际教学中问题解决能力的培养

在实际教学中，学生问题解决的能力完全可以结合各门学科的内容来进行训练和提高，教师要把重点放在课题的知识、特定学科的问题解决的逻辑推理和策略、有效解决问题的一般原理或原则上。一般来说，问题解决的训练方法要以对问题解决过程的讨论为指导，除了前面讨论的问题解决的一些训练方法外，还可以考虑以下几点建议。

（一）创造适当气氛，鼓励主动质疑

当教师从外部提出问题时，学生会比较被动。教师要鼓励学生在课堂上主动提问，减少这样或那样的限制，形成一种自由探究的气氛，从而培养学生的内部动机，逐渐从教师提问过渡到学生主动质疑。

放松的、愉快的环境有助于创造性地解决问题。更重要的是，在问题解决的过程中，学生必须能够感受到他们的观点将被接纳。那些在创造性问题解决中有出色表现的人与那些没有创造性的人相比，似乎更不怕犯错误，也不怕因为失败而受到嘲笑。成功的问题解决者把问题解决情境视为令人愉悦的情境，这意味着放松、愉悦的氛围在教授问题解决的过程中是十分重要的。教师应该鼓励学生尝试各种不同的解决方法，而不应该对其失败予以批评。

（二）提供难度适当的问题

教师给学生提供的问题要有一定的难度，事先要了解学生的起点行为，即要对已有知识、原理或原则进行重新组合，而不是重新学习新知识。问题过难，不易为学生所理解，就不能期待学生去解答；反过来，过于容易也起不到应有的作用。每个学生的起点行为是极其不同的，如何做到难度适当呢？班级教学与个别辅导结合是一种很有效的方法。有的教师在课堂练习中给学生布置数量不等的难题，效果较好。

（三）帮助学生正确表征问题

教师要提示学生用所学知识理解问题，或者通过画草图、列表、写方程式等方式来表征整个问题。有研究（Cooper & Sweller，1987）表明，试图将解决问题的计划以及选择这个计划的理由说出来或写下来，可成功地解决问题。在生活中，有时向别人解释某个问题时，头脑中可能会涌现出一个新的计划。加涅等人（转引自陈琦，刘儒德，2019）发现，教中学生说出他们所采取的每一步的原因时，他们解决问题要比其他人更成功。研究表明，问题表征的能力、质量和方式直接影响数学应用题的解决（宋广文，何文广，孔伟，2011）。此外，多媒体教育技术可以提供多种表征方式，如时间序列式表征、空间分布式表征、内容层次式表征、课堂维度式表征等，从而整合新的知识结构，有效减少认知负荷，促进学生的深度学习（刘哲雨，侯岸泽，王志军，2017）。

（四）帮助学生养成分析问题的习惯

学生应该始终注意对问题进行分析，牢牢掌握问题的目的与主要情境，将精力集中于解答的目的及其标准。教师要帮助学生发展系统思考问题的方式，养成系统分析的习惯。

教师要注意两种倾向。一种是不能因让学生自己找出答案，就采取放羊态度，让学生进行盲目的尝试错误练习。另一种是也不能过分热心，越俎代庖，把结论抢先告诉学生，要使学生主动投入解题过程，鼓励学生提出多种解法，而不只是教学生解答。在学生实在有困难时，给学生提供适当的线索，或者补充必要的知识，弥补其起点行为的不足。

相关链接

样　例　学　习

请想象一下，如果让你完成8道简易方程求解题，在下面的学习情境中，你认为在哪一种情境下你的学习效果会更好一些呢？

情境一：这8道题都是习题，你需要将这些习题逐一做完。

情境二：这8道题分为四组，每组第一题是例题，第二题是习题。在每一组中你先琢磨例题，然后完成随后的习题，直到逐组完成所有题目。

你可能认为，学生在第二种情境下比在第一种情境下节省了一倍的时间，因为第一种情境下学生完成了8道题，而第二种情境下学生只完成了4道题。但反过来，也正因为如此，第一种情境下学生经历了发现学习的过程，进行了更加深入的学习，其学习效果应当更好一些。

这种对比情境来自一项真实的研究（Cooper & Sweller，1987）。情境一被称为"做中学"，情境二被称为"例中学"。为了进一步检验这两种情境下的学习效果，研究者随后给两组初中生被试3道迁移题，前2道题是近迁移题，即与这8道题形式一样；后1道题是远迁移题，即与这8道题形式不一样。结果表明，在近迁移题上，两组学生的解题时间不存在显著差异，但在远迁移题上，例中学组的解题时间显著短于做中学组。

正是由于这一系列实验研究以及相关的调查研究，教育心理学界掀起了一波样例学习的研究热潮。**样例学习**（learning from worked examples）就是例中学，样例就是例题。在样例学习中，学习者通过对例题的观察和思考而习得解题规则和策略。

发现学习强调做中学，倡导让学生在练习中自主发现规则和策略。但从20世纪80年代开始的大量研究证明，基于练习的教学并不是提高问题解决能力的有效途径。实验口语报告研究表明，在传统的练习条件下，学习者倾向于使用典型的诸如尝试错误的策略。相反，如果在练习之前呈现例题，学习者倾向于使用较为有效的问题解决的策略，更加注意问题的结构和类型。

有关样例学习的研究主要探讨了样例内部特征、样例之间的关系特征以及学习者与样例的相互作用（邢强，莫雷，朱新明，2003）。从样例内部特征来看，样例一般包括3个部分：问题，解题方法和评论。问题部分陈述问题的条件和目标；解题方法部分呈现解答步骤；评论部分解释采取每一步骤的理由或根据，它可以与前两部分一同呈现，也可以由示范者进行口头讲解。

例如，对于"$4(3x-5)+6(3x-5)=10$"这一方程求解问题，解题方法与评论部分可以是：

$10(3x-5)=10$　　　　观察方程结构，将括号内容（$3x-5$）看作一个单位项，系
数化为 1

$3x-5=1$　　　　　　　移项

$3x=6$　　　　　　　　系数化为 1

$x=2$

　　这样，解题方法和评论部分将示范者的解题步骤及其思维过程外化，成为学习者的观察对象，促进学生进行观察学习，获得相应的问题解决技能。

　　样例之间的关系特征涉及多个样例的变异性和组织呈现方式。多个样例需要在结构特征（涉及样例所共享的原理、规则或策略）上相同，在表面特征（涉及样例的内容与形式）上变化。对于上例中的方程，再呈现下列其他几个样例：

$$6(2x+3)-4(2x+3)=14$$
$$8(5x-6)=7(5x-6)-3$$
$$4(3+5x)+2=2(3+5x)-3$$

　　这些样例之间做到了同中有异、异中有同。相同之处在于需要观察方程结构，将括号内容先看作一个单位项并加以合并，然后进行下一步解答。不同之处在于这些方程的表面特征，诸如括号内部的加减运算、未知数与常数的位置、括号在等式一侧还是两侧、合并以后能否直接进行系数化为 1 的运算等。

　　多个样例的关系还涉及样例的呈现和组织方式。多个样例与其练习题之间存在两种搭配方式：交替式和区组式。如果采用交替式搭配，就在每一个样例后面配上相应的练习题；如果采用区组式，就让学习者先集中学习一组样例，而后集中做一组习题。

　　学习者与样例的交互作用则涉及学习者对样例的利用。相同的样例并非对所有学习者都是有效的。样例学习的有效性还取决于学习者是如何使用样例的。学习者对样例的自我解释就是一个非常重要的影响因素。有研究（Chi, Bassok, Lewis, Reimann, & Glaser, 1989）表明，优秀的学生遇到难以理解的步骤时比其他学生做出了更多的自我解释；他们要么是在预期样例的下一步，然后对照样例的下一步与自己的预期是否一致，要么尽力根据解题步骤或子目标之间的关系领会整体解题思路及其背后所用的原理、规则或策略（Renkl, 1997）。教师可以采取一些措施来促进学生对样例进行自我解释。例如，教师先示范解释样例中的步骤，然后要求学生模仿教师进行自我解释，甚至要求学生充当教师角色向其他学生进行解释、设计包含自我解释的样例等。

（五）帮助学生从记忆中提取信息

　　问题解决时需要问题解决者对已有知识、原理或原则进行重新组合，所以，教师要帮助学生从记忆中迅速提取与问题解决有关的信息，并能很快找出可利用的信息，明确问题情境与欲达到的目的，迅速做出判断。

　　教师要注意帮助学生回忆、提取信息，而不是代替他们；要鼓励学生进行类比，但也要防止从过去的方式方法中找答案，造成一定的定势。

教师要鼓励学生从不同的角度去看问题,有时,学生习惯于按一种逻辑进行思考,教师应该提示他们突破原来的事实、原理或原则的限制。

(六)训练学生陈述自己的假设及其步骤

教师要培养学生从引用别人的言语指导到自主思考,然后再让他们自己用言语表达出来。例如,四则运算题的先乘除后加减,最初教师做点提示、提醒,然后就可由学生自己来陈述。这样可进行自我强化。

(七)提供结构不良的问题,培养解决实际问题的能力

教师要向学生提供一些结构不良的问题(或者有多余信息,或者缺失必要的信息,或者问题未加明确等),学生要解决这种问题,必须灵活运用过去所学的知识,并且,通过对这些问题的解决,学生能够重新建构知识,能够将问题解决的能力迁移到实际领域中去。

(八)训练学生对问题解决过程进行监控和调节

教师要训练学生对问题解决过程进行调节,在问题解决之前,要认识任务的性质特点,提取有关的策略知识;在制订和执行计划之中,要不断监控自己的行为是否达到了预期的目的,并做出相应的调整。教师要鼓励学生验证解答,反思自己的问题解决过程,总结经验,并对所解决的问题进行归类整理,提高问题解决的能力。此外,教师要给学生提供充分的问题解决时间。实践证明,在时间紧迫的情况下,让学生做难题,学生会难以完成,只好草草了事。

除此之外,教师应该给学生提供及时的反馈。或许最有效的培养学生问题解决能力的方式就是给学生提供解决各种不同类型问题的大量练习。所给予的反馈不仅涉及解法的正确性,也涉及学生产生解法的过程。但在解决复杂问题的过程中,不宜过分强调伴有反馈的练习。

教学指南

目前,有各种各样的方式能帮助学生提高问题解决的能力。例如,当学生解数学应用题时,教师可以鼓励他们用自己的话对每一个问题进行描述,画出草图,找出相关的信息,并把他们认为能够解决问题的途径都说出来。这些问题以及与之相类似的问题不仅可以帮助学生把注意力集中到重要的任务上来,还能引导学生进行思考以下问题:

(1)哪些信息很重要?

(2)还缺少什么信息?

(3)需要使用哪些公式?

(4)首先要做的事情是什么?

另一种帮助学生的方法是鼓励他们从多个角度来看问题。例如,在一堂历史课上,学生要把那些对中国产生影响的第二次世界大战时的人物(如毛泽东、周恩来、蒋介石、罗斯福、东条英机)进行分类。他们讨论了划分这些人物的各种方法,如按

照他们的人格类别、他们所统治国家的政治结构、他们对中国产生的影响等来分类。这个练习要说明不同的组织信息的方法，这对问题解决是很有帮助的。

教师也可以教给学生策略。在某一节地理课上，可以先向学生提出这样一个问题："选一个你认为能够吸引投资的城市（不是自己所在的城市），然后设计一张海报，把这个城市最重要的特点描绘在这张海报上。"教师可以按以下顺序来教学生解决这个问题的策略。

目标：设计一张描绘这个城市重要特点的海报。

子目标：决定怎样在海报上描绘这些特点。

子目标：决定描绘哪些特点。

子目标：决定选择哪个城市。

首先要实现的子目标：确定哪些特点能够吸引投资。

为了实现首要的子目标，学生可以在小组里进行头脑风暴，确定哪些因素能吸引人们去某个城市投资。然后，他们可以去图书馆查阅资料以核查哪些城市具有这些特点。接着，学生可以聚在一起讨论各个城市的特点，并从中确定一个城市，确定在海报上描绘哪些特点，以及如何描绘这些特点。只有这样做了，学生才算设计好了一张海报，可以向全班同学展示。

在学生发展起问题解决能力的过程中，教师可以给出一些提示，而不是答案。例如，教师在教学生分类时，可以给学生一系列的动物、颜色和居住地的名称。学生在给这些名称分类时，很可能会遇到一些困难，教师不要把答案告诉他们，只能提供这样一些线索，如：想一想，哪些单词可以组合在一起？马和狮子有哪些相似的地方？粉红色和房子有什么不同？

资料来源：申克，D. H.（2003）. *学习理论：教育的视角*（韦小满等　译）. 南京：江苏教育出版社，192.

第四节　创造性

一、创造性的含义

培养学生的创造性思维能力是一个全球性的问题。"为创造性而教"已经成为学校的主要目标之一。对于创造性（creativity），人们往往从作品（产物）、个性特质和过程3个方面来考虑。从作品来看，一项作品具有新颖性，且在一定范围内有用，便可成为具有创造性的产品。从广义角度来看，表达一个复杂的思想，哪怕是用自己的词句来填写的一张纸，对个人而言，只要提出的产物是自己前所未有的，这种产物就是创造性产物。从狭义角度来看，只有那些有社会价值的独特成就，即历史上前所未有的、具有社会意义的产物才称得上创造性产品。有研究者（Kaufman & Beghetto，2009，2013）概括了4种创造性。第一种，"大 C"创造性（big C creativity），涉及杰出天才和伟大作品的卓越创造，如牛顿、爱因斯坦、贝多芬、狄更斯等人的创造发明。第二种，"小 c"创造性（little c creativity），涉及所有常人的日常创造，如在相册中排列家庭照片，在微信中撰写一个段子，炒出一道新的菜，做出一个旅游日常安排等。第三种，"微 c"创造性（mini c creativity），涉及学习过程中所固有的创造性，是学习者对经验、行动和事件的新异的个人化的解释，相当于个人化创造（Runco，2004）或个体创造（Niu & Sternberg，2006）。第四种，"专业 c"创造性（pro c creativity），涉及专业领域的专长，是在领域知识发展中经过努力而达成的创造，可能当时名噪一时，但经过多少年后被发现并非卓越创造，并未达到"大 C"的水平。这种区分，尤其是其中的"大 C"和"小 c"受到了广泛的讨论（Runco，2014）。

从个性特质来看，创造性或者创造力常被用来形容创制作品的人。美国心理学家韦克斯勒（D. Wechsler）曾经收集众多诺贝尔奖得主青少年时代的智商资料，结果发现，他们的智商大多处于中等或中上等水平，但他们的个性与一般人存在很大区别。斯滕伯格（Sternberg，1988）认为，创造性个体具有 7 个个性特点。① 对含糊的容忍性。② 愿意克服障碍。③ 愿意让自己的观点不断发展。④ 活动受内在动机驱动。⑤ 有适度的冒险精神。⑥ 期望被认可。⑦ 愿意为争取再次被认可而努力。威廉姆斯（Williams，转引自陈龙安，1999）将创造性个性概括为 4 个方面。① 好奇心：富于寻根究底的精神、乐于接触离奇的情境、愿意深入探明事物的奥秘、善于把握细微的变化并观察结果等。② 想象力：善于想象尚未发生的事情、想象具体化、凭直觉进行推测，超越感官及现实的限制等。③ 冒险心：勇于面对失败和批评、敢于猜测和怀疑，在未知情境下完成任务，辩护自己的观点等。④ 挑战性：寻找各种可能性、了解事情的可能及其与现实的差距，从杂乱中理出头绪，不怕与大多数人的观点对立，愿意探究复杂的问题等。

从过程来看，创造性是创作者创造产品如画画、发明、编写计算机程序的过程，这一过程总是和创造性思维过程联系在一起，因此，创造性思维是创造性的核心，只有了解了创造过程以及创造者所运用的正确方法和思维活动方式，才能深入了解创造活动，才能有利于我们培养具有创造性的人，产生更多的创造性的作品。

创造性思维（creative thinking）是思维活动的高级过程，是在个人已有经验的基础上，发现新事物、创造新方法，解决问题的思维过程。创造性思维和再造性思维相对，再造性思维是重复过去在类似情境中学会的方法来解决问题，而创造性思维要求打破惯常的解决问题的方式，将过去的经验重新加以综合，给问题以新的解答。一些心理学家将创造性思维与发散思维联系起来，诚然，创造性思维与发散思维具有许多相同特点。**发散思维**（divergent thinking）就是产生尽可能多的观点和答案的能力。但是，创造性思维并不完全等同于发散思维，而是发散思维和辐合思维的统一。**辐合思维**（covergent thinking）则是确定一个唯一答案的能力（Woolfolk，2004）。创造性思维通常更多地或首先表现在发散性上。

二、创造性思维的特征

一般认为，创造性思维具有流畅性、灵活性和独创性 3 个特征。对创造性的测量也侧重在这些特征上。托伦斯（Torrance，1972；Torrance & Hall，1980，转引自 Woolfolk，

2004）用文字和图形两种类型的测验来测查创造性。在文字测验中，可能要求列举一块砖头尽可能多的用途，或是考虑如何把一个普通的玩具变得更有趣。而在图形测验中，可能要求在 30 个圆或椭圆的基础上进行创作，画出不同的图画。所有的答案都按照流畅性、灵活性和独创性 3 个方面来评分。

【考纲链接】
《教育知识与能力》（中学）：
了解思维的种类和创造性思维的特征

流畅性（fluency）是指在限定时间内产生观念数量的多少。在短时间内产生的观念多，思维流畅性大；反之，思维缺乏流畅性。吉尔福特把思维流畅性分为 4 种形式：① 用词的流畅性，是指一定时间内能产生含有规定的字母或字母组合的词汇量的多少；② 联想的流畅性，是指在限定的时间内能够从一个指定的词当中产生同义词（或反义词）数量的多少；③ 表达的流畅性，是指按照句子结构要求能够排列词汇的数量的多少；④ 观念的流畅性，亦即能够在限定时间内产生满足一定要求的观念的多少，也就是提出解决问题答案的多少。前三种流畅必须依靠语言，后一种既可借助语言也可借助动作。

灵活性（flexibility）是指摒弃以往的习惯思维方法而开创不同方向的能力。例如，让被试尽可能举出报纸的用途，他会产生"学习""包东西""当坐垫""折玩具""剪成碎片扬着玩""裹在身上取暖""用来引火"等各种各样的答案。富有创造力的人比一般人的想法涉及的方面广、范围大，而缺乏创造力者通常只想到一个方面而缺乏灵活性。

相关链接
反应定势与功能固着

思维的灵活性要求学习者克服反应定势与功能固着。

反应定势（response set），有时也称定势，指以最熟悉的方式做出反应的倾向。定势有时有助于问题的解决，有时会妨碍问题的解决。最初研究定势在问题解决中的作用的是迈尔（N. R. F. Maier）。他的实验利用指导语对部分被试作指向性的暗示，对另一些被试不作指向性的暗示。结果，前者中的绝大多数被试能解决问题，而后者则几乎没有一个人能解决问题。定势使问题解决的思维活动刻板化。

例如，怎样才能种下四棵树，使得每棵树之间的距离相等？这个问题刚开始会让人觉得很难，这是因为思维定势让学习者倾向于认为这四棵树只能种在一个平面上，只要打破这一定势，问题就迎刃而解了（见图 10-9）。

图 10-9 每棵树之间距离相等（Coon, 1998）

功能固着（functional fixedness）是由德国心理学家邓克尔（K. Duncker）提出的，指一个人看到某一制品有一种惯常的用途后，就很难看出它的其他新用途，并且初次看到的用途越重要，就越难看出其他用途。日常生活中经常碰到这种现象。假设某一个螺丝松了，非得找螺丝刀不可吗？是否想到用一把小刀？这种功能固着使学习者倾向于以习惯的方式运用物品，妨碍他们以新的方式解决问题。

　　例如下面这个情境：房间里从天花板上悬垂下两根绳子，现在请你把两根绳子的末端系在一起。旁边的一张小桌上有一些工具，包括一把锤子和钳子。你抓住一根绳子的末端朝另一根绳子走去，但够不着另一根绳子。你想通过在一根绳子的末端系上锤子或钳子来增加长度，但握着它的你仍然无法触及另一根绳子。此时你该怎么办？

　　该问题必须通过非常规的方式来使用提供的工具。如果把锤子或钳子系在一根绳子的末端，再把它像钟摆一样朝着另一根绳子的方向进行摇摆，然后再抓住另一根绳子的末端走向正在摇摆的这根绳子，就可以同时抓住两根绳子（见图10-10）。人们对解决这个问题感到有困难常常是因为不能想到某个惯常使用的物品的一些非常规的用途，这种困难就是功能固着。因此，创造性思维需要用新的方式看待事物，思考问题。

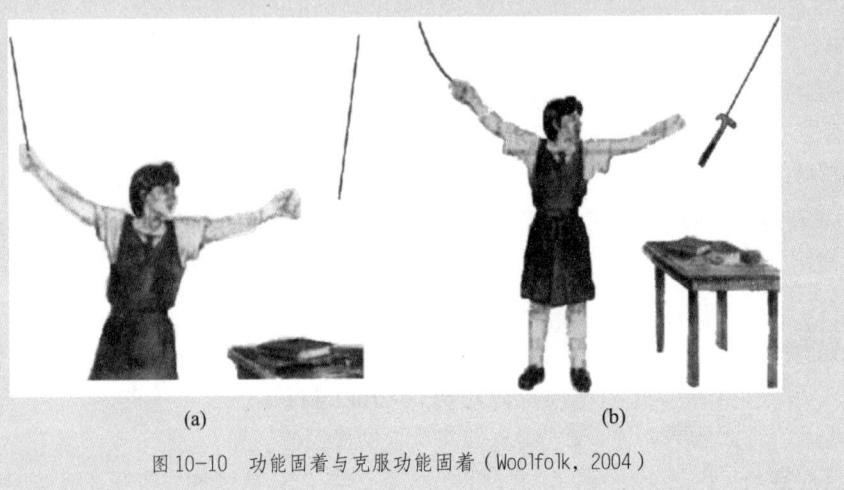

图 10-10　功能固着与克服功能固着（Woolfolk，2004）

　　独创性（originality）是指产生不寻常的反应和不落常规的能力，此外还有重新定义或按新的方式对所见所闻加以组织的能力。例如，在吉尔福特的"命题测验"中，研究者向被试提出一般的故事情节，要求他们按照自己的意思给出一个适当的题目。富有创造力的人给出的题目较为独特，而缺乏创造力的人常常被禁锢在常规思维之中。同样，在画图测验中，创造力强的学生总是能画出一些独特的图形，而创造力较弱的学生画出的图形则比较普遍（见图10-11）。

　　当然，创造性思维者还要对新颖独特的观念具有高度的敏感性，具有及时把握它们的能力。此外，托伦斯（E. P. Torrance）承袭了吉尔福特的观点，又增加了一个**精密性**（elaboration）（Dembo，1994）。他认为，创造性思维必须善于考虑事物的精密细节。在科学飞速发展、技术日益精细的现代社会，这一品质是十分重要的，如果思考不注意精细严密，其创造性将会受到限制。

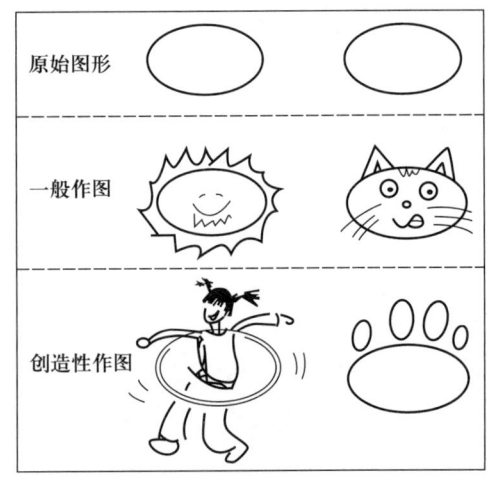

图 10-11　创造性画图测验

三、创造性思维的训练

学校对学生创造性的培养存在 4 种模式（孙汉银，2016）：一是在学科教学中渗透培养创造性思维和特质；二是进行创造技能训练，如前述问题解决训练中的创造性思维教程等；三是开展创造性活动，如开展"小发明""小制作""小论文"等课外科技活动；四是采用天才教育模式，通过充实制扩展课程的深度和广度，加强对天才学生创造性的培养。下面列举几种创造性思维训练的方法，在以上的 4 种培养模式中都可以采用。

（一）脑激励法

脑激励法（brain storming，又译头脑风暴法）强调把产生想法和评价想法区分开来（Woolfolk，1990），其基本做法是：教师先提出问题，然后鼓励学生快速联想，寻找尽可能多的答案，不必考虑该答案是否正确，教师也不予评论，一直到所有可能想到的答案都提出来了为止。

【微课】
创造性思维的
训练

脑激励法的原则就是尽可能地产生想法，不管这个想法初看起来如何片面。只有当所有可能的建议都提完，才开始对这些想法进行评价。在这种情况下，一种想法可能会启发另一种想法，同时，有些初看起来似乎荒谬而又真正体现创造性的想法不致被扼杀。也许更重要的是，人们不会因怕受到批评而收回可能的创造性解答。当所有的想法都列完后，人们就可以评价、修改和合并这些想法，而产生一个创造性的答案。

和小组讨论一样，个人也可以得益于脑激励法。假如想写一篇文章，不妨先列出所有想到的标题、大纲、美妙的句子、例子等，然后综合评价，决定取舍，最后有机地整理出一篇佳作来。个人脑激励法尤其在无从着手某个计划时非常有用。

（二）分合法

分合法（synectics）是戈登（W. J. J. Gordon）1961 年提出的一套团体问题解决的方法，其核心思想是"把原本不相同、不相关的元素加以整合"包括两个方面，一是使熟悉的事物变得新奇，二是使新奇的事物变得熟悉（转引自陈龙安，1999）。熟悉的事物陌生化的过程要求学生用新颖而富有创意的观点去重新了解旧问题、旧事物、旧观念，从另一个新奇的角度来解释一些熟悉的概念，例如，当认为母鸡是一个会下蛋的工具时，我们就会从工具的性质来认知母鸡。面对陌生事物或新观念时，可以先从学生熟悉的概念入手，通过分析法和类比法来尽快熟悉陌生事物。例如，将地球的地质结构比拟为鸡蛋的结构。这样，将地核、地幔和地壳与蛋黄、蛋清和蛋壳对应，让学生尽快熟悉地球的地质结构。

戈登的分合法，主要是运用类比和隐喻的技术来帮助学生分析问题，形成不同观点。隐喻的功能在于使事物之间形成**概念距离**（conceptual distance），激发学生的新观念。例如，问学生"如果教室像电影院"，让学生以新的途径去思考熟悉的事物。相反，也可以让学生用原有方式去思考新的主题。例如，以人体去比拟交通运输系统。通过这种概念距离的形成，使学生能够自由地思考其生活中的活动或经验，发挥想象力，增强领悟力。

戈登还提出了 4 种类比的方法：

1．狂想类比

狂想类比（fantasy analogy）是让学生在考虑解决问题的途径时，尽可能产生不寻常的思路。在学生产生各种不同的狂想观念之后，教师再带领学生进行观点的实际分析与评价，然后决定何种方式为最有效的途径。这种类比方法常用的句型是"假如……就会……"或"请尽量列举……"。例如，教师问学生："将球场上一块大石头搬走，可以用什么方法？"学生通过狂想类比提出下列解答："用大气球把它吊走""用大象搬""用好多小蚂蚁来搬"等，然后教师带领学生对观点进行实际分析与评价。

2．直接类比

直接类比（direct analogy）是将两种不同的事物加以类比。例如，将电话比作听觉系统的构造，电脑比拟人脑的构造等。"直接类比"主要是简单地比较两种事物或概念。它的作用在于将问题情境或主题转换到另一个问题情境或主题，从而产生新观念。狂想类比与直接类比的主要区别在于前者多为幻想虚构，不依据事实而定，而后者则要求必须有与问题相类似的实际生活情境。

3．拟人类比

拟人类比（personal analogy）是将事物"拟人化"或"人性化"。例如，要求学生写一篇作文，想象一棵树生病了会怎么样。学生把自己想象成一棵生病了的小树，将自己平时生病时的症状和感受都赋予了这棵小树，因此写得生动感人。

4．符号类比

符号类比（symbolic analogy）是运用符号象征化的类比。例如，诗词的表达，利用一些字词，可以引申或解析某一较高层次的意境或观念。符号的类比是一种"直指人心，立即感悟"的作用方式。例如，有的漫画家在漫画人物的眼睛里画上"＄"的符号，便生动地刻画出了该人物贪婪、刻薄的形象。

（三）自由联想技术

自由联想技术（free association techniques）是让学生以不同的方式对教师提供的刺激做出反应的方法。例如，教师提出一个"鸟"字，学生通过自由联想，可能产生"小鸟""飞机""天空""羽毛""翱翔"等事物或词。自由联想技术用在字词方面就是字词联想，用在图片上就是图画的联想，当然也可以应用在其他方面。

教学指南

我国教育工作者、创造学研究专家许立言、张福奎根据我国青少年的特点，提炼出了12个"聪明的办法"，用以指导儿童青少年的创造发明。

（1）加一加：在这件东西上添加些什么，会有什么结果？

（2）减一减：在这件东西上减去些什么，会怎么样呢？

（3）扩一扩：使这件东西放大、扩展，结果会如何呢？

（4）缩一缩：使这件东西压缩、缩小，会怎么样呢？

（5）变一变：改变一下形状、颜色、声响、味道、气味、次序，会怎么样？

（6）改一改：这件东西还存在什么缺点？有改进这些缺点的办法吗？

（7）联一联：把某些东西或事情联系起来，能帮助我们达到什么目的吗？

（8）学一学：有什么事物可以让自己模仿、学习一下吗？

（9）代一代：有什么东西能代替另一样东西吗？

（10）搬一搬：把这件东西搬到别的地方，还能有别的用处吗？

（11）反一反：如果把一件东西、一个事物的正反、上下、左右、前后、横竖、里外，颠倒一下，会有什么结果？

（12）定一定：为了解决某一个问题或改进某一件东西，为提高学习、工作效率和防止可能发生的事故或疏漏，需要规定些什么吗？

思考题

1. 什么是问题？问题有哪些主要成分和特点？

2. 什么是结构良好问题与结构不良问题？两者有哪些差异？

3. 什么是问题解决？问题解决有哪些共同特点？

4. 简要描述问题解决过程。

5. 什么是算法式与启发式？举例说明二者在教学中的应用。

6. 举例说明几种主要的启发式方法。

7. 试论一般问题解决策略与特定领域知识对问题解决能力培养的意义。

8. 举例说明如何在教学中培养学生的批判性思维技能。

9. 结合学科实例谈谈专家与新手的差异以及专家的培养策略。

10. 分析发散思维与辐合思维之间的联系和差异。

11. 创造性有哪些特点？

12. 在教学中如何培养学生的创造性？举例说明。

13. 谈谈脑激励法在课堂中的应用。

推荐阅读

刘儒德．（2010）．*学习心理学*．北京：高等教育出版社．

申克，D．H．（2003）．*学习理论：教育的视角*（韦小满等　译）．南京：江苏教出版社．

波诺，E．D．（2002）．*六顶思考帽*（冯杨　译）．北京：新华出版社．

孙汉银．（2016）．*创造性心理学*．北京：北京师范大学出版社．

第十一章

自我调节学习

📍 知识导图 ▶▶▶

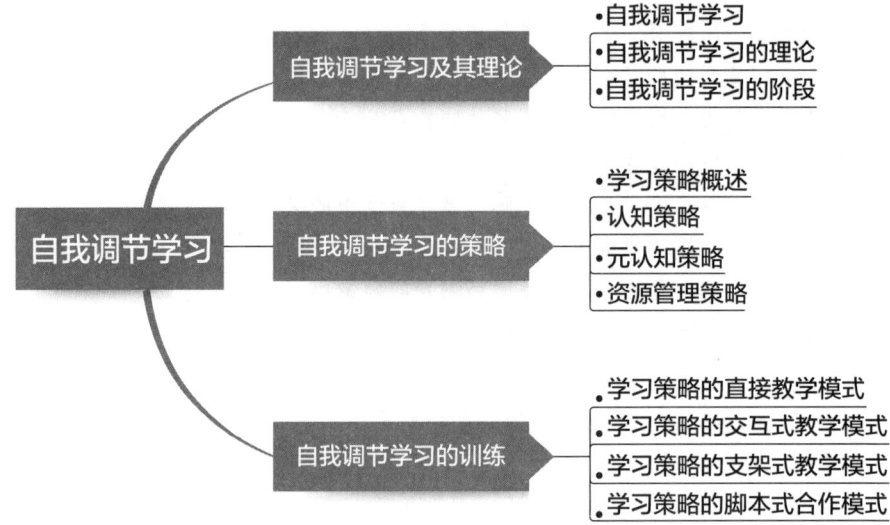

自我调节学习 —— 自我调节学习及其理论
- 自我调节学习
- 自我调节学习的理论
- 自我调节学习的阶段

自我调节学习的策略
- 学习策略概述
- 认知策略
- 元认知策略
- 资源管理策略

自我调节学习的训练
- 学习策略的直接教学模式
- 学习策略的交互式教学模式
- 学习策略的支架式教学模式
- 学习策略的脚本式合作模式

📝 学习目标 ▶▶▶

- ⊙ 简述自我调节学习的内涵和基本理论
- ⊙ 掌握自我调节学习的各种策略并尝试应用
- ⊙ 了解自我调节学习的训练模式

随着信息社会的发展与社会竞争的日益激烈，学会学习和终身教育理念的广泛普及，越来越多的人认识到：未来的文盲，不再是不识字的人，而是没有学会学习的人。传统的以知识积累为主的教学和学习模式已经无法适应时代的要求，教育的重心要从知识教育转到能力培养上。自我调节学习已经成为学校教育的重要课程目标、有效的教学方法和学习方式，因而成为全世界的教育决策者、研究者以及实践者关注的一个重要概念。

第一节　自我调节学习及其理论

自从班杜拉在 20 世纪 70 年代提出自我调节学习的概念以后，自我调节学习日益受到人们的重视，人们对它及其相关概念进行了大量的理论与实证研究，积累了丰富的相关理论知识。

一、自我调节学习

目前，与自我调节学习相关的术语较多，如自我监控学习、自我管理学习、自主学习、自我指导学习、自我控制、自我教育以及主动学习等。一般认为，**自我调节学习**（self-regulated learning，SRL）是指学习者主动激励自己并且积极使用适当的学习策略的学习，它是学习者激发并维持自身的思维、情绪和行为以实现目标的过程（Zimmerman & Schunk，2011）。它不仅可以被看作一种动态的学习过程（或活动），也可以被视为一种相对稳定的学习能力。

自我调节学习是一种主动的与建构性的学习过程，学习者设置目标，并调配达成目标所需要的努力和资源（Bandura，2007）。在这个过程中，学生首先为自己确定学习目标，然后监控、调节自己的认知、动机和行为（Pintrich，2000）。齐默尔曼（Zimmerman，1998）建立了一个系统的概念框架（见表 11-1），解释了自我调节学习的组成成分。根据学习者对此框架中各个成分是否具有选择权，可判断其自我调节的程度。

表 11-1　自我调节学习的概念框架

学习议题	学习维度	学习者条件	自我调节属性	自我调节的子过程
为什么	动机	选择参与	自我激励的	自我效能感和自我设置目标
怎么样	方法	选择方法	有计划的或自动化的	策略运用或习惯化的操作
什么时候	时间	选择时限	及时而有效的	时间管理
是什么	行为	选择结果行为	操作的自我觉察	自我观察、自我判断和自我反应
什么地方	物理环境	选择环境	对物理环境的敏感和对资源的充分利用	环境的建构
与什么人	社会	选择伙伴、榜样或教师	对社会环境的敏感和对资源的充分利用	选择性的求助

当学生要完成某一任务，而教师在为什么、怎么样、什么时候、是什么、什么地方和与什么人等方面没有给予选择的余地时，就会导致外控或他控。例如，一位教师告诉学生，他们必须写一篇关于某一特定题目的学期报告，这篇报告的篇幅必须为 10 页 A4 纸，双倍行距打印，而且报告中必须包含至少 10 篇参考文献，在 3 周内单独完成，只能在图书馆或者家中完成等。与此相反，小康自己想学弹吉他，选择的方法是听教师授课，每周听课 45 分钟，而且每天练习 1 小时。他的目标是在与家庭和朋友的聚会上流畅地弹奏，以便给别人伴奏。小康每天都在家中练习弹吉他。除了教师，他还寻求了一位会弹吉他的朋友的帮助，向朋友请教关于手指位置和和弦等的技术性问题。小康几乎完全控制了整个学习事件，实现了最大限度的自我调节。齐默尔曼与班杜拉（Zimmerman & Bandura，1994）认为，自我调节学习的最重要特征是学习者拥有多种选择。学习者拥有的选择越多，自我调节学习的可能性就越高。在结构化的学习任务中，学习者可能在一个方面或者几个方面拥有选择权，也可能在所有方面都没有选择权。在实际的学习情境中，完全的"他控"和"自控"是比较少的，多数的学习介于这两极之间。

二、自我调节学习的理论

教育心理学研究者基于不同理论对自我调节学习展开了深入的研究和探讨，研究的重心从早期只重视认知（Flavell，1987）转移到同时重视学习者的动机、情感、意志控制行为等因素的相互关系（Corno，2001）。当前，人们强调自我调节学习来源于社会性的调节学习，提出了**合作调节学习**（co-regulated learning）（Zimmerman & Shunck, 2011; Saariaho, et al.，2018）。在合作调节学习中，成人与儿童共同承担任务，管理学习过程的不同方面，成人为儿童提供学习过程管理的框架。随着儿童的自我调节越来越多，成人逐渐撤除自己的帮助，让儿童独立进行自我调节学习。合作调节学习的过程实际上就是一个搭建并撤除支架的过程。

齐默尔曼（Zimmerman，2001）概括了 7 种自我调节学习的理论，以及它们共同关注的 5 个方面的问题（见表 11-2）。

表 11-2　7 种自我调节学习的理论的观点比较

理论	动机	自我意识	关键过程	社会性和物质性环境	获得的性能
强化理论	强调具有强化作用的刺激	只关注自我反应	自我监察、自我指导、自我强化	榜样示范和强化	塑造的行为和消退的连续刺激
社会认知观	强调自我效能感、结果预期和目标	自我观察和自我记录	自我观察、自我判断、自我反应	榜样示范和亲身经历、掌握的经验	沿着 4 种水平不断提升的社会学习能力的发展
信息加工	没有强调动机	认知性自我监察	策略和信息的转换	除非环境信息能被转换	系统转换信息能力的增强

续表

理论	动机	自我意识	关键过程	社会性和物质性环境	获得的性能
现象学	强调自我实现	强调自我概念的作用	自我价值和自我认同	强调对环境的主观知觉	自我系统的发展
意志论	基于自身的期望和价值观的意志	控制行为而不是状态	调控认知、动机和情感的策略	控制干扰性环境的意志策略	习得应用意志控制策略的能力
维果茨基的社会文化理论	只强调社会情境的影响	对最近发展区的学习的认识	自我中心言语和内部言语	成人的对话在儿童言语内化过程中的中介作用	儿童获得内部言语在一系列发展水平上的应用
建构主义观	强调认知冲突的解决和求知欲	元认知监控	建构图式、策略或个人理论	强调社会性的认知冲突和发现学习	在解决认知冲突的过程中获得自我调节能力

在此，我们重点介绍以下 4 种理论。

（一）自我调节学习的强化理论

自我调节学习的强化理论主要来自斯金纳的研究和操作性条件作用理论。这种理论认为，自我调节学习行为是一种重要的操作性行为，它是基于外部强化或自我强化而做出的一种反应。强化理论强调外部环境对自我调节学习的制约作用，关注学习行为和环境之间的关系。持该理论的研究者认为，榜样示范、言语辅导和强化是最重要的教学方法，自我监察、自我指导、自我强化是自我调节学习过程的 3 个关键子过程。

自我监察（self-monitoring）是指学习者对自我学习行为的频率或者强度进行观察和记录的过程。学习者只有意识到自己正在做什么，才能调节自己的行为。学习者观察和记录行为的两个重要标准是恒常性和邻近性。**恒常性**（regularity）是指要持续性地而非断续地观察行为。例如，坚持每天都记录行为，而不是每周只用一天的时间来记录行为。**邻近性**（contiguity）是指在接近行为发生的时间观察，而不是行为发生很长时间以后再观察。因为如果不是在行为发生时记录，那么人们对失败和成功的选择性记忆将起作用，事件的客观性降低。

自我指导（self-instruction）是指学习者为了使学习趋向学习结果而采取的行为。它包括制订学习计划、选择适当的学习方法、组织学习环境等，也包括在学习过程中对学习步骤和方法所做出的自我提示。

自我强化（self-reinforcement）是指学习者因为自己获得了满意的学习结果而对自己做出奖赏，从而维持或促进积极学习的过程。强化物是根据它的效果而定的，如果自我施加的奖赏不能改善学习的效果，这种形式的强化物就会被撤除。

自我管理是影响自我调节学习的重要因素。**自我管理**（self-management）是指教师利用传统的应用行为分析方法，用积极的强化和其他程序改进学生的行为。当所期望的行为变化时，由教师做出的外在控制就转向由学生做出的内在控制。这一转变过程包括：学生通过自我评估，决定他们是否已经完成了特定的行为；学生通过自我监控，观察自己的行为，如记录行为的成绩、持续记录他们以多大频率和在多大的程度上参与了某些活动。

（二）自我调节学习的社会认知观

齐默尔曼（Zimmerman，1990）在班杜拉的社会学习理论的基础上提出自我调节学习的三阶段循环模式（见图 11-1），强调非认知因素在自我调节学习中的重要性。齐默尔曼认为自我调节学习是由个人、环境和行为三者相互作用决定的，即自我调节学习过程不仅由个人内部因素决定，还受到环境和行为过程的影响。据此，自我调节学习过程可区分为 3 个相互作用的行为过程：自我观察、自我判断和自我反应，如果学生能自主地观察行为的某一方面，根据标准进行自我判断，并做出积极或者消极的反应时，他就是在进行自我调节学习。

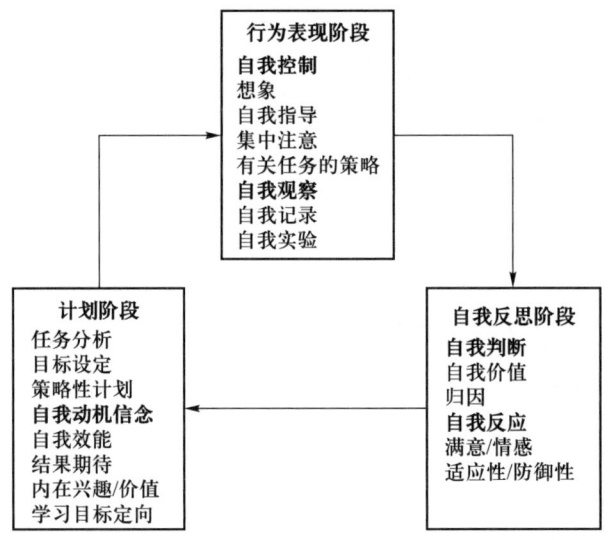

图 11-1　齐默尔曼的自我调节学习模式（Zimmerman，2002）

社会认知观中的**自我观察**（self-observation）类似于前面所提到的自我监察。**自我判断**（self-judgment）是指学习者将当前的成绩水平与自己的目标相比较的过程。目标可以分成两种。一种是绝对标准，它是一种固定的标准。例如，某位学生的目标是英语期末考试得到 90 分，那么，他可以按照这个标准来衡量自己的进步。另一种是常模标准，它是以他人成绩为基础的。当绝对标准不存在或者模糊时，学生更倾向于进行社会比较。事实上，绝对标准和常模标准通常一起被使用。例如，当这个学生的英语期末考试得到 90 分时，他会和同伴进行比较，判断自己在班级中的地位。同样是 90 分，但因各自的判断标准不同，从而使得某个学生可能喜出望外，另一个学生则可能感到大失所望，这就属于**自我反应**（self-response）。

申克和齐默尔曼（Schunk & Zimmerman，1996，1997）认为，学业能力的发展最初源自社会环境，而后才逐渐转移到自我方面（见表 11-3）。开始时，初学者从教学、社会榜样、任务结构和激励中快速获得学习策略。他们通过对榜样的观察归纳出学习策略的主要特征。之后，他们需要不断练习，才能将技能完全融入自己的行为体系中。如果在练习过程中，榜样可以提供指导、反馈和社会强化，则他们的动作精确性就会提高。当学习者的行为和榜样行为相接近时，他们就达到了技能的模仿水平。

表 11-3　自我调节的社会影响和自我影响

发展水平	社会影响	自我影响
观察水平	示范，言语描述	
模仿水平	社会引导和反馈	
自我控制水平		内部标准，自我强化
自我调节水平		自我调节过程，自我效能感

自我调节发展的 4 个水平是从获得学习技能的知识（观察）到使用这些技能（模仿），再到内化这些技能（自我控制），最后到恰当地使用它们（自我调节）。在观察水平和模仿水平，学习技能主要受社会因素的影响。在自我控制水平和自我调节水平，影响自我调节学习的因素转向了自我方面。

（三）自我调节学习的意志论

德国心理学家科尔（Kuhl，1984）和美国心理学家柯诺（Corno，2001）等提出了自我调节学习的意志理论。他们认为，学习者只有具有积极主动学习的愿望时，才能积累起丰富的意志控制策略。科尔提出，自我调节学习的意志控制策略包括注意选择、编码控制、情绪控制、动机控制、环境控制和信息加工控制等 6 种行为控制策略。在此基础上，柯诺依据学习情境的特征把这 6 种策略划分成两部分：内隐的自我控制过程和外显的自我控制过程。前者包括认知控制、情绪控制与动机控制；后者包括学习环境中的他人控制和任务控制。其中，内隐的自我控制是自我调节学习的关键过程，但学习任务和情境的变化也会影响学生的意志控制。

（四）自我调节学习的建构主义观

自我调节学习的建构主义观是在巴特赖特（Bartlett，1932，转引自庞维国，2003）和皮亚杰的图式理论的基础上发展起来的。建构主义观认为，儿童不仅能建构关于世界的认知图式，而且能够建构自我图式。**自我图式**（self-schema）是自我知识的一种动态的、有组织的储存形式，是自我认知和自我评价的基础。马库斯（Markus，1977，转引自任国华，2003）把自我图式看作有关自我的认知类化，它源于过去经验，能组织并指导有关自我信息的处理，例如，某人关于自己的图式可能包括"聪明的""幽默的"等特性。帕里斯和巴尼斯（Paris & Byrnes，1989）进一步指出，每个学生都是"科学家"，在学习活动中都能建构自我调节学习的理论。这些理论包括自我能力、努力程度、学习任务和学习策略 4 个方面，每一方面又包含多项内容（见表 11-4），正是学习者自己对这些方面的认识引导后续的学习行为。

表 11-4　个体建构的自我调节学习理论内容

自我能力	努力程度	学习任务	学习策略
学习能力的认识	为什么要努力学习	设置学习目标	陈述性知识
自我负责意识	学习要付出多大努力	分析任务的结构	程序性知识
对结果的控制感			条件性知识

三、自我调节学习的阶段

巴特勒和温（Butler & Winne，1995）从信息加工角度提出了自我调节学习的信息循环回路，阐释了自我调节学习的内在机制。他们认为，自我调节学习包括任务界定、目标设置和计划、策略执行、元认知调节 4 个阶段。

（一）任务界定阶段

学习者利用已有知识、信念对学习任务的特征和要求进行解释，明确学习任务是什么、完成这一任务有哪些有利条件和不利条件。在这一过程中，学习者的领域知识、任务知识、策略知识和动机性信念对其影响很大。领域知识的广度和深度影响个体对任务难易的判断，领域知识丰富，学习者会把学习任务解释为简单、容易；任务知识会影响学习者对学习任务的表征和解释，充足的任务知识能让学习者对任务的特征、标准、目标做出较为准确的判断；如果学习者拥有充足和有效的策略知识来完成该学习任务，那么学习的动机将会增强；学习的动机性信念中的自我效能感会影响学习者对学习任务难易的判断以及相应的目标定向。

（二）目标设置和计划阶段

学习者根据自己的标准和对学习任务的界定构建学习目标、制订学习计划、选择学习策略。在这一过程中，有 3 个因素起着重要的影响作用。① 自我效能感，高自我效能感的学习者制定的学习目标会更高。② 目标取向，掌握目标取向的学习者比表现目标取向的学习者更讲究学习策略的使用。③ 元认知水平，元认知水平影响目标设置的适宜性，也影响学习策略的选择、学习时间的安排和学习资源的利用等。

（三）策略执行阶段

在策略执行阶段，元认知的监视和控制的作用最大。元认知监视观察学习进程和目标的一致程度，可以为元认知控制提供依据；元认知控制主要根据元认知监视的结果对学习策略或者目标进行调整。与此同时，元认知控制还调节努力的付出和策略的坚持等。

（四）元认知调节阶段

元认知调节主要是对学习结果的调节，学习结果有认知的、情感的，也有行为的。元认知监控基于目标和当前学习结果的比较。对学习结果进行评估，而后把学习结果反馈到任务界定、目标设置和计划、策略执行等过程，依此指导下一轮的学习。认知的和情感的学习结果是内部反馈，直接受元认知监控。行为的结果借助外部反馈返回到认知系统，最后进入监控过程。根据内部和外部的信息，学习者可能会重新解释任务成分，调整学习目标，选择学习策略，生成新的学习程序，最终获得与任务标准和要求相匹配的学习结果。

相关链接

合作调节学习

学生的自我调节学习能力不仅是从独立学习活动中发展出来的，也来源于社会性的调节学习。在学习活动中，他人（如老师或家长）可能帮助学生树立学习目标，将注意维持在学习任务上，选择有效的学习策略，甚至监控学习的进展。随着时间的推移，学生在这些过程中承担越来越多的责任，逐渐开始自己设立目标，集中注意于学习任务，选用适当的学习策略，评价自己的学习。从他人调节学习到自我调节学习的中间桥梁是合作调节学习（Hadwin, Oshige, Gress, & Winne, 2010）。

合作调节学习是由成人与学生共同承担学习任务并对学习过程的各个方面进行管理（如设置目标、选择策略、监控实施和评价学习等）的过程（Hadwin, Järvelä, & Miller, 2011）。在合作调节学习中，成人与学生都积极地投入学习过程的管理之中（Schoor, Narciss, & Körndle, 2015）。合作调节学习的实质是一种培养学生自我调节学习的支架，随着学生的自我调节越来越强，成人的帮助被逐渐撤出来，直到学生能够完全进行独立的自我调节学习。

第二节　自我调节学习的策略

自我调节学习的重要条件是学习者使用各种认知和元认知策略来调控自己的学习。有效的学习者应该是一个积极的信息加工者、解释者和综合者，能使用各种不同的策略来储存和提取信息，努力使学习环境适合自己的需求和目标，对自己的学习非常负责。

一、学习策略概述

学习策略（learning strategies）是指学习者为了提高学习的效果和效率、有目的、有意识地制订的有关学习过程的复杂的方案。这一界定明确了学习策略的 4 个方面的特征。① 学习策略是学习者为了完成学习目标而积极主动地使用的。一般来说，学习者采用学习策略都是有意识的心理过程。学习时，学习者先要分析学习任务和自己的特点，然后根据这些条件，制订适当的学习计划。② 学习策略是有效学习所必需的。所谓策略，实际上是从效果和效率的角度而言的。例如，记忆一列英语单词，如果一遍又一遍地朗读，只要有足够的时间，那么最终也能被记住，但是，保持时间不会太长，记忆也不会很牢靠。相反，如果采用分散复习或尝试背诵的方法，记忆的效果和效率一下子会得到很大的提高。③ 学习策略与学习过程有关。它规定学习时做什么不做什么、先做什么后做什么、用什么方式做、做到什么程度等方面的问题。④ 学习策略是学习者制订的学习计划，由规则和技能构成。严格来说，所有学习活动的计划都是不相同的，每一次学习都有相应的计划。但相对而言，同一种类型的学习存在基本相同的计划，这些基本相同的计划就是我们常见的一些学习策略，如阅读策略等。

> 【考纲链接】
> 《教育知识与能力》（中学）：了解学习策略的分类，掌握认知策略、元认知策略和资源管理策略

许多学者对学习策略的成分和层次进行了理论上的探讨。简单地说，学习策略是由两种相互作用的成分组成的，一种是**基本策略**（primary strategies），被用来直接操作学习材料，如领会和记忆策略；另一种是**辅助性策略**（support strategies），被用来维持合适的学习心理状态，如集中注意策略。迈克卡等人区分了 3 种学习策略（见图 11-2），我们将择其要点予以介绍。

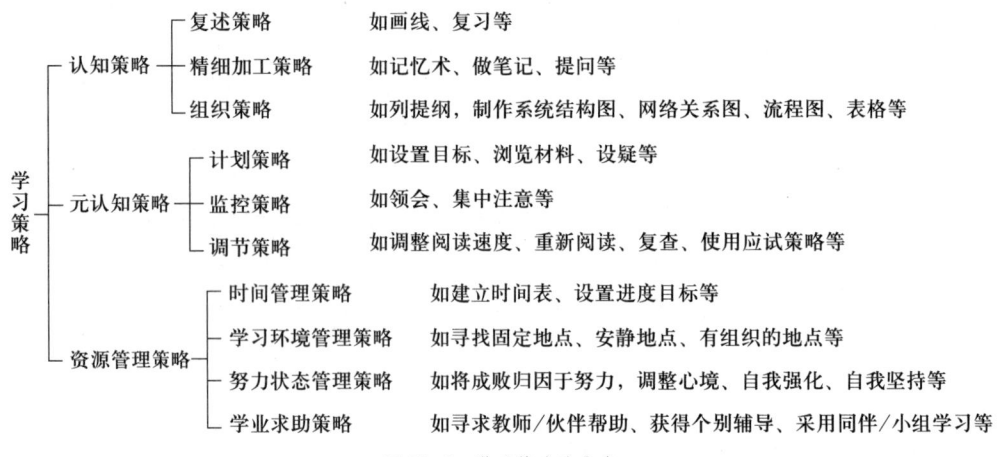

图 11-2　学习策略的分类

二、认知策略

认知策略（cognitive strategies）是指加工信息的一些方法和技术，有助于有效地从记忆中提取信息。它主要包括复述策略、精细加工策略和组织策略。

（一）复述策略

复述策略（rehearsal strategies）是指在工作记忆中为了保持信息，运用内部语言在大脑中重现学习材料或刺激，以便将注意力维持在学习材料之上的策略。在某些简单的任务中，如查找一个电话号码，人们会用到复述策略。为了在长时记忆中建立信息，人们也需要复述策略。

1．画线

画线是一种最常用的学习策略。画线可以帮助我们快速找到和复习课文中重要的信息。但在使用画线策略的时候，我们应该注意只画出确实重要的信息，如果什么内容都画，就失去使用这个策略的价值了。因为画出无关信息会干扰我们将注意力真正集中到重要信息上，从而影响回忆的效果。另外，单独一味地使用画线策略，并不是学习材料的好方法。因为画线并不能提供思考材料的机会。将画线与其他策略，如在画线的旁边做注释，结合起来使用可能会收到更好的效果。

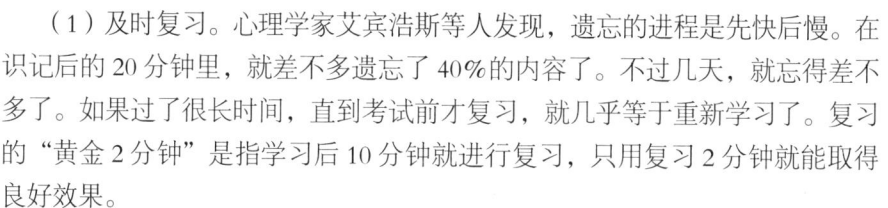

教学指南

画线的方法

- 圈出不知道的术语。
- 标出定义。
- 标出例子。
- 列出观点和原因。
- 标出事件的序号。
- 在重要段落前加某种符号。
- 在混乱部分加问号。
- 标出可能的测验项目。
- 画箭头表明事件或观点之间的关系。

2．复习

复习是学习的一种重要形式，它对学习有重要的促进作用。良好的复习策略有及时复习、分散复习、复习形式多样化、尝试背诵等。

【微课】
有效的复习
策略

（1）及时复习。心理学家艾宾浩斯等人发现，遗忘的进程是先快后慢。在识记后的 20 分钟里，就差不多遗忘了 40% 的内容了。不过几天，就忘得差不多了。如果过了很长时间，直到考试前才复习，就几乎等于重新学习了。复习的"黄金 2 分钟"是指学习后 10 分钟就进行复习，只用复习 2 分钟就能取得良好效果。

（2）分散复习。分散复习是指每隔一段时间重复学习一次或几次。对于大多数学习来说，分散复习更有益于长期保持。学习之后要复习五六次才能将所学内容长期牢固地储存在头脑里。大体时间安排为：10 分钟、一天、一周、一个月、两个月、半年之后对同一个材料各复习一次。

（3）形式多样化。如将所学的知识用实验来证明、写成报告、做出总结、与人讨论以及向别人讲解等，这比单调重复更有利于理解和记忆。某一领域的专家之所以能记得住许多专业知识，是因为他们在反复地应用这些知识。只有善于在不同的情境下反复应用所学的知识，才能加深对知识的理解和保持。

（4）尝试背诵。复习时可以采取阅读与回忆相结合的方法。阅读两遍后自己觉得记住了，就合上书，回忆书中的内容，回忆时用自己的话说出来的记忆效果更好。回忆后再对照书或笔记看哪些地方有错、有难点，就多下点功夫，直到熟练回忆出所有内容为止。

（5）自问自答。复习时可以一面阅读，一面自己提问题自己回答，而后根据回答或背诵的情况，检查自己的错误和薄弱环节，以便重新分配努力程度。

（二）精细加工策略

精细加工策略（elaboration strategies）是指一种将新学材料与头脑中已有知识联系起来，从而增加新信息的意义的深层加工策略。一条新信息与其他信息联系得越多，能回忆出该信息的原貌的途径就越多，也就是说可被提取的线索越多，回忆就越容易。因此，它是一种理解性的记忆策略，和复述策略结合使用，可以显著提高记忆效果。

1．记忆术

记忆术（mnemonics）是指一种通过给识记材料安排一定的联系以帮助记忆，并提高记忆效果的方法。记忆术的基本原则就是通过精细加工和联想使无意义的材料意义化，使抽象的内容形象化，使分散而无内在联系的材料系统化。

（1）位置记忆法。位置记忆法是一种传统的记忆术。这种技术在古代不用讲稿的讲演中曾被广泛使用，而且沿用至今。使用位置记忆法就是学习者在头脑中创建一幅熟悉的场景，在这个场景中确定一条明确的路线，在这条路线上确定一些特定的点。然后将所要记的项目全都视觉化，并按顺序和这条路线上的各个点联系起来。回忆时，按这条路线上的各个点提取所记的项目。位置记忆法对于记忆有顺序的系列项目特别有用。古代罗马元老院的政治家们常常用此法记住自己演说的要点。他们常常在自己的身体上、房间里确定出许多特定的点来加以利用。

（2）缩简和编歌诀法。缩简和编歌诀法就是将识记材料的每条内容简化成一个关键性的字，然后变成自己熟悉的事物，从而将材料与过去经验联系起来。有时，可以将材料缩简成歌诀。歌诀韵律和谐，抑扬顿挫，非常有助于记忆。

（3）谐音联想法。学习一种新材料时运用联想，借助意义，对记忆也很有帮助，这种方法称为谐音联想法。例如，有的学习者将"$\sqrt{2} = 1.1414\cdots$"联想成"意思意思而已"。

2．做笔记

在阅读和听讲中，用得比较普遍的学习策略是做笔记。我们在学习时记笔记，仿佛是为了复习，笔记仅仅成了一种用以复习的信息的外部储存方式。其实，做笔记的意义远不止于这些。它能促进新信息的精细加工和整合。

做笔记这种策略可能对有些材料很有效，因为，它要求学习者对材料的中心思想进行心理加工，它要求学习者决定记什么。但是，人们发现做笔记的效果是不一致的，笔记的种类将影响整合和组织信息的方法：逐字逐句地做笔记是对材料一字一句地编码；做总结性笔记将增进对材料的再组织和整合。有人发现用自己的话做笔记（用不同的词表达中心思想）和为了准备教别人而做笔记是很有效的，因为，它们要求对信息进行高水平的心理加工。用自己的话做简要笔记，组织和总结讲演中的要点，这可能使笔记更适合于自己。在复杂的理论性材料中，关键的任务是找出思想大意时，做笔记似乎效果最佳。有一定心理加工的笔记比纯粹笔录阅读材料要有效得多。为了增强学生做笔记的能力，教师在讲课或阅读之前，可以给学生提供一个"梗概"，这等于是给学生一个类目，引导他们做笔记。

有几个研究发现，这种做笔记的方法，再加上复习，能增强学生的学习效果。

虽然说做笔记有助于编码加工，但是最有效的运用还应包括复习。有些学生并未意识到做笔记需要进行这样两个步骤：记下信息，然后理解。停留在第一步并不是一种有用的学习策略。学生自己做笔记并且进行复习，比只做笔记不复习和借别人的笔记复习要学得好。复习笔记的益处在于它能允许对材料的进一步精细加工和整合。因此，不仅要反复地看笔记，而且要积极地思考笔记中的观点，并且和所学的其他信息进行联系。

3. 提问

提问是一种有助于学生学习课文、讲授以及获取其他信息的策略。学生要不时地停下来评估自己对课文或教师讲授的理解。许多研究者曾训练学生寻找故事中的角色、情景、问题，一开始提一些具体的问题，然后让学生找出这些关键要素。柏里斯等人（Paris, & Brown, 1984）和金（King, 1994）发现，如果学生在阅读时教他们提一些"谁""什么""哪里"和"如何"的问题，他们能领会得很好。英格勒特等人（Englert et al., 1991，转引自陈琦，刘儒德，1997）给学生一张单子帮助他们构思创作，这张单子教学生向自己提出以下一些问题："我写给谁看的？""要解释什么？""有什么步骤？"等等。基本上，它们都是训练学生在活动中自己和自己谈话。结果表明，学生能在解数学题、拼写、创作和许多其他课题中成功地学会自我谈话。但是，在介绍教学材料之前的提问有助于学生学习与问题有关的信息，但不利于学习与问题无关的信息。解决这一问题的方法就是提出与所有重要信息有关的问题。

（三）组织策略

组织策略（organizational strategies）是指整合所学新知识之间、新旧知识之间的内在联系，形成新的知识结构的策略。组织策略和精细加工策略是密不可分的，如做笔记和写提要等实际上是两者的结合。下面是一些常用的组织策略。

1. 列提纲

列提纲是以简要的语词写下主要和次要的观点，也就是以金字塔的形式呈现材料的要点。列提纲时，先对材料进行系统的分析、归纳和总结，然后用简要的语词，按材料中的逻辑关系，写下主要和次要观点。所列出的提纲要具有概括性和条理性，但其效果取决于学生是如何使用它的。一种有效的方法是让学生每读完一段后用一句话概括，另一种方法是让学生准备一个提要来帮助别人学习这些材料。这种活动可以促使学生认真考虑什么重要、什么不重要。

2. 系统结构图

学完一科知识，对学习材料进行归类整理，将主要信息归成不同水平或不同部分，然后就会形成一个系统结构图。复杂的信息一旦被整理成一个金字塔式的层次结构，就容易理解和记忆。在系统结构图里，较具体的概念要放在较抽象的概念之下（见图 11-3）。

3. 网络关系图

网络关系图能表示各种观点是如何相互联系的（见图 11-4）。建构网络关系图的过程是一个把自己头脑中的知识外显化的过程，它需要遵循一定的步骤：① 选择核心概念（上位的概念列在最上面）；② 选择相关的概念，放在不同的层次上；③ 添加概念之间的连线，并标明说明文字；④ 反思。熟练做出某一种或几种网络关系图后，也就可以不拘泥于一种形式，可以采用综合的模型。

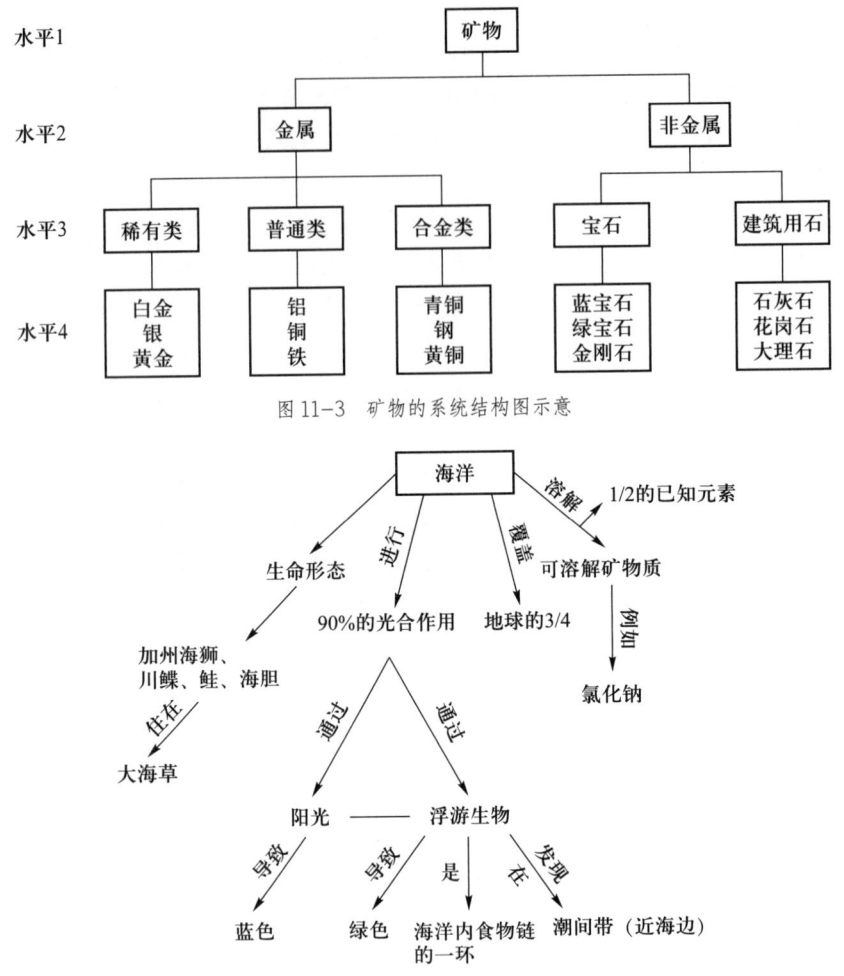

图 11-3 矿物的系统结构图示意

图 11-4 网络关系图举例

4．流程图

流程图可用来表现步骤、事件和阶段的顺序。流程图一般是从左向右或者从上到下展开，用箭头连接各步。流程图可以与网络关系图相结合，例如，带分数相加过程如图 11-5 所示。

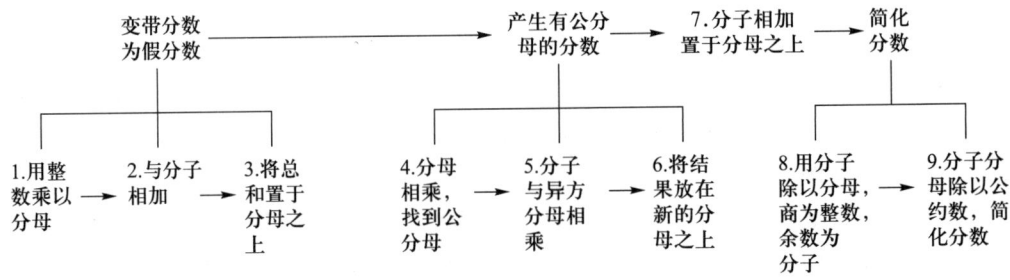

图 11-5 流程图举例

5. 表格

首先对材料进行全面的综合分析，然后抽取主要信息，并从某一角度出发，将这些信息全部陈列出来，力求反映材料的整体面貌。例如，本章中的表 11-2 对自我调节学习的 7 种理论进行了概括和比较。再如，学习中国历史时，可以时间为轴，将朝代、主要历史人物、历史事件全部展现出来，制成一张中国历史发展一览表。一览表还可以表示人物之间的关系，如《红楼梦》一书，人物众多，关系复杂，散见于各章，在综合各章信息后，可以制作出一张主要人物关系表。

三、元认知策略

在学习的信息加工系统中，存在着一个对信息流动的执行控制过程，它监控和指导认知活动的进行，负责评估学习中的问题，确定用什么学习策略来解决问题，评价所选策略的效果，并且改变策略以提高学习效果。这种执行控制功能的基础是元认知。

元认知（metacognitive）这一术语最初由美国发展心理学家弗拉维尔（Flavell，1976）于 20 世纪 70 年代提出。他认为元认知是对认知的认知。具体地说，元认知是个体关于自己认知过程的知识和调节这些过程的能力。在弗拉维尔之后，各研究者纷纷从各自的研究思路，提出对元认知的理解。尽管各研究者对元认知的表述不甚相同，但他们都一致认为，元认知实际上包含元认知知识、元认知体验和元认知监控 3 个成分。

元认知知识是有关认知的知识，即关于个人的认知活动以及影响这种认知活动的各种因素的知识。具体来说，可分为 3 个方面：

（1）关于个人的知识，即关于自己与他人作为认知思维的主体的一切特征的知识。具体来讲，包括 3 个方面的知识。① 关于个体内差异的认识。例如，正确地认识自己的兴趣、爱好、学习习惯、能力及其限度，知道如何克服自己在认知方面存在的不足，并且认识自己的学习观和知识观等。② 关于个体间差异的认识。例如，知道人与人之间在认知方面以及其他方面存在种种差异。③ 关于主体认知水平和影响认知活动的各种主体因素的认识。例如，知道记忆、理解有不同的水平，知道注意在认知活动中的重要性，知道人的认知能力是可以改变的。

（2）关于任务的知识，即对学习材料、学习任务和学习目标的认知。

（3）关于策略的知识，即个体意识到自己对学习策略的选取、调节和控制。

元认知体验是人们在进行认知活动时伴随而生的认知和情感体验。它包括知和情两方面的体验，即一方面是认知活动进行时对知识获取的觉知，另一方面是对认知过程中经历的情绪、情感的觉察。

元认知监控是指人们在进行认知活动的过程中，对自身认知活动所进行的积极的、自觉的监视、调节与控制。它包括认知活动前制订计划；认知活动中实施监控、评价和不断反馈；认知活动中对结果的不断检查、调节和修正。

（一）计划策略

计划策略（planning strategies）是指根据认知活动的特定目标，在一项认知活动之前计划各种活动，预计结果、选择策略，想出各种解决问题的方法，并预估其有效性。计划策略包括设置学习目标、浏览材料、设疑。给学习制订计划就好比是足球教练在比赛前针对对方球队的特点与出场情况提出对策。不论是完成作业，还是为了应付测验，学生对每一节课都应当有一个一般的"对策"。成功的学生并不只是听课、做笔记和等待教师布置测查的材料。他们会预测完成作业需要多长时间，在写作前获取相关信息，在考试前复习笔记，在必要时组织学习小组，以及使用其他各种方法。换句话说，成功的学生是一个积极的而不是被动的学习者。

【微课】
元认知策略

（二）监控策略

监控策略（monitoring strategies）是指在认知活动的实际过程中，根据认知目标及时评价、反馈自己认知活动的结果与不足，正确估计自己达到认知目标的程度、水平，并且根据有效性标准评价各种认知行动、策略的效果。监控策略包括阅读时对注意进行跟踪、对材料进行自我提问、考试时监视自己的速度和时间。这些策略使学生警觉自己在注意和理解方面可能出现的问题，以便找出来，并加以修改。例如，当学生为了应考而学习时，会向自己提出问题，并且会意识到某些章节的内容自己并不懂、自己的阅读和记笔记方法对这些章节行不通，需要尝试其他的学习策略。

1. 领会

领会是一种具体的监控策略，熟练的学生在阅读时自始至终都持续着这一过程。他们在头脑里有一个领会的目标，诸如发现某个细节、找出某些要点等，于是，为了该目标而浏览课文。随着这一策略的执行，如果找出了这个重要细节或抓住了课文的要点，熟练的学生会因达到目标而体验到一种满意感。但是，如果没有找到这个细节或者不懂课文，则会产生一种挫折感。如果运用领会策略后发现目标没有达到，就可以采取补救措施，如重新浏览材料，或者更仔细地阅读课文。

2. 集中注意

注意和金钱、能源一样，是一种有限的资源，在某时刻，只能注意有限的事物。当教师要求学生将他们有限的注意全都花在他所说的每一件事上，学生只好放弃对其他刺激的积极注意，变换使用注意的优先度，不再关注其他刺激。例如，当人们全身心地注意一个有趣的谈话者时，他们就意识不到细微的身体感觉（如饥饿），甚至充耳不闻、视而不见其他刺激。有经验的讲演家知道，当听众一旦心不在焉时，就需要重新抓回他们的注意力。

在课堂中，有些学生往往很难把注意集中在教学任务上，而分心于那些有吸引力的、会分散注意的事物。教师常常埋怨课堂上那些不能维持注意的学生不成熟、注意有缺陷或者学习态度不端正。不幸的是，使用不同的标签去描述注意力问题无助于提高学生的学习效果。柯诺（Corno，1987，转引自陈琦，刘儒德，1997）指出，注意关系到自我管理的问题，需要教学生一些抑制分心的学习策略来帮助他们对行为进行自我管理和自我调节，如注意此刻自己正做什么、避免接触能分散注意的事物等。

教学指南

如何吸引学生的注意

●告知学生本课的目标。在上课之前，教师要告诉学生所注意的目标，学生学得会好一些。

●使用标示重点的线索。有些教师增高或降低他们的音量，突出他们正要表达的关键信息；有些教师可能使用手势，重复或在显要位置表达同样的信息。课本常常用不同的颜色或不同的排版指明要点。

●增加材料的情绪性。有些宣传媒体常常选择情绪色彩浓的词来赢得注意，这就是为什么报道的标题说"某某议员枪毙了某教育法案"而不说"某某议员否决了某教育法案"。有人发现使用情绪色彩浓厚的词比使用中性的同义词更能赢得学生的注意。

●使用独特或奇特的刺激。例如，自然科学教师上课时，经常可以做演示，以引起学生的好奇心，从而吸引学生的注意。

●让学生相信学习内容对他们非常重要。许多学生常常会预期在随后的测查中会有什么问题，或者所学内容对个人的生活有什么帮助，以此来确定课中重要的信息。

（三）调节策略

调节策略（regulation strategies）是指根据对认知活动结果的检查，如调整阅读速度、重新阅读、复查、使用应试策略等。我们可以根据对认知策略效果的检查，及时修正、调整认知策略。调节策略与监控策略有关。例如，当学生意识到他们不理解课程的某一部分内容时，他们就会退回去重读这些段落；在阅读困难或不熟悉的材料时放慢速度；复习他们不懂的课程材料；测验时跳过某个难题先做简单的题目等。调节策略能帮助学生矫正他们的学习行为，补救其在认知理解上的不足。

元认知策略的几个方面总是相互联系的。在学习过程中，学生一般先认识自己的当前任务，然后使用一些标准来评价自己的理解、预计学习时间、选择有效的计划来学习或解决问题。然后，执行学习计划，并同时监控自己的进展，并根据监控的结果采取补救措施。例如，一个周四的晚上，某初中生正在为第二天的历史考试做最后的复习准备。在上一个星期六的晚上，她为自己如何准备这次考试制订了一周的学习计划，并且确定了学习的目标。她明确了哪些是必需学的内容，自己应该如何学，在什么时候完成什么学习任务。她从星期一开始学习，主要掌握学习要点和重要的历史事实。她对课本中的每一页逐一进行复习，并且通过给自己提问考试中可能出现的题目来监控自己的学习质量。周三晚上，她意识到所学的几个历史事件记起来有困难，于是她画了一个表格，把几个事件的背景、过程、结果和影响等方面列出来。通过进行比较、对比记忆，她发现如果在考试中碰到这些内容，那么她在回答时也不会有什么困难。大约 8 点钟，姐姐回家了，并带来了几个同事在客厅里大声说话。她让姐姐关照同事们要小声交谈，并且关上自己房间的门继续学习。学习了一个小时后，她发现笔记上的有些内容记得不详细，于是给同学打电话，把这些内容补充完整。大约 9 点 30 分，她感到自己有些疲意，不能很好地集中注意力了，于是她休息了 15 分钟后继续完成了当晚要完成的学习任务。这个学生实际上进行了一个完整的自我调节学习过程，包括自我计划、自我监控和自我调节的过程：她认识任务，设置目标，制订计划，实施并监控自己的学习过程，从而对自己的学习目标和过程进行调整。

相关链接

学 业 拖 延

拖延是一种普遍存在的现象，是自我调节失败的一种行为表现（Ferrari, 2001；Wolter, 2003）。拖延可以分为状态拖延和长期拖延。状态拖延是在一定情境下发生的拖延行为，如大学生拖延上交论文。长期拖延是在任何情境下表现出来的稳定的拖延倾向。长期拖延又可分为 3 种（Hammer & Ferrari, 2002）。唤醒型拖延是等到最后一刻才发起冲刺在一定时间压力下完成任务；回避型拖延是害怕失败或成功而推迟完成任务；决策型拖延是无法立刻做出决定而拖延做出决策。甚至有人（Chu & Choi, 2005）将拖延分为积极拖延和消极拖延，但积极拖延最近受到了质疑（Chowdhury & Pychyl, 2018）。这里所介绍的拖延是一种负面意义上的拖延，是指学习者明知延迟的不良后果仍然推迟到最后一刻才完成任务的一种行为倾向。学业拖延（academic procrastination）是指学习者有意而无必要地推迟启动或推迟完成学习任务的行为（Lay, 1986）。

学业拖延在大学生中普遍存在（Klassen, Krawchuk, & Rajani, 2008；庞维国，韩贵宁，2009），对学生的学业成绩、自尊和情绪具有消极影响（Blanchard & Gottry, 2004；Stainton, Lay, & Flett, 2000；Steel, 2007）。学业拖延的原因分为情境因素和个体因素（倪士光，李虹，黄琳妍，2012）。情境因素包括任务厌恶、任务复杂困难与延时奖励等，个体因素包括责任心低、成就动机低与自我效能感低，还有完美主义倾向（Xie, Yang, & Chen, 2018）等。

教师在教学中可以采取一些方法来预防学生的学业拖延。

●提高学生对学习任务的兴趣和价值。向学生提高一些充满好奇的、有挑战性的、与学生兴趣相关的以及有适度挑战性的学业任务，激发学生的内在的完成任务的动机。

●降低短期诱惑的分心干扰。鼓励学生在教室、图书馆等环境下学习，避免电视和手机等方面的干扰。

●将长期目标划分为短期目标，将困难的任务分解成一个又一个容易完成的子任务，使学生降低畏难情绪，逐步完成任务，最终达成长期目标。

●提供及时反馈。对学生的进步和结果予以及时反馈，强化学生对子任务和子目标的完成。

●促使学生形成良好的学习习惯。鼓励学生建立良好作息规律，在规定的时段做规划好的任务，进行有效的时间管理。

●提升学生的自我效能感。通过不断成功的经历、榜样的作用和言语的鼓励，提高学生的自我效能感。

●利用学生团体影响。建立学习小组，形成团体规范和社会压力，让组员相互鼓励、监督和支持，按时完成学习任务。

四、资源管理策略

资源管理策略（resource management strategies）是辅助学生管理可用环境和资源的策略，有助于学生适应环境，并调节环境以适应自己的需要，对学生的动机具有重要的作用。它包括时间管理策略、学习环境管理策略、努力状态管理策略、学业求助策略等。其中，学习环境管理策略主要是善于选择安静、干扰较小的地点学习，充分利用学习情境的相似性等。努力状态管理策略主要是指掌握一些方法来排除学习干扰，使自己的精力有效地集中在学习任务上。这里，我们重点阐述时间管理策略和学业求助策略。

（一）时间管理策略

时间是极其重要的学习资源，有效的时间管理可以促进学习，并增强自我效能感；无效的时间利用则会削弱信心，降低学习效率。齐默尔曼（Zimmerman，2001）也把学习时间管理视为一种有效的自我调节学习策略。

【微课】
时间管理策略

训练学生掌握时间管理策略，需要帮助他们意识到时间计划的重要性，并优先考虑时间的运用，如建立时间表、设置进度目标等。

教学指南

如何让学生学会时间管理？

一、热身活动

活动材料：一个广口瓶，若干水果（苹果、橘子、梨等），若干小零食（花生、瓜子等）

问题：如何把所有的东西装到瓶子中？

二、讨论时间的运用

可以运用"重要"和"紧急"两个维度进行自我判断。如图11-6。

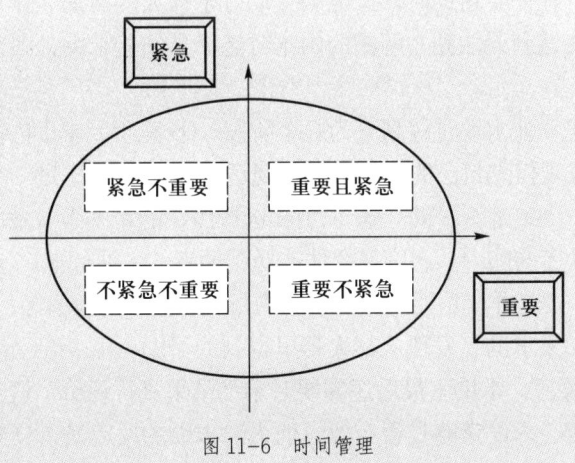

图11-6 时间管理

三、分析时间的分配

可以通过"学习的比萨"活动进行自我分析。让学生拿出一张大白纸，在上面画一个大圈，表示一周全部的生活时间。根据生活中各项活动内容所占时间比例的大小和多少，将这个大圆圈分割。

四、活动反思

（1）我的大圆圈中共有多少项目？

（2）哪些项目是必须完成的，哪些项目是可以删除的？

（3）哪些项目的分量应该增多，哪些项目的分量应该减少？

（4）学习的时间占其中的多少？

五、重新规划

在活动结束前，参与者需根据活动的反思来重新规划自己的时间管理情况，并付诸实践。

（二）学业求助策略

在学习的过程中，学生总会碰到各种各样的困难，其中，有些困难是自己无法解决的。在这种情况下，学生需要向他人寻求帮助。**学业求助策略**（help-seeking strategies）是指当学生在学习上遇到困难时，向他人请求帮助的行为。它是一种重要的社会支持管理策略。

奈尔森－黎高（Nelson-Le Gall，1985）按照求助者的目的将学业求助划分为**执行性求助**（executive help-seeking）和**工具性求助**（instrumental help-seeking）两大类。前者是指学生面临自己不能解决的学习困难时，请求他人"替"自己解决困难。这种求助类型的学生只想要答案或者希望尽快完成任务，自己不做任何尝试就放弃了获得成就的能力，选择了依赖而非独立掌握。后者也称为适应性求助，是指学生遇到学习困难时，借助他人的力量以达到自己解决问题或者实现目标的目的。工具性求助的目的是为了独立地学习，而不是仅仅为了获得正确答案。因此，使用工具性求助策略的学生，在自己能够解决问题的时候会拒绝他人的帮助；在需要帮助时，又能够主动寻求他人的帮助。除了这两种学业求助策略，也有一些学生在遇到无法独立解决的困难时选择了回避求助，因为他们担心自己会被当作笨蛋。

奈尔森－黎高把学业求助过程划分为几个阶段。① 意识到求助的需要。个体意识到任务的复杂和困难，发现仅靠自己的能力难以实现目标。② 决定求助。个体对求助行为的受益和代价进行权衡，决定是否求助。③ 识别和选择潜在的帮助者。做出求助决定后，需要决定向谁求助，帮助者的能力、态度是个体选择帮助者的主要标准。④ 取得帮助。取得帮助的策略有两类，一类是非言语性的，如求助的目光、困惑的表情等；另一类是言语性的，即直接开口求助。如果求助者发现从某人那里得到的帮助不能令自己满意时，还会继续向别人求助。⑤ 评价反应。求助者最后还需要对求助结果进行评价，这包括所获得的帮助对问题的解决是否足够、求助策略是否有效、他人对求助的反应是否良好等方面（转引自李晓东，1999）。

教学指南

如何进行学业求助

● 正确看待学业求助。他人的帮助如同课本一样，是重要的学习资源。学业求助不是自身能力缺乏的标志，而是获取知识、增长能力的一种途径，是一种重要的学习策略。

● 正确确定学习目标，应该确立学习是以掌握知识、发展能力为目标，而不是以显示能力、赢得尊重为目标。这样能减少进行学业求助时产生不必要的顾虑。

● 采用工具性求助策略。明确学业求助的重点在于求得别人的点拨和提示，而不是要求别人包办。在遇到自己确实无法解决的学习困难时，再寻求他人的帮助。

● 营造一种良好的社会性学习环境。学业求助需要与他人的互动，没有一种和谐、相互关怀的师生关系、同学关系，学业求助会受到不必要的挫折。

● 发展学业求助的能力。例如，辨别何时需要求助，谁是最合适的求助对象，如何提问才能得到确切的回答等。

资料来源：庞维国.（2003）.*自主学习：学与教的原理和策略*. 上海：华东师范大学出版社，121–122.

第三节　自我调节学习的训练

教育的目标之一就是要帮助学生学会使用有效的学习策略，学会自我调节学习。

在进行自我调节学习的训练时，不管教什么策略、怎么教这些策略，可以遵循这样几个原则。

（1）主体性原则，强调学生在学习目标、过程、方法、评价等方面能发挥积极主动性。

（2）内化性原则，强调学生不断实践各种学习策略，逐步将其内化为自己的学习能力，并能在新的情境中加以灵活应用。

（3）特定性原则，强调学习策略一定要适于学习目标和学生的类型。同样一个策略，年长和年幼的，成绩好的和成绩差的，用起来的效果就不一样。

（4）生成性原则，强调学生要利用学习策略对学习材料进行重新加工，生成某种新的东西。

（5）效能性原则，强调让学生体会到学习策略的效果并相信使用策略会影响他们的成绩。

自我调节学习的训练可以采用下列教学模式。

一、学习策略的直接教学模式

直接教学（direct instruction）模式是教师以尽可能直接的方式把事实、规则和动作序列传达给学生的过程，主要由激发、讲演、练习、反馈和迁移等环节构成。在教学中，教师先向学生解释所选定自我调节学习策略的具体步骤和条件，在具体应用中不断给以提示，让学生口头叙述和明确解释所操作的每一个步骤，并报告自己应用学习策略时的思维过程，通过不断重复这种内部定向思维加强学生对学习策略的感知、理解与保持。同时，教师依据每种策略选择许多恰当的事例来说明其应用的多种可能性，使学生形成对策略的概括化认识。提供的事例应从学生的认识水平出发，由简到繁，使学生从单一策略的应用发展到多种策略的综合应用，从而形成一种综合应用能力。

达菲等人（Duffy & Roehler，1989）对阅读策略的直接教学进行了研究，他们指出，阅读策略直接教学模式的实施可分为3步。① 教师有意识地明确教学内容和方法，即在具体课程中明确策略知识中的陈述性知识、程序性知识和条件性知识，以及指导学习这些知识的方法。② 在学科课程或阅读指导课程中进行监控，根据学生水平和具体情境，采取明确、直接的指导，使学生掌握所教的策略知识。③ 让学生运用阅读策略进行积极的监控，提高其阅读水平。

其中，②是该模式的核心部分，可以进一步划分为3步。第一步，直接讲解，教师向学生明确讲解某种策略的3种知识，具体包括策略的含义与特征、作用，如何使用阅读策略，何时何地运用阅读策略以及如何评价策略的效果。第二步，示范。教师用语言向学生呈现阅读中的策略运用过程，将运用策略过程中不外显的心理活动过程明确地呈现给学生，这样可减少学生的模糊认识与猜测，使其能准确、恰当地掌握阅读策略。具体示范的内容为两个方面，一方面是阅读的思维推理过程，另一方面是自我监控过程，即如何有意识地控制策略的运用。在示范中，教师要明确告知学生，他们应当有意识地控制所学的策略，明确运用策略所需的条件，寻找策略中所包含的全部心理技能。第三步，辅导学生正确运用阅读策略。在讲解和示范之后，教师还必须提供一定的练习机会，根据学生的具体进展给予适当形式的辅导，如解释或类比等，逐渐使学生熟练掌握所教策略。

在自我调节学习的训练中，直接教学模式日益受到重视，尤其是对年幼学生，这一模式比较有效，因为此阶段的学生很难自己发现策略知识，有时即使自己发现了也不能自动运用这些知识。当然，直接教学也有一定的局限性。例如，一些学习过程很难进行讲解，还有一些学习活动的具体过程还未确定下来。而且，有时难以确定将一个策略分解到什么程度最为有效。

二、学习策略的交互式教学模式

交互式教学（reciprocal teaching）模式是美国教育心理学家布朗和帕林克萨（Brown & Palincsar，1987）提出的，是指教师和学生轮流承担教的角色的课堂教学组织形式。交互式教学模式的核心是小组讨论，一般由教师和一小组学生（大约6人）一起进行。交互式教学模式旨在教学生这样4种策略：总结段落内容；提出与要点有关的问题；明确材料中的难点；预测下文会出现什么。一开始，教师示范这4种策略。例如，朗读一段课文，并就其核心内容进行提问，直到最后概括出本段课文的中心大意。提问是为了引起讨论，概述大意则有助于小组成员为阅读下一段课文做准备。然后，教师指定一个学生扮演"教师"，效仿教师的步骤，带领大家分析下一段内容。学生轮流担当"教师"。交互式教学模式的最终目标是让学生充分参与到学习过程中。教师先树立一些榜样性行为，示范 4 种策略，然后改变自己的角色，在学生尝试使用策略时给以必要的帮助，起到促进者和组织者的作用，图 11-7 列举了一些班级活动，它们能引导任务在自我调节学习期间从教师到学生的逐步转变过程。

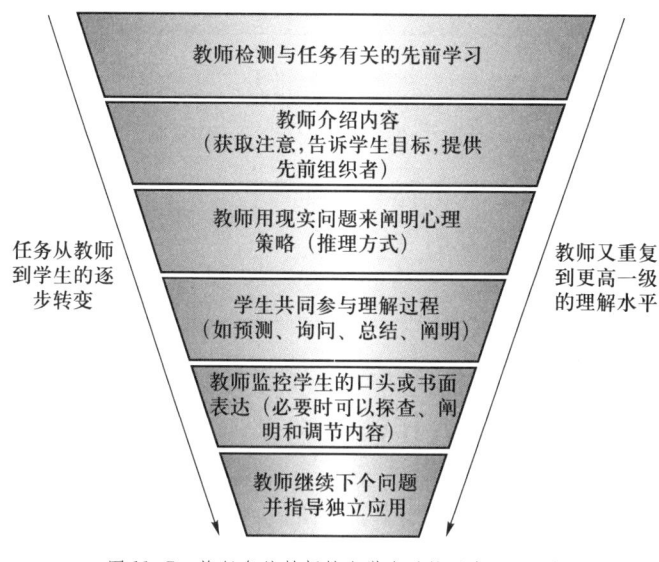

图 11-7　将任务从教师转向学生（鲍里奇，2002）

三、学习策略的支架式教学模式

支架式教学（scaffolding instruction）模式是在维果茨基的最近发展区理论基础上发展起来的一种教学模式，它是指教师在学生的现有知识水平和学习目标之间建立一种帮助学生理解的支架，帮助学生一步步把学习从一个水平提升到另一个水平，最后实现学生自主学习的教学模式。

在支架式教学过程中，教师提供不同程度的完整性材料，促使学生练习策略的某一个成分或步骤，然后逐步降低完整性程度，直至完全由学生自己完成所有成分或步骤。例如，在教学生列提纲时，教师可先提供一个比较好的提纲，然后解释这些提纲是如何统领材料的，下一步就给学生提供一个不完整的提纲，分步对学生进行训练：提供一个几乎完整的提纲，需要学生听课或阅读时填写一些支持性的细节；提供一个只有主题的提纲，要求学生填写所有的支持性细节；只提供支持性细节，而要求学生填写主要的观点。

表 11-5 是支架式教学的一个例子。

通过这种方式，教师一步步撤去给学生提供的学习支撑，把任务逐步交给学生，最后完全由学生自己来完成。学习结束之后，再让学生对本节课的学习情况进行评价。这种方式的好处在于它能够使学生有意注意每一个成分或步骤，而且每一步训练所需的心理努力都是学生能够胜任的。更为重要的是，每一步训练都给学生以策略应用的整体印象。

表11-5　支架式教学的例子（庞维国，2003）

这堂课的教学目标是让小学生掌握"无论……还是……都……"这一句型的使用。首先，教师呈现句子，并引导学生分析，如何把两个句子用"无论……还是……都……"组合成一个句子，把关键的环节给学生指出来。

第一阶段	第二阶段	第三阶段	第四阶段	第五阶段
白天，他认真学习。 晚上，他认真学习。 无论白天还是晚上，他都认真学习。	春天，西藏的天气很晴朗。 夏天，西藏的天气很晴朗。 无论____还是____，都____。	在中国的北方，有各种各样的鸟。 在中国的南方，有各种各样的鸟。 ____，____。	星期一，我们上课。 ____， ____，	____， ____。 ____，

四、学习策略的脚本式合作模式

许多学生可能已发现，当自己和同学讨论所读到的和所听到的材料时，获益匪浅。丹瑟洛（Dansereau，1985）等人通过实验研究，将这种学习形式规范化了，并称之为**脚本式合作**（scripted cooperation）模式，它是指学生两两配对进行学习的方式。它几乎能运用在阅读、写作和数学的问题解决等所有的学习任务上。例如，在最常用的阅读训练中，两个学生一组，一节一节地彼此轮流向对方总结材料。当一个学生主讲时，另一个学生听着，纠正错误和遗漏。然后，两个学生彼此变换角色，直到学完所有材料为止。关于这种学习形式的一系列研究证明，以这种形式学习比学生独自总结或单纯地阅读材料，其学习和保持都有效得多。有意思的是，合作性讲解的两个参与者都能从这种学习活动中受益，但主讲者比听者获益更大。

> **教学指南**
> ### 如何进行脚本式合作教学
> 在合作性讲解学习活动中，两个学生轮流扮演"复述者"和"听众"。以下是应用在大学生身上的具体教学指导。
> ● 通过扔硬币来决定角色——"复述者"或者"听众"。
> ● 两人共同阅读材料中的一个段落（500～600字）。
> ● 复述者在不看材料的情况下，尽量完整地概述刚才阅读的内容，概述要尽量包括段落中的重要观点和事实。
> ● 在复述者概述之后，听众在看材料的情况下，应该完成以下几件事情。① 提高自己和同伴对段落的理解，纠正他在概述时遗漏的重要内容和错误内容。② 帮助自己和同伴运用巧妙的方法更好、更快地记住材料。方法之一是把这些材料和已经学过的知识或者生活实践联系起来，或者是勾勒概念关系图来帮助记忆和理解。

- 复述者帮助听众来记忆概述。
- 在讨论和记忆概述之后，复述者和听众的角色互换，共同阅读下一段材料，重复相同的程序。

教师在指导学生进行脚本式合作时，要事先确定阅读材料的数量。如果面对年幼的学生或者是学习材料很难时，段落的篇幅要稍微小一点。

资料来源：Slavin, R. E. (1994). *Educational psychology: Theory and practice* (4th ed.) Boston: Ally and Bacon, 244.

在实际教学中，教师不管采用什么方法进行学习策略的教学，都要结合学科知识。研究认为，自我调节学习的策略知识不是孤立的，不能脱离专门领域的知识。专门领域的知识是有效利用策略的前提条件，脱离知识内容的单纯训练容易导致形式化倾向，难以保证学生提高学习策略水平。教师要善于不断探索优化自己的教学步骤，为学生提供可以仿效的活动程序；同时要根据学生已有的学习方式和基础来启发学生的思路，让他们有意识地内化有效的学习策略。

【微课】
学习策略的培养

思考题

1. 如何利用齐默尔曼的自我调节学习模式来帮助一个不善于学习或者考试的学生？
2. 巴特勒和温内的自我调节学习模式的基本观点是什么？
3. 如何判断学习者的自我调节学习的程度？
4. 7 种自我调节学习的理论存在什么区别？
5. 学习策略的定义及其成分是什么？
6. 如何合理地利用画线策略？
7. 运用复习策略时，要注意什么样的问题？
8. 如何合理地运用做笔记策略？
9. 组织策略包含哪几种具体的学习策略？请举例说明。
10. 如何利用列提纲策略来总结本章的主要内容？
11. 元认知的结构是什么？具体包括哪几种元认知策略？
12. 自我调节学习训练的基本原则是什么？
13. 在课堂中如何运用交互式教学模式？
14. 在课堂中如何运用支架式教学模式来教授学生某种学习策略？
15. 如何运用自我调节学习模式的策略来提高学生的写作技能？

推荐阅读

Zimmerman, B. J., Bonner. S., & Kovach. R. (2001). *自我调节学习* (姚梅林，徐守森　译). 北京：中国轻工业出版社.

庞维国. (2003). *自主学习：学与教的原理和策略* . 上海：华东师范大学出版社.

刘儒德.（2013）.*高效实用的记忆策略：来自心理学的建议*.上海：华东师范大学出版社.

伍尔福克，A.（2015）.*伍尔福克教育心理学（第 12 版）*（伍新春，张军，季娇　译）.北京：中国人民大学出版社.

第十二章

品德学习

📍 知识导图 ▶▶▶

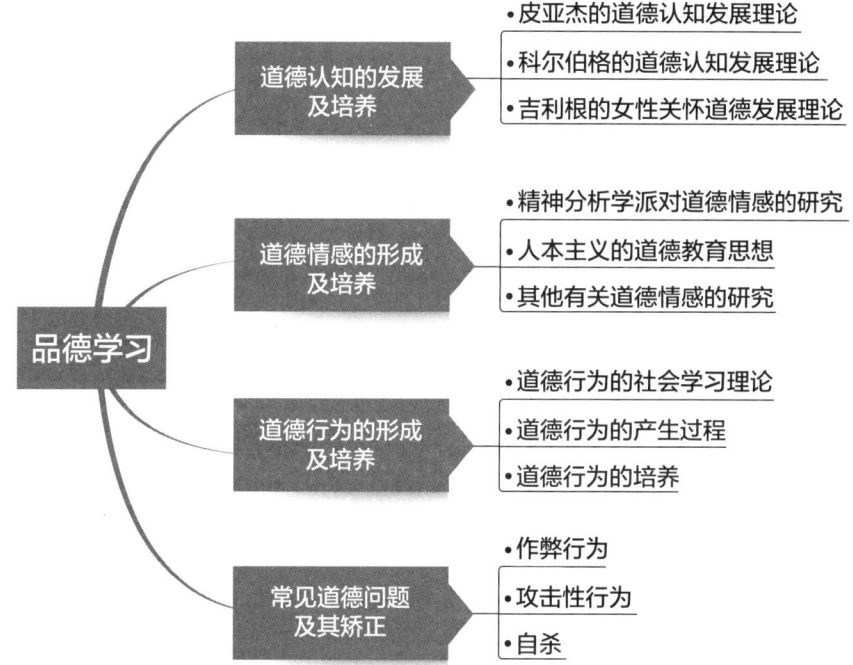

品德学习

道德认知的发展
及培养
- •皮亚杰的道德认知发展理论
- •科尔伯格的道德认知发展理论
- •吉利根的女性关怀道德发展理论

道德情感的形成
及培养
- •精神分析学派对道德情感的研究
- •人本主义的道德教育思想
- •其他有关道德情感的研究

道德行为的形成
及培养
- •道德行为的社会学习理论
- •道德行为的产生过程
- •道德行为的培养

常见道德问题
及其矫正
- •作弊行为
- •攻击性行为
- •自杀

📝 学习目标 ▶▶▶

- ⊙ 简述道德认知发展的基本理论
- ⊙ 了解道德情感的相关理论
- ⊙ 运用道德行为的相关理论设计道德行为的培养方案
- ⊙ 能够理解和处理常见的道德问题

【考纲链接】
《教育知识与能力》（中学）：
了解品德结构，理解中学生
品德发展的特点；
《教育教学知识与能力》（小
学）：了解小学生思想品德
发展的基本规律和特点

学生道德品质的培养是全面发展教育的重要组成部分，也是学校教育的一项重要社会职能。优秀的品德并不是自发形成的，而是需要教育者根据品德形成过程的规律进行精心培养和教化的。了解道德发展的阶段和规律，有助于教育工作者更好地开展道德教育工作。本章将主要介绍关于道德认知、道德情感以及道德行为的各种理论及其教育含义。最后介绍一些常见的道德问题（如作弊、攻击性行为、自杀等）及其原因与矫正。

第一节　道德认知的发展及培养

一般认为，品德心理由道德认知、道德情感和道德行为组成。道德认知是对道德行为准则及其执行意义的认识，是社会的道德要求转化为个人内在品质的首要环节，是道德品质形成的基础和前提。道德情感是伴随着道德认知而产生的，是人的道德需要是否得到实现所产生的情感体验。道德情感与道德认知往往结合在一起，构成人的道德动机。道德行为则是道德动机的具体表现，也是衡量道德品质的客观标志。道德认知、道德情感和道德行为三者相互联系、相互制约，在道德品质的培养中要兼顾三者，对其中任何一者的过分重视和对其他二者的忽视，都不能培养出完善的道德品质。本节以及后面两节将分别介绍道德认知、道德情感和道德行为方面的理论及其相应的培养方式。

一、皮亚杰的道德认知发展理论

皮亚杰采用对偶故事对儿童的道德发展进行了系统的研究，并用认知发展的观点解释道德发展，为儿童道德发展研究领域提供了一个理论框架和一套研究方法。

皮亚杰的**道德认知发展理论**（theory on development of moral cognition）认为，随着认知能力的发展，道德发展也是从一个非常自我中心的道德推理阶段发展到以合作和互利为基础的公平系统阶段，也就是从**他律道德**（heteronymous morality）阶段发展到**自律道德**（autonomous morality）阶段（见表 12-1）。

【微课】
皮亚杰的道德
认知发展理论

【考纲链接】
《教育知识与能力》（中学）：
理解皮亚杰和科尔伯格的道
德发展理论

表 12-1　皮亚杰的道德发展阶段理论（Lamb，1978）

他律道德阶段 / 道德现实主义（年幼者）	自律道德阶段 / 合作的道德（年长者）
给予强制的关系，如儿童完全接受成人的指令	基于自主的个体间的平等合作与相互认同
把规则看成不可改变的，来源于外部、具有权威性、不可协商的；完全服从于成人或规则就是对的	把规则看成灵活的，彼此都认可的，是可以协商的；与合作以及相互尊重的原则相一致的行为方式就是对的
根据要禁止或惩罚的事来定义道德错误	依据违背了合作精神来定义道德错误

他律道德阶段/道德现实主义（年幼者）	自律道德阶段/合作的道德（年长者）
错误的程度是由破坏的数量而定的	根据犯错误者的想法来评定错误
同伴的侵犯性应受到外部权威的惩罚	同伴的侵犯性应受到受害者报复性行为的惩罚
儿童应服从规则，因为规则是那些权威者制定的	儿童应服从规则，因大家都关心其他人的权利

皮亚杰认为，儿童的道德发展源于主体（即儿童）与社会环境积极的相互作用。他强调儿童在发展中的自主性。他认为，儿童是一个"哲学家"，是自己的道德观念的构造者。道德发展是儿童自己积极思维的结果，成人和权威的影响只有通过儿童自己的道德思维和道德活动才能发生作用。因此，他特别强调儿童的自我管理和自我发展，强调充分发挥儿童的自主性、能动性，以促进儿童道德观念的发展和道德水平的提高。

皮亚杰还认为，同伴之间的相互作用对道德发展具有一定的影响。同伴之间冲突的解决使儿童减少了对成人权威的依赖，同时也使儿童意识到：规则是可以改变的；只有彼此都赞成，规则才有存在的价值。

在道德教育上，皮亚杰认为，集体活动和自我管理活动既能促进儿童思维的发展，又有利于协作活动的开展。从认知和社会关系两个方面促进儿童自律道德的发展，是符合心理学研究成果的道德教育方法。他主张，在学校里创造一个使个人的实验与反省得以共同进行、彼此相助、互相平衡的场所。皮亚杰（Piaget，1965）并不反对成人在恰当的情况下对儿童运用权威的力量，但成人在儿童道德发展中的角色应是一个协助者而不是主人。

教学指南
如何培养学生的道德认知

● 在课堂上鼓励学生参与道德问题的讨论。通过同伴之间的相互作用以及对他人观点的倾听，打破认知上的已有平衡，这种认知上的不平衡会导致学生道德观念的重构。

● 积极开展各种活动，让学生直接参与民主管理。带有强制性的方法不符合学生心理发展的规律，不能满足学生道德发展的需要。因此学校应考虑开展一些适当的活动，让学生参与民主管理。教师应当采用非权威的态度，鼓励学生自己解决问题，让学生在活动中建构道德观念。

● 合理奖罚。在学生从他律道德阶段向自律道德阶段的过渡过程中，学生的惩罚观是从抵罪性惩罚向回报性惩罚发展的过程，因此同样的惩罚可以在他们身上发挥不同的作用。当有必要惩罚学生时，应当建立在相关性原则而不是抵罪原则之上。例如，对于拒绝清理自己座位的学生，可以扣押他未清理的东西；对于打骂别人的学生，可以禁止他和其他学生来往；等等。

二、科尔伯格的道德认知发展理论

美国心理学家科尔伯格（L. Kohlberg）（见图12-1）继承并发展了皮亚杰的道德认知发展理论，在20世纪60年代提出了道德发展阶段论。他开创了**道德两难**（moral dilemmas）故事法研究道德发展问题的先河。他采用这种方法测试了十来个不同国家六七岁至21岁的被试，发现尽管种族、文化和社会规范等各方面都不相同，但道德判断能力随年龄发展而发展的趋势却是一致的。

科尔伯格在研究中采用的最有名的道德两难故事是海因茨偷药：

图12-1 科尔伯格

欧洲有一个妇女患有一种特殊的癌症，生命垂危。医生诊断后认为，只有一种药物能救她的命，这就是本城药剂师最近发明的一种新药——镭。该药成本较贵（400美元），而药剂师的索价是成本的10倍（4000美元）。病妇的丈夫海因茨多方求援，只凑到药费的一半（2000美元）。海因茨把实情告诉药剂师，他的妻子快要死了，请求把药便宜一点卖给他，或者允许赊账，但药剂师说："不行，我发明此药就是为了赚钱。"海因茨走投无路，竟铤而走险，于晚上夜深人静时撬开了药剂师经营的药店的店门，为妻子偷走了药物。

【微课】
科尔伯格的
道德认知发展
理论

【考纲链接】
《教育知识与能力》（中学）：
理解皮亚杰和科尔伯格的道德发展理论

他向儿童提出的问题有：① 海因茨该不该偷药？为什么？② 海因茨是对的还是错的？为什么？③ 海因茨有责任和义务去偷药吗？④ 人们竭尽所能去挽救另一个人的生命是否很重要？为什么？⑤ 海因茨偷药是违法的。他偷药在道义上是否错误？为什么？⑥ 仔细回想故事中的情境，你认为海因茨最负责任的行为应该是什么？为什么？

科尔伯格按照个体道德判断结果的性质，将个体的道德发展划分为3级水平6个阶段（见表12-2）。

表12-2 科尔伯格的道德认知发展理论

水平	阶段表现	对海因茨两难问题的回答	教学启示
水平一 前习俗道德（preconventional morality）水平（9岁以下） 具有关于是非善恶的社会准则和道德要求，但主要从行	阶段1 惩罚和服从的定向（punishment-obedience orientation）阶段 缺乏是非善恶观念，认为免受处罚的行为都是好的，遭到批评指责的行为都是坏的；他们因为恐惧惩罚而遵守规则	海因茨不能去偷药，因为如果被人抓住的话是会坐牢的	对于处于前习俗水平的学生，当向学生解释他们为什么要遵守班级制度时，可以向他们解释不遵守班级制度时，

续表

水平	阶段表现	对海因茨两难问题的回答	教学启示
动结果及自身的利害关系来判断是非	**阶段 2 相对功利主义的定向**（instrumental-relativist orientation）阶段 采取个人主义和交换的取向，以个人的最大利益为出发点来考虑是否遵守规则。行为的好坏按行为的后果带来的奖罚而定，得赏者为是，受罚者为非，对自己有利就是好，对自己不利就是不好	海因茨应该去偷药，谁让那个药剂师那么坏，价格便宜一点不行吗	他们将受到的惩罚或者遵守班级制度会给他们带来的好处
水平二 习俗道德（conventional morality）水平（9岁至成年后）遵从道德准则和社会习俗，关注社会需要和价值观中个人的地位或作用	**阶段 3 寻求认可**（good boy/nice girl orientation）阶段 个体的推理是受众人共同的期望和一致意见决定的。个体愿意将大家对自己的期望作为行为的准则，通过"做好人"而寻求认可 **阶段 4 遵守法规**（law and order orientation）阶段 履行个人责任，尊重权威，不仅遵守现有社会秩序，而且对此进行维护、支持和论证。他们认为正确的行为就是尽到个人责任，尊重权威，维护社会秩序，否则就是错误的行为	海因茨应该去偷药，因为一个好丈夫就应该照顾好自己的妻子；如果他不这样做，结果妻子死了，别人都会骂他见死不救，没有良心 海因茨不应该去偷药，因为如果人人都违法，去偷东西的话，社会就会变得很混乱	对于处于习俗水平的学生，同伴之间的角色扮演将会是一种重要的传达班级制度、认识遵守班级制度重要性的有效方法。教师也可以借助班级榜样以及其他典范人物对班级制度的认识，使学生认识到制度的重要性
水平三 后习俗道德（postconventional morality）水平 这一阶段已经发展到超越现实道德规范的约束，达到完全自律的境界。人们面临道德情境时，可本着自己的良心以及个人的价值观从事道德判断，而未必受传统习俗或社会规范所制约	**阶段 5 社会契约定向**（social-contract legalistic orientation）阶段 认识到社会契约和个人权利的重要性，认为社会法制取向的价值观应符合社会大众权益，当社会习俗或制定的法律不符合社会大众权益时，应该进行修改。修改后的法规，个体就必须遵守，否则就是不道德行为 **阶段 6 普遍道德原则的定向**（universal-ethical-principle orientation）阶段 遵守自我选择的伦理原则、特定法令或社会协议；超越某些规章制度，更多考虑道德的本质，而非具体的原则	海因茨应该去偷药，因为一个人生命的价值远远大于药剂师对个人财产的所有权 海因茨应该去偷药，因为和种种可考虑的事情相比，没有什么比人类的生命更有价值	对于处于后习俗水平的学生，让学生自己按照社会普遍存在的原则自己制定班级制度

改编自：Kohlberg, L.（1975）. The cognitive-developmental approach to moral education. *Phi Delta Kappan*, 56, 671.

科尔伯格的道德认知发展理论对教育具有一定的启示。第一，教师对学生道德思维和行为水平的预期应符合学生的年龄。学前与小学低年级学生在判断别人的行为时主要是看行为的结果，而不关心他人的意图。教师应该给这些学生列举一些日常生活中的例子，如不小心撒落东西，或者在操场上打架等，告诉他们故意搞破坏和不小心搞破坏是不同的。小学高年级和初中学生大多处于科尔伯格提出的习俗道德水平，他们很愿意在班会上共同讨论制订出班级内的"社会规则"。教师可以让学生思考是否存在普遍的道德原则。文化或者社会科学的主题很适合学生对道德认知发展进行讨论。第二，教师在课上可以组织学生讨论两难问题，帮助学生发展道德认知。教师可以通过班会帮助学生讨论他们每天遇到的两难问题，并鼓励学生尽可能找出更多的解决办法。第三，教师应该注意文化和性别对道德认知发展的影响。教师可以布置合作学习任务，例如，让学生以小组为单位完成一份科学作业，帮助那些只关注自己成绩的学生学会为小组目标而工作。

【知识拓展】
对科尔伯格理论的批评

三、吉利根的女性关怀道德发展理论

科尔伯格的研究主要以男孩为被试，具有一定的局限性（Aron，1977）。吉利根（C. Gilligan）提出女性关怀道德发展理论。这种理论认为，在道德概念和道德标准上，男性更注重诸如公平和尊重他人权利之类抽象而理智的原则，而女性则更倾向于关心和同情；在移情上，女性也更容易产生移情，即在与他人交往时，女性更容易理解他人的想法，她们对亲密的人际关系特别敏感；在心理取向上，男性更倾向于竞争取向，而女性更倾向于合作取向。在道德推理方面，男性的道德推理关注个体的利益，而女性的道德推理则更关注个体对他人所负的责任，因此在解决道德两难问题时，女性一般倾向于认可利他主义和自我牺牲，而不是权利和规则。

【微课】
吉利根的女性关怀道德发展理论

第二节　道德情感的形成及培养

道德情感是品德心理的动力机制，积极的道德情感促进品德的形成，而消极的道德情感则阻碍品德的形成。了解道德情感形成和发展的相关理论，有助于科学培养学生健康的道德情感，进而促进学生形成良好的品德。

一、精神分析学派对道德情感的研究

精神分析学派的道德发展理论主要关注个体内在的道德情感的作用。精神分析学派的创始人弗洛伊德（S. Freud）（见图12-2）认为，儿童道德的发展与儿童早期跟父母感情的联结有密切的关系。儿童通过自居作用、自我惩罚、内疚等将父母的批评和社会的批评内

化为良心或超我，帮助儿童在父母不在眼前时也能按道德规范来行动，抵制外界的诱惑。

弗洛伊德认为，人格是由本我、自我和超我三部分组成。**本我**（id）是最原始的、与生俱来的、无意识的结构部分。它由先天的本能、基本欲望所组成，这种本能和欲望仿佛一口沸腾的大锅，强烈地希望被满足。它同外部世界不能够直接接触，它只能通过自我得以实现。**自我**（ego）是意识的结构部分，它处在本我和外部世界之间，根据外部世界的需要而活动。它的心理能量大部分消耗在对本我的控制和压抑上。自我的力量好像还不足以控制本我，于是在幼儿期，又出现了人格结构中的**超我**（superego）。幼儿在和父母

图 12-2　弗洛伊德

以及其他成人相比的时候，感到自己软弱无能，于是就以这些大人为榜样，通过**自居作用**（identification），建立了自己所仰望的一种理想的自我。但是，这些大人不仅是可羡慕的，同时也是可怕的。他们惩罚他，说他不听话，指出他的言语行动哪些是好的，哪些是不好的，必须遵守一定的规则。儿童最后通过**自我惩罚**（self-punishment）、**内疚**（guilty）接受了这些外来的要求，并把它们变成自己行为的内部规则，自觉地遵守，这就是所谓的**良心**（conscience），也就是"超我"产生的起源。由此可见，这种理论描述了情绪冲突的动力作用、重视情绪的发展。

内疚感就是严厉的超我和附属的自我之间的紧张度，它作为一种惩罚的需要而表现出来。弗洛伊德认为内疚感有两个根源，一个是对权威的恐惧，另一个就是对超我的恐惧。起初，本能克制是害怕某个外部权威的结果。儿童克制其本我需要，放弃做出不好的事情，是由于此阶段儿童处于无助和依赖他人的状态，他们害怕失去爱，弗洛伊德称这种害怕失去爱而不干坏事的良心为**坏良心**（bad conscience），它属于良心发展的第一阶段，反映了一种社会性焦虑。出于这种坏良心，人其实允许自己做坏事获得想得到的东西，前提是不要被别人知道，不要遭受惩罚，所以这种焦虑只和害怕被发现有关。

只有当人格结构中牢固地形成了超我，并且由超我把那些外界的权威人物内化之后，真正的良心才能出现，这是良心发展的第二阶段。这时候，内心的超我取代了外界的强有力的人物。弗洛伊德认为，在良心发展的第一阶段，当儿童克制了本能冲动之后，内疚感就不会再有了。但是，在良心发展的第二阶段，仅仅本能克制是不够的，因为纵使克制了本我，超我也会为个体带来内疚感。

良心是弗洛伊德道德发展观的核心概念。在他看来，良心有双重性：要么向本能需要妥协，从异性父母身上获得爱的满足；要么以同性父母身份自居，克服本能冲动，产生良心。这是一种个体与社会之间的矛盾和紧张性。这种紧张性一方面来自儿童的心理需要和生理需要的不相容性，另一方面来自个体努力谋取自身及其所属物种的长期生存。由于超我的产生，儿童的本能需要在发展过程中被转化和取代，让位于内在道德标准和情感的自我调节机制。促进这种转化的因素，是对父母的积极的爱和依恋。在这一过程中，超我作为行为调节的一种方式把内疚感和道德理想整合起来。

在弗洛伊德看来，道德的形成产生了儿童内在的双重性，一方是超我的力量，另一方是本能需要。遵从超我力量，儿童就要把遵守社会规范当作一种义务。恰当的超我将使儿

童形成合理内化的道德，这是一种稳定的、不可改变的道德。

二、人本主义的道德教育思想

人本主义的道德教育思想是情感取向的道德教育理论之一。它主要来自人本主义的心理学和哲学思想。人本主义道德教育的主要观点可归纳为以下 5 个方面（方展画，1990）。

1．承认人性是建设性的

人本主义对人性给予积极的肯定，认为人性是善良的、值得信赖的，在本质上是积极的、社会化的、向前运动的、理性的和现实的。因此，人性中有一股内在的优良潜能，这种潜能促使个体形成和发展自我、实现自我。但是，由于后天环境中的种种不良因素阻碍着这种先天潜能的发挥和自我的实现，因此，道德教育就应该采取有效措施消除这些影响，使自我和先天潜能得到完全的发挥和自由的发展。因此，理性的、积极的、向上的人性是我们进行道德教育的基础。

2．重视情感在道德教育中的作用

情感也是认知的动力，在情感的参与和感召下，人们的认知能达到一个单凭认知能力本身所不能达到的高水平。因此，一旦人意识到自己的情感被理解和接受时，他们的思维就会发生变化。在情感的形式上，人本主义道德教育理论强调移情的作用。

3．实施道德教育的三个最基本的条件

由于对情感的重视，人本主义道德教育理论重视人际关系在教育中的影响，认为实现道德教育目的必须具备 3 个最基本的条件。

第一是真诚。要求师生之间结成坦诚真实的关系，撕开一切假面具，将各自的真实思想、情感坦诚地表露出来。只有这样，才能互相信任、互相理解，从而奠定良好的教育基础。

第二是接受和信任，罗杰斯称之为"珍视学习者"。也就是，教师对"具有自身价值的独立个体"的学生给予"无条件积极尊重"。只有当教师尊重学生，为学生创造一个安全、自由的学习空间时，学生才能接受教师的思想和情感。

第三是移情性理解。这是一种努力从学生的角度来看待问题的态度，尽管有时候学生的考虑看起来是肤浅甚至是不成熟的。教师应创造一种安全的课堂气氛，学生在这种气氛中可以真诚和坦率地表达他们的观点和决策，真诚地进行情感交流。教师要主动倾听、理解和尊重学生个人独特的思想和情感，鼓励学生自由地形成他们自己的决策。

4．视道德教育为一种过程，教师应是这一过程的"促进者"

人本主义道德教育理论认为，教学是"经验"的运动过程，经验具有主体性和个体性特征，因此，道德教育应以学生为中心，教师应是学生成长和发展的促进者，其主要作用是引导、促进，而不是赐予、训导和灌输。

5．以"学生"为中心的非指导性的教学模式

该模式由人本主义的代表罗杰斯所倡导。他认为，学生是一个充满了主体意识、具有建设性、积极向上的个体，传统的以教师为中心、权威命令式的"指导性"教学，只能使学生学到某种知识，而不能使学生"学会学习""学会生存"。

人本主义道德教育理论的目标是培养和发展个体的自我意识，促进个体的自我实现。它突出学生的主体意识和个体性，强调教师必须充分信任学生，把学生视为"具有自身价值的独立的个体"，尊重学生的人格尊严，建立民主、平等的师生关系等；认为教师应是学生道德发展的促进者，这引起了人们对教师在道德教育中的地位和作用的重新思考。

从以上的论述中我们可以清楚地看出，与认知理论家、行为主义乃至社会学习理论家在道德教育领域坚持的"理智主义"相反，人本主义主张"情感主义"，强调道德情感在道德教育中的重要作用，认为"情感构成行为模式的动力系统"。

三、其他有关道德情感的研究

除了前面介绍的内疚感以外，儿童还有其他一些与道德相关的情感。当儿童不能达到自己或他人建立的道德行为标准时产生的一种尴尬或羞辱的感觉就是羞愧；儿童体验到与身处不幸的人相同的情感就是移情；当儿童为他人的悲伤而感到悲伤，并关心他人的幸福时体验到的就是同情。下面介绍几种其他的有关道德情感的研究。

（一）凯根的道德情感分类

凯根（Kagan，1984）认为，普通人的道德状况更主要的是受情感而不是受理性支配的，他们通过情感来判断是非。虽然道德情感是稳定的，但道德情感可以通过历史环境和文化使道德内容变化，并由此造成内容和形式的区别。例如，"启蒙运动"后西方文化中建立在自由基础上的道德是一种"根本的善"，这意味一个人有以下的自由：与他人签订契约、言论自由及维护个人利益等。但是，在此前的历史时期，或者在当代社会的其他文化中，个人自由并不是道德的一部分。

在凯根看来，道德的不同内容和 5 种具有进化基础的道德情感同时存在。这 5 种情感多数是不愉快的情感：焦虑（过度害怕受到惩罚、社会的否定评价和失败）；移情；责任和内疚；疲乏或厌烦；困惑和不确定感。避免不愉快、得到愉快，这是最主要的道德动机，这一机制支持了一个假设：不同时代和不同文化的道德内容不同。凯根举了一些例子来说明社会对产生愉快情感和不愉快情感的作用。他指出，被认为意义重大而且不可侵犯的道德原则的道德内容，是由违背该原则后所带来的情感反应的强度所决定的。如果情感反应强烈，如可能造成肉体上的折磨，那么该内容就会保有道德标准的性质。另一些标准只会给人们带来较弱的情感反应。例如，应该穿什么衣服，吃饭时应该怎么拿筷子，这些被认为是相对不重要的和可以改变的，因此，被看作一些常规性的准则（转引自陈会昌，2004）。

（二）移情及其相关的心理研究

20 世纪七八十年代，关于道德情感的理论出现了一个大的转折，依恋、爱、同情和移情开始受到人们的重视。这里简要介绍有关移情的研究。**移情**（empathy）就是对事物进行判断和决策之前，将自己处在他人位置，考虑他人的心理反应，理解他人的态度和情感的能力。在道德培养的过程中，移情是最具有动力特征的因素。

一般认为，移情是亲社会行为（如助人、抚慰、转让、合作和分享等）的动机基础，能激发与促进亲社会行为的发展。许多研究者都把移情看作亲社会行为的内部中介。有人（Siegel & Ness，1979）研究表明，表现出亲社会行为的孩子，无论男女，都比未表现出亲社会行为的孩子具有更高的移情分数。有亲社会行为的儿童比具有攻击性的儿童和经常被欺负的儿童更受欢迎，表现出更多的移情，并且有亲社会行为的儿童比具有攻击性的儿童更有办法应对糟糕的社会处境（VanNoorden，Haseleger，Cillessen，& Bukowski，2015；Warden & Mackinnon，2003）。

个体移情能力的发展受到多方面因素的影响，如双亲的抚育态度和行为方式、观察者与行为对象的相似性、个体过去的情绪情感体验、个体对他人情绪情感的敏感性、个体的角色获得和社会认知能力等。个体移情能力是可以加以训练的。

教学指南
移情训练程序

费希巴赫（Feshbach，1982）等人以小学三、四年级学生为训练对象，在实验室针对学生的移情能力进行了为期10周的训练。接受训练的学生6人一组，分批训练，每周3次，每次一小时。经过这种训练程序的训练以后，学生在教师给予的评价上和自己的行为测量上，亲社会行为有了显著增加，侵犯行为显著减少。训练主要从以下3个方面入手：

（1）以图片的方式提供假定的情绪情感情境，让学生想象在这种情境中，他人是如何进行情境知觉的（见图12-3）。

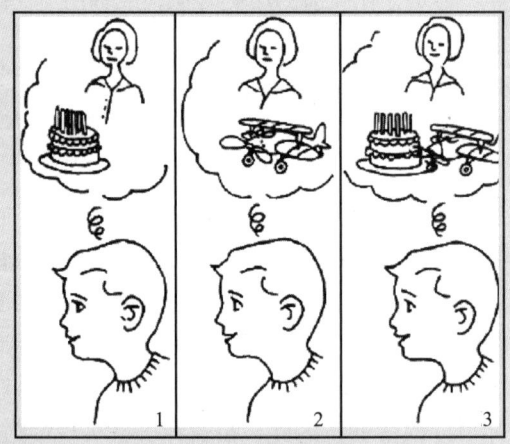

图12-3 移情训练程序的图画举例——妈妈的生日

小刚想给妈妈买件生日礼物，他左思右想，最后决定买一件他最喜欢的玩具飞机。你认为小刚忘记了什么？

（2）让学生说出他们知觉这种情境的原因，帮助他们识别情绪情感线索，并训练他们用语言表达情绪情感的准确度。

（3）用语言暗示的手法，通过表情动作和言语导向，提醒学生对情境线索中的情绪情境反应给予注意，以便提高学生对他人的情绪情感的敏感性。

　　资料来源：转引自寇彧，张文新．（2000）．*思想品德教学心理学*．北京：北京教育出版社，185–186.

第三节　道德行为的形成及培养

　　道德行为是道德认知和道德情感的集中体现，是个体面对一定的道德情境时，充分调动自己的道德认知并产生强烈的道德情感，经过内心冲突及外部情况的影响而做出来的。它是衡量道德品质的客观标志。

一、道德行为的社会学习理论

　　班杜拉认为，社会学习主要不是直接强化的操作学习，而是替代强化的观察学习。他认为，观察学习是儿童学习的主要形式，从动作的模仿到语言的掌握，从态度、品德的习得到人格的形成，都可以通过观察学习完成。儿童的大部分道德行为是通过观察学习获得和改变的。观察学习不仅可以使道德行为的习得过程缩短而迅速地掌握大量的整合行为模式，而且可以避免由于直接尝试的错误和失败而可能带来的损失或伤害。社会学习理论对道德问题的研究主要集中在模仿学习、抗拒诱惑和赏罚控制等方面，所采用的方法主要是实验室实验。

（一）模仿学习

　　模仿学习（imitative learning）的实验研究是班杜拉和麦克唐纳（F. J. McDonald）在 1963—1968 年做的。他们先用道德判断故事测量 5—11 岁学生的道德判断发展水平。然后，把学生均分为 3 个组进行不同的实验处理。在第一组，当学生所做出的道德判断比初测时稍有进展，就予以表扬、奖励，即进行积极强化。在第二组，学生在评价一个故事时有一个比学生水平高的成人做榜样，同时给予积极强化；第三组和第二组类似，但学生不受到积极强化。经

【微课】
模仿学习的
实验

过训练，这些学生在另一个成年人的要求下评价另外 12 对对偶故事。这一次既无榜样，也不给予表扬和批评。结果发现，初测时 3 个水平相等的组在对后来 12 对故事进行评价时，第二组和第三组的成绩远远超过第一组，且第三组的成绩稍高于第二组的成绩。可见，第二、第三组学生道德评价水平的迅速提高是由于成人判断的榜样起了积极作用，而表扬的作用则不十分显著。研究者认为，学生的道德定向不像皮亚杰所说的有明确的年龄差异，而更重要的是个体差异，后者主要是由于不同的社会学习和不同的成人及同辈榜样的影响造成的。

（二）抗拒诱惑

　　抗拒诱惑（resistance to temptation）就是在具有诱惑力的情境之下，个人能依据社会规

范的禁忌，对自己的愿望、冲动等行为倾向有所抑制，使自己在行为上不致做出违犯社会规范的行为。其经典实验就是：在实验室中放置许多对被试具有相当诱惑力的东西（如玩具等），但告知他们不能动或者不能看，然后让被试单独或多个地留在实验室，主试通过单向玻璃观察被试的反应。

抗拒诱惑测验还可以用来研究榜样、言语指导等因素对儿童抗拒诱惑的影响。如沃尔特斯（R. H. Walters）等人在 1963 年采用这种方法研究榜样在多大程度上影响着儿童对诱惑的抗拒。结果发现：儿童的道德行为也表现在能否抗拒各种外界诱惑上，而对诱惑的抗拒可以通过榜样的影响加以学习和改变。

（三）赏罚控制

赏罚控制是指当道德行为合于预期标准的行为时，给予奖赏，以期同样情境重现时，再出现同样的行为；当道德行为不合预期标准的行为时，给予惩罚，以使学生从害怕惩罚而学习到逃避惩罚，从而建立道德。这一基本概念是来自行为主义的联结原理，不重视道德认知成分，同班杜拉后来一再强调的认知成分的重要性是不一致的。

【微课】
赏罚控制的
实验

品德的社会学习理论强调观察学习在儿童道德行为中的重要性具有许多实际的意义。该理论提出道德观念和行为经过后天的观察学习可以形成和改变；强调教师言行一致和为学生树立榜样的重要性；强调父母教育方式对儿童品德形成的影响，如父母常用体罚"教育"孩子不去打架，结果无意间使孩子的打架变本加厉；强调社会环境中的影视和书刊等传播媒体对儿童道德发展的影响，如电视和电影中的暴力行为往往会增长儿童在日常生活中的暴力性。

但是，社会学习理论也有其局限性。首先，它坚持环境论观点，忽视了儿童自身的认知结构在观察学习过程中的作用，低估了发展变量的重要性，未涉及道德判断的顺序问题。其次，班杜拉的实验室研究虽有其进步和创新的一面，但实验室中的榜样对儿童道德发展的影响，不能完全解释实际生活中儿童道德行为和道德习惯的形成，因为实验室中包含着人为的遵从压力，使得榜样的效果比在实际生活中要大些。

二、道德行为的产生过程

道德行为的形成要经过一个连续而有阶段的心理过程。美国社会心理学家拉特纳（B. Latane）和达利（J. Darley）于 20 世纪 60 年代就一位女性在深夜呼救未得到周围众多旁观者相助而遭杀害的事件，展开亲社会行为的系列实验研究。他们发现，能否在别人危急时伸出援助之手，取决于个人社会责任心的大小。如果在场旁观者人数越多，同量的社会影响力就会分散，使人出现责任扩散，提供帮助的可能性也就越小。个人的责任心不仅会因社会作用力的分散而减低，也会因社会作用力来源的数量、强度和直接性的增加而出现倍增效应，使人有更大的可能做出助人行为。把上述现象与其他群体中出现的社会助长、社会惰性、从众以及去个性化等现象联系起来，从社会场的角度探索社会力对个体行为的积极或消极作用及其规律的思想，被拉特纳称之为社会作用力理论。拉特纳和达利以上述观点研究助人行为时，就人在紧急情况下决定是否干预的问题提出了一个五阶段的认知模型（见图12-4）。

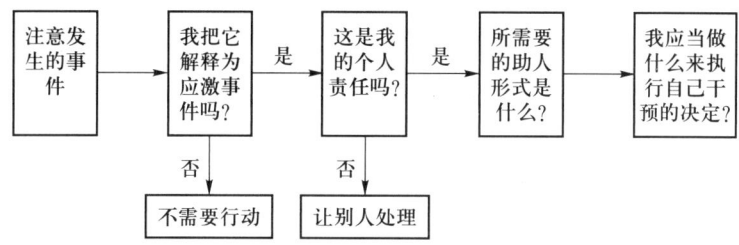

图12-4 紧急情况下道德行为决策五阶段认知模型（章志光，金盛华，1996）

三、道德行为的培养

培养学生的道德行为，首先要运用一些适合儿童青少年特点的切实可行的方法，这是道德行为培养的第一步，也是道德行为习惯培养的必要前提条件。这里介绍几种主要的道德行为的培养方法。

【考纲链接】
《教育知识与能力》（中学）：掌握促进中学生形成良好品德的方法

（一）利科纳的四成分道德发展模型

利科纳（Lickona，1988，转引自 Parsons，Hinson，& Deborah，2001）提出了促进学生道德行为发展的四成分模型，四成分包括自尊、合作学习、自我道德反省以及参与做出决策。

尊重每个学生的独特性是提高学生自尊的有效方法。教师要为每个学生找出至少一个独特的个性。教师还要坚持找出一种学生已经具有的道德行为，鼓励和表扬学生的这种行为。

合作学习同样也能增加学生的道德行为，特别是利他行为和亲社会行为。里康认为，让学生在班级中公开肯定某位同学某天表现出的亲社会行为也是一种有效的促进亲社会行为的方法。

【微课】
自尊对亲社会行为的影响

为学生提供自我道德反省的机会，也就是为学生提供阅读、写作以及讨论道德事件的机会，如是否要为考试作弊和偷盗辩护。

教师还需要让学生参与做出决策，可以让学生自己负责制订班级制度。这些规则包括当有同学拿走了另一个同学的饭钱时应该怎么处置、在别人打扫卫生时是不是应该提供帮助、对班级学生的大声喧哗以及同学之间的欺负行为应该采取什么方式处理，等等。

（二）角色扮演法

角色扮演（role-playing）是这样一种心理学技术：使个人暂时置身于他人的社会位置，并按这一位置所要求的方式和态度行事以增进个人对他人社会角色及自身原有角色的理解，从而更有效地履行自己的角色。只有当一个人内心世界中具有了与他人相同或类似的体验时，他才能知道在与别人发生相互联系时该采取怎样的行为和态度。因此，角色扮演在发展人们的社会理解力和改

【微课】
角色扮演法的实验

善人际关系方面有着尤其重要的作用。不仅如此，较长时间的角色扮演还可以改变人们的心理结构。由于扮演中真实、直接的情感体验的支持，所扮演的角色的某些特征最终能被"固定"在人们的心理结构当中，从而使人们的个性发生实质性的变化。

除了上面的方法以外，还有榜样示范法、移情训练法以及认知冲突法等，有些在前面已经谈论过，在此不再一一赘述。这些方法在培养学生的道德行为技能上各有其独特的作用，在培养学生道德行为的过程中，教师应综合运用各种方法，使它们相互补充。在具体运用时需要采取哪种方法或哪几种方法，要根据活动的内容、教育的目的以及学生的年龄特点、认知发展水平和个性特征等情况而定。

教学指南

道德行为习惯的培养

在培养学生的道德行为习惯时，教师应注意四个方面。

●创设重复良好行为的情境，让学生坚持有意练习。良好的道德行为习惯是通过反复练习和重复形成的，使学生在明确行为意义的前提下反复地去练习和实践，使之习惯化。

●及时纠正学生的问题行为和不良习惯。学生的不良品德行为的表现形式是多种多样的，如说谎、偷盗、欺骗、流氓习气等，问题行为的类型不同，其产生的原因也不完全相同，教师所施用的教育、矫正方法、手段也应有所区别。

●合理、慎重地使用惩罚。从心理学上讲，惩罚是通过对学生呈现有害刺激以达到抑制学生不良行为的目的的一种管教方式。它只能暂时压抑某种不良行为，并不能从根本上消除这种行为，因此当惩罚者不在场时，学生很可能"故技重演"，甚至具有更强的攻击性和挑衅性。另外，惩罚青少年会为他们提供成人攻击榜样。不管是自然观察还是实验室观察试验均已表明，学生在与同伴的互动中会采用成人曾对他们使用过的惩罚手段，受过虐待的学生会表现出特别强烈的攻击性。因此，在施用惩罚时应注意：惩罚要在行为发生之后立即进行；惩罚的标准要一致，并且对学生的惩罚要有始有终。研究表明，教师反复无常、断断续续的惩罚方式与学生违规行为的发生频率呈明显的正相关；惩罚与讲道理相结合的效果较好，即告诉学生其行为对他人可能造成的危险或后果，建议学生遇到类似的情境应该怎样做，向学生说明为什么要惩罚他等。总之，惩罚和讲道理两种方式交替使用可有效地约束学生，同时，也防止了惩罚可能产生的消极影响。

●让学生远离犯错误的情境，收回给予学生的特权等也是行之有效的方法。让学生远离犯错误的情境，可使学生在能够改正错误之前得到积极的强化；收回学生的特权（如不允许学生参加某项活动等），尽管可以导致学生的愤怒和抵抗情绪，但至少可以避免因惩罚而导致的虐待和暴力事件。从长远来看，在学生犯错误之前，教师鼓励或帮助学生建立良好的行为方式是最好的训练学生行为的方式。这样，成人帮助学生获得了可接受的行为方式，学生表现出的错误行为少，成人也就没必要通过惩罚来约束学生了。

资料来源：寇彧，张文新．（2000）．*思想品德教学心理学*．北京：北京教育出版社．

第四节　常见道德问题及其矫正

有些学生可能出现一些微小的社交、情绪或行为困难，在面临巨大压力或重大生活变动的时候，尤其如此。这些困难一般是暂时的，在成人和同伴的关爱和支持下，易于渡过难关。然而，有些学生不管是否有人指导和支持，他们在课堂上总是受到一些情绪和行为问题的困扰。这些**情绪和行为障碍**（emotional and behavioral disorders）通常分为两种类型：**外化行为**（externalizing behaviors）是指对他人有直接或间接影响的情绪或行为障碍，如攻击性行为、挑衅、撒谎、偷窃等；**内化行为**（internalizing behaviors）是指对自己产生不利影响，但对他人有很小或者没有直接影响的情绪或行为障碍，如极端的负面情绪（如严重焦虑或抑郁）、社交退缩或饮食障碍等。有些外化行为问题属于道德问题。

儿童和青少年如今常常会出现各种道德发展上的问题，如考试作弊、撒谎、破坏公物以及攻击性行为等。甚至还有些属于危险性问题，如自杀和性行为等。由于这些问题可能会对学生在学校和社会上取得成功造成威胁，有时甚至威胁到生命，因此，教师必须知道怎样识别和解决这些问题。

一、作弊行为

对于作弊的调查研究（Burton，1963）表明，作弊更多地依赖学生知觉到的考试情境，而不是学生个人一般的诚实观念。在数学考试中作弊的学生，在其他科目的考试中很可能也作弊，但他可能从来没有想过向他的朋友撒谎，或者从商店里偷东西。其他探讨学生作弊原因的研究（Schab，1980，转引自 Parsons，Hinson，& Deborah，2001）表明，与学生的作弊行为具有高相关的两个因素是：学生成功的压力以及他们对在特定的考试情境中被抓住的概率的估计。当成功的压力特别大，而作弊被教师抓住的可能性又非常小的时候，学生作弊的可能性就会增大。

作弊也存在个体方面的差异。关于青少年和大学生作弊方面的研究（王英国，朱筱敏，2003；Hensley，Kirkpatrick，& Burgoon，2013）显示，男性比女性作弊的比例高，成绩较低的学生比成绩高的学生更可能作弊。表现目标（获得好的分数、表现自己有能力）而非掌握目标（掌握知识、提高自己能力）的学生和较低的学业效能感的学生（认为自己不能胜任学习任务）更倾向于作弊。当学生在填鸭式的教育方式下或者学生认为他们的教师根本就不关心他们的情况下，他们作弊的比例更高。

为了减少或者预防作弊，教师就应该尽量避免将学生放在高压的学习环境中；确保学生做好考试前的复习，让他们不需要作弊就能够考得很好。另外，教师还要相信学生并为他们树立信心，使他们相信依靠自己的能力是能够通过考试的。

教学指南

在课堂教学中减少作弊行为

● 使学习具有兴趣和挑战性是很重要的，不要布置超出学生能力范围的学习任务。

● 做好考前的复习指导工作，对需要特殊帮助的学生提供复习帮助，让学生对于考试充满信心。

● 在班级里直接处理作弊事件，向学生解释在考试时，你将会采用何种监控措施。这些措施包括在考场上仔细监督学生；同一考场采用两套或几套不同的等值性问卷；打乱原来的座次顺序；等等。直接、明确地向学生宣布作弊的后果，并坚持严格遵守这些规定。

● 如果一个学生作弊，试图找出他作弊的原因，如果可能，帮助这个学生克服这些原因。实施一些教学干预是很有必要的：为学生提供额外的辅导，不要过多地强调竞争，减少学生对于考试的焦虑水平（这在动机一章中有详细的论述）。

● 完善教学评价体制，从多方面评价学生，而不是仅从考试成绩这一单一维度来评价。

资料来源：Parsons, R. D., Hinson, S. L., & Deborah, S. B.（2001）. *Educational psychology: A practitioner-researcher model of teaching*. Bemont, California: Wadsworth Thomson Learning, 85.

二、攻击性行为

攻击性行为（aggressive behavior）可分为几种。最常见的攻击性行为就是**工具性攻击**（instrumental aggression），这类攻击的目的是获得某种东西或权力，例如，从另一个孩子手中抢夺玩具或者排队时相互推挤。这种攻击并不以伤害别人为目的，但往往会造成对被攻击者人身的伤害。第二种攻击就是**敌意性攻击**（hostile aggression），施加故意的伤害。这种攻击可能是公开的威胁

【微课】
攻击性行为

（"我会揍你！"）或身体攻击，或关系攻击，即威胁或破坏他人社会关系（"我将永远不再和你说话！"），如侮辱、排斥或嘲笑等。通常男生比女生更多采用公开的攻击方式，而女生更多采用关系攻击（Berk，2002）。另外，还有一种敌意性的关系正在受到人们的关注，就是**网络攻击**（cyber aggression）。这种攻击主要是借助电子邮件、社交网站或其他社交媒体来传播谣言、威胁他人、恐吓同伴。值得注意的是，攻击性行为要与其他行为分开，如果一个孩子说"这个玩具是我的！"这时候，儿童只是在确定玩具的所有权；如果他殴打他的同伴，然后宣布说"这个玩具是我的！"那么这时儿童的行为就是攻击性行为。

研究同样表明，那些具有高度攻击性的儿童或青少年，即使他们被同伴拒绝，仍然坚持他们的攻击性行为（Kupersmidt, Coie, & Dodge, 1990，转引自 Parsons, Hinson, & Deborah, 2001）。因为具有攻击性行为的孩子倾向于认为，暴力是可以达到目的的，也是可以接受的。他们采用攻击性行为获得自己想获得的东西，看到攻击性行为没有受到应有的惩罚，更会使他们相信自己的攻击性行为没有错。然而，当他们受到别人的任何一点侵犯，比如，自己的玩具被别人不小心弄掉在地上，或者在公交车上受到了别人的推挤时，他们便会认为这是别人故意的，这种故意的行为是应当受到"报复"的，所以他们便会采取攻击性的行为。

被攻击者也应该受到教师的关注。研究表明，在班级中，将近10%的学生经常成为别人身体或言语攻击的对象。这些成为别人攻击对象的学生，总是表现出低自尊，并且他们通常会感到焦虑、孤独、缺乏安全感。他们也更容易哭泣和变得退缩；当被别人攻击时，他们不能很好地保护自己，并且将所有的错误都归结为自己，认为是自己个性上有某些无法改变和控制的缺陷，使他们受到同学们的拒绝，因此他们变得沮丧和无助。如果他们得不到周围任何同学的同情时，这种沮丧和无助感会增强，如果这种状态从小学一直持续到中学，那么这些孩子更倾向于自杀（Graham，1998；Hodges & Perry，1999；Schwartz，Lansford，Dodge，Pettit，& Bates，2015）。

相关链接

校 园 欺 凌

校园欺凌现象越来越受到社会的广泛关注。校园欺凌（bully）是指以伤害为目的，对受害人的长期的、重复的攻击行为。欺凌者往往是单向地对比自己弱势的人，在身体上、心理上施加持续性的攻击，让对方感受到深重的痛苦。

有越来越多的校园欺凌事件被报道出来，值得社会、学校、教师和家长警惕。教师看到有学生欺凌他人时一定要及时干涉。如果教师对学生的攻击和戏弄他人的行为采取沉默的态度，学生就会认为教师在纵容他们侮辱他人的行为。戏弄他人的行为可能导致悲剧的发生，教师需要让学生知道在面对戏弄时如何保护自我（见表12-3）。

表12-3 面对戏弄时的自我保护策略

应该做的：

① 关注他人的感受。

② 适时小心地使用幽默。

③ 询问某些玩笑是否伤害了他人的情感。

④ 如果你经常戏弄他人，就需要容忍他人对你的戏弄行为。

⑤ 如果你觉得某些玩笑伤害了自己，就需要把自己的感受告诉他人。

⑥ 知道善意的玩笑和嘲弄他人的区别。

⑦ 他人在感到被伤害时，就算没有告诉你，也要学会读懂他们所表现出的肢体语言。

⑧ 如果有同学受到嘲弄，那么可以去帮助这些弱势的同学。

不应该做的：

① 在你不了解他人的情况下去开他/她的玩笑。

②（如果是男生）和女生谈论有关性的玩笑话题。

③ 取笑他人的身体。

④ 取笑他人的家庭成员。

⑤ 当他人请求你不要开玩笑时，你仍然不停止。

⑥ 不要在某人焦虑不安或情绪不佳的情况下取笑他/她。

⑦ 对于某些善意的玩笑耿耿于怀。

⑧ 隐瞒自己对于被嘲笑的不满情绪——你应该尝试把自己的情绪用一种直接、清晰明了的方式告诉那些嘲笑你的人。

　　学生之间的欺凌事件往往发生在学校教师的视野之外，受害人与目击者可能害怕日后遭报复而不敢将欺凌者的不良行为告诉成人，因此学校需要设置匿名报告欺凌事件的机制。另外，只有在学校具有平和的氛围时，对个别学生的干预才可能是有效的。在有些学校，暴力和攻击性行为比较普遍，学生可能认为攻击性行为是保障自己不会受到欺凌的唯一方法。

　　受害者需要教师和同伴的社会支持与情感支持。教师处理好学生之间的欺凌行为，可促进形成公平和信任的班级凝聚力，而在一个具有凝聚力的班级，被欺凌同学能够得到同情和关心，而不会受到嘲笑。这些受害学生可能不仅是学业失败，也可能是社交失败。例如，没有朋友，经常被同伴拒绝，或者认为自己被排除在学习和社交之外，因此他们可能需要学习如何与同伴交往、与老师建立良好的合作关系、参加学校的各种活动。

　　教师必须让欺凌者为他们的不良行为承担后果，同时也可以教欺凌者如何解读社交情绪并解决社交问题，如通过角色扮演、讨论个人经历、归因训练等活动，让他们练习如何推测他人的意图，然后确定适当的行为方案。如果两个学生发生冲突，并导致消极后果（如打翻饭盒），学生在无法知道对方的意图时，那么可以先假定这是偶然的、是意外，对方不是故意这样做的，然后开始做出正确的反应，如问对方问题，提高警觉性，或者向成人报告，而不是做出攻击性行为。欺凌者做出行为改善时，同学们可能仍然躲避他们，认为他们"曾经是恶霸，永远是恶霸"。教师需要努力改善这类学生的名声，如通过参加合作学习或其他活动，展示他们的社交技能。教师要通过言行表明自己喜欢和欣赏每个学生，包括以前的那些行为粗暴的学生。教师的言行和态度会感染所有的学生。

　　资料来源：

　　伍尔福克，A.（2015）. *伍尔福克教育心理学*（第12版）（伍新春，张军，季娇 译）. 北京：中国人民大学出版社.

　　奥姆罗德，J. E.（2013）. *教育心理学精要：指导有效教学的主要理念*（第3版）（雷雳，柳铭心，郭菲，伍亚娜 译）. 北京：中国人民大学出版社.

　　在攻击性行为的习得过程中，榜样起着重要的作用（Bandura，Ross，& Ross，1963）。如果儿童生长在一个经常被体罚或者充满家庭暴力的环境中，儿童就更可能运用攻击性行为解决他自身遇到的问题（Emery，1989；Holden & Ritchie，1991；DeCamp & Ferguson，2017）。此外，在家庭中，一个最真实的攻击性榜样就是电视，电视节目中有很多攻击性的镜头，而且这些攻击性行为又有很多没有受到应有的惩罚。因此，电视上的暴力行为对孩子的负面影响是不可估量的。有些家长甚至用延长孩子看电视的时间作为对儿童的奖励，但研究表明，采用看电视作为奖励和惩罚的手段，往往会使电视变得对儿童更具有吸引力（Slaby，Reodell，Arezzo，& Hendrix，1995），结果使儿童看到更多的暴力行为。当然，电视并不是唯一获得暴力榜样的途径，许多畅销的电影以及游戏也充满了暴力，并且在这些电影或游戏中，这些实施暴力行为的角色被称为"英雄"。一些报纸、杂志和广播等也充斥着谋杀、抢劫和强奸等新闻和故事。在市场上还发现了一些仿暴力用品玩具（如仿真手铐、蒙面头套和强力弹弓等），而且这些玩具居然在中小学生中畅销。诸此种种都成为儿童攻击性行为的影响因素。

　　为了减少媒体对儿童暴力行为的影响，教师可采取以下措施：首先向孩子强调生活中很多人并不是像媒体中所出现的用攻击的方式解决问题。媒体上的攻击性行为并不是真实的，是为了达到特定的目的人们才表演出来的；教给学生很好的解决冲突的方式，告诉青少年这才是人们日常生活中采取的解决冲突的方式。

教学指南

预防攻击性行为的措施

　　● 向学生明确说明攻击和暴力行为的严重后果，并在班级中坚持严格执行这些标准。

　　● 为学生提供多样的班级同学合作的机会，在合作中，培养学生的交往技能、亲社会行为和利他行为，以及冲突谈判技能。

　　● 向学生强调在电视或电影上看到的攻击和暴力行为在现实中并不是真实的，并不是社会的大多数成员处理冲突的方式。

　　● 试图教给学生一些解决冲突的方式，如同伴调节或讨论的方式。有一些学校甚至将冲突谈判技能作为学校课程的一部分。

　　资料来源：Parsons, R. D., Hinson, S. L., & Deborah, S. B. (2001). *Educational psychology: A practitioner-researcher model of teaching*. Belmont, California: Wadsworth Thomson Learning, 85.

三、自杀

　　近年来，青少年自杀的比例呈上升趋势，并且年龄呈明显的低龄化趋势。自杀是诸种复杂形式的因素交互作用的结果。青少年时期正处于个体身心发展的急风暴雨、变化剧烈时期，心理发展尚未成熟，面临考试、升学、就业、交友、恋爱等诸多人生选择，各种心身矛盾和众多的心理欲求，使其经常体验到失望、痛苦、悲伤、悔恨、激愤等负性情绪和严重的挫折感，而其心理又不成熟、情绪波动大、缺乏应对挫折的能力和技巧，因而是最易出现心理冲突和心理问题的"危机期"。自杀企图即是心理危机的一种突出表现。

【微课】
自杀

　　学校是青少年最为重要的一个生活环境，由于现行教育存在的种种弊端，这一最为重要的生活环境又是其最感到压力的外界环境。而"压力"与"焦虑"是一对孪生兄弟，学校学习生活的巨大压力使他们经常感到情绪焦虑、紧张恐惧、身心疲惫。学校的压力源主要有以下几种：一是学生与教师的关系，二是同学之间的关系，三是成绩与考试，四是来自于学校的批评与处罚。来自学校的任何一种压力源，当其不堪重负时，就极有可能以死来逃避或抗争。

　　家长的教育态度、教育方法失当，过分溺爱娇惯或斥责、苛求、打骂，或家长期望值过高等，都可能成为潜在的影响因素。一旦高期望变成高失望，付出与收获的巨大反差就常导致父母亲心理严重失衡，这些又必然在家庭生活的方方面面以明明暗暗的方式表露出来，使孩子感到家庭的巨大压力而处于紧张、焦虑、不安之中。

青少年自杀原因除以上共性外，不同年龄阶段还有差异：青年群体中，大学生的自杀率是未进大学者的两倍，且自杀者的智力与成绩平均高于一般学生。这可能与成败压力过大以及缺乏社交能力或者恋爱受挫、择业就业不顺等因素有关。高中生自杀的原因多为考试的失败、高考落榜以及由此产生的对未来前途命运的悲观绝望。初中生、小学生自杀的原因主要是学习成绩、老师家长的责备惩罚或以家庭问题为基础的生活事件等原因。

一般认为，人们有时候会把自杀挂在嘴上，但不一定这样做。事实上，并非如人们想象的那样，人们对自杀信号、什么样的人才会自杀以及对自杀的处理方式等存在一些不当的认识（见表 12-4）。

表 12-4　关于自杀的一些错误认识 （Parson，Hinson，& Deborah，2001）

关于自杀的一些错误的认识	事实调查结果
讨论自杀的人不会自杀	80% 自杀的人在自杀前会告诉身边的人他们正在考虑怎样自杀
只有某种特定类型的人才自杀	所有类型的人（男性和女性、年轻人和老年人、富人和穷人、农村人和城市人）都有可能自杀，不同地区、国家、种族、宗教信仰的人都有可能自杀
当有人谈论自杀时，要转换话题，让他忘掉这件事	要严肃地对待这样的事情，认真听他们说了些什么，给他们表达自己情感的机会，让他们知道他人是关心他 / 她的，帮助他们寻求帮助
那些自杀的人是真的想死	那些自杀的人通常不知道他们是否想死

很多人准备自杀前都会发出一些警示性的信号。例如，在行为上，突然逃学旷课、突然不回家，或不与人来往，成天关在屋子里，或逐一还书、还钱，对以前很令她 / 他感兴趣的活动突然失去了兴趣，将自己的东西，如宠物、衣服、唱片等送给别人等反常行为；在身体征兆上，失眠、躁动不安、情绪低落、无食欲、极度疲乏、体重下降、生理功能紊乱、自主神经失调等；在语言上，他们可能会对别人说“现在什么都无所谓了”“你们再也不用为我担心了”，或者他们突然讨论“死”的话题，如“人死后会是什么样子呢”或“用什么样的方式死最好呢”等。

当教师注意到这些信号，并觉察出有什么问题时，要直接找这个学生谈话，或者组织学生一起讨论自杀的问题。有些教师认为让学生一起讨论自杀，可能会促使那些有自杀念头的学生真的做出自杀行为，但有经验的教师认为讨论是帮助学生的第一步，有助于进一步发现学生的自杀想法是否严重，以及他是否已经对自杀计划做出安排和准备。如果学生确实有明确的计划或者正在采取危险的手段，那么需要马上采取专门帮助措施。许多学校都在预防学生自杀上采取了措施，如给学生提供咨询服务或者是给他们进一步的帮助。

思考题

1. 比较皮亚杰、科尔伯格和吉利根的道德发展理论有什么异同?

2. 在判断一位儿童偷东西是否有罪时,你如何告诉小学四年级的学生要考虑行为意图的重要性?

3. 如何运用集体活动促进学生从前习俗道德推理向习俗道德推理水平发展?

4. 运用学过的相关理论,设计一个可行的中学生或小学生的道德情感培养方案。

5. 举例说明在道德教育中如何贯彻人本主义道德教育原则。

6. 利用模仿学习、奖罚控制说明道德教育中需要注意的问题。

7. 设计一个良好道德行为的培养方案。

8. 对小学生、中学生和大学生,你将如何向他们解释某些道德观念,如"作弊是可耻的"?

9. 假设你是一名语文教师,在学生的周记中,你发现班上的一个同学流露出自杀的念头,你该怎么处理?

10. 设计减少学生攻击性行为的具体方案。

11. 假设你正在接受一个中学教师职位的面试,面试人员问你:"如果在我们学校学生之间有暴力性行为,告诉我你该怎么做?暴力行为的警报信号是什么?"你该怎么回答?

推荐阅读

科尔伯格, L.(2000).*道德教育的哲学*(魏贤超等 译).杭州:浙江教育出版社.

霍尔,戴维斯.(2003).*道德教育的理论与实践*(陆有铨,魏贤超 译).杭州:浙江教育出版社.

陈琦,刘儒德.(2019).*当代教育心理学*(第3版).北京:北京师范大学出版社.

寇彧,张文新.(2000).*思想品德教学心理学*.北京:北京教育出版社.

王振宏.(2016).*中学生品德发展与道德教育*[M].北京:高等教育出版社.

第五部分　教学心理

第十三章

有效教学

- - - - - - - - - - - - -

知识导图 ▶▶▶

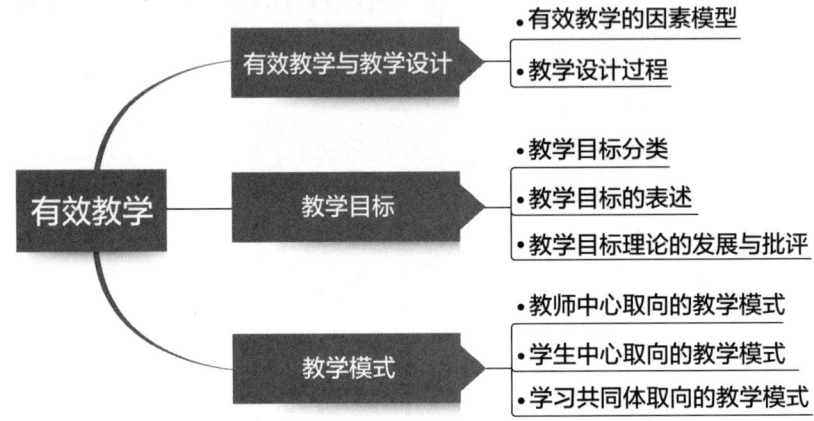

学习目标 ▶▶▶

- ⊙ 描述教学设计的步骤
- ⊙ 说明各种教学目标设置方法的适用范围
- ⊙ 比较教师中心取向、学生中心取向与学习共同体取向的教学模式的差异

教师的核心工作是进行有效的课堂教学。有效的教学不仅依赖教师良好的个人素养，而且依赖一定的教学方法和技能，更依赖合理的教学设计与适合的教学模式。本章将讨论有效教学的因素，描述教学目标，介绍一些典型的教学模式。

第一节　有效教学与教学设计

在开始进行教学设计、选用有效的教学模式之前，教师需要了解有效教学的标准（或者要素）以及教学计划的整体过程。对于这两个问题，历来存在着不同的描述和理解。本节将介绍两种有效教学的因素模型，阐明课堂教学计划的一般过程。

一、有效教学的因素模型

（一）卡罗尔的学校学习模型

卡罗尔（J. B. Carroll）提出了学校学习的模型。在这一个模型中，有 5 个因素影响教学的效果（见表 13-1）。

表 13-1　卡罗尔的学校学习模型（Carroll，1963）

因素	含义	所关联的时间
能力倾向	学生的一般学习能力	学习所需时间
理解教学的能力	学生进行课堂学习前的准备状态	学习所需时间
毅力	学生愿意主动花在学习上的时间，基本上是学生学习动机的结果	学习所花时间
机会	可用于学习的时间，与教师用于某个概念或技能的教学时间有关	学习所花时间
教学质量	教学的实际传递效果	学习所花时间

卡罗尔将这些因素与学习所需时间和学习所花时间关联起来。学习所需时间取决于能力倾向和理解教学的能力，而学习所花时间则依赖毅力、机会和教学质量。卡罗尔还提出了一个公式：

$$学习程度 = f（所花时间 / 所需时间）$$

这个公式表明，学习程度与所花时间与所需时间之比相关。所花时间越是大于所需时间，学习程度就越高。许多研究者认为，学习程度主要取决于学生的能力倾向和智力，但卡罗尔则告诉我们，能力倾向的差异并不限制学习的量，只是决定学习所需时间。如果教学质量高，花在学习上的时间充足，任何一个具有学习能力的人可以学会任何东西。卡罗尔的这个模型直接启迪了布卢姆的掌握学习理论。

（二）斯莱文的有效教学的 QAIT 模型

斯莱文（R. Slavin）修改卡罗尔的模型中的因素，提出了有效教学的 QAIT 模型（见图 13-1）。

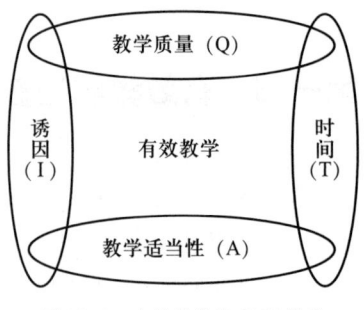

图 13-1　有效教学的 QAIT 模型
（斯莱文，2004）

Q 代表**教学质量**（quality of instruction）。教学质量是指课堂信息呈现对学生学习的便利程度，它取决于课程质量和呈现的信息的质量。如果课程质量高，而且教师呈现的信息对学生有意义，学生就对它感兴趣，容易记住和应用它，教学质量就高。

A 代表**教学适当性**（appropriate levels of instruction）。教学适当性是指教师确保学生准备新课学习的程度。如果学生具备学习新课必需的知识和技能，新的教学对学生既不过难也不过易，那么教学适当性就高。

I 代表**诱因**（incentive）。诱因是指教师激励学生完成教学任务、学习材料的程度。从学习动机理论可知，学习动机既可来源于学习任务本身的特点（如学习材料的吸引力），也可来源于学生的特征（如好奇心），还可来源于教师或学校所提供的奖励（如等级、证书等）。

T 代表**时间**（time）。时间是指教师为学生学习提供的时间的充足程度。学习时间依赖两个因素，一是教师计划用于教学的时间和实际所用的时间；二是学生集中注意于课堂的时间。

在 QAIT 模型中，每个因素都像锁链中的一个环，整条锁链的力量依赖链条中力量最弱的一个环。QAIT 模型表明，有效教学的 4 个因素必须都是适当的。如果学生缺乏必需的知识和技能准备、学习动机或者所需的学习时间，不管教学质量有多高，学生学习新课的效果也是有限的。反过来，如果教学质量很低，那么不管学生具有多少准备性的知识和技能、多么强烈的学习动机以及多么充足的学习时间，也学得不好。

二、教学设计过程

良好的教学设计是教学成功的一半。教师往往通过教学设计将课程转变成学生的活动、作业和任务。教师的教学设计在许多方面决定了学生学什么。一般来说，多数教师一旦设计好了一个教学方案，就试图把它贯穿在所有的学习材料和活动之中。因此，教师的教学设计对学生的学习效果会产生非常重要的影响。

课时或单元的教学设计过程主要包括设置教学目标、学生分析、学习任务分析、编制测评工具、选择教学模式、设计教学活动形式以及安排教学媒体与教学环境等环节。

【考纲链接】
《教育教学知识与能力》（小学）：掌握小学教案设计的基本内容、步骤和要求

（一）设置教学目标

教学目标（instructional objective）是指预期学生通过教学活动获得的学习结果。在教学中，设置教学目标对学生的学习、课堂行为以及教学评价具有重要作用。首先，好的教学目标可能提高学生成绩。学生从学习材料和活动本身看不出所学信息的重要性，而教学目标能够帮助学生集中注意力，从而提高他们成绩。其次，教学目标能促进课堂行为和交流。一旦明确教学目标，教师就会选择和创造那些能帮助学生掌握重要目标的活动，努力使自己的行为和交流趋向目标。最后，教学目标有利于评价和测验。一般来说，教学评价往往包含着学习目标。即使某位教师从来没有确定教学目标，学生也能通过测验和作业的评级逐渐意识到这些目标。教学目标的设置将在下一节做具体阐述。

【微课】
教学设计的
过程

（二）学生分析

前面章节中提到了学生的个体差异问题，这些问题是教师做学生分析时需要注意的问题。学生分析中最重要的工作是分析学生的起始状态，包括学生的态度、起始能力、背景知识和技能等。

（三）学习任务分析

教师设置教学目标之后，要对每一个教学目标进行任务分析。任务分析（task analysis）是指将目标化成各级任务，再将各级任务逐级划分成各种技能和子技能的过程。在进行任务分析时，教师要从最终目标出发，逐级按子目标揭示其先决条件，反复提出这样的问题："学生要达到这一目标，必须预先具备哪些能力？"对这个问题的解答有助于教师确定几种基本的技能。假设教师识别出了5种技能，就要接着问："学生要成功地具备这5种技能，他们必须做什么？"对这个问题的解答又能使每种基本技能产生许多子技能。如此反推，教师可以描绘出学生成功达到目标所必须具有的能力。

（四）编制测评工具

有些教师往往将设计和编制测评工具（课堂练习、课堂自测、课后作业等）这一环节放到教学设计的最后一个步骤来进行。事实上，在设置教学目标、分析学生和学习任务之后，就应该开始着手编制测评工具，随后可以根据情况对测评内容做适当的调整。具体编制测评工具方法将在后面的章节加以介绍。

（五）选择教学模式

在教学中，由于教学目标、学习任务特点以及所持学习和教学理论取向的不同，教师将会以不同方式来组织教学事项的程序结构，并采取相应的教学方法、媒体以及环境来实现这一程序，这一系列的过程是在一定的教学模式的基础上进行的。本章第三节将介绍一些典型的教学模式。

（六）设计教学活动形式

教学活动（instructional activities）就是课堂中将教学目标转化成课堂中行为的活动。一般来说，基本的课堂教学活动形式有课堂讲演、课堂问答、课堂自习、小组讨论、实验、阅读、写作、模拟和游戏等。

（七）安排教学媒体与教学环境

教学媒体（instructional media）是教学信息的载体。一般来说，学校中的教学媒体包括非投影视觉辅助（黑板、实物、模型、图形、表格、图片以及提纲等）、投影视觉辅助（投影仪和幻灯机等）、听觉辅助（录音机等）、视听辅助（电影、电视、视频及远距离传播系统等）以及综合操作媒体（多媒体计算机、多媒体网络等）。各种媒体都有其独特的特点和作用。

上面介绍了教学设计的基本过程，但这并不意味着教学设计彻底消除了教学的不稳定性，即使最好的教学设计也不可能控制课堂中的每一件事。绝对有效的教学设计过程是不存在的，有经验的教师没有必要一直沿用这样的过程来进行教学设计。但是，通过学习这些过程来为教学打下基础却是有益的。教师一旦获得了丰富的经验，并且在教学的许多方面都已变得相当熟练时，就可以发展出自己教学设计的风格。

第二节 教学目标

教师在设置或表述教学目标时，首先要考虑目标的层次问题。在一般的意义上，社会赋予学校的宏大目标是很抽象的，如"教书育人"和"发展智慧"等。相反，最具体的小目标可能是某一个行为，如"正确写出某一个汉字"等。本节先介绍布卢姆的教育目标分类法，然后说明两种目标表述方法：行为目标表述法和认知目标表述法，最后简要介绍建构主义观点下的教学目标观。

一、教学目标分类

布卢姆（Bloom, 1956）等人对目标界定和分类做了系统研究，提出了教学目标分类法，认为教学目标可以分为这样 3 种类型：认知领域的目标、情感领域的目标和动作技能领域的目标。后来，有人提出，还应包括人际关系领域。人际关系领域中的学习包含人与人之间的交互作用。人际关系技能是以人为中心的技能，这种技能是指学生有效地与其他人发生关系的能力，如集体工作、咨询技术、管理技能、讨论等。本章对人际关系领域将不进行详细介绍。下面分别探讨布卢姆所划分的 3 种领域的目标。

（一）认知领域的目标

布卢姆认为，认知领域的目标包括知道、领会、应用、分析、综合和评价。表 13-2 介绍了这些目标的含义和举例。

表 13-2　认知领域目标的水平（改编自鲍里奇，2002）

水平	含义	举例
知道	对所学材料的记忆，包括对具体事实、方法、过程、概念和原理的回忆。可用来描述的动词：定义、排列、回忆、叙述、匹配、朗诵、界定……	学生应在周末之前，准确回忆脊椎动物门的所有纲类动物； 学生应通过记忆，匹配解放战争三大战役的名称和发起时间
领会	把握所学材料的意义，代表着最低水平的理解。可用来描述的动词：转换、估计、推理、解释、辨别、判断、总结、概括、预测、延伸、辩护……	在学期末以前，学生应能概括出"老人与海"的故事情节，80% 以上的语法正确； 学生通过阅读课文中的实例，区别现实主义与自然主义的特点
应用	将所学材料应用于新的情境之中，包括概念、规则、方法、规律和理论的应用。应用代表较高水平的理解。可用来描述的动词：改变、修改、叙述、计算、操作、解决、演示、组织、发展……	学生应该能当着全班的面，演示能量守恒定律在生活中的应用； 学生应该能够利用所学方法运算给定的、课堂中没讲到的分数乘法题，准确率在85% 以上
分析	将整体材料分解成其构成成分并理解其组织结构，包括对要素的分析（如一篇论文由几个部分构成）、关系的分析（如因果关系分析）和组织原理的分析（如语法结构分析）。可用来描述的动词：分解、区分、指出、演绎、说明、图解、推理、分离、概括、细分……	对于一篇新闻报道，学生应该指出哪些句子讲的是事实，哪些句子讲的是观点； 学生应该辨别所给的句子哪些自相矛盾、哪些符合逻辑
综合	将所学的零碎知识整合为知识系统。可用来描述的动词：分类、创造、制订、编写、设计、预测、创作、发明……	针对给定的小故事，学生应能创作出合理而有创造性的故事结局； 针对要解决的真实性问题，学生应该设计出科学实验程序来解决问题
评价	对所学材料（论点的陈述、小说、诗歌以及研究报告等）做价值判断的能力，包括按材料的内在标准（如材料内在组织的逻辑性）或外在标准（如材料对目标的适用性）做评价。可用来描述的动词：评价、批判、证明、比较、辩护、支持、对比、判断、证实……	对于所给的以前没有阅读过的段落，学生应该根据课堂中讨论过的 5 个标准来判断它的价值； 对于给定的经济政策实例，用"效率兼顾公平"的原则为该政策做辩护

以上 6 个水平的目标是由简单到复杂排列的。可以把它们看作一个金字塔式的结构，而每一个水平的目标达成需要建立在其底下水平的目标达成的基础之上。当然，在实际教学中，对于每一个教学内容，可以同时设置不同水平的目标。例如，教学内容为"新闻报道中的事实与观点"时，在分析水平上，教学目标可设置为区分新闻报道中的事实和观点；

在综合水平上，其教学目标可以是给定 3 个事实，编写一篇由两个段落构成的新闻报道；在评价水平上，目标可以是给定 2 篇对最近一个事件持相反观点的文章，比较哪篇文章比较公正，并且选择做出判断。

（二）情感领域的目标

布卢姆等人根据价值观内化的程度将情感领域的教学目标分为 5 个水平（见表 13-3）。

表 13-3　情感目标的水平（改编自鲍里奇，2002）

水平	含义	举例
接受	学生愿意注意特殊的现象或刺激（如课堂活动、教科书、文体活动等）。可用来描述的动词：注意、识别、看、觉察、听到、注视、控制、听、分担……	学生应该能够倾听一部完整的莫扎特协奏曲，期间不离开自己的座位； 学生应该能与其他同学一样，注意到课堂学习活动的转变
反应	学生主动参与学习活动并从中得到满足。可用来描述的动词：鼓掌、遵从、讨论、跟随、服从、参与、扮演、练习、志愿……	教师提出要求后，学生应该不用讨论就能遵从书中所给指示去做； 学生应该在教师要求下练习一种乐器
形成价值观念	学生将特殊对象、现象或行为与一定的价值标准相联系，对所学内容在信念和态度上表示正面肯定。可用来描述的动词：行动、争论、说服、辩论、展示、表达、帮助、组织、偏好……	当讨论有关化工厂爆炸事件时，学生应能积极表达自己关注生命等观点； 学生应能够帮助同伴形成好的学习习惯
组织价值观念系统	将许多不同的价值标准组合在一起，消除它们之间的矛盾和冲突，并开始建立内在一致的价值体系。可用来描述的动词：抽象、平衡、比较、决定、限定、制订……	学生应该能明确阐明其支持公民权利立法的理由，并能识别出那些不支持其信条的立法
价值体系个性化	个体通过学习，经由前四个阶段的内化之后，所学得的知识观念已成为自己统一的价值观，并融入性格结构之中。它包括两个水平：概念化心向，即对同类情境表现出一般的心向；性格化，即心理与行为内外一致，持久不变。可用来描述的动词：避免、展示、内化、处理、要求、抗拒、解决、设计、修改……	学生应该对残疾学生表现出乐于帮助和关心的态度，在课堂内外帮助残疾学生解决行动不方便的问题

在设置一个具体的情感目标时，教师必须表述学生在接受和反应时学会了什么。例如，一节有关版权法的课在形成价值观念的水平上的目标可以表述如下：

在学完盗版的危害性后，至少 50% 的学生会抵制盗版，以支持正当出版业的发展。

在对情感目标进行评价时，可以在上课之前，先将这些目标用作诊断的标准，看学生把什么价值体系带到了课堂。课后再用这些目标做评价标准，估量教师在多大程度上成功地使学生的态度或价值朝预期的方向发生变化。事实上，教师很难测量情感目标是否已经达到。在前面的例子中，怎么才能确定学生已经不买盗版以此来共同抵制盗版行径呢？最好的方法可能是让他们匿名报告自己购买出版物的情况。如果要求学生在他们的报告上署名的话，就可能妨碍了另一个情感目标：诚实。如果对学生抵制盗版的行为进行评级的话，就可能鼓励他们做假报告。在大多数情况下，对情感目标进行评级并不是最好的测量方法。

（三）动作技能领域的目标

动作技能领域的目标是指教师预期在教学后，学生在动作技能方面所应达到的目标。布卢姆等人将动作技能领域的目标分为 6 个水平（见表 13-4）。值得注意的是，教师不要误以为动作技能领域的目标只是体育课或手工课上才需要设置的教学目标。实际上，在其他课中，有时也要设置动作技能领域的目标。例如，在化学、物理和生物等课堂上，需要培养学生专门的动作和手眼协调性。使用实验设备、计算机的鼠标或艺术材料都意味着学生学习了一种新的动作技能，书写文字更是如此。

表 13-4　动作技能目标的水平

水平	含义	举例
知觉	学生通过感官，对动作、物体、性质或关系等的意识能力，以及进行心理、躯体和情绪等的预先调节的能力（如表现出外部的感觉动作）	观看羽毛球接球的演示，能感知正确的握拍方法和挥拍的正确步骤
模仿	学生按提示要求做出动作或再现示范动作的能力，但学生的模仿性行为经常是缺乏控制的（如表演动作是冲动的、不完善的）。教师可用来描述的动词：演示、平衡、采用、重复……	在观看乒乓球"后手提"的录像之后，能以一定的精确度来演示这一动作；先向学生展示如何安全地把一烧杯水加热至沸腾，然后要求学生重复该操作
操作	学生按提示要求做出动作的能力，但不是模仿性的观察（如按照指示表演或练习动作等）	根据教科书上提供的图画，用所要求的格式给未来的雇主用 Word 软件写一封信
准确	学生的练习能力或全面完成复杂作业的能力。教师可用来描述的词语：精确地、独立地、有控制地、无误地、熟练地、平衡地……	学生应该能够精确地把标本放在显微镜的托盘上，并熟练地使用高倍焦距
连贯	学生按规定顺序和协调要求去调整行为、动作等的能力（如准确而有节奏地演奏）。教师可用来描述的词语：自信、协调、和谐、完整、均衡、流畅、快速、稳定、时宜……	学生应该能够在 2 分钟内快速写出字母表上的所有字母，大写字母和小写字母之间有恰当的间距
习惯化	学生自动或自觉地做出动作的能力，经常性的、自然而稳定的动作就是习惯化动作。学生能够下意识地、有效率地将各部分协调一致地完成操作。教师可用来描述的词语：自动地、不费力地、自然地、专业地、例行地、自发地、轻松地、完美地、平稳地……	在第一个学期后，每当作业任务提出要求时，学生不借助模板就能够正确地画出等腰三角形、等边三角形和直角三角形

学生一旦达到动作技能领域的目标，就发展出了某种特定的表现能力。教师可以通过两种方式来评价学生的表现：观察学生演示技能的效率，评价学生的作品。

在实际生活中，认知、情感和动作技能这 3 个方面的行为几乎是同时发生的。例如，学生写字时（动作技能），也正在进行记忆和推理（认知），同时，他们对这个任务会产生某种情绪反应（情感）。因此，在教学中，教师往往需要同时设置这 3 个方面的目标。

二、教学目标的表述

教师所持有的学习观会影响教学目标的表述。持行为主义学习观的教师表述出来的目标主要集中在学生可观察和可测量的变化上，他们使用诸如"列出""定义"或"计算"等术语来表述目标；持认知学习观的教师写出来的目标则强调内在的变化，会用诸如"理解""再认""创造"或"应用"等术语来表述目标。认知目标一般比行为目标的抽象性高一些，可测量性也就相对差一些，同时，限制也相对少一些。

【微课】
教学目标的
表述

（一）梅杰的行为目标表述法

梅杰（Mager，1975）开发了一个非常有影响的表述教学目标的方法。在梅杰看来，一个好的目标具有 3 个部分：第一，它描述了预期的学生行为，即学生必须做什么；第二，它列出了行为发生的条件，即这种行为如何被识别和测验；第三，它给出了在测验中可接受的一个标准。表 13–5 显示了这种方法。

表 13–5　行为目标表述法（Woolfolk，2004）

部分	中心问题	举例
学生的行为	做什么	用字母 F 标出陈述文字中的事实，用字母 O 标出其中的观点
行为条件	在什么条件下做	给一篇报纸中的文字
行为标准	做得有多好	正确率达 75% 以上

行为目标表述法强调要对学生的最终行为进行非常清楚的表述。梅杰相信，教师的这种努力是有价值的，如果给学生提供了表述清楚的目标，学生一般能自己教自己。

（二）格兰伦德的认知目标表述法

格兰伦德（Gronlund，1999；Gronlund & Brookhart，2009）提出了一个与梅杰截然不同的方法。他认为，教师应当最先以一般的术语（如理解、鉴赏等）表述一个教学目标，然后列举一些样例行为加以进一步明确。这些样例行为能为学生提供是否达到目标的依据。格兰伦德提出的方法经常被用来表述认知目标（见表 13-6）。

表 13-6　认知目标表述法（Gronlund & Brookhart，2009）

部分	举例
一般目标	理解一个科学概念
子目标 A	用自己的话描述这些概念
子目标 B	举例说明这些概念
子目标 C	基于概念提出假设
子目标 D	描述在给定情境中应该如何验证假设
子目标 E	设计具体实验实现上述目的

在这里，教学的真正目标是理解，教师并不想让学生停留在定义、识别和区分等具体行为上。相反，教师根据这些样例任务中的成绩来决定学生是否已经理解。教师能选择 3 种不同的任务，当作较为一般的能力的样例。由于教师不可能列出真正理解某个主题的所有行为，因此，表述一个基本的一般目标可使学生做到心中有数：理解才是目的。人们对教学目标所做的研究倾向于支持类似于格兰德的方法，即先表述一些中心目标，然后用一些具体行为的样例来明确它，这样做似乎较为合理（Woolfolk，2004）。

在实际教学中，人们往往将这两种表述方法结合起来，描述教学目标。例如，在表 13-7 中，左边一栏列举一般的认知目标，右边一栏将其转化成相对具体的行为目标，使其变得可以测量了。

表 13-7　教学目标的写作方法（Woolfolk，1990）

一般的认知目标	相对具体的行为目标
学生在解简单算术问题中推理	学生解答一道以新形式书写的简单算术问题，如"$3+4=？$"和"$4+3=x$"
学生理解古诗中绝句的概念	学生从各种不同的古诗中识别出绝句来
学生懂得配合	学生在适当的时候传球

当然，教师不管采用什么方法表述教学目标，都要考虑所设目标学生能否达到，还必须考虑每个学生的长处和弱点，并在课堂上选择自己的教学方法以适应个别学生。

三、教学目标理论的发展与批评

（一）建构主义的教学目标观

在传统上，教学计划几乎都是由教师来进行的。建构主义认为，教学计划是可分享的、可商议的。教师和学生可以共同决定课堂内容、活动和方法。教师并不将培养学生具体的行为和技能视为目标，而只是提供宏观上的教学目标（Woolfolk，2004）。例如，建构主义认为（Perrone，1994，转引自 Woolfolk，2004）初中历史课的教学目标包括：

（1）利用主要的原始资料，阐明假设，进行系统研究。

（2）处理多种论点。

（3）成为细致的读者和活跃的作者。

（4）提出问题并解决问题。

可以看出，这些教学目标都是宏观的。教师应创建一个学习环境，让学生能够依据他们的个人兴趣和能力，将这些宏观的目标细化。教师可以将那些能促进学生有意义理解的、有深度的、多视角的观点、主题或社会问题进一步明确下来并提供给学生。比如，初中历史课上有一些诸如"民主与解放""公平"或"奴隶制度"之类的主题；在数学课和音乐课上，有"范型"之类的主题；在文学课中，有"人物身份"等主题。教师可以通过画"主题地图"（参见 Woolfolk，2004）的形式，使主题能够促进学生的学习和理解。以主题地图作为指南，教师和学生可以共同来确定活动、材料、项目和成绩水平，以促进学生的理解和能力的发展。简言之，建构主义观点下的教学目标是由教师和学生共同商议制订的。教师花很少的时间来构思特定的表述，而花更多的时间来获取各种资源和推动学生的学习。

（二）对教学目标的批评

事实上，并非所有的教育工作者都相信表述教学目标是有价值的。学界对教学目标提出了以下两个方面的批评。

1. 教学目标易使教学关注琐碎因素

有些批评认为，琐碎的短期目标比较容易具体化，相对而言，高水平的更相关的目标不易具体化，因此，教学目标似乎与学生真正所要学的东西是不相关的。目标一旦过于精确，课程就可能变得死板，教师就会年复一年地禁锢于这些目标，而可能忽视任何新的、与这些目标不相符的发展。而且，如果只是把低水平的能力视为学习的结果，那么学生的质疑和探究等高水平的能力的培养将受限制。

2. 在某些课题中表述教学目标很困难

在数学课上，表述教学目标可能相当容易，但在艺术课上，如何表述一个教学目标呢？有人可能认为，在所有的领域甚至在人文和艺术领域，教师也能对学生的作业进行判断，因此，判断的标准可用来决定教学目标；即如果教师能判断一张画是好还是坏，那他就能确定画好画坏的标准，然后完全可以根据这一标准写出教学目标。这一做法看似合理，但心理学家指出，鉴别是否为一张好画，也许凭的是直觉，这并不意味着就能写出目标来描述所有好画的评价标准。况且，个人的判断总是带有一定的主观性。

第三节 教学模式

根据乔伊斯和韦尔的界定，**教学模式**（model of teaching）是指试图系统地探讨教育目标、教学策略、课程设计和教材，以及社会和心理理论之间相互影响的，设法考查一系列可以使教师行为模式化的各种可供选择的类型（Joyce & Weil，1972，转引自吴立岗，1998）。也就是说，教学模式是反映特定的教学理论的，是为达到一定教学目标而采取的一系列教学形式、策略的模式化的教学活动结构（吴立岗，1998）。在实际教学中，由于教学目标、教学内容、学生情况等的多样性，教学模式也是多种多样的，每一种教学模式都反映了一种或几种特定的教学理论。同样，也没有哪一种教学模式是具有普遍适用性的，需要教师视具体情况灵活选择教学模式。

教学模式大致可以从其主体学习活动的性质（是接受还是探究）以及其主体学习活动的社会互动程度（是个体还是社会）两个维度加以定位，如图 13-2 所示，我们定义了各种典型的教学模式在这个定位图中的位置。

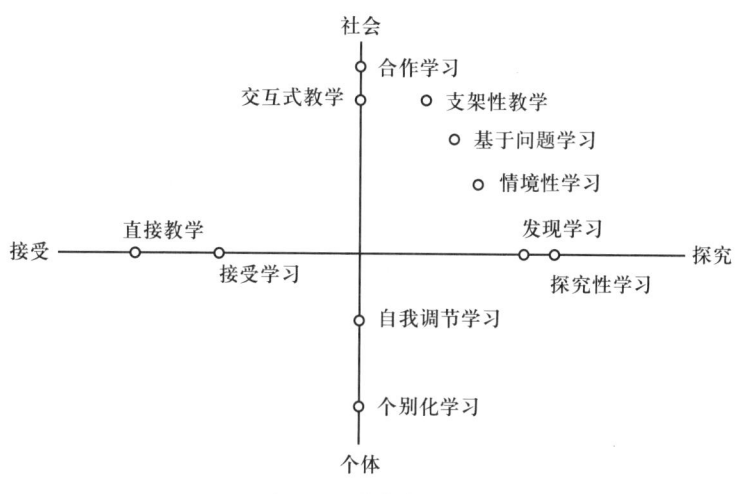

图 13-2　教学模式概览

另外，还有一种教学模式的分类方法。在上述典型的教学模式中，直接教学模式和接受学习模式等强调教师在教学过程中的中心作用，可以称为**教师中心取向的教学模式**（teacher-centered approach）；而发现学习、探究性学习和个别化学习等模式强调学生在学习活动的积极主动的中心地位，教师扮演指导者角色，可以称为**学生中心取向的教学模式**（student-centered approach）；合作学习、情境性学习（包括认知学徒制、抛锚式教学和真实性任务学习）、基于问题学习和支架性教学等模式强调教师与学生处于一个学习共同体之中，教师是学生学习过程中的支持者、帮助者与合作者，可以称为**学习共同体取向的教学模式**（learning community approach）。下面分别介绍这 3 类教学模式中比较典型的模式。

一、教师中心取向的教学模式

此处，主要介绍两种教师中心取向的教学模式：直接教学和接受学习。

（一）直接教学

直接教学（direct instruction）是一种以学习成绩为中心、在教师指导下使用结构化的有序材料的课堂教学模式。在直接教学中，教师向学生清楚地说明教学目标；在充足而连续的教学时间里给学生呈现教学内容；监控学生的表现；及时向学生提供学习方面的反馈。在这种教学模式中，教师设置教学目标，选择教学材料，控制教学进度，设计师生之间的交互作用。这是一种以教师为中心的教学模式。直接教学尤其适用于教授那些学生必须掌握的、有良好结构的信息或技能，但不太适用于深层次的概念转变、探究、发现，或者是开放的教学目标。

罗森赛恩及其同事（Rosenshine，1988；Rosenshine & Stevens，1986，转引自 Woolfolk，2004）在研究有效教学的基础上，提出了典型的直接教学过程。

【微课】
教师中心取向的
教学模式

（1）回顾和检查先前的授课情况。教师要在开始上课前改正学生的家庭作业，复习近来教的内容，以此来开始新课。如果发现学生存在错误理解，就需要采取一定的补救措施。

（2）提供新材料。教师要告诉学生新课的意图，让学生明确目标。然后一次一点地呈现新信息，进行小步子教学，并示范某个程序，提供许多正例和反例，确保学生理解了这些内容。

（3）提供指导性的练习。学生在教师的指导下使用新信息进行练习。教师向学生提问，出练习题目，从而给学生大量的机会来正确重复和解释刚才所学的程序和概念；倾听学生的想法，了解学生不清晰的概念以及不理解的地方。如果有必要，重新教授一遍。继续指导，直到学生的回答正确率达到80%。

（4）针对学生的回答给予反馈和纠正。在有指导的练习中，教师要给学生大量的反馈；当学生回答不正确时，如果有必要则重新教授一遍；当学生回答正确时，教师要解释为什么这个回答是正确的。及时反馈非常重要。

（5）提供独立练习。教师要让学生独立地或者通过合作，在课堂上或者在家庭作业中应用新学的知识。独立练习的正确率应该达到95%以上。作业要有一定挑战性，但不能太难。教师要注意保证让学生理解他们所做的作业。

（6）每周复习，每月复习，巩固学习。教师要每周或每月进行复习，巩固学生的学习。每一周开始时，教师都应当复习上一周的课，在每一月末都应当复习这四周所学的东西。学生不能学了新课就忘了旧课。每周或每月的复习包括做家庭作业、经常性的测验，补习在测验中未理解的内容等。

研究（Abrami et al.，2015）发现，在直接教学中，学生成绩和教师的直接教学策略有关，而且直接教学模式对那些成绩差的以及处于边缘状态的弱势学生具有明显的积极作用。同时，直接教学能够增进某些基本技能的教学。值得注意的是，直接教学是从有效教师的经验中研究得来的，可能存在一些不利于进一步教学改革的因素，教师需要根据实际教学情境而加以灵活应用。

（二）接受学习

接受学习（reception learning）模式是奥苏贝尔所倡导的，在他提出的认知结构同化理论的基础上提出来的教学模式，也是我们通常所提的讲授式教学模式。当其他教育理论家及其社会舆论正在抨击这种模式的时候，奥苏贝尔却大声疾呼要改进这种模式，他毫不掩饰地拥护讲授教学的主张（Joyce，2002）。这种模式显然也是以教师为中心的。与直接教学所不同的是，直接教学可能更适合教授程序性的知识与技能，如算术、体育等，而对于陈述性知识，如历史、文学等，接受学习则更加合适。下面先介绍接受学习中最为重要的概念——先行组织者，然后阐述接受学习的教学过程。

1. 先行组织者

在"认知学习理论"一章中已经介绍了奥苏贝尔的理论观点。其中，他特别强调了先行组织者的概念，即先于学习任务本身呈现的一种引导性材料，它要比学习任务本身有较高的抽象、概括和综合水平，并且能清晰地与认知结构中原有的观念和新的学习任务关联。下面就是一位教师运用先行组织者进行讲授的例子。

一个教师带领一群中学生参观一个艺术博物馆时说："我想给你们提供一个观点来帮助你们理解将要看到的绘画和雕塑。艺术虽然只是一种个人的表达方式，然而却在很多方面反映了它所产生的时代以及当时的文化。当你最初注意到东西方艺术的差别时，这一点表现得特别明显……"她还请学生回忆了自己的小学时代，比较他们五六岁时和长大以后画出的画的区别。她把他们这种不同时期的区别和不同文化的区别联系了起来。在随后的参观中，当学生观看图画和雕塑时，教师给他们指出了时代变化所引起的差别。

在这个例子中，教师给学生提供了一个先行组织者——艺术反映文化和文化变迁的观点，给了学生一个"智力支点"，使他们能够清楚地从绘画中得到信息。同时，她还以学生不同时期的绘画为例，通过呈现先行组织者，让学生在已有知识经验与需要知道的知识之间架设一道桥梁，从而更有效地学习新知识。

先行组织者有两种类型：一类是陈述性的，它往往提供一个抽象的观念，为新的学习提供最适当的类属者，与新的学习产生一种上位关系，上面的例子便是陈述性的先行组织者；另一类是比较性的，用于比较熟悉的学习材料中，目的在于比较新材料与认知结构中相类似的材料，从而增强新旧知识之间的可辨别性，如学习除法时，可以先比较乘法（已学）与除法，帮助学生理解乘法与除法的关系并确认两者的区别。

2. 教学过程

接受学习模式的教学过程主要有 3 个环节（见表 13-8）。

表 13-8　接受学习的教学过程

环节	名称	教学活动
一	呈现先行组织者	告知学生新学内容的目标、方向以及基本信息； 解释并举例说明先行组织者中的概念； 让学生回忆已学内容、个人经验，告知学生其先前经验与新学内容的相似之处
二	提供学习任务和学习材料	通过讲解、讨论、看影片、做实验或者阅读等方式介绍学习材料； 明确说明学习内容的组织结构、逻辑顺序； 引导学生认识这一组织结构与先行组织者的关系； 解释并举例说明先行组织者中的概念
三	增强认知结构	引导学生整合新材料与已有认知结构，如总结新内容的主要特征、新内容各部分的区别、与先行组织者的具体关系； 要求学生积极理解新内容，如让学生陈述新内容与先行组织者的联系； 举例说明新学内容中的概念或原理； 用自己的语言解释、说明内容的实质； 从不同角度检验新内容

从表13-8中我们可以看到，接受学习并非传统课堂上的"满堂灌"——教师一味讲解而学生只听不说，而是教师通过讲授，促进学生的主动学习，并且教师和学生之间有大量的相互作用。

接受学习模式在讲授知识间的抽象关系时可能更有效，也为学生提供好方法来帮助他们保持重要的信息。但是，对于具体经验和程序性知识的教学，其他教学模式可能更加有效。

二、学生中心取向的教学模式

此处，主要介绍3种学生中心取向的教学模式：发现学习、探究性学习和个别化学习。

（一）发现学习

发现学习（discovery learning）是布鲁纳所倡导并发展起来的教学模式。在发现学习中，教师鼓励学生通过自己发现概念与原理来学习，新信息的学习主要是学生自身努力的结果（Bergstrom & O'Brien，2001；Wilcox，1993，转引自斯莱文，2004）。布鲁纳（Bruner，1966）认为，发现学习能帮助学生对自己的学习负责，强调高度的思维，注重内在而非外在的动机，并且帮助学生记住重要的信息。

【微课】
发现学习

1. 教学原则

布鲁纳对发现学习的教学提出了4项原则：

（1）教师要将学习情境和教材性质向学生解释清楚。

（2）教师要配合学生的经验，适当组织教材。教师要在研究教材和学生的基础上，根据教材内容设计一个一个的发现过程，教师要仔细设计问题，排列好例子，确保参考材料充足、条件完备，以促进学生进行自我发现。

（3）教师要根据学生心理发展水平，适当安排教材的难度与逻辑顺序。例如，布鲁纳根据儿童坐跷跷板的经验，设计了一个天平，让儿童调节砝码的数量和砝码离支点的距离，以此让儿童发现学习乘法的交换律，如$3 \times 6 = 6 \times 3$。

（4）教师要确保材料的难度适中，以维持学生的内部学习动机。材料太容易，学生缺乏成就感；材料太难，学生容易产生失败感。教师提供的材料只有符合学生实际水平，学生才会经过独立思考、亲自去发现材料中那些隐含的东西，概括出结论，将这些新内容很快纳入自己的认知结构。

2. 教学过程

一般来说，发现学习的教学要经过4个阶段：

（1）创设问题情境，使学生在这种情境中发现其中的矛盾，提出问题。

（2）促使学生利用教室所提供的某些材料，针对所提出的问题，提出解答的假设。

（3）从理论上或实践上检验自己的假设。

（4）根据实验获得的一些材料或结果，在仔细评价的基础上引出结论。

发现学习模式有助于学生：学习如何学习；激发内在学习动机；按自己的能力前进；

增强自我概念；对过去教学中过于简化地解决问题提出合理的怀疑；对自己的学习负责。但发现学习在课堂中也存在以下一些问题。① 学习小组内人数较多或学生学得慢，进行发现学习是比较难的。有时可能只有极少数高水平的学生将发现过程向前推进，多数学生被抛在后面。② 以上所有发现学习的优点没有得到控制严格的研究的证明。由于不可能准确地说哪一步和什么行为产生了发现学习的效果，因而很难检验这些优点。③ 发现学习的效率很低，拉长了学生学习的时长。

（二）探究性学习

探究性学习（inquiry learning）是指让学生仿照科学研究的过程来学习科学内容，体验、理解和应用科学研究方法，获得科学研究能力的一种教学方式。在探究性学习的实践中，由于探究内容的特点、探究主体的特点等不同，人们发展出了各种不同的模式。比较经典的探究性学习模式有萨其曼的**探究训练模式**（inquiry training model）、施瓦布的**生物科学探究模式**（biological science inquiry model）、卡普拉斯（R. Karplus）的**学习环模式**（learning cycle）、兰斯当（B. Lansdown）的**探 – 研模式**（investigation-colloquium method）以及马肖拉（B. Massiola）的**社会探究模式**（social inquiry model）等（刘儒德，2005）。此处，我们重点介绍探究训练模式。

探究训练模式是萨奇曼设计的一种探究性学习模式。萨奇曼考察和研究了科学家们的创造性的探究活动，从中提炼出科学研究过程的基本要素和程序（如组织信息、进行因果关系推理、提出并验证理论等），并压缩这一程序，结合教学法的要求，概括出了一套探究训练模式。这套训练模式重在训练学生通过收集资料来建立理论的科学思维能力，并教给学生一些学术研究的技巧，教会学生调查和解释异常现象。从学生的课堂活动来看，探究训练模式包括 4 个基本环节。

（1）面对问题情境。教师向学生展示问题，设置疑难情境。学生理解所要探究的问题，并了解探究的程序。例如，教师呈现一个引起认知冲突的事件，用嘴在一张 32 开的薄纸上部轻轻吹气，纸就飞起来。教师让学生探究"纸为什么会飞起来"。

（2）提出假设，收集资料。与一般探究性学习模式不同的是，在探究训练模式中，教师直接充当资料的提供者。学生根据疑难情境向教师提出假设性问题。对于学生提出的问题，教师只回答"是"或"否"。在最初阶段，学生收集资料有一定的盲目性。随着经验的积累，他们越来越倾向于有意识地为验证假设而收集资料。例如，学生通过提问来收集更多信息和分离出相关的变量：学生问温度是否很重要（否）；问纸是否是特殊材料的（否）；问纸飞起来是否和空气的压强有关（是）；……

（3）形成解释，得出结论。学生不断解释所收集的资料，验证假设，得出结论。当学生无法解释资料时，教师要求学生进一步收集或分析资料。有时，学生请教师评判他们的解释。例如，学生可以检验因果关系。学生问是否是上部的压强导致纸飞起来的（是）。他们接着问是否是空气的快速运动导致上部压强变小的（是）。接着，他们用其他的材料（如薄的塑料片）来检验得出的规律。学生形成一个推论（原理）：在一个物体表面，如果上面的空气运动快于下面的空气运动，这个物体将会飞起来。后面的课程将提供更多的实验，扩展学生对于这个原理的认识。

【微课】
探究性学习的
课堂应用

（4）分析探究过程。学生分析和认识他们自己的探究过程，为今后改善探究过程提供依据。这是发展学生探究能力必不可少的阶段。例如，教师引导学生对他们自己的思维过程进行讨论：什么是重要的变量？你是如何把原因和结果联系起来的？等等。

（三）个别化学习

个别化学习（individual learning）模式是指让学生以自己的水平和速度进行学习的一种教学模式。个别化学习大致包括这样几个环节：诊断每个学生的初始学业水平或学习不足；在教师与学生或机器与学生之间构成一一对应的关系；引入有序的和结构化的教学材料，随之进行操练和练习；容许学生以自己的速度学习。个别化学习模式大多结合了行为主义和认知主义，但行为主义的成分更为明显。因为，这些程序往往都强调教学目标和操练练习、小的教学单元和有序的材料、根据学习变化或进行评价教学、根据后测评价重新教学。下面介绍几种经典的个别化学习模式。

1. 程序教学

程序教学（programmed instruction）是一种能让学生以自己的速度和水平自学以特定顺序和小步子安排的材料的个别化教学模式（陈琦，刘儒德，1997）。其始创者通常被认为是教学机器的发明人普莱西（S. Pressey），但对程序教学贡献最大的却是斯金纳。程序教学以精心设计的顺序呈现主题，要求学生通过填空、选择答案或解决问题，对问题或表述做出反应，在每一个反应之后出现及时反馈，学生能以自己的速度进行学习。这种程序能够融入书、教学机器（即一种融入程序学习形式的机器设备）或计算机。图13-3是用计算机演示程序教学的例子。

程序教学特别适合于有技能缺陷的学生，整个教程提供了补课的内容和练习。学生可以自己学完整个课程，所以程序教学也利于对某个主题的自学。

2. 基于信息技术的教学

随着智能手机、移动网络与社交媒体的发展，学生、教师和家长的学习、教学和生活都受到了巨大的影响。人们把以计算机为核心的所有个别化教学技术都称为信息技术在教育中的应用。博纳德等人（Barnard & Sandberg，1993）将信息技术的作用概括为三大侧面：内容，包括电子图书、数字图书馆、博物馆和学习者数据库等；社群，利用信息技术与教师、同伴、父母和教育活动的志愿者等进行沟通互动；信息处理，包括信息技术作为处理信息的设备仪器、认知工具和教育代理工具等。教师可以为课堂、虚拟学习环境、远程学习平台设计各种学习活动。教育管理者可以通过技术的使用追踪学校、社区乃至全国系统内教师、学生和课堂的信息。

计算机辅助教学（Computer Assisted Instruction，CAI）是指计算机作为一个辅导者，呈现信息，给学生提供练习机会，评价学生的成绩以及提供额外的教学。有时人们也把它称为**以计算机为基础的教育**（Computer-Based Education，CBE）。与传统的教学相比，CAI具有这样几个优越性：第一是交互性，即人机对话，学生可以根据自己的学习情况选择学习路径、学习内容等；第二是即时反馈；第三是以生动形象的手段呈现信息；第四是自定步调等。

```
┌─────────────────────────────┐  ┌─────────────────────────────┐
│ 1.  当A打开时，水就流过了大堤。  │  │ 不对。"上游"指的是河水逆流的方向。正 │
│     A. 上游                  │  │ 确答案是大堤的一部分。            │
│     B. 下游                  │  │                             │
│     C. 水库                  │  │                             │
│     D. 溢水口                │  │                             │
│     E. 防洪闸门              │  │                      重来一次  │
└─────────────────────────────┘  └─────────────────────────────┘
```

画面1

```
┌─────────────────────────────┐  ┌─────────────────────────────┐
│ 1.  当E打开时，水就流过了大堤。  │  │ 回答正确。打开防洪闸门，水就流过了大坝。│
│     A. 上游                  │  │                             │
│     B. 下游                  │  │                             │
│     C. 水库                  │  │                             │
│     D. 溢水口                │  │                             │
│     E. 防洪闸门              │  │                             │
└─────────────────────────────┘  └─────────────────────────────┘
```

画面2

```
┌─────────────────────────────┐  ┌─────────────────────────────┐
│ 你已经做完第一部分：词汇。下面你想做 │  │            主菜单            │
│ 什么？D                      │  │ A. 第一部分：词汇            │
│     A. 重做第一部分          │  │ B. 第二部分：发洪水的原因      │
│     B. 看第一部分的小结      │  │ C. 第三部分：发洪水的后果      │
│     C. 进入第二部分          │  │ D. 第四部分：洪水的控制        │
│     D. 回到主菜单            │  │ E. 第五部分：模拟            │
│                             │  │ F. 第六部分：控制的结果        │
│                             │  │ G. 第七部分：退出            │
└─────────────────────────────┘  └─────────────────────────────┘
```

画面3

图 13-3　分支式程序的教学案例（申克，2003）

教学应用软件通过交互式图片、音频和动画等形式提供了以学生为中心的教学，具有明确的目标、指导，可以即时形成反馈，也是一种高效的教学实践形式（Aladé，Lauricella，Beaudoin-Ryan，& Wartella，2016；Berkowitz，Schaeffer，& Maloney，2015）。

有研究者利用点阵笔（Rawson，Stahovich，& Mayer，2017）、开放式网络课程（Angeli，Howard，Ma，Yang，& Kirschner，2017；Maldonado-Mahauad，Pérez-Sanagustín，Kizilcec，Morales，& Munoz-Gama，2018；Yu & Jo，2014）等手段，收集学生学习过程的行为数据，探讨学习过程对于学习结果的影响（Patti & Garland，2015）。研究发现，学生使用点阵笔进行课堂提问能够显著增加学生的自我效能感以及数学学习价值观，并使学生采取更主动的学习策略（Huang，Su，Yang，& Liou，2017）。

虚拟现实技术由于其丰富多彩的刺激呈现方式，以及高度的沉浸体验，能够为学生提供生活化的学习环境，让学生在游戏中学习，因此往往能够促进学习者的学习动机（DiSerio，Ibáñez，& Kloos，2013；Huang，He，Liang，Han，& Wang，2018），最终提高个体的学习效果（Bertram，Moskaliuk，& Cress，2015；Lan，2015）。

3. 掌握学习

掌握学习（mastery learning）是由布卢姆等人提出来的，其基本理念是：只要给了足够的时间和适当的教学，几乎所有的学生对几乎所有的学习内容都可以达到掌握的程度（通常要求达到完成 80%～90% 的测验题目）。学生在学习能力上的差异并不能决定他能否学会教学内容，而只能决定他将要花多少时间才能达到对该项内容的掌握程度。换句话说，学习能力强的学生，可以在较短的时间内达到对某项学习任务的掌握水平，而学习能力差的学生，则要花较长的时间才能达到同样的掌握程度，但他们都能获得通常意义上的 A 等或 B 等。

基于这一理念，布卢姆等人主张，要将学习任务分成一系列小的学习单元，后一个单元的学习材料直接建立在前一个单元的基础上。每个学习单元中都包含一小组课，它们通常需要 1～10 小时的学习时间。然后，教师编制一些形成性测验（即在学习之前或之中需要完成的成绩测验）。学完一个单元之后，教师对学生进行总结性测验（这些测验提供了学生对单元中的目标掌握情况的详细信息）来评价学生的最后能力。达到了所要求的掌握水平的学生，可以进行下一个单元的学习。如果学生的成绩低于规定的掌握水平，就应当重新学习这个单元的部分或全部，然后再测验，直到掌握。采用掌握学习，学生的成绩是以成功完成单元内容所需的时间为依据的，而不是看学生在团体测验中的名次。学生的成绩仍然有差异，这种差异表现在他们所掌握的单元数或成功学完这些单元所花的时间上。

4．独立学习

独立学习（independent study）是指在教师的指导下利用校内外的资源，学习某一个主题。在 20 世纪 60 年代，它作为一个构成部分被引入弹性模块式时间表。所谓**弹性模块式时间表**（flexiable module scheduualing），就是为了增加弹性，将一天的上课时间或作息表划分成许多小的时间单位，然后将上课时间划分成全班教学时间（约占 40%）、小组教学时间（约占 40%）和独立教学时间（约占 20%）。根据教师的专业经验，全班、小组和独立教学时间之间的组成是可以变的。许多学校声称都进行了独立学习，但不同的人所说的含义不一，它可能是指一天的某一时刻在各种不同的学习区域或资源中心（如图书馆、实验室或计算机房）学习，或者是指安排有些学生到语音听力室而有些学生做家庭作业，等等。

课程和教学专家们常将独立学习用于那些有学习意愿又具备独立学习所需学习技能的自主学习者。在中学，由于学生掌握了一些基本技能，所以独立学习使用得更普遍一些。在小学，学生是靠教师的指导来学习还是靠自我指导来学习，要看学生具体的能力、需要和兴趣了。总之，完成学习任务和计划的独立性是以学会如何学习为基础的，它要求学生基本具备好奇、兴趣、独立的阅读等学习技能。

5．适应性教学

适应性教学（adaptive instruction），有时也称之为适应性教育，是从匹兹堡大学的**个别规定性教学**（Individual Prescriptive Instruction，IPI）发展出来的。在这一模式中，教学在以下两个水平上表现出适应性：发展学生的能力和学习技能；改变教学环境以便与学生的能力相一致。

6．个别辅导

个别辅导存在这样几种形式：一是同伴辅导；二是成人辅导；三是模拟一对一教学情景的个别化学习模式，这在前面已详细讨论过了，此处介绍同伴辅导和成人辅导。

（1）**同伴辅导**（peer tutoring）是指一个学生教另一个学生。同伴辅导可分两种基本类型：同年龄个别辅导，辅导者和被辅导者都是同一个班的学生；跨年龄个别辅导，年长的学生辅导年幼的学生，两者相差 2~3 个年级。具体做法是，将一半高年级学生送到低年级，将一半低年级学生送到高年级，或者在图书馆等其他学校设施中进行。当然，对辅导者的适当训练和监控是很有必要的。有研究表明，同伴辅导能提高辅导者和被辅导者的成绩。事实上，许多研究还发现，辅导者比被辅导者收获更大，同伴辅导常常用来既提高年长的差生的成绩，也提高被辅导者的成绩。正如许多教师提到的，学懂学通的最好方法就是教别人学习。

（2）**成人辅导**（adult tutoring）是指成人一对一地对儿童进行个别辅导，它从根本上解决了教学的适当水平的问题。成人辅导的主要障碍是其代价太高。但是，小规模地给在常规课中存在学习问题的学生提供成人辅导还是有可能的。例如，父母可以自己或者请家庭教师来辅导学生。

三、学习共同体取向的教学模式

学习共同体（learning community）是指一个由学生及其助学者（包括教师、专家、辅导者等）共同构成的团体，他们彼此之间经常在学习过程中进行沟通、交流，分享各种学习资源，共同完成一定的学习任务，因而，在成员之间形成了相互影响、相互促进的人际联系。在合作学习、情境性学习、基于问题学习以及支架性教学中，都强调学生之间组成合作小组，教师等其他助学者为合作小组提供支持和帮助。由于情境性学习和支架性教学在"建构主义学习理论"一章中已做过介绍，所以这里只介绍合作学习和基于问题学习。

【微课】
学习共同体取向的教学模式

（一）合作学习

合作学习（cooperative learning）是指 2~6 名能力各异的学生组成一个小组，以合作和互助方式进行学习活动，共同完成小组学习目标，在促进每个人学习的水平的前提下，提高整体成绩，获取小组奖励。合作学习的目的不仅培养了学生主动求知的能力，而且发展了学生合作过程中的人际交流能力。

1. 合作学习的基本要素

合作学习的重要代表人物、美国明尼苏达大学"合作学习中心"的约翰逊兄弟（D. W. Johnson & R. T. Johnson）认为，以下 5 个要素是合作学习不可缺少的。

（1）积极的相互依赖。在合作学习中，学生应知道他们不仅要为其自己的学习负责，而且要为其所在小组的其他同伴负责，他们彼此需要"荣辱与共"，即积极的相互依赖。具体而言，积极的相互依赖主要涉及积极的目标互赖、积极的奖励互赖、积极的角色互赖、积极的资料互赖、积极的身份互赖、积极的外部对手互赖、积极的想象互赖、积极的环境互赖等 8 个方面（雅各布斯，1998）。其中，前 5 个方面是主要的。

（2）面对面的促进性相互作用。面对面的促进性相互作用是指学生之间有机会相互交流、相互帮助和相互激励。只有通过彼此的相互作用，才能产生所希望的合作效果，如产生合作性的认知活动（解释解决问题过程，讨论概念，阐明知识间的联系），产生社会性规范和影响（承担责任，相互启发和促进等）。通过言语反应和非言语反应对彼此的学习表现提供反馈，有机会迫使缺乏学习动机的同伴参与学习，相互了解并建立良好的人际关系等。

（3）个人责任。个人责任是指每个组员必须承担一定的学习任务，并掌握所分配的任务。为了落实个体责任，每个组员的作业必须受到评估，并且，其结果要反馈给个体组员。小组成员内必须知道在完成作业的过程中，谁最需要帮助、支持和鼓励，并保证不能有人"搭便车"。

（4）社会技能。社会技能是小组合作是否有效的关键所在。为了协调各种关系，达成共同的目标，学生必须做到：彼此认可和信任；彼此进行准确的交流；彼此接纳和支持；建设性地解决问题。只有这样，组员之间才能进行有效的沟通，学会共同的活动方式，建立并维持组员间的相互信任，以及有效解决组内冲突等。教师必须教学生一些社会技能，以帮助他们进行高效合作。

（5）小组自加工。小组自加工，亦称"小组自评"，是指小组成员对小组在某一活动时期内，哪些组员的活动有益和无益、哪些活动可以继续或需要改进的一种反思。小组自加工的作用在于：利于组员维持彼此之间的良好工作关系；便于组员学习合作技能；增进组员对自己参与情况的了解；促进组员在元认知水平上的思维；强化组员的积极行为和小组的成功。

2. 合作学习的方法

下面是由一些教育心理学家提出的合作学习的几种基本方法，是一般性的、典型的方法，适用于大多数年级和课题。

（1）学生小组—成就分组。学生小组—成就分组由斯莱文（R. Slavin）提出。其中，每4个学生组成一个学习小组，他们的学习成绩、个人特质等各不相同。教师先用常规方法向全班呈现课程信息，然后学生在小组中一起学习。已掌握了教学内容的学生要帮助较慢的同伴，以保证小组中的所有成员都掌握了教学内容。小组一起进行操练和练习，学生也可参与讨论和提问。最后所有学生都参加测验。测验时学生彼此不能相互帮助。将学生的测验分数与他们自己过去的平均成绩相比较，根据学生超出他们自己以前的成绩的程度，即根据进步程度来决定是否给予积分，这些积分汇总起来构成小组的分数。如果小组的分数达到某种标准，则可以获得某一证书或其他奖励。小组每隔5~6周改编一次，给每个学生提供一个与其他学生合作学习的机会，并给成绩低的小组的成员提供一个新的机会。这种方法最适合于那些目标明确、有唯一正确答案的科目，如数学、语言、地理、科学等。

（2）小组—游戏—锦标赛。小组—游戏—锦标赛也是由斯莱文提出的。其中小组由3人组成，该小组的学生每周与其他小组举行一次比赛，为自己小组赢得分数，而不是进行测验以获得个人分数。成绩高的小组将获得证书或其他形式的小组奖励。为了平衡，根据个人的表现，小组每周改编一次。

（3）花锯式合作。花锯式合作由阿伦森（E. Aronson）提出。其中，4~5个学生组成一个小组学习课程材料，要学习的材料被分成几个部分，每个小组成员认真学习其中一部分材料。学习时，各个小组中负责相同材料内容的成员汇聚在一起，形成"专家组"，然后共同学习讨论，并成为这部分材料内容的

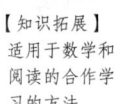

【知识拓展】
适用于数学和阅读的合作学习的方法

"专家"。然后大家分别回到各自小组中，轮流给小组成员讲授自己负责的、在"专家组"中学习到的那部分内容。最后，所有学生都参加测验，同时得到小组分数。

（4）集体学习。集体学习由约翰逊提出。这种方法让学生 4~5 个人组成异质小组，一起学习某个任务。小组只上交一个产品，并且以组为单位记分。小组成员被指定扮演特定的角色，并完成任务，以促进小组得奖。

对合作学习的研究发现，在大多数情况下，合作学习对学习成绩都有积极的效果，并且它能增强学生的合作和利他行为以及学生对他人的喜爱，增强学生的自尊及对学习的态度等。此外，还有研究表明，合作学习能增强思维技能。国内的研究表明，合作学习在较大程度上激发了学生的成就动机水平，学生对合作学习的课程兴趣明显提高；其中，成绩较差的学生表现得更为明显（李原，郭德俊，1995）。

但是，教师要意识到，小组的划分是至关重要的。如果某个学生认为其他学生并不能帮助自己，那么他不会需要他人的帮助，也不会帮助他人，甚至不会与他人一起合作学习。有人指出（Slavin，1995，转引自斯莱文，2004），合作学习必须满足这样两个条件，才能获得比传统教学更好的教学效果：第一，必须给学生提供承认和奖励，如证书或小组特权等；第二，小组的成功必须依赖小组成员的个人学习，不是整个组的结果，这就是说，各组成员必须一起学习，确保他们的成员都在学习，而不是强调最佳成员的最高成绩。如果这两个条件都满足了，合作学习就能对任何年级、任何课题和任何学校有效。

（二）基于问题学习

基于问题学习（problem-based learning，PBL）是指一种让学生通过解决不一定具有正确答案的真实性问题而获取知识的教学模式。PBL 作为一种问题取向的教学思路，可以追溯到杜威。杜威认为，教师应当通过吸引和激发学生调查研究和进行创造的过程来进行教学。PBL 强调把学习设置到复杂的、有意义的问题情境中，通过让学生进行小组合作解决真实性问题来学习隐含于问题背后的科学知识，形成问题解决技能，并形成自主学习的能力。通过引导学生解决复杂的、实际的问题，PBL 旨在使学生建构起扎实的知识基础，发展有效的问题解决技能，发展自主学习和终生学习的技能，成为有效的合作者，并培养学习的内部动机。

PBL 的过程包括创设情境、设计问题、研究问题、成果展示、评价与反思等几个环节。

有关 PBL 效果的研究都揭示出，PBL 确实能够成功地实现所预期的某些目标。PBL 中的学生至少与传统课上的学生学到了同样多知识，同时，他们更有可能在问题解决中使用知识，将高层次思维技能迁移到新的情境中去（刘儒德，2001；Alrahlah，2016）。

思考题

1. 有效教学的 QAIT 模式的含义是什么？
2. 在进行教学设计时，怎样做任务分析？
3. 设置教学目标的意义与局限是什么？
4. 简述布卢姆的教育目标分类法。

5. 如何表述行为目标、认知目标、行为与认知相结合的目标？

6. 直接教学的过程是怎样的？

7. 接受学习中，如何呈现先行组织者？

8. 探究性学习的模式有哪些？探究性学习的过程是怎样的？

9. 合作学习有哪些基本要素？合作学习的基本方法有哪些？

10. 直线式程序和分支式程序有何区别？

11. 如何理解掌握学习、独立学习、适应性教学和个别辅导？

推荐阅读

雅各布斯，G.，等 .（1998）. *共同学习的原理与技巧*（林立等 译）. 北京：中央民族大学出版社 .

迪克，W.，凯瑞，L.，凯瑞，J.（2007）. *系统化教学设计*（庞维国等 译）. 上海：华东师范大学出版社 .

普赖斯,K.M.，纳尔逊,K.L.（2016）. *有效教学设计：帮助每个学生都获得成功*（李文岩等 译）. 北京：中国人民大学出版社 .

陈琦，刘儒德 .（2019）. *当代教育心理学*（第 3 版）. 北京：北京师范大学出版社 .

第十四章

课堂测评

- - - - - - - - - - - - -

📍 知识导图 ▶▶▶

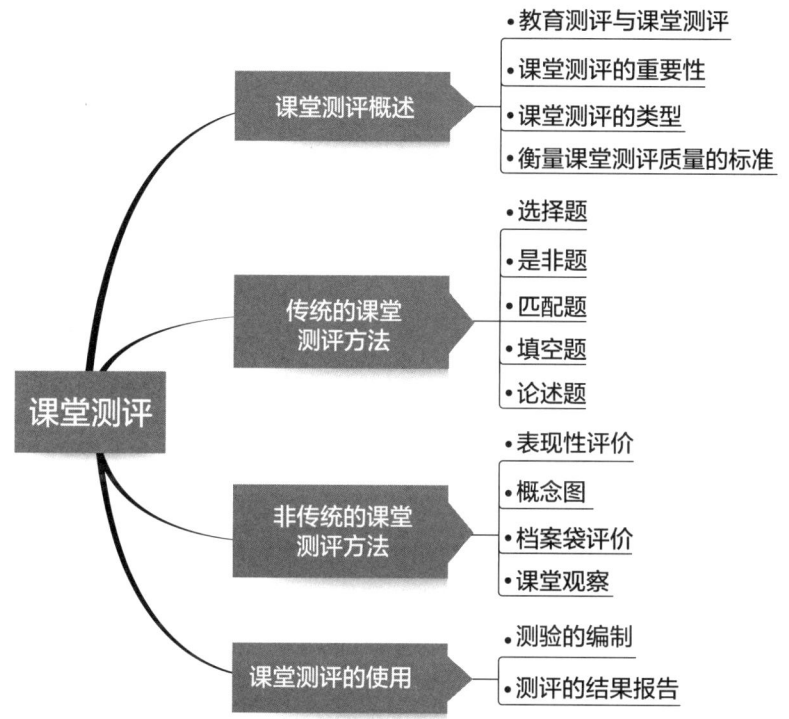

📝 学习目标 ▶▶▶

- ⊙ 简述实施课堂测评的步骤
- ⊙ 掌握课堂测评的方法
- ⊙ 描述测验编制的一般程序并尝试分析测评结果

　　教育测评（assessment）是指运用适当的测验、技术以及方法搜集信息，分析获得的信息以了解学生学习与行为状况，并对学生的课程安排、教学方法和培养方案做出相应的决策。教师在一个教学单元结束后的考试，在授课过程中提问和答疑，批改家庭作业，这些都是教育测评。测评不仅有助于准确评价教育成效，而且可从根本上改善教与学的质量。

　　本章将侧重介绍教师课堂测评的有关理论并讨论教师常用的测量测评，而对于国内外课堂测评的教育研究，我们将在本章相应的内容部分加以综述。

第一节　课堂测评概述

一、教育测评与课堂测评

（一）教育测评的定义

　　沿用大多数学者的建议（Airasian，2001；Airasian & Russell，2007；Black，1998b；Popham，2000，2002；Stiggins，1997，1998，2000，2001；Stiggins & Liu，2015；Taylor & Nolen，2004；Trice，2000），我们认为，教育测评是一套系统化的程序，包括搜集、分析和解释各种有关资料，通过比较学生的实际表现与所设想的教学目标，以便对课程、教学方法和学生的培养方案做出决策。

　　图14-1显示了在这个系统化过程中的3个重要环节：首先运用教育学、心理学、认知科学等学科理论来明确界定评估的目标（即测评目标），然后设计和使用有关方法去搜集资料（即观测数据），最后描述并分析数据以便对所设定的目标进行评价（即分析与解释）。以测评学生是否理解四季形成的原理为例，教师首先应当明确四季形成的原理是不是必要的教学内容，学生对此原理的理解可以表现

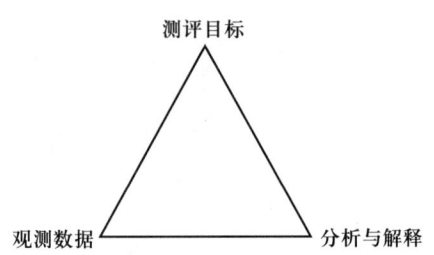

图14-1　测评的重要环节（Pellegrino，Chudowsky，& Glaser，2001）

在哪些方面，通过这些方面是否能有效地区分出已理解的和未理解的学生，未理解的学生可能会持有哪些错误观点，等等。综合关于这些问题的回答，教师基本上建构了一个可用于界定测评目标的理论框架。之后，教师需要依据这个理论来设计相应的测评手段、方法和步骤去搜集数据。数据可以是定性的，如观察学生是否理解了授课内容或提问个别学生；也可以是定量的，如学生的实验报告、考试试卷。最后，教师应对所搜集的数据进行分析和解释以便确定学生的理解水平，找到影响学生理解的因素并对其进行分析。整个测评过程中，这3个环节必须紧密相扣、持续地进行。

　　值得一提的是，测评经常被错误地简化成其他概念，如**测量**（measurement）、**考试**（testing）、**评价**（evaluation）或**评分**（grading）。我们认为，测评是比这些名词更为宽泛的概念。测量主要是指搜集资料数据以对学生的学习与行为确定出一种可量化数值的过程。

考试是常用测量方法之一。评价则是指对测评结果的解释，如解释考试分数，在学生的单词本上画出拼写错误，根据学生对提问的回答判断学生是否理解了演示实验的原理等。评分是报告测评结果的一种方法，教师同样可以采用评语来描述测评结果而无需给出分数。简单地说，测评所涉及的过程和用到的方法涵盖了测量、考试、评价和评分。

（二）课堂测评的定义

课堂测评（classroom assessment）是教育测评在教与学中的特例。同样，课堂测评主要是指教师在课程标准（或教学大纲）和授课计划的指导下，设计和采用各种方法来收集、分析有关数据信息的一整套系统化的过程。教师和学生需要使用课堂测评的结果对学生的学习状况和教师自身的授课情况进行判断、评价和决策，并制订出最适合学生发展的教学计划。教师对学生的学习成效进行测量的各种手段都是课堂测评，如小测验、作文、周记等。例如，教师在教完等边三角形的性质和规律后，为了了解学生的理解程度，可以在课堂上让学生完成几道关于等边三角形的几何证明题。课后，教师检查学生完成的情况，发现大部分同学都在某一道题目上有问题，而其余题目的完成则令人非常满意。这时，教师会进一步对错误的原因和类型进行分析，发现学生对等边三角形的中线、高和角的平分线的关系不太清楚。因此，教师决定下节课再强调一下这些关系，并且设计了两道例题让学生讨论。这整个过程都是课堂测评。

课堂测评一般侧重学生的学业成就，也包括对学生学习习惯、学习态度和行为品德等方面。许多学校通过对操行进行优良中差的等级评定来评价学生的行为和品德。

课堂测评与教育测评相比，概念更为具体，范围更窄。课堂测评一般是教师对学生的学习、行为、社会化程度和道德方面的评价，其重点是学习测评；而教育测评则包括教育活动中的所有测评工作，除了课堂测评，还有学校对教师教学成效的测评等。由于课堂测评的关键是学习测评，因此本章下面的行文如无特殊说明，测评、课堂测评都仅指对学习的测评。

（三）课堂测评与标准化测验的对比

课堂测评基本上采用**教师自编测评**（teacher-made/developed assessment）。这些测评中所使用的材料是由教师根据具体的教学目标、教材内容和测评目的，自己编制或改编的。教师自编测评主要服务于特定的教学，用来测量学生在特定教学过程中的学习状况。由于其针对性较强，在课堂测评中，教师编制或修改测评资料是一个较为普遍的现象。

标准化测验（standardized testing）是指由专家或学者根据全国或某一地区所有学校的共同教育目标所编制的适用于大规模范围内评定个体心理特征水平的测验。标准化测验又被称为**外部测验**（external testing），因为出题者多是校外专家而不是授课教师本人；或被称为**大范围测验**（large scale testing），取其施用范围广之意，常见的例子包括高考、省级或市级联考等。

标准化测验的命题、施测、评分和解释都必须严格遵照特定的测验理论和技术。由于测验条件的标准化，因此测验的结果比较客观一致，适用的范围和时限也较宽。其特点为：所有学生所做的试题、时限等施测条件相同，计分手段和分数的解释会依据完全相同的规则。测验都以常模为依据，根据在全国或地区中抽取有代表性的样本团体来建立的，而且有效度、信度指标的资料作为依据。此外，测试的规模大，整个地区、国家甚至各个国家都可以统一使用。值得注意的是，标准化测验是一个系统化、科学化、规范化的施测和评定过程，它包括了全过程的标准化。所以，只有测验中各个环节都实现了标准化，测验才能被称作标准化测验。反之，一些部分环节的标准化，并不代表整个测验的标准化。因此，认为客观题考试就是标准化测验，或者采用标准分数来转换实测分数就是标准化测验的看法都是对标准化测验的误解。

在教学实践中，教师和学生既会接触到教师自编测评，也会参加标准化测验。表 14-1 对比了二者的不同点（Atkin & Coffey，2003；Dembo，1994）。

表 14-1　教师自编测评与标准化测验的比较

维度	教师自编测评	标准化测验
内容取样	内容及其取样全部由任课教师自己决定；测评和所教授的内容非常匹配	内容由课程及教材专家决定，包含对课程标准（教学大纲）、教科书和教学发展计划的深入研究，并对教材内容做了系统的取样
编制过程	经过细心策划的编制程序，包括确定学习目标及编制测验计划；通常没有题目测试、项目分析等步骤	经过细心策划的编制程序，包括确定测评目标及测验计划，并经过题目测试、项目分析及项目修订和筛选等步骤
常模	通常不需要把学生的测评结果跟常模进行比较	通常具备全国性常模，省级或市级常模
施测及计分方法	通常没有统一规定，因此不同教师之间会有差异	采用专门规定的标准化施测和计分方法，因此不同教师在施测及计分方面的差异较小
使用的频繁程度	必须频繁地使用该测评方式以确保准确的测评信息能够及时地反馈到日常教学过程从而提高教学质量	通常每一学期或学年使用一次。反馈给教师的测评信息有助于评估改善教学，但某些部分的改进只能留待将来执教新一届学生时实行
费用与时间	通常不受费用与时间的限制；教师有时会使用一些需要长时间完成、评分复杂的测评方法	由于需要用于大范围的学生群体，测验所要求的时间和人力必须很少，应避免过于昂贵的费用
信息的沟通	部分测评信息会进入成绩报告单，但是其他部分的信息主要用于监控和促进师生的教学活动	测评结果将汇报给学生、家长、教师及学校；关于测验的技术性指标也可供学生、家长、教师及学校查询
目的及应用	最适用于测量和评估师生设定的特定教学目标；是师生监控并且改进教学活动的重要依据和途径	适用于测量广泛的课程目标；通常是比较班级、校际及地区性教学成效的指标之一，也是学生毕业、升留级或升学的依据

随着测评研究与实践的发展，教师自编测评与标准化测验之间的差别逐渐减少，而相似之处日渐增多。一份有关课堂测评的报告（Atkin & Coffey，2003）罗列了二者的类似：都必须建立在明确的理论构架的基础上（该理论架构对所测知识技能的界定应符合相应的研究结果和实践经验），都必须符合各种测评的技术指标，都必须使用多种测评方法（如选择题、问答题、填空题、问题解决任务等）。另有研究（Hoge & Coladarci，1989）显示，教师自编测评与标准化的能力测验和成就测验的结果非常一致。一项基于大规模调查的研究发现，教师对小学生数学学习的课堂评价与标准化测试有显著相关关系，区别仅在于教师评价有一定差异，教师评价会更多基于本校学生内部的相对比较情况而非学生的绝对水平（Martínez，Stecher，& Borko，2009）。

从本质上分析，教师自编测评和标准化测验具有迥然不同的应用目的，所以教师在日常教学中应该注意二者的平衡。让我们用一个住院病人的例子来描述它们的关系：病人每天接受的治疗和康复训练类似于教师自编测评，而入院或出院前的全身检查则类似于标准化测验。所以，教师和学生需要把教与学的重心放到如何真正提高对知识技能的掌握和应用，而不是注重短期效应，一味照搬和模仿标准化测验进行题海战术。

二、课堂测评的重要性

课堂测评所提供的结果可服务于不同的群体。教师不仅需要定时检查学生的学习情况，向家长和学生报告学生的学习状况，而且可以通过测评来反思自己的教学活动和方式是否有效，确定哪些学生需要个别辅导。学生可以由测评结果得知自己的学习水平以及学习策略是否有用。家长关注测评信息以便了解子女在学校中的表现，比较教师与学校的教学质量。学校依据测评结果对学生进行各种教育决策。教育部门或机构通过课堂测评（结合其他指标，如退学率），比较学校和教师的绩效，或者决定学生能否升学、毕业、颁发证书等。因此，测评的重要性几乎得到了大家的一致认可。

【微课】
为什么要做
课堂测评

三、课堂测评的类型

基于不同的出发点，课堂测评可以大致地被分成以下 4 种类别。由于我们将在之后的内容里对种类繁多的测评方法进行具体介绍，所以这些分类有助于提纲挈领地理解测评方法。

（一）诊断性测评、形成性测评和总结性测评

布卢姆依据测评在教学中的作用，把它划分为 3 类：诊断性测评、形成性测评和终结性测评。简单地说，这 3 类测评适用于教学活动的不同阶段，具有不同的功能。

诊断性测评（diagnostic assessment）一般用于教师在教学前摸清学生的现有水平及个别差异，以便安排教学，故又称**前测**（pre-assessment）。教师使用诊断性测评，可以了解学生对新学习任务的准备状况，确定学生当前的基本能力和起点行为，如了解学生对将要学习

知识的掌握情况，以便对分组教学、选择教学方法、确定教学计划、确定具体教学目标和进度提供充分的依据。诊断性测评的得分一般只供教师安排教学时参考，不当作学生的成绩。教师有时也把得分作为学生已有学习水平的资料，通过与学习后的测评信息相比较，以成绩的改变来评价教与学的效果。

形成性测评（formative assessment）通常在教学过程中实施，使得师生能够及时了解到教与学的进展情况，故又称为**进展性测评**（ongoing assessment），一般是由学生完成一些与教学活动密切相关的测评活动，也可以是让学生对自己的学习状况进行自我评估。形成性测评获得的资料可以显示学生在学习过程中达到教学目标的程度。进一步分析数据，有助于教师了解和反思本阶段教学在教法上的得失，检查教学的质量，考查学生学习的情况，给学生提供关于学习成效的信息反馈，以便师生及时调整教和学。此外，形成性测评还能诊断学习困难学生的问题所在，掌握个体差异的状况，作为个别辅导或补偿教学的依据。可见，形成性测评对师生的教学活动有着不可忽视的影响，也是教师对其教学工作进行监控、管理与设计的重要方法。

总结性测评（summative assessment）是针对一个完整的教学过程的总体功能进行测定，又叫终结性测评。通常在一门课程或教学活动结束后进行，如某个单元、章节、科目、学期结束时举行。总结性测评主要用于测评教学目标的达成程度，检查教学的有效性和教材教法的适当性，考核学生的学习效果以及确定学生的最终学习成绩。这项测评将为评估学生学习方法、教材和教法提供数据资料，激发学生的学习动机，明了未来努力的方向。总结性测评一般要把学生的成绩记入成绩报告单，作为某种资格认定或升级、留级的根据，如期中、期末考试或高中毕业考试。

多数研究表明，学生在总结性测评上的表现对其今后的学习情况有预测作用。所以，总结性测评与下次教学前的诊断性测评相关较高，二者是密切联系的。有时，总结性测评甚至可以代替下阶段的诊断性测评，作为编班分组、配置教学目标和内容的依据。

（二）常模参照测评与标准参照测评

根据测评时的比较标准，测评可以被区分为常模参照测评或标准参照测评。**常模参照测评**（norm-referenced assessment）是指测评时把学生的成绩与其所在团体或常模团体（如班级或年级）进行比较，然后根据个体在团体中的相对位置来报告评价结果。例如，学校举办英文讲演比赛，得分最高的前六名学生会获得奖励。这种测评方式是常模参照，因为评价的结果是取决于所有参赛学生得分的比较。

标准参照测评（criterion-referenced assessment）则是基于某种特定的标准来评价学生对与教学密切关联的具体知识和技能的掌握程度。标准参照测评不考虑其他个体的任务完成情况，故有时又叫自我参照测评。例如，期末英语考试要求学生朗读一段英文，学生只要达到规定的标准就会得到满分。这种情况下，教师所使用的是标准参照测评，因为评价结果是取决于学生自己的朗读水平而不是其他同学的成绩。

虽然关于常模参照测评和标准参照测评的对比研究的结论很不一致，但是总体来说，标准参照测评更利于学生的学习。标准参照测评更注重课程目标，因此测评的内容一般都经过了良好界定，提供的信息也比较详细、有针对性，有助于描述学生对课程的掌握情况，对学生的学习会起到及时的反馈作用。其次，标准参照测评可以降低竞争带来的一些负面影响，如同学关系的淡漠、对学习的低落情绪等（Crooks，1988）。有研究（Natriello，1987）发现，标准参照测评对学困生的帮助尤为明显。学困生一般自我评价较低，倾向于外控；当学困生的成绩只是和自己比较时，更容易让他们发现自己的进步，并进行内部归因，进而提高他们的学习兴趣和动机。相反，常模参照测评则对优生具有一定的激励效果，可以增强优生的成就动机，提高学业成就。所以教师在选择测评标准时，一定要考虑到学生的个体差异，因材施教。

（三）正式测评与非正式测评

课堂测评按照其严谨程度和测评信息的用途可分为正式测评与非正式测评。**正式测评**（formal assessment）是指教师在相同的情况下，采用相似的测评方式对学生进行评估；测评的结果通常会纳入成绩报告单。正式测评采用的测评工具一般比较客观、规范，如考卷、问卷等。相反，**非正式测评**（informal assessment）大多采用非正式方式收集数据资料，如观察、谈话等，并且测评结果通常是改进教学活动的依据而非基于成绩报告单的考量。教师有时会采用非正式测评作为正式测评的补充。例如，教师已经接到了小西的智力测验的结果，再结合他平时的观察以及与小西面谈的情况后，可以得到比较全面的评价：小西的测验得分并不是能力的准确反映，因为他比较好动、注意力不易集中，所以在智力测验中的得分较低。

在教学中，教师一般需要同时用到这两种测评方式，但中小学教师的实际使用模式很不相同（Boothroyd，McMorris，& Pruzek，1992；Marso & Pigge，1992）。小学教师更倾向于使用非正式测评，测评的重点包括能力、情绪、品德、社会性能力等方面。随着中学课程多样化、专业化和难度的加大，绝大多数的中学教师经常使用自编的纸笔测验进行正式测评。中学教师的测评侧重于学生认知技能的发展，注重对高级思维能力的评价，而且测验题目中论述题的比例也增加了很多。也有研究发现，教师在不同的职业发展阶段对测评会有不同的理念和方式（Coombs，DeLuca，LaPointe-McEwan，& Chalas，2018）。

（四）团体测评与个体测评

测评按照实际施测的形式又可分为团体测评与个体测评。在同一时间对一定数量的学生（例如，一个班、一个年级等）的测评，叫作**团体测评**（group assessment）。大部分教师事先准备好试卷，要求学生在课堂上作答的形式，就属于这种类型的测评。

由于学生的学习方式千差万别，因此测评的方式也很难整齐划一，不同的学生或许会接受不同形式的测评。例如，大学生在完成毕业论文阶段，他的论文指导教师将全面地考查他运用所学知识解决问题的能力，并根据观察来的信息主观地评定其学业成就。显然，因为学生只是跟着一到两位导师做论文，接受导师的特别指导，所以这种测评是一对一的，即**个体测评**（individual assessment）。又如，教师对一些学生的家访或课后和学生在办公室的谈话就属于个体测评。

有时由于一些测验的特殊性或受测者的特殊性，即使测量工具是团体测验，也可以按个体测评的方式进行。例如，大部分用于团体测试的智力测验，往往要求学生能够阅读题目并写下答案。然而，一些学生并不能熟练流利地运用语言，甚至有的学生还有阅读障碍。这些学生在团体测评中必然会得到不公正的评价。如果采用个别测评，学生就不需要在答题前先阅读题目，但是测验必须由经过训练的专业人士施测。

四、衡量课堂测评质量的标准

心理学家在复杂的统计模型的帮助下，通常从可靠性、有效性以及公正性这 3 个技术指标来衡量对标准化测验信息的解释和使用是否合理。我们将在下文用实例来解释如何从信度、效度和公正性的角度来对课堂测评的解释和使用进行评价。

（一）信度

信度（reliability）是指测评信息的可靠性。假设我们可以用同一测评对学生多次测量，信度关注的问题是：学生是否在不同的测验时间、场合取得相同的分数？不同的教师是否会给同一学生相同的评分？学生在同一测评中的不同问题（但都测评某一个知识点，如二元一次方程组的解决）上的得分是否相同？等等。当学生的测评结果不受时间、场合、评分者、题目的取样等因素的影响，始终保持一致时，我们就认为对这个测评的解释和使用具有高信度。题目数量的多寡也会影响测评的信度。假设你是校篮球队教练，你需要考查学生的投篮水平以选拔队员。那么，作为教练的你，会让学生每人投一次篮还是投六次篮呢？心理测量学家会建议你给你的学生六次投篮机会，因为随机误差对后一种测评方法的影响相对更小一些，所以测评的信度会更高。

（二）效度

效度（validity）是指测评信息的准确性和使用的教育意义。效度考虑的问题是：测评是否真正测量了所构想的知识技能？对所测的知识技能而言，测评数据和解释的精确性和真实性有多大？测评是否涵盖或匹配教与学的内容和方法？测评结果是否能够准确地预测学生在类似的其他测评上甚至在日常生活情境下运用知识技能的表现？测评的使用是否能够导致教学成效的提高？等等。例如，当学生的测评结果能够准确地显示他们所学的知识技能，准确地预测他们对所学知识技能的实际运用，对师生的教学过程起到积极影响时，我们就可以认为对这个测评的解释和使用具有高效度。效度和信度密切相关，低信度的测评必然会导致低效度，但是低效度的测评其信度却有可能很高。例如，让学生连续投篮六次来判断他们的投篮水平，这种测评方式的信度和效度很高。但是如果测评的目的是评判学生打篮球的技术水平，这种仅仅只要求投篮的测评方式尽管信度很好，可是效度却会很低。

（三）公正性

公正性（fairness）是指测评信息的信度和效度对于不同的学生群体是否有差别。每一个学生都具有独特的个体特征，包括性别、民族、语言、家庭背景等。例如，有些学生的家长接受过高等教育而有些没有，有些学生来自高收入家庭而有些来自低收入家庭，有些学生的日常会话语言并不是普通话，有些学生是少数民族，或者有些学生有学习障碍。我们在测评时必须"因材施测"，全面考虑这些个别差异，这样测评对于不同的学生群体才是公正的。

在随后的两节里，我们将结合信度、效度和公正性的概念来具体讲解各种测评题型。这些题型既包括传统题型，如选择题，也包括一些新题型，如操作性题目、案例分析或概念图。通过对这些题型的讲解分析，我们希望读者能够清晰地理解这三项指标并能举一反三地运用到教学实践与研究中。

（四）可操作性

此外，测评还需要考虑**可操作性**（practicality），即测评工具和程序使用的容易程度。可操作性包括下列问题：要花多长时间拟定要实施的问题和任务？同时对许多学生实施测评，还是需要一对一地进行？要使用昂贵的材料吗？要占用多少教学活动时间？测评简易快速吗？当然，教师需要在可操作性与信度、效度之间进行平衡和取舍。例如，对于某项运动技能（如打篮球）进行测评，让学生做选择题和是非题是很容易实施的，但并不能真正考查学生是否掌握了相应的技能，这时有效的测评是需要花更多时间和精力的技能展示活动。

第二节　传统的课堂测评方法

测评技术随着教学方法和理论的发展层出不穷，教师所采用的具体方式和选用的命题形式要受到许多因素的影响，如特定的教学目标、教学内容、教学方式、学生的理解水平等（Popham，1981，2000，2002；郑东辉，2014）。本章将选择性地介绍国内外常用的测评技术：本节将描述较传统的各种常见测评题型，第三节将介绍近些年发展出的一些测评技术。

教师常使用的传统测验题型，一般可分为两类：客观题和主观题。**客观题**（objective test）往往具有良好的结构，对学生的答案限制较多。学生的回答只有对、错之分，因此教师评分工作比较容易满足信度的要求。这类题目包括选择题、是非题、匹配题、填空题等。**主观题**（subjective test）则要求学生自己组织想法，并采用合适的方式表述出来。这类题型包括论述题、作文、论文报告等。教师在评分时，需要依据评分标准对学生的答案或作品进行判断，而不仅仅是找出简单的对错。对主观题的评估必不可少地涉及主观评价，如一篇非常规的作文，有些教师会认为其立意新颖而另一些教师会认为其跑题了。

另外一些学者（Martinez，1999；McCown & Roop，1992）则倾向于把测评题型分为选择性反应题与构造性反应题。这种分类与主、客观题的分类很接近。**选择性反应题**（selected-response test）是指题目呈现给学生一系列项目，要求学生从中选择出正确答案，包括选择题、匹配题、是非题、选词填空题等，侧重考查学生对正确答案的再认能力；**构造性反应题**（constructed-response test）则是指学生必须自己构造和写出答案，包括填空以及上面提到的主观题型等，注重考查学生的回忆、重组知识的能力。

教师使用哪一种类型的题目通常是由测验的目的、内容和时间决定的。由于它们各有所长，所以很多教师更倾向于混合使用主、客观题型。

【微课】
如何编制
选择题

一、选择题

选择题（multiple-choice items）包含题干和两个或更多的选项。题干用于设置问题情境，可以完整的问题或以不完整句子的形式出现。而选项则提供可供选择的答案，通常包括一个正确答案和若干具有干扰性的错误项或迷惑项。学生的任务是阅读题目，从一系列选项中挑选出正确的项目。下面的例子显示了两种形式的题干（见图 14-2）。

例1. 已知函数 $y=f(x)$ 是 **R** 上的偶函数，且在 $(-\infty,0]$ 是减函数，若 $f(a) \geqslant f(3)$，则实数 a 的取值范围是（　）。

　　A. $a \leqslant 3$

　　B. $a \leqslant -3$ 或 $a \geqslant 3$

　　C. $a \geqslant -3$

　　D. $-3 \leqslant a \leqslant 3$

例2. 哪一心理学流派主张整体大于部分之和？（　）

　　A. 行为主义

　　B. 人本主义

　　C. 格式塔

　　D. 机能主义

注：答案略。

图 14-2　选择题的实例

例 1 是不完整句子，例 2 是提问式。两种题干的使用几乎没有差别，但是教师应尽量在题干里列出完整的问题，这样可以鼓励学生在阅读选项前去思考问题的答案，而不是必须通读完选项后才知道问题的大概意思。选项的数量一般没有统一的规定，大多 4~5 个，以避免学生猜测答案。教师在出题时，可以根据具体情况确定选项的个数，不同题目也可以安排不同数量的选项。一般而言，对于低年级学生，教师应考虑减少选项的数量。

良好的选择题，题干应该明确简单，但选项又深具迷惑性，能有效地诊断学生的错误理解。如果题目出得理想的话，选择题应具有如下优点：有较大的灵活性，能够在一个测验里尽可能多地从课程内容中取样；易于计分，客观性强。基于这些优点，大多数教师都倾向于使用选择题。然而，编写高质量的选项是极具挑战性的任务。教师需要十分熟悉学生可能持有的错误观念，才能编写出有诊断功能的选项，从而能有效地证明差生确实对所学知识点掌握得不够。教师给出的错误选项要让掌握的学生看出是明显错误的，但让没有掌握的学生认为其疑似正确、有理。例如，在学完有关"季节"的知识后，一位中学科学教师提出的问题是：

冬天比夏天冷的主要原因是什么？

A. 地球赤道离太阳最远。

B. 更可能刮北风而不是南风。

C. 太阳照射地球的角度更大。

D. 地面上的雪反射太阳光而不吸收太阳的热量。

（正确答案：C）

选择题长于考查低层次的认知技能。当测评目标是较复杂的知识技能时，出题任务就非常艰巨。不过，乐观地看，精心设计过的题目还是可以避免以上这些问题的。例如，为了评价复杂的认知过程，让学生把他们所学知识应用到新情境中。一位中学物理教师在评价学生对简单机械的掌握情况时编制了这样一道选择题：

一位发明家刚刚设计了一个切纸的装置。对他的发明不了解任何信息的情况下，我们预测可能是哪种类型的机械呢？

A. 杠杆。

B. 可移动的滑轮。

C. 斜坡。

D. 楔子。

（正确答案：A）

教师在编制选择题或者改编教学参考书中的选择题时，可考虑下列建议。① 题目的表达。题目应尽量简洁明了，只集中到一个问题。这样学生通过阅读题干，就能明白需要回答什么。应避免使用生僻的文字或模棱两可、难以理解的语句。否则，题目更有可能反映的是学生对语言的阅读理解能力，而不是教师所感兴趣的知识技能。应避免头轻脚重——选项过于复杂，因为学生需要阅读 4~5 项选项，所以可把重复的信息移到题干中，以减轻学生的阅读量。若题干中有否定词出现，应用黑体字或下划线等方式注明以免学生误读，因为测验目的并非为了考查学生阅读题目是否认真。② 选项的编写应尽量减少学生的猜测。若正确选项在错误答案中过于"鹤立鸡群"或者错误答案完全不合逻辑，学生就会很容易猜出答案，这必然会严重地降低测验的信度和效度。因此，错误答案应该和题干有关联、具有迷惑性、真实地反映出学生常见的错误想法。迷惑性选项应该与正确答案有相似的长度、语言风格、性质和形式，或者所有的选项都各不相同。还有一种变式就是，选项两两相似。

经过精心编制的题干和选项，可以测查学生对知识的再认、理解和运用。例如，教师在测评学生的基础知识时，可以让学生改述课本上或课堂上出现的观点，而不只是简单地复述。有些英语教师利用很短的选择题来评价学生对单词的理解情况，这些题目中并没有对这些单词的界定或对应的中文意思。例如，学生学过单词 manacle 的意思是"用来限制一个人的手或手腕的装置"，但教师在出题时却没有直接陈述这个界定：

以下哪个单词或短语与单词 manacle 的意思相近？

A. 患精神病的。

B. 手铐。

C. 失去控制。

D. 紧贴在很硬的表面上的咸水生物。

（正确答案：B）

选择题还有几种常用的变式。① 学生被告知选错答案后会被扣掉一定的分数，这样可有效地减少学生乱猜答案。② 选项中有一至多个正确答案，通常被称为多选题。③ 要求学生解释所选的答案。后两种题型的难度大大高于一般的选择题（单选题），有助于测评较高级的学习成果，因此在测验中使用颇广。

二、是非题

与选择题相似，是非题（true/false items）需要学生识别并选择出正确答案。常用的形式是，陈述一句话要求学生判断对错或是非。有时，教师也可要求学生补充判断的理由。是非题多用于测评学生对知识的记忆和再认。

是非题形式简单，一份试卷可覆盖大量的内容。教师在评判时也较客观，计分简便省时。但是，是非题的一个致命弱点是：猜测率较高。一种可行的办法是，增加题目的数量。由于题量大，对题目总体的取样较全面，学生就会很难只凭猜测获得高分。另一种可行的方法是用答对题数减去答错题数的一半来表示学生得分，而不是实际的答对题数。不过，许多教师都认为这种做法并不公平：有些学生模糊地猜测到正确答案，但不敢冒险，从而得分较低；而有些学生的知识能力水平可能已超出教师所设想的范围，对于有些答案他们会认为不完全准确，反而会失分。

教师在出题时，可参考下列建议。① 陈述句的表述应明确。尽量避免否定句，尤其是双重或多重否定句。句意明确简短，让学生只能做出是或非的判断。② 陈述句的内容应侧重事实性知识而不是意见、价值观类的看法。如果涉及观点性内容时，应提到出处或观点的提出者。例如，题目可以是"与皮亚杰相比，维果茨基更强调学习的社会性，认为学生的学习会受到社会性相互作用的影响"；而不是"学生的学习会受到社会性相互作用的影响"。陈述句不宜从教材上照搬套用，词句应有所变化，以便考查一下学生的理解能力，而不是纯粹的死记硬背。③ 错误句的编写应具有一定的说服力，看上去似是而非，但不要使用无关语句作为圈套去误导学生做出错误的反应。

三、匹配题

匹配题（matching items）是另一种提供多种选择项的客观题型。通常，匹配题包括两列项目，学生需要根据题意按照某种关系将左右两列项目连接起来（见图 14-3）。匹配题形式简单，能够有效地测量学生对知识联系的掌握情况，且易于计分。但是，它只能用于测查知识点之间的简单关系，如定义、例子等，因此只适用于测评学生对基础知识的记忆和组织。通常，匹配题自身很难独立成题，需要与其他题型配合使用，因而限制了它的使用范围。

在编制匹配题时，教师应注意以下几点。① 题目的表述应清晰。题意应清晰简要，避免晦涩难懂的文字。指明两栏的关系，如定义和术语，主人公和作品，数学表达式和运算结果等，以及每个项目能够匹配多少（0，1，2 不等）个选择项。② 题目结构和排版应合理。中学教师应尽量使用不等项的匹配题（如左边匹配列 4 个选择项，而右边答案列则有 6 个答案项），避免学生采用排除法来答题。答案列应按照逻辑顺序排列，如数值大小、事件进行的时间先后、相同范畴的术语等，以便节省学生搜索正确答案的时间。题目所包含的项目数应在 4~10 个。同一题目的所有匹配项目应排版在同一页卷面上。

例3. 下面例举的分别是一些植物的实例和关于植物结构的术语。用直线将对应的例子和术语项连接起来。

    A. 仙人掌   花以及果实

    B. 莲藕   叶

    C. 马铃薯（土豆）   茎

    D. 蒜薹   根

    E. 西瓜

    F. 仙人掌

注：答案略。

图 14-3　匹配题的实例

四、填空题

填空题（fill-in-the-blank items）是一种特殊形式的小型论述题，只需要用一个词、短语或一句话来回答。常见的形式是，呈现给学生一句或一段不完整的话、示意图或者直接提问，要求学生简要做答（见图 14-4）。填空题同选择题、是非题和匹配题这些题型一样属于客观题型，但不同的是填空题将学生猜测的可能性减少到最小。填空题往往只要求学生扼要地写出答案，因此对学生运用知识技能的要求较低，适用于测评学生对记忆性或事实性知识的掌握或简单运算。

【微课】
如何编制
填空题

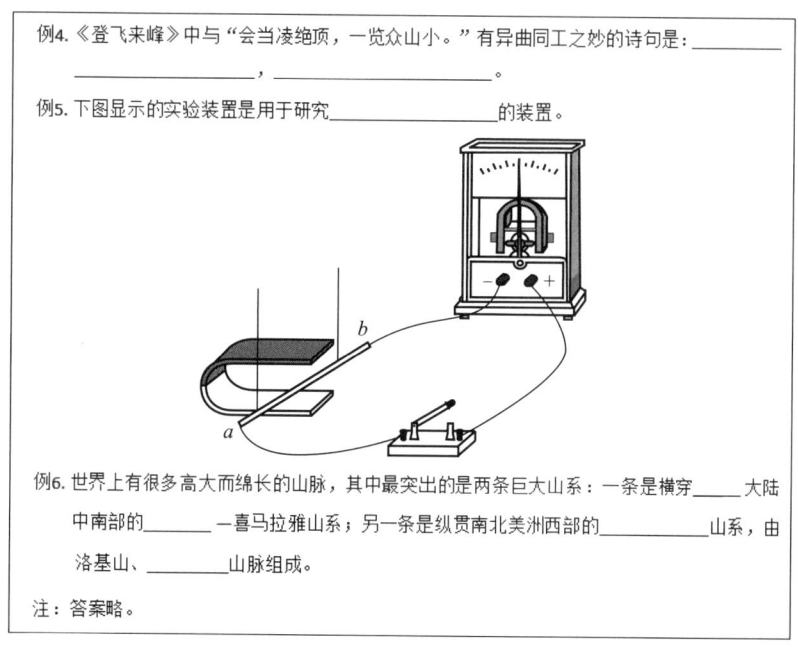

例4.《登飞来峰》中与"会当凌绝顶，一览众山小。"有异曲同工之妙的诗句是：_____

_____，_____。

例5. 下图显示的实验装置是用于研究_____的装置。

例6. 世界上有很多高大而绵长的山脉，其中最突出的是两条巨大山系：一条是横穿_____大陆中南部的_____—喜马拉雅山系；另一条是纵贯南北美洲西部的_____山系，由洛基山、_____山脉组成。

注：答案略。

图 14-4　填空题的实例

　　教师在编写填空题时，可以采纳这些建议。① 题目的表述应简洁明确，省略掉无关信息。使用意思含混不清或者学生读不懂的题目时，将难以有效地测量学生的学习成果。要求学生填写的部分应是最重要或学生应掌握的内容，而不是无关紧要的内容。例如，数学题目可以在题目里写出单位（如千米、千克、毫升等），只要求学生填上运算后得到的数值。避免把语句的主语部分作为所填空格（这时可考虑采用直接提问的方法），这样可降低对学生阅读能力的要求进而提高测评效度。② 题目的排版。题目留有的空格适中，确保给学生留下足够的答题空间。

五、论述题

　　论述题（essay items）要求学生阐述相关联的观点，字数可以从几段到几页不等。一般较常使用的有两种类型，有限制的问答题和开放式论述。有限制的问答题是指教师对回答的内容和长度都有规定，如平时测验中的简答题、论述题、作文等（见图 14-5）。开放式论述则允许学生在内容上可以自由选材，而且篇幅较长，如教师要求学生就目前我国小学数学课堂测评的情况写一份报告，学生可以从不同角度来探讨这个问题。

> 例7. 口腔唾液对于食物具有多种消化功能。请具体描述唾液的两项消化功能。
>
> 例8. 已知 $\sin \theta + \cos \theta = \dfrac{8}{15}$（$0 < \theta < \pi$），求 $\sin \theta$，$\cos \theta$ 的值。要求写出解答和演算过程。
>
> 注：评分标准略。

图 14-5　论述题以及解答题的实例

　　论述题可以测验知识、理解或运用水平，也可考查学生的分析、综合、类比和评估知识的能力，是考查学生高级思维技能的最佳选择。论述题还可考查学生组织信息或表述某项观点的能力。当然，论述题也有一些不妥之处。首先，学生回答论述题需要花费很多时间。因此，一份试卷只能挑选几道论述题，导致对课程内容的取样非常有限。实际应用中，教师可通过增加短的论述题（即简答题或问答题）来解决这个问题。其次，教师，尤其是任课教师，在判卷时很难做到客观，从而导致信度较低。由于平时的接触或者学生前面几道题目的解答情况，教师可能对学生形成了某种印象，进而影响到对之后题目解答的评判。① 此外，论述题目的评分相当费时耗力。

　　教师可采用如下的一些简单做法来减少主观性。① 题目应明确清晰。教师应确保论述题的文字清晰、题意明确。教师可试做一遍题目，这样既有助于发现题目的漏洞，也有助于编写评分标准和估计出答题时间。为了改进信度，可以考虑用几道简答题来代替一、两

---

① 教师在对学生的知识技能进行测评时，有时测评过程或结果会受到其对学生平时观察和总体印象的影响或干扰，这种现象被称为晕轮效应。

道论述题。也可以提供多道论述题目，允许学生自由地选择其中的一些做答。② 降低评分的主观性。教师在出题时，应详细列举出评分标准，即每个题目所计划测量的知识点，以及每答对一个要点所给的分数；评分标准中也应明确规定如何处理一些与理解水平无关的因素，如书写、卷面清洁、篇幅长短、语句通顺、段落的结构等；在评分之前，教师还可先随机挑出几份试卷浏览一下以便大致了解评分标准是否合理。为了避免把主观印象带到评分过程，教师可要求学生只填写学号或者把名字写在试卷背面。如果测验包括多道论述题，宜考虑根据题目来组织评阅的流程。这也就是说，批阅完所有学生的一道题目后再批阅下一道题目，而不是批改完一位学生的试卷再批改下一位的试卷。同一年级组的数学教师可进行分工合作，各自负责评阅一部分题目。这样的安排可以降低评分时各种随机因素的影响，如学生其他题目的完成情况、教师的心情或疲惫状态等。对于重要的测验，如升学、毕业考试成绩，教师应在批阅完后再抽查评改一些试卷。若两次评分的差别极小甚至没有差别，这就证明了评分过程的高信度；但如果两次差别很大，这就意味着教师的评分标准或过程有待改进。

论述题的一种特例是问题解决题，又称解答题，多见于数理生化等科目的测评。学生通常需要写出若干解题步骤或过程，以展现他的解题思路。教师在评分时，会按照解题策略、解题步骤和答案给分。在编制问题解决题时，教师除了要参照论述题的注意事项，还需要特别注意以下几点。① 题意应简单清晰。题目可能会出现公式、符号、表格、图形等，要注意配合必要的文字说明使学生理解需要解决的问题是什么。同时，题目也应明确要求学生尽量详细地把解决问题的步骤写出来。② 评分标准应注重解题策略和步骤而不是答案的对错。对于大部分的数理题目，测验目的更多是考查学生解决思考问题的能力，而不一定是运算的准确性，所以一般来说，答案对错只应占很小的分数比重。教师也要仔细评卷，把运算错误和方法错误区分开来。此外，详细的评分标准可促使教师客观地评阅学生的答题，诊断出学生面临的困难或错题类型。

第三节　非传统的课堂测评方法

人们对客观题尤其是选择题的批评越来越多，心理教育学家和教师都一致认为：客观题过分关注较低水平的知识和技能，范围狭窄；只片面强调答案的正确与否，却忽略对学生的思维过程以及运用知识技能的考查；很难测量学生在现实生活情境下用知识解决实际问题的能力。针对客观题的种种不足，不少专家转而开始研究并提倡一些新的测评方法。这些方法大多和课堂教学过程的关系更为紧密，侧重于解决实际问题，多采用主观题型，给学生的主动权更多。本节所介绍的几种非传统测评方法都是在教学研究和实践中较为热点的测评方法。

一、表现性评价

针对客观题的种种不足，不少专家提倡多用主观题，尤其主张把**表现性评价**

（performance assessment）纳入课堂测评（Linn, 1994; Linn, Baker, & Dunbar, 1991; O'Neil, 1992; Shavelson, 1992; Shavelson, Baxter, & Pine, 1992; Wiggins, 1992; Yu, 2013）。表现性评价一般涉及解决较为具体而复杂的实际问题，学生需要理解透所学知识技能并对其进行选择、组织和灵活运用。这些实际问题可以是设计实验来研究影响物体沉浮的因素，进行问卷调查以对学校食堂的菜谱提供建议，收集调查市郊的植物种类和分布，采访一位亲属然后写出传记。由于这些问题全面地测评了学生对知识技能的掌握和运用，许多教师开始用表现性评价来代替传统的单元测验，以便更为准确合理地考查学生的学习情况。图14-6 列出了表现性评价的实例。这些题目的共同点是学生不再是套用公式来回答已明确界定的问题，而是要像科学家、统计学家、作家等专业人员一样自己来分析问题，选择各种方法策略并且综合地应用有关知识技能。

例9. 家乐游乐场雇佣你所在的咨询公司帮助他们研究调整门票价钱的可行性方案。以下是游乐场提供给你们的有关信息：

（1）目前儿童票价是3元而成人票价是6元。

（2）表1是家乐游乐场在上一周的售票数目和售票金额。

表1　售票情况

时段	售票数目	售票金额/元
周一	8 320	40 860
周二	7 872	38 271
周三	9 144	45 516
周四	8 110	38 868
周五	8 049	36 792
周六	16 055	67 626
周日	16 241	70 086

家乐游乐场希望你能帮助他们分析现有数据，并推荐一份新的票价方案。该票价方案应满足如下条件：

（1）调整后的儿童票和成人票总价不得大于9元。

（2）新票价方案应产生最大的经济收益。

（3）新票价方案可包含一至两种票价系统，例如周内和周末票价可不同。

在提交的分析报告中，你需要：

（1）描述所推荐的票价方案。

（2）用现有数据分析和支持你的推荐方案。

（3）用图表等方式详细解释选择这种票价方案的原因。

例10. 这周我们学习了密度和浮力的关系。今天，你和你的同桌将运用对密度的理解，一起用七种不同颜色的饮料来调制鸡尾酒。这些饮料的密度如表2所示：

表2　饮料的密度情况

饮料	颜色	密度/$g \cdot mL^{-1}$
A	红	1.124 5
B	粉	0.885 7
C	浅黄	0.952 9
D	蓝	0.628 9
E	绛紫	1.006 2
F	绿	1.266 3
G	白	1.180 5

你们在调制鸡尾酒时，需要严格地按照一定的顺序加入饮料，这样各种颜色才能层次分明、各不混杂。

（1）在配酒之前，列出你们所计划的调酒顺序并解释所依据的原理。

（2）根据你们的调酒计划配置你们的鸡尾酒。

（3）你们的实验得分将取决于计划书的合理性和鸡尾酒制作的质量。

注：评分标准略。

图14-6　表现性评价的实例

表现性评价通常要求学生理解透所学知识技能并能灵活运用。当然，表现性评价一般费时费钱，且比传统题型其信度更容易受到评分的主观性和题目取样的影响。在编制和使用表现性评价时，教师需要兼顾如下几点：

1．问题本身、解决过程以及作品都应接近实际

"实际"所强调的是，学生所解的测评题目应尽量是我们在现实生活中面临的问题，或者是学者专家在工作情境中所要解决的任务和项目。例如，教师为了考查学生对本章内容的理解情况，如果教学目标是关于测评的教学应用，那么表现性评价可让学生编制或修改一份测验题，因为这正是教师日常工作中的一部分；如果教学目标是对测评的研究，那么表现性评价可以是给学生提供几个研究热点，然后让学生进行相关文献研究并写出研究报告。此外，"实际"还强调学生作品将用于解决实际问题，会有真正的读者来阅读，而不再仅仅是上交给教师的作业或试题。例如，地理课教师可以要求学生根据特定的文化风俗、地理交通和城市景点等情况，制订出旅游计划；化学课教师可以让学生研究调查河流水质的状况，写出研究报告。这些作品既可以发表在相关杂志或班级刊物上，也可收集成册作为班级的作品集。采用实际问题，不仅可以真正地测查出学生对所学知识技能的理解与应用，还可以极大地激发学生钻研问题的兴趣，拓展问题解决的思维，并通过测评让学生切身体会到学习的目的不再是死记硬背而是要分析解决实际问题。

2．注重对高级思维技能的考查

表现性评价一般都会选择较为复杂的问题或任务，因此在解题过程中学生需要灵活运用多种知识技能，有时甚至要自己定义需解决的问题，而不能简单地照搬记忆中的知识。而且，评分标准应该注重过程与作品，注重对问题的分析、解释以及表达，而不是传统测验所侧重的答案对错。例如，学生对例9的解答不只是数值的运算，还需要描述推荐方案，采用数学语言和日常用语来解释他们解决问题的思路；而后一部分比起运算，在评分中所占比例更大。另外，所编制的表现性评价应该具有系统性、层次感，而不要只是把许多简单、孤立的小任务堆砌在一起，因为简单技能的操练并不能真正地测查出学生的计划、推理、决策等高级思维能力。由于题目的复杂性，教师需要安排足够的课堂和课外时间，有时还需考虑到计算机和网络技术的支持。

3．题意和评分标准应明晰

题目所描述的问题和提供的评分标准应非常清晰，这样，学生才能知道任务和努力方向，否则学生会产生各式各样的疑问，例如："问题是什么？""我需要最后完成什么样的作品？""我该做些什么？""我做完了吗？""我这样做对吗？"等等。有些教师常常会误以为编制清楚的题目和评分标准就是一步一步地告诉学生怎样去完成任务。事实上，二者并不等同。当编制的题目是开放性的并有许多种选择和解决方案时，教师可以明确地告诉学生题目和评分的要求，甚至举出一些实际例子，而无须限制学生解决问题的方法、思路或最终答案。

二、概念图

和表现性评价一样，广受教师青睐的另一种主观题型是概念图。顾名思义，概念图

是由围绕特定主题的一组概念和用以描述这些概念之间内在关系的箭头和连接词句组成的（Ruiz-Primo & Shavelson，1996；Yin，Vanides，Ruiz-Primo，Ayala，& Shavelson，2005）。[①] 相对其他测评题型，概念图可以更形象直观地表现出概念之间的关系和结构。概念图测评可以只给学生一个大致的主题，让学生自己来提出有关的概念并且绘制出它们的结构关系；也可以事先给出一组概念，让学生组织这些概念并绘制出它们的结构关系。

三、档案袋评价

以上谈到的纸笔测验，并不是收集测评资料的唯一途径。在实际教学中，教师经常会使用到许多非测验的测评技术。**档案袋评价**（portfolio assessment）就是其中之一。档案袋是指学生作品的合集，即按照一定标准收集起来的学生作品以反映该学生的学习成果和学业水平。例如，学生的家庭作业、课堂练习、论文、日记、手工制作的模型、绘画等各种作品。对学生的作品集进行评价分析并形成某种教学决策的过程就是档案袋评价。

在教学实际中，教师可根据不同的测评目的，选择使用代表作档案、成长档案或过程档案。**代表作档案**（showcase portfolio）收录的是学生的最佳作品，如学生自己最满意的两篇周记，两篇抒情散文，两篇说明文，两篇议论文，两篇诗歌。**成长档案**（growth portfolio）收集的则是学生在同一学习目标上的不同时期的作品，例如学生可以挑选自己英语口语的会话片段，从早期的单词朗

【微课】
档案袋评价

读、简单对话到后期灵活自如的交谈，这样的档案可以形象地展现学生所取得的进步。**过程档案**（process portfolio）强调的是学生在某几个重要作品上的多次草稿和终稿，目的是为了促进和加深学生对重要知识技能的学习。例如，教师可以给学生的论文提供详细的评语并让学生反复修改论文，这个过程有助于学生体会和提高自己的写作能力。

四、课堂观察

教师的课堂观察是最为广泛应用和最直接的测评手段，包括教师在授课时的提问和倾听学生的回答，留意学生的课堂行为（如，学生是否专心听讲，例子是否太难，哪些学生仍然有困惑），巡视学生实验的完成情况并解答疑问，对某些学生特别辅导等。在教学中，观察测评和授课是同时进行的。教师必须随时根据所观察到的学生反应来评价学生的学习情况，并有针对性地进行教学决策。例如，教学目标是否已经达到，下一步教学何去何从，教学方法是否有效，哪些方面急需改进等。这一系列决策将帮助教师灵活地调节教学，有效地因材施教。其次，观察测评不仅是教学中至关重要的环节，而且对于某些特定的学习结果，观察是最准确的测评方法，如朗读课文、英语会话、讲演、实验操作等。

为了确保观察信息的信度、效度和公正性，教师应注意对学生进行全面系统性的观察，

[①] 一个完整的关系包含相连的两个概念、连接词句和一条带箭头的直线。

有时甚至需要客观、详细地记录下观察信息。[①] 就观察结果的记录方式而言，教师可以选择行为检查单、等级评价量表或轶事记录。教师一般采用行为**检查单**（check list）来观察某些重要的目标行为是否出现，有时也可记录下这些目标行为出现的具体次数。如果教师希望对这些所观察的测评信息进一步量化，可考虑使用**等级评价量表**（rating scale）。等级评价量表大多采用一系列数值来表示从"较差"到"优秀"，从"不满意"到"满意"，或从"从未出现"到"频繁出现"之间的各个等级，从而对所观察的学生行为进行评价。行为检查单和评价量表都要求教师对学生的行为进行评判，可以在观察过程中或结束后使用。但是二者对测评信息的记录和解释方式不同，检查单只需要做出是否发生的判断，而等级评价量表则需做出定量的判断。检查单记录的信息比较简洁、使用方便，多用来测评简单的学习行为，尤其在有一定时限的情形下较为适用。等级评价量表则适用于较为复杂的学习行为。实例见图 14-7。

例12. 下面列出的是合作技能的具体表现。使用它来指导你和同组成员的合作行为。在每节课结束前，对你自己的合作技能进行自我评价：标注出你所做到的各项行为。
- ☐ 积极参加小组的讨论
- ☐ 倾听成员的想法
- ☐ 参与小组的问题解决
- ☐ 成功地完成分配给自己的任务
- ☐ 帮助其他成员

例13. 下面列出的是合作技能的具体表现。使用它来指导你和同组成员的合作行为。在每节课结束前，对你自己的合作技能进行自我评价：圈出对应的评价值。

	差	中	良	优
积极参加小组的讨论	1	2	3	4
倾听成员的想法	1	2	3	4
参与小组的问题解决	1	2	3	4
成功地完成分配给自己的任务	1	2	3	4
帮助其他成员	1	2	3	4

注：为了对比检查单和评价量表，这两个例子测评的是同样的目标行为。

图 14-7 行为检查单和评价量表的实例

行为检查单和等级评价量表都对观察信息进行了某种程度上的概括。有时教师需要记录下原始的观察资料，而不是浓缩后的版本。这时教师就会使用**轶事记录**（anecdotal record）来详细地描述所观察的行为。在使用时，教师可事先明确观察目标，然后就某一方面的行为进行观察记录。教师也可以没有明确的目的，记录下所有观察到的行为，之后再专门分析或考查某些特定的学习行为。这时教师就需要记下很多资料，甚至包括一些无关信息。许多教师在他们的教案或工作日记里，都有轶事记录。但是，研究者也指出，轶事记录比较费时，且很难排除主观偏见。为了降低主观偏见，教师在记录轶事时应纯粹只记下所观察到的内容，而不要掺杂进个人的意见或观点。换言之，轶事记录所记录的应只是

[①] 多数教学情况下，教师只需要对观察结果立刻解释和分析，而不用在当时或事后花时间记录整理测评信息。

教师看到和听到的内容，而不是推知或联想到的评价性内容。在记录完轶事后，教师才可以对观察资料进行评价并记录下自己的评判。

第四节 课堂测评的使用

在介绍了各种课堂测评方法后，本节将简单地讨论教师在使用课堂测评时的常见事宜。教师在具体使用各种测评手段时，需要考虑到很多因素和细节问题。我们将主要介绍教师在编制和使用测验时的注意事项，以及对测评结果的报告方式。

一、测验的编制

为了搜集到恰当的测评资料、做出准确的教学决策，教师应该尽量确保所使用的测验具有较好的信度、效度和公正性指标。教师在设计和编写测验时，有必要完成以下几步程序：

1．明确测验目的

教师需要自问：测验的目的是什么？是用于大致了解学生的基础，还是用于考查学生对所学知识技能的掌握情况？是用于给学生提供学习和整合知识技能的机会，还是用于诊断学生的学习困难或阅读障碍等？不同的测验目标，往往直接决定了题目的取样，测验的长度以及测验题型的选择。

2．界定测验要考查的学习结果

教师这时关注的问题是：测验要测什么？教师需要依据特定的教学大纲、教学目标，列出测验将要考查的学习结果。测验必须完全反映教学内容重点和教学方式，而不能和教学脱节，即测验应考查学生对教学课程中最重要的知识技能的学习，而不是天马行空地测查课程中生僻的地方。例如，如果教学强调对知识的灵活运用和迁移，那么测验就不应该只是考学生对知识的记忆；如果教学大量地采用学生合作学习、共同解决复杂的问题和项目，那么测验就不应该只是常规意义上的个体测验。只有当教学与测评紧密衔接时，教与学的效果才能最大地发挥出来。相反，如果学生在接受课堂测验时，发现许多内容都很陌生、没有学过或者是不重要的部分，那么这份测验的编制应该说是失败的。这样获得的测评信息既不能真实地反映学生的学习状况，也不能给教学提供准确的信息反馈。

3．确定测验的内容和题型

在厘清了测验目的和学习成果后，教师要着手设计测验的课程内容，选择适宜的题型。教师这时关注的问题是：我要用什么样的测验？教师可以写出考试计划表来组织和具体化自己的思考。考试计划表多为两维表格（见表 14-2），纵列表示学习结果，横栏表示课程的内容或范围，而中间的栏目则是所对应的具体题目、得分比例、题型等信息。

表 14-2 两步应用题考试计划表示例

教学目标	内容：两步应用题（包括加减乘除）的学习		
	两步应用题的特点和形式（30%）	解答两步应用题（50%）	自己编制应用题（20%）
知道（6%）3 道	两步应用题的形式（6%）选择题 1 道、是非题 1 道、填空题 1 道		
领会（16%）8 道	两步应用题的特点和结构（6%）选择题 1 道、是非题 1 道、填空题 1 道	写出简单应用题的条件和解答步骤（10%）选择题 2 道、是非题 2 道、填空题 1 道	
运用（35%）16 道	分析两步应用题的结构，明了变量之间的关系（10%）选择题 2 道、是非题 2 道、填空题 1 道	找出应用题的隐藏条件（15%）选择题 2 道、是非题 2 道、填空题 1 道、解答题 1 道	根据列式，能自己编出题目（10%）选择题 2 道、是非题 2 道、填空题 1 道
分析（10%）2 道		分析条件之间的关系（10%）解答题 2 道	
综合（33%）9 道	知道两步应用题是由两个有联系的一步应用题组成的（8%）填空题 4 道	解答应用题时，从已知条件入手或者从问题入手（15%）解答题 3 道	自由编题（10%）自编应用题 2 道

共计：满分 100 分；选择题 10 道，20 分；是非题 10 道，20 分；填空题 10 道，20 分；解答题 6 道，30 分；自编应用题 2 道，10 分

一般而言，由于教学和测评的一一对应关系，教师应该首先根据计划表调整和权衡测验的题型和题目，以便测验能够与教学的目标和内容保持一致。例如，选择题对于考查学生的再认能力比较有效，但如果教师的目的是测评学生解决数学问题的能力，那么选择题显然不太适合，而需要考虑解答题或操作性题目。其次，教师对测验内容的取样也需要匹配教学内容。例如，教师在讲授应用题时，如果大部分的时间都用于启发学生如何思考和解答两步应用题，那么这部分知识在试卷中所占的分值就应该明显地多于其他部分。最后，教师还应仔细权衡题目的难度和数量。一般而言，过易或过难的测验都不能有效地检测出学生对知识点的掌握情况或能力水平。题量过小将难以对教学内容进行合理的取样，从而直接导致测验信度偏低；而题量过大将带来疲劳效应或其他负面情绪，从而降低学生答题和教师阅卷工作的质量，导致测评信息的信效度和公正性的下降。

4. 利用测验结果促进学生的学习

在阅读和批改完测验后，教师所需做的不只是登记学生的成绩，而是要反问自己：我

该怎样解释和利用测评信息? 不少专家强调把测验功能与学习功能结合起来, 测验结果不再是比较学生的指标, 而是师生调整教学并指导学生学习的反馈机制。如果没有特殊的原因, 那么教师应事先告知学生测验的出题范围和考试时间, 以便督促学生复习。许多经验丰富的教师都认为, 学生在复习时所进行的系统性回顾本身就是很有意义的学习。此外, 教师也应该经常性地利用小测验对学生进行测评, 这样的效果往往要优于只使用一两次的大考。小测验可以及时对学生的学习给予反馈, 提高学生平时学习的努力程度, 避免考前临时抱佛脚的侥幸心理, 也降低了大考的心理压力。教师在测验后, 应尽快把测评信息反馈给学生, 纠正学生的错误, 告诉他们正确答案和合理的解题思路。教师在面对测验结果时, 需要思考学生为什么会这样解题, 哪些教学方面不太成功。通过这样的方式来解释和参考测验的测评信息, 可以帮助教师确定学生对教学的理解情况, 找出学生现存的难点和疑惑, 从而制订出教学计划。

二、测评的结果报告

不管我们使用何种测评方法, 目的都是为了对获得的资料进行分析解释以便进行教学决策。教师对测评信息的分析和评价就是测评结果, 如分数、评语或等级。测评结果是学生用来评估自己学习成效的一项重要指标。对于学生的父母、将来的教师, 测评结果无疑也是了解学生学习状况的最便捷、有效的资料。下文将介绍测评结果的不同报告方式。

(一) 分数

教师通常用分数或数值来报告测评的结果, 如试卷的得分、成绩单上的成绩、家庭作业的 5 分等。教师在报告分数时, 可采用**相对标准**(relative criterion)或**绝对标准**(absolute criterion)。这两种标准和第一节介绍到的常模参照测评与标准参照测评的概念相对应。相对标准对应于常模参照测评, 学生的得分以其他学生的成绩为依据。例如, 小西的阅读成绩是 80 分(满分 100), 按照绝对标准属于合格, 但是按照相对标准却可能有不同的解释, 如果班里同学都考到 50~60 分, 那么他的相对分数很高, 达到了优秀水平; 反之, 如果同学们的分数都在 95~100 分, 那么他的相对分数就非常低, 很可能属于不合格水平。当教师把全班或全年级成绩排序时, 也就相当于使用了相对标准来衡量学生的成就。而绝对标准则是对应于标准参照测评, 一般以学生所学的课程内容和教学大纲为依据。学生的分数和其他同学的回答情况没有关系。此外, 许多教师都认为由于不同学生的学习起点和背景情况的差异, 不应对学生的测评结果进行比较。

首先, 教师在报告分数时, 应明确分数所代表的意义, 是学生的学业成就还是学生的努力程度? 是学生的学习水平还是包括学生参加社会活动的情况? 某些测量专家认为, 为了提高测评的效度, 测评的结果应该只表示学生的学业成就, 而应排除学生的努力等无关因素的影响。但是, 教师通常认为, 课堂测评应该对学生的学习积极性、坚持不懈地改正错误以及努力程度等加以考虑(DeLuca, Valiquette, Coombs, LaPointe-McEwan, & Luhanga, 2018; Frary, Cross, & Weber, 1993)。这些学习品质的发展可以促使学生培养良好的学习习惯, 有利于学生成长为自我激励的学习者(Stiggins, Frisbie, & Griswold,

1989），而不是只为应付老师、家长、考试或升学压力而学习。

其次，教师应有意识地培养学生对分数的看法和认识。有经验的教师会引导学生对分数有正确的态度。一味追求高分只会使学生产生外部动机，而良好的学习动机应该是对掌握知识和发展能力的关注，而不是为了分数学习。所以，教师需要使用各种测评类型，这样，学生的学习状况可以通过多种渠道反映；并且教师也应设计有意义的测评任务，这样有助于引发学生对学习过程本身的兴趣，促使学生更注重运用所学的知识技能。

（二）合格与不合格

教师有时候也会采用合格／不合格的评分制度来评定学生的成就，而不是使用传统的分数，如大学里的一些选修课程。教师通常根据学生是否完成了每次作业来测评，也可能根据学生完成几次重要作业的情况来评分，甚至有时只是根据学生的出勤状况。这种评分方法的最大优点在于，降低了学生之间的竞争性，从而减轻了学生的考试焦虑。这种评价方法有利于创造出比较轻松、宽容的学习气氛，鼓励学生敢于尝试有挑战性的学习任务。而且，它的具体评分标准大多是由教师和学生一起协商讨论出的，这有助于加强师生之间的合作，协调师生关系。

但是和传统的分数制度相比，合格／不合格提供的信息较少，教师、家长和学生很难从测评结果中了解学生在学习中存在的问题和不足。由于没有考试和分数的压力，学生极可能放松对自己的要求，把对自己学习的要求标准降低到合格甚至及格的程度。一些关于大学选修课程的研究（Bain，Hales，& Rand，1973；Hales，Bain，& Rand，1971）发现，当教师对学生采用分数测评时，学生的学习状况普遍好于采用合格／不合格的测评制度。元认知领域的研究发现，当学生预期教师会采取合格／不合格的测评方式时，他们对自己学习的元认知监控的准确性要低于预期教师以分数为测评方式的情况（Barenberg & Dutke，2013）。此外，这种测评方法也很难做到客观和准确，而且对学生的影响可能更为严重。例如，由于教师的测评标准不一，学生的测评结果可能不仅仅只是几分的出入，而是合格与不合格的区别。

（三）测评结果的其他报告方式

除了上述的方法，教师还可以使用其他方式来报告测评结果。教师可以通过填写学生的个人鉴定或综合评定来描述学生在知识技能以及学习习惯上各个方面的长处和缺点。教师在指出学生的缺点时，还应提出改正的建议和教育对策，并鼓励家长和学生写出自己的意见。这种报告方法有助于教师重视每个学生的表现，但比较费时，主观性较强，而且对教师的书面表达能力要求也较高。

在第三节的观察记录中，我们所介绍到的行为检查单和等级评价量表也可作为报告测评结果的手段。这种方法提供的信息比分数更加具体详细，学生可以从行为检查单上看到，他完成了哪些学习内容，在哪些方面还需要努力。由于行为检查单易于被理解，甚至可以考查态度、行为等非学业方面的内容，所以在教学中的应用较广。

此外，通过与家长面谈，也可以交流关于学生的学习、行为和态度等方面的测评结果。教师可采用家访或者家长会的形式与家长会面，一起探讨学生的学习状况和适合他的教育计划。虽然这种方式比较费时，而且不够正式，但是教师都十分重视和家长的面谈。通过谈话，教师可以向家长通报学生在学校中的表现，而且能够了解学生的课外情况，从而对学生在教学中的某些问题找到可能的解释。在这个意义上看，面谈也是一种收集资料的有效途径。此外，与家长面谈还有助于加强学校和家庭的联系和合作，提高对学生教育的有效性。

课堂测评之所以是教学过程中的核心环节，是由于它可以对学生的学习和教师的授课提供丰富的反馈信息。测评提供的反馈信息应侧重在学生的学习状况，让家长和学生对学习的概况有清晰的把握。这就要求教师要及时提供具体、有针对性的反馈信息。对于学生的优点，要给予鼓励赞扬，引导学生思考更难的问题；而对于错误，不能只简单地划上叉，而要批注上详细的诊断和处方，告诉学生应该怎样改正或弥补。通过反馈，教师和学生可以进行沟通，确定出适度合理的测评标准，这将有助于提高学生的努力程度和学习成绩。

课堂测评的研究可以为教学测评的实施和改革提供必备的理论和实践依据。长期以来，国内外的测评研究大多集中在标准化测验，而对教师课堂测评并没有给予足够的关注。直到近些年，越来越多的教学研究者开始指出测评在教学中的重用性并呼吁加强对这一方面的系统性研究（DeLuca, Valiquette, Coombs, LaPointe-McEwan, & Luhanga, 2018; Stiggins, 1985, 1988; Stiggins, Conklin, & Bridgeford, 1986; 郑东辉，叶盛楠，2012），人们才开始逐步探索这个研究领域。大家试图解决的研究问题主要集中在 4 个领域：① 考查课堂测评对学生学习和教师教学的影响；② 理解教师如何进行课堂测评，哪些因素会影响到课堂测评的使用，以及怎样帮助教师更好地使用课堂测评；③ 具体研究各种课堂测评的方法以及探索如何利用新的信息技术来改进课堂测评；④ 对比课堂测评和标准化测验的区别，研究标准化测验对教师课堂测评实践的影响。由于课堂测评是教师专业化知识技能的一个重要组成部分，教师和研究者迫切地需要在这些领域解决所面临的种种挑战。

思考题

1. 运用实际例子论证课堂测评的重要性。
2. 解释诊断性测评、形成性测评和总结性测评的相同和不同点。
3. 选择一种测评的方法，试用衡量测评质量的三个技术指标来解释如何可以提高这种特定测评方法的质量。
4. 任选一份教师使用的试题，标注出这些题目的种类并对题目进行改编。
5. 现场观察一位教师的实际教学或者阅读教师的教学日志，找出哪些地方教师使用到测评并对这些测评手段和有效性进行分析。

推荐阅读

奥姆罗德，J. E.（2013）. *教育心理学精要：指导有效教学的主要理念*（雷雳，柳铭心，郭菲，伍亚娜 译）. 北京：中国人民大学出版社.

斯莱文，R.（2016）. *教育心理学：理论与实践*（第 10 版）（吕红梅，姚梅林等 译）. 北京：人民邮电出版社.

　　伍尔福克，A.（2015）. *伍尔福克教育心理学*（第12版）（伍新春，张军，李娇　译）. 北京：中国人民大学出版社.

　　陈琦，刘儒德.（2019）. *当代教育心理学*（第3版）. 北京：北京师范大学出版社.

.

第十五章

课堂管理

📍 **知识导图** ▶▶▶

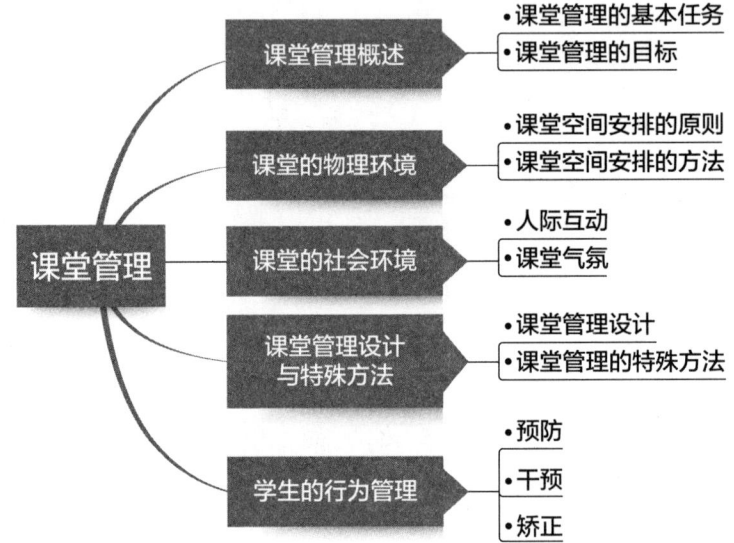

📝 **学习目标** ▶▶▶

- ⊙ 理解课堂管理的基本任务与目标
- ⊙ 描述课堂物理环境、社会环境的方法
- ⊙ 掌握课堂管理的设计方法
- ⊙ 掌握管理学生问题行为的方法

　　课堂管理是有效教学的重要组成部分，可以为学生创造出良好的学习环境。课堂管理涉及方方面面的工作，如教学管理、时间管理、环境管理和行为管理等。本章将介绍如何创设良好的课堂环境、利用规则和程序管理课堂、预防潜在的不良行为、干预已出现的不良行为以及矫正严重的不良行为。

第一节　课堂管理概述

　　课堂管理（classroom management）是指教师为了有效利用时间、创设良好的学习环境、减少不良行为而采取的各种活动和措施，涉及组织课堂活动和教学、创设物理环境和社会环境、制定规则、预防和处理课堂问题行为等。

一、课堂管理的基本任务

　　课堂管理的基本任务就是获得并维持学生在课堂活动中的合作、保持秩序与和谐。一个课堂没有学生的合作，就没有建设性的活动。一两个学生就可以打断整个课堂活动的进行。但是，课堂是异常复杂的，涉及不同的人、不同的条件以及不同的工作，在这样特殊的环境中，如何获得学生的合作将是一个巨大的挑战。

【知识拓展】
课堂生态特征

　　获得学生的合作是一个整体的工作。教师要计划教学活动，准备材料，向学生提出适当的行为和学业要求，给学生提出明确的指示，建立信任、尊重的气氛，预见问题并防患于未然，以及有效处理不良行为等。而且，不同的活动要求不同的管理技能。例如，一个新的或复杂的活动可能比一个熟悉的或简单的活动对课堂管理更有挑战性。

　　获得不同年龄学生的合作要有不同的方法。有人（Brophy & Evertson, 1978）根据年龄需要划分了课堂管理的一般阶段。在幼儿园和小学低年级阶段，教师要直接教授规则和程序。在小学中年级阶段，教师要花较多的时间监控和维持管理系统，但是某个特别活动中的具体的新规则和程序还必须直接教授。当小学毕业后进入初中时，有些学生开始检验和否定权威，教师要建设性地处理这些混乱，激励那些不再关心教师观点、对个人社会生活更感兴趣的学生。在高中阶段，多数学生已经知道什么是教师所期望的，此时，教师要重点管理课程，使学业材料适合于学生的兴趣和能力发展，帮助学生更多地管理自己的学习。在每一学期开始的几节课，教师要教给学生一些特别的方法，如如何使用材料和设备、做记录和作业等。

二、课堂管理的目标

　　课堂管理的目标是建设一个积极的、有建设性的课堂环境，而不是让学生安静、驯服地遵守课堂纪律。科学有效的课堂管理，不仅能维持课堂秩序，而且能增强课堂教学效果；不仅能提高课堂教学质量，而且能促进学生健康地发展。一般来说，课堂管理具有 3 个重要目标。

（一）争取更多的学习时间

学生所花的学习时间越多，学习成绩越好。但学生的学习时间毕竟有限，学校对教学时间是有一定规定的。教师真正用于教学、学生真正用于学习的时间只会少于学校所规定的时间。有人（Dembo，1994）将教学时间划分为 4 种层次（见图 15-1）。① 分配时间，是指教师为某一特定的学科课程设计的时间，由课表决定。② 教学时间，是指在完成常规管理以及管理任务（如记录考勤、处理课堂行为问题等）之后

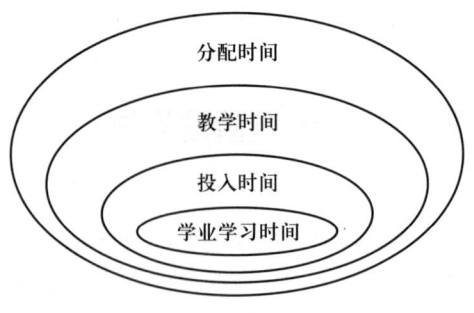

图 15-1　教学时间的层次（Dembo，1994）

所剩下的用于教学的时间。③ 投入时间，也被称为专注于功课的时间，属于教学时间。它是学生实际上积极投入学习或专注于学习的时间。④ 学业学习时间，属于投入时间，是指学生高效地完成学业所花的时间。

学生的学业学习时间直接影响他们的学习效果。课堂管理旨在为学生争取更多的学业学习时间，其真正含义就是让学生投入有价值的学习活动，从而提高所用时间的质量。

（二）争取更多的学生投入学习

每个课堂活动都有一些参与规则。其中，有些规则是教师明确表述过的，但有些规则没有，属于参与课堂活动的一些"潜规则"。教师和学生可能没有认识到他们在不同的活动中遵守着不同的潜规则。例如，在有些课上，学生要想回答问题必须先举手，而在有些课上则不必举手，学生只要看看教师就行。在学校中，有些学生比其他学生的参与性要高，可能是因为他们在家庭中参与活动的潜规则与学校中的一致。例如，在有些家庭里，家人在谈话时每个家庭成员都可以随时打断，但在学校的交流中，这会被看作不礼貌。为了使所有的学生都顺利投入学习活动，教师一定要确保每个学生都知道如何参与每一项具体的活动、活动的规则是什么、活动中还有哪些未进行说明的潜规则等。对于有行为障碍和情感障碍的学生，教师尤其需要直接教授他们活动规则，并让他们有机会练习。

（三）帮助学生自我管理

课堂管理的重要目标之一是让学生学会自我管理。课堂管理不能只是要求学生一味地服从，而是要教他们自我管理和自我控制。学生通过自我管理而表现出责任——在没有侵犯其他人的权利和需要的情况下行使自己的权利，实现自己的需要。当然，鼓励学生自我管理可能需要更多的时间，但这是值得的。

丹波（Dembo，1994）建议通过下列途径来帮助学生实现自我管理。首先，让学生更多地参与课堂规则的制订过程；其次，用较多的时间要求学生反思需要某些规则的原因以及他们不良行为的原因；再次，应当给学生机会考虑他们将怎么计划、监控和调节自己的行为；最后，要求学生回顾一下课堂规则，提一些必要的修改建议。

第二节 课堂的物理环境

课堂的**物理环境**（physical environment）是教室内一切物质条件所构成的整体环境，是课堂活动的物质基础，如课堂活动设施、活动场所以及教室的色彩、光线和温度等。课堂的物理环境可以极大地影响课堂气氛和教学过程，影响学生的态度和行为。物理环境由教室的自然环境、课堂活动设施、课堂空间安排 3 个部分组成。教师能够最大限度地支配的就是课堂空间安排，本节将对此进行详细介绍。

一、课堂空间安排的原则

空间安排影响教师和学生的行为，也影响任务结构的类型。例如，在一个分层的、圆形剧场式的教室里，教学工具放在左前边，这将限制教师向左前方的运动，因而大多数的师生互动就会发生在教室右前方的学生身上，这样的教室也极不利于全班学生的讨论和小组的合作学习活动。因此，合理的空间安排应该遵循一定的原则。

（一）空间安排与学习活动一致

理想的空间安排取决于教学模式类型和教师所期望的课堂活动状态。课堂空间安排影响教师向学生传播信息，也影响学生做出教师所期望的行为。教师要根据进行的学习活动，采取最能促进学生学习的空间安排。在考虑空间安排时，教师可以思考下列问题：

你想让学生更多地听还是更多地说？

你想让学生仅仅与你互动，还是学生之间互动？

你想促进独立的学习，还是合作的、相互间的学习？

（二）可视性

可视性（visibility）就是学生能清晰地、容易地看到所有的学习材料和学习活动，老师能够看到所有的学生。如果学生的视线经常被教室的结构阻碍，或者被放在不恰当位置的仪器（如投影仪等）阻挡，这时，教师应当调整座位安排，让每一个学生看到投影仪上的材料。教师的板书或制作的展板要清晰呈现，教师与学生或学生与学生之间要保持眼神的交流。

（三）易接近性

易接近性（accessibility）是指学生和教师都能接近学习材料，师生之间也能彼此接近。教室的安排应该让学生很容易地在课桌、学习材料、黑板与其他设施之间走动，甚至进出教室。放置常用材料的地方应该宽敞，不要将设施放置在高度拥挤区或者分散到整个教室中。

（四）保持最小的干扰

干扰（distractibility）是指与教师争夺学生注意的因素。座位安排应该避免干扰学生集中注意。以教师为中心的安排，座位应当整齐，让学生可以面对教师。进行小组学习时，缩短组内的空间距离以促进交流，增大组间的空间距离使视觉和听觉干扰最小。

（五）维持最大的活动区

教室的安排能够使活动区域最大化。有研究（Adams & Biddle，1970）发现，课堂里的大多数活动都要求全部学生集中注意，而教师一般用85%的时间站在教室前方向全班学生教学。可见，教师和学生之间的言语相互作用主要发生在教室的中前排和中间竖排（见图15-2），研究者把这个区域称为**活动区**（action zone）。

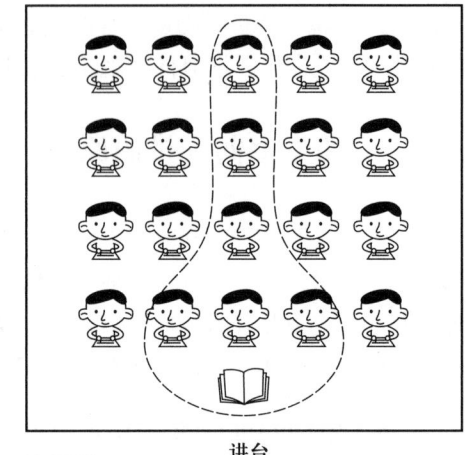

图 15-2 教室中的活动区
（陈琦，刘儒德，2019）

研究表明，不在活动区的学生比在活动区的学生参与更少、成绩更低，这就要求教师扩大活动区。传统的横竖座位安排中活动区在前面。研究还表明，教师最喜欢将自己的注意指向活动区。活动区的位置是教室管理的结果，也是由教师的行为所确定的。因此，活动区的变化并不需要经常变换教室中的座位安排，教师的走动就可以加宽和转移活动区，特别是教师与较近的学生和较远的学生都建立眼神交流和直接的交流。但是，这样的移动要保证教室管理的可视性和易接近性。

二、课堂空间安排的方法

学习空间的安排有两种基本的方法，一种是按区域安排的个人领域，另一种是按功能安排的兴趣领域。按区域安排的**个人领域**（personal territories）是将空间划分成一个个区域，某些区域只属于某个人，直到教师重新改变某人的位置为止。这种安排特别适合面向全班的授课。按功能安排的**兴趣领域**（interest area），是教师将空间划分为各种兴趣范围或工作中心，每个人都能达到所有的领域，这种安排特别适合各小组同时进行不同的活动。这两种组织空间的方法相互补充，许多教师经常组合使用这两种方法，学生的个人领域在中间，兴趣领域在四周或后面。图15-3是某个四年级教室的空间安排，可以用来进行演讲、小组工作、计算机交互、数学计算活动、非正式阅读和艺术等活动。这种空间安排结合了个人领域和兴趣领域。这里主要介绍个人领域的几种座位安排方法。

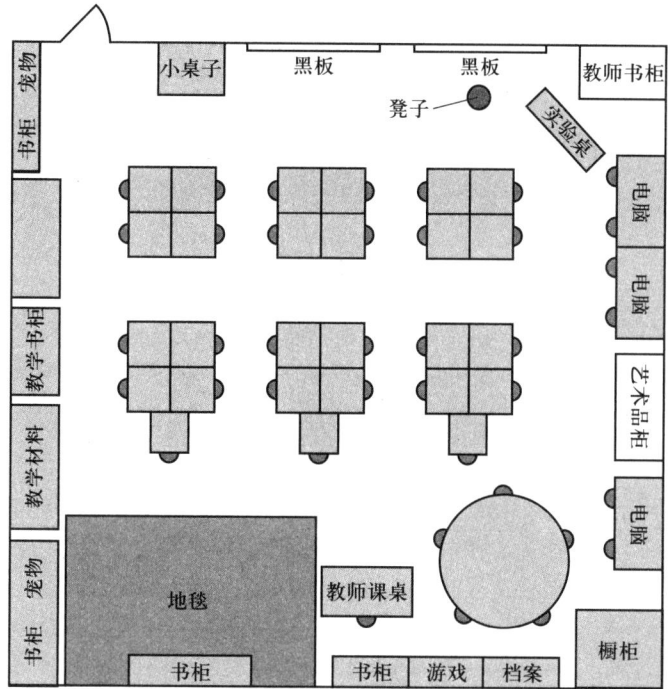

图 15-3 个人领域和兴趣领域相结合的空间安排（Woolfolk，2004）

（一）教师主导的学习活动的空间安排

在教师主导的学习活动（如讲课、呈现、展示或由教师主导的讨论等）中，对学生的空间安排应该具有可视性，利于师生的相互作用。在这样的活动中，教师一般采用纵横排列方式安排学生的座位。

（二）学生参与的安排

学生中心取向的学习活动的座位安排要促进学生之间的目光接触和交流，一般为矩形、环形、马蹄形等（见图 15-4）。这些安排的特点在于，每个学生都和教师一样能面对其他人。

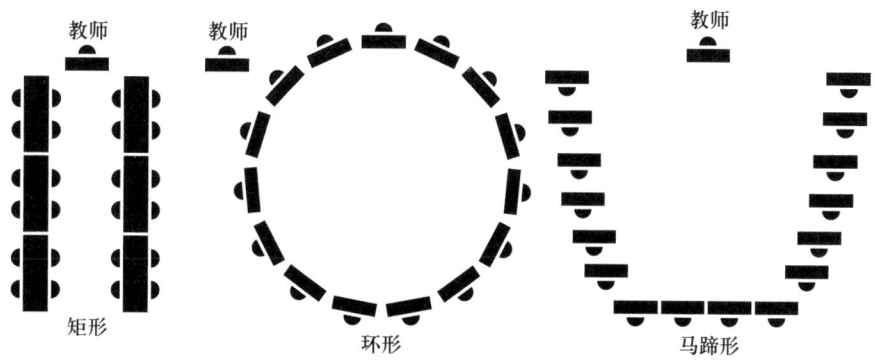

图 15-4 促进学生参与的空间安排

图 15-5 的空间安排可促使学生合作、小组分享以及积极的同学关系。

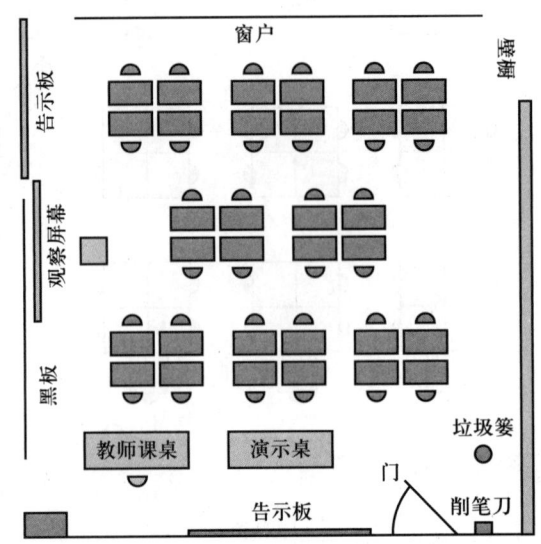

图 15-5 可促进合作活动的空间安排（Parsons, Hinson, & Deborah, 2001）

这些空间安排有利于培养小组凝聚力和合作度，可使教师灵活安排活动、呈现信息，演示、使用视听材料。但是，这些空间安排也容易出现课堂纪律问题，除非教师积累了较多的经验，否则没有把握或者不善课堂管理的教师最好保持传统的座位排列形式。而且，由于我国学校的班级人数一般较多，最好慎用这些模式。

（三）灵活的安排

随着教师的教学目标和教学模式的变化，课堂环境的空间安排也需要随之发生变化。然而，频繁的变换座位将会占用教学时间，也会使学生分心。因此，教师最好形成两三种座位安排结构，学生能够快速、方便地重组出这些座位安排，进入不同类型的学习活动。

第三节　课堂的社会环境

创设课堂的社会环境是课堂管理中一个关键的部分。课堂的**社会环境**（social environment）由课堂中个体围绕共同目标而进行的相互作用而形成，最重要的成分就是人际互动和课堂气氛。

一、人际互动

课堂中的人际互动包括师生互动和同伴互动。

（一）师生互动

师生互动是指教师和学生之间在课堂教学情境中发生的具有促进性或抑制性的相互影响和作用。教学要通过师生互动来促进学生的发展。教师对学生的态度和行为影响学生的学习，正所谓"亲其师而信其道"。反过来，学生的态度和行为也会对教师产生重要的影响。

教师对学生的影响是多方面的，有些影响是在无形之中发生的。"学习动机"一章所介绍的教师期望就是一例。师生间的作用是双向的，学生的特点和行为对教师也有重要的影响。这就像在亲子关系中，孩子的行为具有挑战性（如爱哭、挑食、执拗等），其父母面临的挑战性会更大，压力水平也会更高。寻找教师的帮助和赞同，受到教师称赞时微笑，对教师的评论热情地反应，教师就会提供更多的言语和非言语帮助，并对学生提供多种形式的"注意"。相反，如果学生不征求意见和争取赞同，只是极简短地回答问题，而且避免直视教师、对其微笑或与其谈话，教师就会认为这些不作应答的学生不聪明、不吸引人。

教师的威望形象通常让学生认为教师的话具有较高的可信性。为保持沟通的有效，教师应珍惜这种权威性，不可言而无信。教师的权威与学生的年龄、教师的修养水平、师生关系等有密切的关系。

对于沟通的内容而言，当学生对讨论中的某一问题一无所知或尚无主见时，教师尽可能阐述有利和好的一面，即提供单面证据。但是，如果学生对该问题已有相当的认识或已形成某种主见时，教师则应详细说明利弊得失，让学生自己去衡量。如果要呈现正反两面的材料，并且试图使正面材料的印象加深，那么应先呈现正面材料，然后立即呈现反面材料，使学生对正面材料产生先入为主的印象。

在沟通的过程中，教师要掌握沟通的技巧（见表 15-1），提高沟通的有效性。

表 15-1 教师沟通技巧

沟通技巧	定义	例子
述义	听完对方说话以后，再按自己所理解的、用自己的话把对方的意思说出来	甲：我真不知道他在想什么，一会儿叫我做这件事情，一会儿又叫我做那件事情！ 乙：他似乎让你无所适从，是不是？
行为描述	说话时只客观描述对方的可观察到的、可能改变的行为	教师：张华，今天讨论的时候，你讲的比别人多得多，而且好几次别人没有讲完你就插嘴
情感描述	清楚而具体地描述自己的感情或愿望	你忘了我的生日，我很不高兴！ 我多么希望你参加了我的生日！
印象核实	根据对方的表情或语言来推测其感情，并核实是否说对了	我觉得你是在跟我生气，对吗？

（二）同伴互动

每个学生都从各自的交往需求出发，通过相应的言语或非言语的行为与他人交往，发生相互作用。有时，交往双方会出现相互亲近的现象，称为人际吸引。有时，交往双方也会出现关系极不融洽、相互疏远的现象，称为人际排斥。人际吸引以认知协调、情感和谐及行动一致为特征，人际排斥以认知失调、情感冲突和行动对抗为特征。影响人际吸引的主要因素主要包括距离的远近、交往的频率、态度的相似性、个性的互补性以及外形的相似性等。在一般情况下，学生的居住地和座位等越邻近，交往的频率越高，态度和外形越相似，个性特性越能相互取长补短，学生之间就越容易相互吸引；相反，彼此就越容易排斥。

人际吸引和人际排斥使学生在课堂上处于不同的地位，出现人缘好的学生、被人嫌弃的学生和遭受孤立的学生。课堂管理中教师必须重视被嫌弃者和被孤立者，帮助他们改变不利处境。

二、课堂气氛

课堂气氛（classroom climate）是指课堂上各种心理学的和社会学的气氛，如拘谨的程度、灵活性、结构、焦虑、教师的控制、主动性以及激励作用等。根据班级成员间的互动情况，课堂气氛可以分为竞争的课堂气氛、合作的课堂气氛和个人主义的课堂气氛。这些课堂气氛的差异之处在于学生表达观点的机会、用于学生谈话的时间、学生自发做出的反应等方面。不同的课堂气氛对教师的领导方式、角色要求不同。随着课堂气氛从竞争转到合作，教师不断降低对学习过程的控制，在个人主义的情形下，学生自己独立进行学习（见表15-2）。

【考纲链接】
《教育知识与能力》（中学）：
了解课堂气氛的类型

表 15-2　课堂气氛（鲍里奇，2002）

课堂气氛类型	教师领导方式	教师角色	典型活动	赋予学生的权力	赋予教师的权力
竞争：教师是唯一的裁判。学生展开竞争找出自己的正确答案或教师所定的标准	权威式	主管长官	操作和练习	无	组织教学，提供刺激材料，评估回答的正确性
合作：学生在教师的引导下进行对话活动。教师有条不紊地插进来，使观点鲜明，且使讨论迈向更高水平	民主式	是与学生平等的一员	小组和大组讨论	呈现观点，提供观点，自由地、自发地发言和讨论	激发讨论，仲裁争议，组织和团结学生
个人主义：学生完成教师布置的任务。鼓励学生按他们认为最好的答案完成任务，强调通过并且考验自我	放任式	学生观点的总结者	独立的课堂练习	用最正确的回答来完成任务	布置工作，确保教学朝完美而有秩序的方向发展

教师可以根据希望学生互动的情况选择合适的课堂气氛，不同的课堂气氛适合不同的教学活动。从表 15-3 中可以看出，每种课堂气氛都能运用到全班、小组、个体活动中，小组活动也不一定总是合作的课堂气氛，关键是教师权力下放的程度要与教学目标相吻合。

表 15-3　课堂气氛的应用（鲍里奇，2002）

活动规模	竞争的	合作的	个人主义的
全班	活动时，学生相互展开竞争获得正确答案	当一位同学不能找出正确答案时，允许其他同学提供线索	全体学生联合背诵答案
小组	作为相对立的团队，小组相互竞争	小组分工完成同一课题，最后向全班学生报告	每个小组完成所分配课题的独立的部分，不向全班报告
个人	回答相同问题，学生相互竞争，回答最快、最精确的个体"获胜"	学生配对合作，他们交换试卷，分享答案，或者互相纠正错误	学生靠他们自己，在没有教师直接参与的情况下，完成课堂作业

第四节　课堂管理设计与特殊方法

为了进行课堂管理，教师需要善于设计课堂管理系统，利用适于本班的课堂管理方法。

一、课堂管理设计

有人（Evertson & Emmer，1982）提出，发展有效的课堂管理系统需要经历 3 个阶段：设计（学期开始之前）、执行规则（学期开始几周）、维持和完善规则（直到学期末）。

（一）设计

建设良好的课堂环境，首先需要设计本班学生需要遵循的规则和程序。这一设计工作由三步构成：确定期望行为，把期望转成规则和程序，规定后果。

1. 确定期望行为
首先，教师需要考虑课堂的运转方式，不同的课堂运转方式要求学生做出不同的行为。例如，在全班教学中，教师呈现信息，学生就要静静地倾听。但是这种要求不适于小组讨论。同时，教师还要充分考虑最优使用空间、设备以及一些常规程序。教师在做出决策时，最好利用在优秀教师的课堂上观察到的有效的课堂程序和已有的教学经验。值得注意的是，设立规则需要针对课堂活动的多样性。

2. 把期望转成规则和程序
程序是某一活动所包含的步骤。它描述了学生应当如何参与课堂活动，一般不会写在纸面上。规则是一些条例，规定课堂中期望的和禁止的行为。教师需要将这些规定写成条文，传达给学生。教师建立的规则需要与学校的规则一致，与学习原则也要保持一致。根据规则的内容和执行时间，课堂规则可以涉及不同方面（见表15-4）。

表15-4　课堂规则（鲍里奇，2002）

执行时间	有关课堂行为规则	有关学习活动规则
首次上课就需阐明和沟通的规则	1. 坐在何处 2. 座位怎样布置 3. 上课铃响前应做什么 4. 回答问题时应大声说出来 5. 下课铃响后才能离开座位 6. 饮水、食品和口香糖 7. 上卫生间和饮水的特权	8. 上课所需要的材料 9. 完成家庭作业 10. 补做功课 11. 未完成的功课 12. 缺考 13. 等级评定 14. 违反规则
可以稍后阐明的规则	15. 迟到／缺席 16. 爬上课桌 17. 当有观摩教师时 18. 离开教室 19. 对违反规则的处罚	20. 完成笔记 21. 获得帮助 22. 记笔记 23. 同他人共同承担工作 24. 学习沟通和参考书的利用 25. 小组工作过程中的沟通 26. 实验室的安全

　　表15-4中的这些规则可以扩展到任何年级。表中罗列了首次上课需要说明的规则。教师在传达规则时，对于一年级的学生，应该以口头形式发布，然后分发材料，并张贴出来作为参考；对于低年级和中高年级的学生，可让学生背诵和抄录；对高中学生，应该口头传达后张贴出来。表中也罗列了在发生这些情况时可以临时加以说明的规则，其中一些规则适用于特定的情境（如实验室的安全、完成笔记以及获得帮助）。教师在应用这些规则时，最好能够将它们呈现出来，利于学生记住这些规则。

3. 规定后果

　　教师还要与学生讨论遵守或违反课堂规则和程序的后果。教师让学生事先知道，破坏规则、违反程序对他们来说意味着什么。根据行为主义的观点，给予积极强化的行为会重复出现，适当强化学生的行为是非常重要的。此外，教师要使用不同的诱因系统，如微笑、给予荣誉以及一些权利等。对于破坏规则的行为，教师可以使用一些惩罚，如撤销权利等。关键在于教师能够对合适的行为建立一个有效的强化系统。

（二）执行规则

　　学期之初的几周是非常重要的。教师要在这段时间内形成规则和程序系统。有人（Evertson & Emmer, 1982）提出，在开学之初的几周可以遵循以下程序：

● 在开学第一天或第一次班会，专门用一些时间讨论规则。

- 和其他学习目标一样，系统地教授课堂规则。
- 教授学生所需要的程序，帮助他们处理具体的课堂常规程序。
- 让学生做一些简单的工作，促使学生在开学的几天获得高度的成功。
- 至少在开始几天，应开展那些只要全班注意或只需要简单程序的活动。
- 不要认为学生经过一次尝试后就知道如何执行某一程序。换句话说，对某些事只进行一次解释，并不意味着学生已经理解教师想让他们干什么。

有研究者（Evertson & Emmer，1982）的观察研究表明，学期之初几周在决定这一学期学生在课堂中如何和教师、同学相互作用起着重要的作用。在开学之初的几周里，有效管理者和无效管理者的具体表现存在一定差异（见表15-5）。

表 15-5　有效管理者和无效管理者的差异

有效管理者	无效管理者
开学的第一天，备有姓名簿，准备好了材料，每一个学生都有有趣的事情做，在学生分心时能让学生做一些活动，教学生可行的、最基本、最重要的规则	组织散漫地开始了第一天，没有明确的规则，也没给学生提供姓名簿，学生浪费大量的时间等待教师的指示
在以后的时间里继续花很多时间向学生解释、传达和讨论每个规则的合理性，让学生反复操练这些规则和常规，监督他们遵守的程度	在以后的时间里，规则不可行或者模糊不清，完成常规任务的程序总是在变化，或者没有教学生练习规则
及时处理课堂问题，立刻阻止各种不良行为的发生	允许发生不当行为，当学生违反规则时只是进行了模糊的批评，没有实施结果

教师在教学生遵守规则的同时，可以采取一些措施和方法（见表15-6），帮助学生尽快学会规则。最初，教师需要采用言语暗示，然后结合自然暗示、姿势暗示和模仿暗示，随着行为不断被强化，教师不需采用暗示就能让学生产生对应的行为。

表 15-6　教授学生规则时常用的方法

方法	定义	例子
言语暗示	用言语提问、说明、暗示预期行为	"你现在应该做什么？" "铃声响了，下课了。" "去洗手间把手洗洗。"（暗示去吃午饭）
自然暗示	利用行为发生前的环境刺激	清晨广播的开始信号就是学生保持安静的自然暗示
姿势暗示	用身体语言指导学生	教师指着门的方向就是让学生到门口排好队
模仿暗示	教师塑造榜样，让学生模仿期望行为，并及时强化	"小明听故事真专注！"

（三）维持和完善规则

教师一旦建立了课堂规则和程序，就要设法维持课堂管理系统。课堂管理的维持和完善需要教师始终让学生投入富有建设性的学习任务中，预防问题的发生，妥善处理不良课堂行为，还要矫正严重的问题行为。这些内容将在第五节"学生的行为管理"中加以详细介绍。

二、课堂管理的特殊方法

（一）代币强化系统

代币强化系统（token reinforcement system）是一种符号性的强化体系。学生因为良好表现获得代币，可以利用代币换取那些已被确认为强化物的物品或活动。

代币可以是小圆片、红星或其他实物，学生可以保存它们，以便日后用来换东西。最重要的是，学生应该明白，他们能够使用代币交换不同的强化物，知道每种强化物需要多少代币才能换得。教师在一开始可以经常发给学生代币，慢慢地，应该减少代币发出的数量，降低这个强化系统的使用频率。

教学指南
使用代币强化系统

我刚教四年级时，班上有35个学生。他们经常在课堂上乱跑、打断别人、乱喊乱叫等。我想用代币强化系统强化学生的适当行为，间接减少不良行为。

第一步，确定适当行为。包括下面5个行为：

- 遵从教师的指导。
- 走进课堂。
- 把手放好，不乱动。
- 在说话前意识到要举手。
- 用平静的语调说话。

第二步，确定强化物。我和学生共同讨论选定了14个强化物：当一天班级的领导，在体育课中选择游戏，额外使用电脑5分钟，额外的自由活动5分钟，额外的环游喷泉，额外的去图书馆的时间，在一天中排队时站第一位，一支新的圆珠笔，一叠信纸，一份棒球卡，额外的演讲秀时间，在一天内选择自己的座位安排，给班上同学朗读一段自己选择的故事，家里写一个表扬条。之后我把5个适当行为和14个强化物写在教室前方的两块大黑板上，每个人一眼都能看到。

第三步，确定强化物的价格。我考虑了以下几点：

- 强化物可供应量越大，价格越低；可供应量越少，价格就越高。例如，我们有大量的棒球卡，所以这些只需要1个代币就能买到；有10叠信纸，所以需要10个代币才能购买。

- 对强化物的需求越多，价格越高；需求越少，价格也越低。例如，许多同学都想要购买使用班级计算机的额外时间，所以它的价格是 10 个代币；学生对给别的同学讲一个自己选择的故事不太感兴趣，只用 1 个代币就可以购得。

- 一个活动需要的时间越长，价格越高；需要的时间越短，价格就越低。例如，额外自由时间占用了学生 5 分钟的学习时间，因此，14 个代币才能获得；给家里写一个表扬条只会用很少的时间，只需 1 个代币就可以获得。

第四步，选择学生用代币交换强化物的时间。我们决定每个星期五的午餐过后进行交换。还声明，他们可以保存自己的代币，并不一定要交换，每一交换时期过后会根据需求和供给调整每种强化物的价格，但在交换时期，价格不会发生变化。

资料来源：Zirpoli, T.J.（2004）. 学生行为管理：教师应用指南（关丹丹，张宏，申靓等　译）. 北京：中国轻工业出版社，165.

（二）集体绩效系统

集体绩效系统（group consequence system）是根据集体成员的行为对整个集体进行奖励来管理学生个体行为的强化体系。全班可以通过努力获得一定的总分来得到某种他们所期望的特权，而不是根据某个学生的成绩。在大多数情况下，整个班级要么得奖，要么不得奖，避免分别管理学生。教师可以许诺一次实地考察、额外的自由活动时间或班级聚会。

集体绩效系统的理论基础是，当集体根据每个成员的行为而受到奖励时，集体成员将会彼此鼓励，以使集体获得奖励。集体绩效系统使得同伴由支持不良行为转变为反对不良行为。使用集体绩效系统时可以参考以下程序：确定哪些行为要受强化；设置一个适当的计分系统；考虑给严重行为扣分；当行为得到改善后，减少计分和强化的频率；如有必要，将集体绩效系统与个人日志卡结合起来使用。

集体绩效系统也可以是一个简单的声明。例如，教师说"如果所有学生都放下手中的活，保持安静，我就讲故事"或"如果全班在明天的测验中平均分在 90 分以上，下一周家庭作业就免了"。但是，有组织的集体绩效系统更能发挥它的威力。

第五节　学生的行为管理

课堂管理的对象是班级内所有的学生，而不只是捣乱的学生。实证研究发现，在课堂捣乱的程度并没有差异的情况下，教师的课堂管理水平较高时，学生的课堂投入度明显高于教师的课堂管理水平较低的班级（Gage, Scott, Hirn, & MacSuga-Gage, 2018），并且教师的课堂管理策略可以促进学生的学业、情绪，以及行为发展（Korpershoek, Harms, DeBoer, VanKuijk, & Doolaard, 2016）。克文和门德勒（Curwin & Mendler, 1988）提出了典型课堂的 80-15-5 原则（"80-15-5" view of the "typical classroom"）。这一原则指出，在典型的课堂中一般有 3 类学生：80% 的学生形成了合适的学校行为，很少违反规则，这些学生需要教师的支持和提醒，当他们违反课堂规则时会重新关注他们；15% 的学生会周期性地违反规则，需要一个课堂结构和程序来限制他们的捣乱行为，使他们重新关注正确的学校行为；5% 的学生是长期的规则违反者，这些学生需要额外的支持和帮助。

教师需要按照课堂 80-15-5 原则来分配自己的精力。第一，集中精力重点发展组织策略和技术，满足 80% 的学生的需要，预防可能发生的问题，防患于未然。第二，当学生偏离期望的行为时，教师就应该在一些精力来干预。第三，一少部分学生需要特殊的行为矫正，对于这些学生需要使用矫正技巧。这是课堂行为管理的三层计划——预防、干预和矫正。

一、预防

有研究者（Kounin，1970）对比观察了成功的课堂管理者与不成功的课堂管理者的行为，结果发现，在出现课堂问题后，两者处理问题的方式没有什么不同，他们的不同之处在于，成功的管理者能够较好地预防问题。每个学生都有违反规则的倾向，在很多情况下，只要教师有效预防就会阻止不良行为的发生。一些学校积极开展教师课堂管理的培训。培训能够提升教师的课堂自我效能和满意度，降低职业倦怠（Reinke，Stormont，Herman，Washsmuth，& Newcomer，2015；Murray，Rabiner，Kuhn，Pan，& Sabet，2018）。前面一些章节所介绍的所有内容都有助于预防学生不良行为的发生，如维持动机、选择有效的教学方式、提供有意义的课堂活动、建立常规和规则以及建立有效的学习环境等。这里介绍维持良好的课堂环境的几种具体方法，以预防不良行为的发生。

（一）注意教学的组织

教师的教学应当确保学生通过努力可以胜任，否则，就会导致很多不良行为的发生。研究发现，那些有挑衅行为历史的学生在参与喜欢的任务与不喜欢的任务时，行为表现有很大的差异（Foster-Johnson，Ferro，& Dunlap，1994）。学生喜欢他们能够顺利完成的任务，而这些任务在多数情况下恰恰也是他们感兴趣的活动。这些任务与那些经常让他们犯错的任务相比更具有强化作用。而在现实生活中，教师不可能选择所有学生每次都感兴趣的内容，但是教师可以对课程进行适当调整，使得所呈现的材料不过难或过易，所提出的指导性要求是以学生的当前水平为基础的。当教师面对学生的挑衅行为时，建议考虑下面几个问题：

- 学生的不良行为是不是课程太难或太简单的结果？
- 学生的不良行为是不是由于学生不能很好地理解学业概念所造成的？
- 学生的不良行为是不是其他课堂因素造成的？教师是否可以控制这个因素？

（二）增加参与性

增加学生投入时间的最好途径就是教有趣的、参与性强的课程。学生的参与性在教师教课时比在课堂自习时要高（Evertson & Harris，1992），在结构完善的合作学习课程中的投入时间要比在独立的课堂自习中的投入时间要多（Slavin，1990）。另外，教师还要加强监督。一般而言，教师的监督越多，学生投入的时间也越多。当然，不是不让学生独立学习，而是教师要进行细致的指导，独立并不是"没有指导完全独自进行"。

（三）保持动量

保持动量（maintaining momentum）是指避免打断或放慢教学节奏，实际上就是我们所说的紧凑，上课时保持动量是学生高度参与的关键。在一个保持良好动量的班级里，学生总是有事可做，并且一做起来就不会被打断。克宁（Kounin，1970）发现，动量与学生总的学习投入时间非常相关。有学者（Brophy & Evertson，1976）发现，动量与学生成绩相关。中断不仅干扰了学生的参与性，浪费了时间，更糟的是，中断之后，学生还需要更多的时间才能安定并回到功课上来。

（四）保持教学的流畅性

流畅性（smoothness）是克宁使用的另一个术语，是指不断注意教学意义的连续性。从一个活动转向另一个活动时流畅的教学所花的时间较少，并且能给学生一个注意信号。研究发现，流畅性与学生的卷入时间（Kounin，1970）、与学生的成绩（Anderson，Evertson，& Brophy，1979；Brophy & Evertson，1976）之间的关系都相当密切。

教师让其中的一个小组进行朗读。当他朝正在朗读的孩子走去时，经过一个鱼缸。他突然停下来，站在鱼缸前说："哦！我忘记喂鱼了！"然后，他从旁边的架子上找到一些鱼食，开始喂鱼，同时说："哎呀！看它们饿成什么样了！"然后，他向一个女孩说："你忘记喂鱼了。看它们多么饿，吃得多欢快！"

这位教师从课堂教学跳到琐碎的事务上，又跳到无关的纪律问题上，引起了"活动流程的突然中断"。在很多时候，教师在课堂上因不熟悉教材而出现停顿，或重复学生早已懂得的知识，或忽然中断讲课而去处理一件不必要的小事，如手机的声音等。这些都使教学无法顺利进行，减少了学生的学习投入时间。

（五）管理转换

管理转换（managing transitions）是指顺利地将分段教学活动或一个活动转换到另一个活动，如从听课转到做课堂作业，从一门课转到另外一门课，或从上课活动转到吃午饭等。研究发现（Burns，1984），在小学的班级中，每天平均有 31 次转换，大约占去了 5% 的课堂时间。转换就像裂缝，把整体的课堂进程分割开来。一般来说，转换需要遵循 3 条规则。① 转换时应该给学生一个明确的信号。学生早已被教导过如何对这些信号做出反应，如听到铃声，马上安静听讲。② 在做出转换之前，学生一定要明确收到信号后做什么。如教师可以说："当我说'走'时，我希望你们都合上课本站在座位旁边，都准备好了吗？好，走！"③ 所有的学生同时进行转换，不要一次一个学生地进行。教师通常应该对全班或者小组给予总的指导。例如，"同学们，我希望你们都安静，迅速收起作业准备下课……我看到第三组的同学很安静。请第三组的同学排队，第六组的同学排队，第一组的同学……第四组……其他同学都安静地排队，走吧。"

（六）整体关注

整体关注（group focusing）是克宁提出来的课堂主要策略和提问技术，确保班上所有的学生都始终投入课堂中，即使教师只叫起一个学生回答问题时也是如此。克宁认为，维持团体注意焦点的两个基本成分就是全体责任和团体警觉，此二者与学生专心学习功课的行为密切相关。

全体责任（accountability）是指在提问和回答问题期间，教师让每个学生都对自己要完成的任务负起责任。实施全体责任的一种策略就是运用共同活动反应，让所有的学生展示自己的作业，教师在学生中间循环走动，了解他们正在做什么，让其他同学注意某个学生的任务完成情况，如"请大家听听小鹏是怎样回答的，然后说出你们是否同意他的回答"。这种策略所隐含的观点就是：课堂教学的每一个环节都是让所有学生参与进来。当一位教师面对几十个学生时，很多学生要等很久才能被叫到回答问题，有的同学甚至根本没有参与过课堂互动，这完全不能维持所有学生的注意力。教师要设置吸引人的课堂环境来维持学生的注意，也要避免让多数学生长时间做旁观者。一个非常普遍的做法就是：让一两个学生到黑板上解决一个费时很长的问题，或者朗读一篇很长的文章，而其他学生却无事可做。

团体警觉（group alerting）是指在讲演和讨论期间，教师用来鼓励学生保持注意力的提问方法。例如，在叫某个同学回答问题之前，先提出一个问题："已知三角形 ABC 的边 BC、AC 的长度以及角 C 的大小，我们还能知道这个三角形的哪些方面？……（停顿）小鹏？"以随机的顺序让学生回答问题是维持团体警觉的另一种方式。例如，让所有学生明白，教师可能会就前一个同学的回答提出相关问题，如教师可能在小鹏的回答之后问："小鹏使用的是什么策略？……小杰？"

课堂自习时，教师也要维持团体的注意力，教师要和他们在一起，监督他们。教师不要在个别学生身上花费太长的时间。课堂自习为学生提供了一个最好的个别辅导的机会，但是教师和学生的交流应该尽可能的简短，否则其他学生就可能敷衍了事或者干自己的事情。

（七）明察秋毫

明察秋毫（withitness）是指教师要让学生知道，他注意到了课堂里发生的每一件事，没有任何遗漏。"明察"的教师会尽量避免被少数几个学生吸引或只与他们交流，他们会不断扫视教室，与学生保持眼光接触，这样，学生就会知道教师总在监督着他们，教师也知道是谁在捣乱，并且能准确处理当事者。换句话说，他们不会犯克宁（Kounin，1970）所称的"时机错误"（等很长时间才进行干预）或"目标错误"（谴责错了学生，让真正的"肇事者"免于受罚）。

小丽的同桌小鹏与小杰开始说话，亮亮看到了也加入进来。之后小丽咯咯笑着，和小杰说了什么。李娜靠过来低声对小丽说话。就在这个时候，老师说道："李娜和小丽，不要说话！"

李娜和小丽是最后参与说话的，而这位教师只斥责了她们两个，这就是目标错误。刚开始小鹏与小杰说话是很容易被打断的，而教师等到说话发展到大笑并影响其他学生时才来处理问题，这就是"时机错误"。说明这位老师还不够明察秋毫。

（八）一心多用

一心多用（overlapping）是指同时跟踪和监督几个活动。教师需要具备同时处理两件或更多事件的能力，就像脑袋后面长着眼睛一样，知道课堂上即将发生的事情，并经常用非言语的方式来与学生交流。

教师要不断地监控全班。例如，教师在检查个别学生作业的同时，还要对小组学生说"好，继续！"从而使他们学习。

教师坐在阅读小组中，小丽站着大声阅读。做课堂作业的李娜拿着她的练习册走过来。教师看了看李娜，然后回头看了一眼小丽，向她点头，示意她继续读。教师仍然坐着，拿起李娜的练习本，她转向小丽说："那是一个难读的单词，你读对了。"她检查了李娜练习本上的三个答案，说："很好，你可以继续做下一页。"然后继续参与阅读小组的活动。

（九）避免涟漪效应

当学生违反规则时，教师没有加以制止或者制止方式不当，反而会让其他学生模仿不良行为，这就是涟漪效应（ripple effect）。班级成员看到有人违反规则而没有受到惩罚，他们就会认为违反规则并不总是带来不好的结果（Kounin，1970）；如果教师批评某一学生的方式不当，如对其人格加以批判（"你真不是一个好东西！"），那么其他学生反而会同情被批评者，对教师产生反感，也会产生涟漪效应。如果违反规则的学生是班上的领导者或有权威的人，涟漪效应就更严重。以下6点建议可供参考：

- 教师谴责学生时，必须明确地指出他的错误在哪里。
- 除了指出学生的错误行为之外，还要告诉学生怎样做才是正确的。
- 要学生立即停止错误行为，并向他说明停止的理由。
- 谴责学生时，教师的态度要公正严肃，在言词上要明确肯定，让学生在心理上产生畏惧感。
- 对学生行为的职责，采取"对事不对人"的原则，且不应该在言辞上侮辱其人格。
- 教师谴责学生时，尽量避免带有愤怒的情绪反应。

二、干预

每一个人都有不能集中注意于教学活动的时候，课堂上总是难免出现不良课堂行为，包括以下几类。

- 随意讲话：学生在没有得到允许的情况下大声说话，或者是打断了别人的谈话。
- 离座：学生在没有获得允许的情况下，从椅子上站起来并在教室四处走动，但不是为了讨论学业问题。
- 制造噪声：学生发出噪声，可能是言语的，也可能是身体的，但明显与任务无关（如不断敲打铅笔，倾斜座椅直到躺下）。

● 玩弄物品：学生玩弄物品，如钢笔、铅笔或小玩具，这与当前任务可能是有关的，也可能是无关的。为了确定该行为确实是不当的，玩弄必须与任务无关，而且明显不合时宜。

● 扔东西：学生投掷东西，如铅笔、纸飞机或者其他设备，使其飞向天空或者滑过地面，而且该行为与任务无关。

● 攀爬：学生爬上家具顶部或其他物体上，而且该行为与任务无相关。

教师需要对学生的课堂行为进行分析，对有些不良行为可以忽视，如有些临时的、细小的、不太可能再次出现或不可能被其他同学模仿的不良行为，对有些不良行为需要进行干预。

教学指南

可以忽视的课堂不良行为

教师有时候最好的行动就是"无为"，至少不要采取惩罚性质的行动。例如，有一位学生很少违反课堂规则，有一次在学生独立做作业之前，她与邻座学生交头接耳，其他学生似乎还没有注意到她的举动。她的这一举动并不会传给其他学生，这是在做作业之前，也不是作弊。教师没有必要处理。又如，另一位学生在做实验的时候，不小心打翻了一瓶清水，他很快道歉了，还做了清理工作。这位学生的行为本身造成了不愉快后果，所以他必须清理。他清理之后，教师也就没有必须小题大做了。在以下情况下通常可以忽视学生的课堂不良行为：

● 这种行为很少出现，再次出现的可能性很小。

● 这种行为不太可能传给其他学生。

● 这种行为是因为不寻常的、临时的情况引起的。

● 某种年龄阶段的学生很典型的行为。

● 这种行为的自然结果令人很不愉快。

● 这种行为没有严重影响到学习。

资料来源：奥姆罗德，J. E.（2013）. *教育心理学精要：指导有效教学的主要理念*（第3版）（雷雳，柳铭心，郭菲，伍亚娜　译）. 北京：中国人民大学出版社.

教师对课堂不良行为的任何干预都要做到以下两点。第一，遵循最小干预原则。教师在有效阻止和抑制不良课堂行为时尽量不要中断正常的教学进程，哪怕只有几秒钟的中断也会把学生的注意力吸引到出现不良行为的同学身上，这不是在阻止而是强化这个学生的不良行为。第二，将处理不良课堂行为看成一个促进学生发展正确的课堂行为的机会。

（一）线索提示

教师用言语或非言语的形式，直接或间接地提示学生，让其表现出教师期望的行为。

1. 非言语线索

非言语线索包括目光接触、手势、身体靠近和触摸等，它既能消除许多不良行为又不会中断上课。例如，有两个学生正交头接耳，教师只需看看这两个学生或其中的一个，或走向行为不良的学生，把手轻轻放在学生的肩膀上就能制止不良行为。这些非言语策略传递了同一个信息："我看见你正在做什么，我不喜欢你这样，快回到学习中来。"

2. 表扬与不良行为相反的行为

对许多学生来说，表扬是强有力的激励。教师要想减少学生的不良行为，不妨表扬他们所做出的与不良行为相反的行为。也就是说，要从这些学生的正确的活动入手。如果学生常擅自离开座位，教师就要在他们坐在座位上认真学习的时刻表扬他们。

3. 表扬其他学生

表扬一个学生的行为，常常可使另一个学生也做出这一行为。例如，如果小康正在做小动作，那么教师要说："我很高兴……看到这么多学生都在认真学习，小郭做得不错，小蓉也很专心。"当小康最后也开始学习后，教师也应当表扬他，不计较他曾走过神，而是一如既往："我看见小康、小郭和小蓉都在全神贯注做功课。"

4. 言语提示

提示应尽量使用积极的语言，避免消极的语言（见表15-7）。正面提示表达了对未来行为更积极的愿望，让学生知道，尽管其表现令人无法忍受，但他始终是受班级接纳和欢迎的。

表 15-7 积极的语言和消极的语言（马慧，2004）

积极的语言	消极的语言
身子要坐正	不要瘫坐在你的椅子上
自己努力把这些题做出来	不要抄邻桌同学的来骗人
学习时应保持安静	不要发出这么多嘈杂声
要轻声关门	不要"砰"的一下关门
如果你想回答问题就举手	不要吼叫出答案
你这样做是错的	我告诉你多少次了！不让你这样做，你就是不听！

5. 反复提示

当学生拒绝听从简单的提示时，教师就要反复明确地向学生陈述要求，无视任何无关的请求和争吵，直到学生服从。

教师："小康，我要你开始写作业。"（说出愿望）

小康："我画好这个图马上就做，只要几秒钟。"

教师：（坚定地）"小康，我知道，但我要你马上开始写作业！"

小康："你从未给我足够的时间画画。"

教师：（平静地、坚定地）"问题不在这儿，我要你现在马上写作业。"

小康："我不喜欢写作业。"

教师：（坚定地）"我知道，但是，我要你现在马上写作业。"

小康："好，你一定要我做，那我就做吧！"

【微课】
使用幽默批评和指导

（二）应用后果

当前面所述的所有方法都不能使学生顺从时，教师可以使用下面策略：问学生是否知道他们行为的后果；如果没有遵守正确的课堂秩序，提醒他们正确的课堂秩序并要求他们遵守；平静地让学生陈述正确的规则并遵守它。

如果学生不能遵守规则，就要应用后果（applying consequences），阻止不良的行为发生。后果有积极后果和消极后果之分。消极后果（惩罚）能有效地阻止特定的不期望行为，但是它不能有效地教会学生期望的行为。因此使用惩罚不能成为课堂管理干预的中心。强调能够被强化的积极行为比集中消除不期望的消极行为有效得多（Sulzer-Azaroff & Mayer，1986）。这里列举几种应用后果的策略。

1．规则—忽略—表扬和规则—强化—惩罚

自20世纪60年代起，研究者们（Becker, Madsen, Arnold, & Thomas, 1967; Madsen, Becker, & Thomas, 1968; Zimmerman & Zimmerman, 1962）提出了对不良行为的课堂管理措施：规则—忽略—表扬（rules-ignore-praise，RIP）和规则—强化—惩罚（rules-reinforce-punish，RRP）。此后的研究认为，这些基本的原则、方法依然适用（Gable, Hester, Rock, & Hughes, 2009）。规则—忽略—表扬是建立规则，忽视不良行为，表扬遵循规则的学生。这种方法适合于正在学习规则过程中的低年级学生，对中年级水平的学生就不是很有效了。规则—强化—惩罚是建立规则，强调积极的强化，它使用惩罚系统，不忽略不良行为，这适合于更大一些的学生。

2．行为代价

对不良行为的另一种惩罚形式就是**行为代价**（response cost）（Abramowitz & O'Leary，1990；Stratton，1989）。行为代价就是把不良行为与减少以前得到的奖励联系起来，以减少不良行为。在课堂中，教师可以建立一个体系，在最初的提醒之后，学生每违反一次规则，就会在这个学生的名字旁边写上一个"×"。每收到一个"×"，这个学生就会被扣掉一定的休息时间（如1分钟）。

学生的损失在原则上应该与过错相关。例如，损坏材料的学生在一段时间内不能使用材料，在休息室违反规则的学生要待在教室里，在规定的时间内不能完成作业的学生会失去自由活动的权利，等等。教师还要注意，在应用后果前，要提醒学生违反的规则和应得的结果。这种干预旨在提高有效的、合适的行为，而不是简单地阻止不良行为的产生。

三、矫正

大约有5%的学生，入学后的学校化过程对他们没有起到任何作用。典型的课堂规则和程序对他们都没有用，他们甚至在课堂中公开他们的敌意或故意做出侵犯行为。这些学生需要教师额外的注意和支持。

【微课】
问题行为产生的原因

（一）行为矫正原则

行为矫正（behavior modification）就是系统地应用先前事件和后果来改变和调节行为。图15-6总结了行为矫正的整个流程。

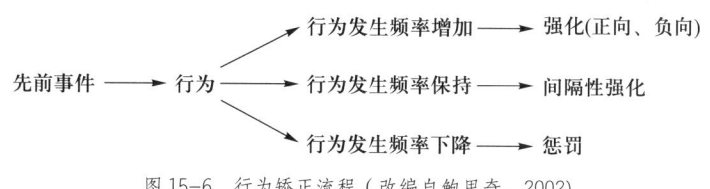

图 15-6　行为矫正流程（改编自鲍里奇，2002）

1. 识别目标行为和强化

行为矫正的第一步就是要识别目标行为，并观察是什么强化物在维持着这一行为。**目标行为**（target behavior）就是要观察、测量、进行评估或校正的靶子行为。教师需要使用可观察、可测量的术语，使用积极的语言，尽量以学生应该怎样的词语来描述目标行为，而不是以他们不应该怎样的方式来描述（见表 15-8）。

【考纲链接】
《教育知识与能力》（中学）：掌握处置与矫正课堂问题行为的方法

表 15-8　目标行为的描述举例

可观察的目标行为	不可观察的目标行为
小杰能够在数学课上完成当堂作业	小杰在数学课上能成为一名出色的男孩
冬冬在生气的时候能够控制自己不发火	冬冬在生气前会想一想
当别人送明陶礼物时，他会说"谢谢"	明陶能够理解"谢谢"的重要性

要想找到目标行为，首先要找到先前事件。先前事件或者先前刺激就是发生在前面的引发该行为的事件，它可以是声音、情境、人、材料或位置等，正是因为这些先前事件，才导致许多行为反复发生。因为在环境刺激下，强化或惩罚和先前事件总是一起出现。行为之所以出现，是因为受到了强化，因此要找到维持这一行为的强化物。

教学指南

功能分析法

为了弄清学生为什么出现不良行为，教师可以采用功能分析法（functional analysis）（DeVault, Krug, & Fake, 1996），对不恰当行为及其前因后果进行考查，弄清楚该行为可能想要达到的目的。请看下面这个案例：

莎莎是一个三年级的学生，经常跑出教室，破坏同学们的物品。如果教师阻止她，她就用咬、踢或大哭等方式回击。当周围环境喧闹或者混乱，作息被改变，她喜欢的教师不在场或者需要完成较难作业的时候，尤其如此。每当这个时候，教师就给她的家长打电话，要求他们来学校将她接回家。

如果仔细分析莎莎做出不良行为的前后的特定刺激条件，即"原因—行为—结果"，就可以发现，莎莎的行为既是先前事件（如有挑战性任务、作息改变）的结果，也在被她所要的结果（如得到注意、回家）强化。这意味着，莎莎的行为是为着某个功能服务的：受他人注意（正强化），逃避不想做的事情、不想待的地方（负强化）。学校里确实有一些学生是如此，在面临复杂、厌恶的学习任务时，通过不良行为来逃避学习任务，获得教师或同学的注意。

在对莎莎的不良行为做完功能分析的基础上，教师需要对莎莎提供正面行为支持：

● 教给学生能够实现同样目标的行为，替代不良行为。例如，教莎莎如何在需要时寻求帮助，在面对有挑战性的任务时可以使用的方法，而不是逃离教室。

● 改变课堂环境，使可能触发不良行为的条件最小化。例如，莎莎学习时如果需要休息，教师可以安排她去学校心理咨询室的"放松室"休息，这是一个安静的私密空间，她可以坐在躺椅上听舒缓的音乐放松。

● 确定学生可以预见的每日常规安排，降低焦虑，让学生感觉更舒服、更安全。例如，给莎莎提供一份每天的日程安排，包括在完成有挑战性的学习任务后进行休息等。

● 给学生选择的机会，让学生无须采用不良行为就能获得所想要的结果。例如，给莎莎提供一个学习目标清单，她可以从中选择想要的学习任务、时长以及达到学习目标后可以得到的奖励。

● 改变课程和教学，使学生获得学业成功的可能性最大化。例如，以莎莎的兴趣为基础，以较慢的进度呈现材料，将较难的任务分解到较容易的、更有吸引力的任务中。

● 监控各种行为出现的频率，弄清楚干预是否起作用，或者是否需要调整。例如，教师还可以指导莎莎如何与同学交往。在一开始，给她的恰当的社交行为计分，攒到一定的积分，换到特定待遇（如和家人一起去吃冰激凌等）。最后，当她可以与朋友友好地交往时，就没有必要予以额外的外在强化了。

资料来源：奥姆罗德，J. E.（2013）.*教育心理学精要：指导有效教学的主要理念*（第3版）（雷雳，柳铭心，郭菲，伍亚娜　译）. 北京：中国人民大学出版社.

2．设立基点行为

在后面的几天（至少三天）里观察学生，看看其目标行为发生的频率有多高。可以根据频率（如张××擅自离座位多少次）或时间（离座位多少分钟）来测量行为基点（baseline）。要想获得某种行为的基线数据，应该遵循以下步骤：

● 确定目标行为。
● 以可测量、可观察的词语来界定目标行为。
● 观察目标行为。
● 收集目标行为的数据。
● 检查数据。
● 以现有水平作为基线数据。

3．选择强化物和强化的标准

行为主义学习理论和行为矫正实践都赞成强化适当行为而非惩罚不当行为。在矫正程序的开始阶段，需要始终一致地强化适当的行为，但随着行为的改进，强化就可以给得越来越少。典型的课堂强化物包括表扬、权利、奖品等（参见行为主义学习理论一章）。

4．如有必要，选择惩罚及其标准

当使用强化程序也无法解决某一个严重的行为问题时，就需要使用惩罚。学校里常见的惩罚有申斥、逐出教室、停止学习等。有人（O'Leary & O'Leary，1977）提出了7条有效而人道地使用惩罚的原则：偶尔使用惩罚；使学生明白为什么他要受惩罚；给学生提供一个可选的方法以获得某种积极的强化；强化学生产生与问题行为相反的行为；避免使用体罚；避免在教师非常愤怒或情绪不好时使用惩罚；在某个行为开始而不是结束时使用惩罚。

5．观察行为并与基点做比较

按照前面设定的目标行为基准线，比较前后学生在行为上进步的情形。如果一周以后行为并未得到改善，那么就要尝试其他系统或强化物。

6．减少强化频率

当一个行为矫正程序被实施一段时间后，学生的行为得到了改善，并且稳定在某个新的水平上时，强化的频率就可以减少了，教师可以使用间隔强化。最初，学生的适当行为每出现一次就予以一次强化，随着时间的推移，出现几次适当行为才给一次强化。

教学指南

间隔强化的应用

夏夏读初中一年级。他在每天下午2∶30到3∶00的自习时间里，总爱离开座位，在教室里走来走去。教师在搜集了一些基线数据后发现，夏夏在离开座位之前，一般能在座位上待5分钟。由于夏夏已经参加了一个代币方案，教师决定对夏夏的就座行为进行间隔强化。教师的目标就是让夏夏能够在座位上待15分钟（除非要求他离开座位）。

教师和夏夏面谈了一次，她告诉夏夏，如果他能连续5分钟都待在座位上就可以额外得到1枚代币。她解释道，在这个新的方案中，时间要从2∶30开始，夏夏在2∶35、2∶40、2∶45、2∶50、2∶55和3∶00的时候都有机会获得额外的代币。在这个计划的第一阶段，夏夏每天可以赚到6个额外的代币。教师可以使用教室里的钟表来记录时间。如果课堂的前5分钟夏夏一直坐在座位上，在这个5分钟间隔结束的时候教师就启动计划，奖励给夏夏1个额外的代币。

方案执行了一周以后，教师告诉夏夏他做得很好，她现在要求夏夏必须连续坐在座位上10分钟才能得到额外的代币，但是，教师提高了代币的数量，原来每次只能得到1个，现在每次可以得到3个。到这个第二阶段，夏夏总共可以得到9个代币（2∶40、2∶50和3∶00各3个）。又过了一周后，教师告诉夏夏连续坐在座位上15分钟才能得到额外的代币，并且把奖励的代币的数量提高为每次6个。这样，夏夏在2∶45和3∶00有两次机会获得强化。在这个阶段中，夏夏表现得很好，在自习的30分钟内，夏夏经常能拿到全部的12个代币。在整个方案中，教师将提供代币与对夏夏进行社会性的奖励进行了有机结合。

改编自：Zirpoli, T. J.（2004）.*学生行为管理：教师应用指南*（关丹丹，张宏，申靓等　译）.北京：中国轻工业出版社，158.

（二）实用行为分析程序

下面介绍3种实用行为分析程序：以家庭为背景的强化策略、个人日志卡和相倚契约，可以用来矫正个别学生的不良行为。

1. 以家庭为背景的强化策略

以家庭为背景的强化策略（home-based reinforcement）是指把学生在学校的行为报告给家长，家长提供奖励。教师让学生把一张每日或每周报告卡拿回家，根据教师的报告，家长给学生提供特权或奖励。

以家庭为背景的强化策略常常被用来改善在课堂上捣乱的个别学生的行为，也适用于捣乱的整个班级。有人曾用它来激励学生交家庭作业、完成学校任务以及禁止窃窃私语等。

以家庭为背景的强化策略具有这样几个好处。第一，父母能比学校提供更有效力的奖励和权利。父母控制着看电视、去商店、会友的机会，父母都很了解自己的孩子喜欢什么。第二，能常常给父母提供有关孩子的好消息。第三，容易管理执行。第四，一段时间以后，每日报告卡会逐渐被每周报告卡取代。渐渐地，每周报告卡也变得无效。

2. 个人日志卡

个人日志卡（individual daily report cards）是指要求父母参与并且强化所希望的结果的一种行为管理系统。在个人日志卡上，每堂课的教师都需要对学生的行为和作业评级。学生整天拿着这张卡，让上课的教师给他评分。每天回家，要拿这张卡给父母看，当他的分达到某一标准后，父母就给以奖励，如果学生忘了带回家，父母就会认为他没达到标准（见图 15-7）。

学生：丽丽	每日报告卡		日期：3月21日
课程	行为	作业	教师
阅读	1 2 ③ 4	1 ② 3 4	李老师
数学	1 2 3 ④	1 2 3 ④	刘老师
午餐	1 2 ③ 4		张老师
休息	1 2 ③ 4		贾老师
语文	1 2 3 ④	1 2 3 ④	王老师
科学	1 2 ③ 4	1 2 ③ 4	赵老师
	1=差 2=一般 3=良好 4=优秀	1=没有完成作业 2=作业完成较差 3=作业完成较好 4=出色完成作业	

总评定等级：33　　☺　　分数要求：30

图 15-7　日常行为报告卡

建立和完善日志卡可以采用下列步骤：确定日志卡所包括的行为；向父母解释这一程序；当行为得到改善时，减少报告的频率。

3. 相倚契约

相倚契约（contingency contracting）是指学生与教师之间对某一行为要达到的结果、对某一结果的改变而建立的一个书面的行为合同。它可以用于单独的学生，也可以用于一组学生，签订契约为教师减少不良行为提供了一种积极的手段。一般制定契约需要以下几个步骤：

● 选择你想要增加的行为，限制在 2~3 个。

- 用直观和可测量的词汇来描述这种行为，这样可以有效地监控学生执行的过程。
- 确定学生能从中激发动机的强化物。
- 建立契约的普遍指导和时间线索——谁要做什么以及会得到什么结果。
- 写下契约，让所有参加的个体都能理解契约；使用和学生年龄相称的词汇，易于学生理解。
- 要求参加的个体在契约上签名，以表示他们理解和同意契约上的项目。
- 用和契约上的项目一致的内容对目标行为的表现给予持续的强化。
- 监控和收集有关期望行为的表现。
- 当证明期望行为的表现不再有进步时，讨论并重新签订契约，契约的调整应该通过所有参与的个体签名才能通过。

（三）培养学生的责任感和自我控制

经常做出不良行为的学生可能认为，除了不良行为之外，他们做什么事情都没有希望。一些研究（Curwin & Mendler，1988；Glasser，1990；Kohn，1993；Paris & Paris，2001；Rimm-Kaufman，Curby，Grimm，Nathanson & Brock，2009）指出，管理这些学生时，教师要试图帮助他们发展自我控制感和个人责任感。戈登（Gordon，2003）提出了戈登模型（the Gordon model），并开展"教师有效性训练"项目（Teacher Effective Training，TET）：通过自我控制维持纪律。根据他的观点，好的课堂管理最终在于发展学生自己内在的自我控制感。他把课堂问题分为两类。① 教师问题："学生表现这种行为对我的教学有害吗？"当答案肯定时，课堂问题就是教师问题。② 学生问题："某一同学所表现的此种行为是因受其他同学干扰而产生挫折的结果吗？"当答案肯定时，课堂问题就是学生问题。戈登提出的面对技能和帮助技能强调，教而不是控制或压制，并且不同的技能解决不同的问题（见表 15-9）。

表 15-9　教师问题和学生问题的解决

问题	技能	具体策略	例子
教师问题	面对技能	"我向语言"（I messages）：教师从"我"的角度强调问题，而不是责备"你"。客观、真实、具体地描述什么样的行为引起了问题，为什么该行为引起了这个问题，该行为对教师的伤害及老师自己心中的感受，语气上不要带有责备和批评	3 个学生在课堂上说话不学习，教师说："如果别人像你们现在这样子说话，我会感到很不安和担心，因为完成今天的学习任务很困难。"
		"转移焦点"（shifting gears）：如果教师的"我向语言"引起学生的攻击性反应，就要从声明自己的观点到倾听和理解学生的处境，重新引导学生	上面的情境中教师表达了自己的不安，学生却带有情绪地说："现在这个课对我来说并不重要！"这时教师说："听起来好像现在正发生很多事情。我能帮助你什么吗？"

续表

问题	技能	具体策略	例子
学生 问题	帮助 技能	积极倾听（active listening），接纳学生的价值观，不要快速给出建议、解决方式或批评、责备	学生：这本书太无聊了！我们为什么还要读？ 教师：你很不安，好像这是个没有价值的作业。 学生：是呀！我觉得它没有价值。实际上我不知道它是什么，我读不懂。 教师：它很难读，这使你很苦恼。 学生：你能不能给我一些提示，使我更容易理解一点？

当以上技能都不能解决问题时，双方就处于冲突状态。戈登提出了**双赢法**（no lose method），即教师提出一个让双方都可以接受的解决方法，消除冲突。表 15-10 定义了用双赢法解决冲突的步骤。

表 15-10　用双赢法解决冲突的步骤（Parsons, Hinson, & Deborah, 2001）

1. 定义问题	用非常清晰具体的术语定义双方要达到的目标。冲突是双方为两个不同的需要采用相反的策略而争论，如果强调需要和目标，就会有满足双方的创造性解决
2. 提出可能的解决方法	用脑激励法可提出创造性的解决方法
3. 评估和选择一个解决方法	在提出一系列可能的方法之后，应该评估出最可能的解决方法，看哪一种方法能够提供最大的好处、最小的损失
4. 实施选择的解决方法	实施
5. 回顾和评估	回顾和评估解决方法是如何运行的，评估这个过程

双赢法从相互的角度要求教师尽量减小对学生的权威控制，让学生主动提出问题解决的建议，从而自愿负起解决问题的责任。它要求双方从这个角度思考问题：满足一个人的要求与满足另外一个人的要求是密不可分的。当然，在使用双赢法之前，首先要使用面对技能和帮助技能。请看下面这个情境：

教师：你今天又迟到了！你每次迟到我都要从头讲起。总是这样，我们实在觉得厌烦。

学生：老师，这不是我的错。我参加了篮球校队，每天有定量的练球时间，教练不准提早离开。

教师需要维持秩序，学生需要打篮球，两者处于冲突状态。请看下面如何解决。

教师：你每次迟到，我不得不为你一个人从头讲起。这样做浪费大家的时间，我因为你的迟到感到很不高兴。（我向语言）

学生：老师，这不是我的错。我参加了篮球校队，每天有定量的训练时间，教练不准提早离开。

　　教师：我了解你的困难了。你迟到是因为校篮球队教练不准你提早离开。（积极倾听）

　　学生：就是这个样子。

　　教师：你可不可以向教练报告你的困难。

　　学生：不行！有的队员跟我的情形一样，报告了，但教练不准。我知道迟到是不对的，但我没办法。

　　教师：我了解你的困难，还有没有其他的办法可以解决这个问题？

　　学生：老师，我看这样好了，以后老师不要为了我的迟到再从头讲起，免得浪费大家的时间。缺课的部分，我请同学帮帮我，自习时间我好好用功，也请老师多给我一点指导。

　　教师：我想，在现在的情况下，你的想法也可以试试。不过，将来效果怎样，还要看你是否真的加倍用功而定。（师生共同找到一个能够满足双方需要的解决方法）

思考题

　　1. 课堂管理的目标是什么？如何实现这些目标？

　　2. 课堂的空间安排需要注意些什么问题？如何安排？

　　3. 教师如何在课堂中创造合适的课堂气氛以促进教学？

　　4. 在开学前几周如何成为一个有效的教师？

　　5. 课堂管理有哪些方法？如何在实际中应用？请举例说明。

推荐阅读

　　Zirpoli, T. J.（2004）. *学生行为管理：教师应用指南*（关丹丹，张宏，申靓等　译）. 北京：中国轻工业出版社.

　　鲍里奇.（2002）. *有效教学方法*（易东平　译）. 南京：江苏教育出版社.

　　陈琦，刘儒德.（2019）. *简明教育心理学*. 北京：高等教育出版社.

第六部分　教师心理

第十六章

教师心理

📍 知识导图 ▶▶▶

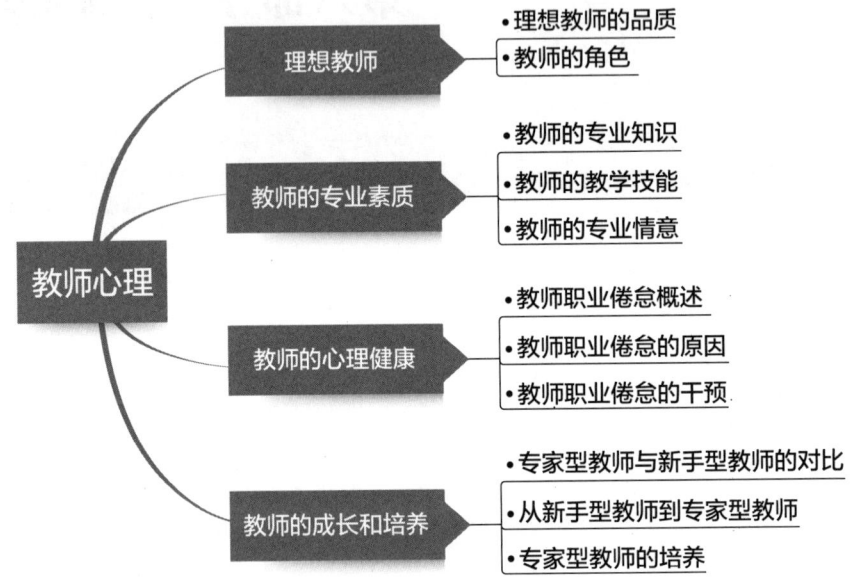

教师心理
- 理想教师
  - 理想教师的品质
  - 教师的角色
- 教师的专业素质
  - 教师的专业知识
  - 教师的教学技能
  - 教师的专业情意
- 教师的心理健康
  - 教师职业倦怠概述
  - 教师职业倦怠的原因
  - 教师职业倦怠的干预
- 教师的成长和培养
  - 专家型教师与新手型教师的对比
  - 从新手型教师到专家型教师
  - 专家型教师的培养

📝 学习目标 ▶▶▶

- ⊙ 描述理想教师应具备的品质
- ⊙ 概括教师专业素质的结构
- ⊙ 了解教师职业倦怠的干预方法
- ⊙ 掌握教师的成长历程和培养方式

教育心理学涉及教与学的双向活动，既研究学生的心理，也研究教师的心理。教师专业化问题日益受到人们重视，人们对教师行为及其心理进行了大量研究，有的研究关注教师的个性因素，有的研究则关注教师共同的行为倾向，试图从中找出规律性的东西。概括起来，教师心理研究涉及理想的教师、教师的专业素质、教师的心理健康以及教师的成长和培养等方面，本章将分别介绍这些方面的知识和研究。

第一节　理想教师

什么样的教师是理想教师？理想教师应该具备什么样的特征？扮演什么样的角色？如何与学生相处？这可能是每个教师都很容易想到的但不容易回答的问题。研究者们不断地尝试着回答这些问题，积累了许多相关理论和实证研究。

一、理想教师的品质

研究者们尝试从不同方面描述理想教师的品质。20 世纪中期，盛行**基于胜任力**（competency-based）或**基于绩效**（performance-based）的模型。这样的模型关注教师的行为，试图鉴别出哪些行为与学生的学习成绩高度相关，从而培养教师的这些行为。例如，库姆斯等人（Combs，Blume，Newman，& Wass，1974）认为，培养理想教师的最好途径就是把专家教师的教学方法直接教给新手教师，就像技艺精湛的匠人带徒弟一样。

20 世纪 70 年代，兴起**人本取向的教师教育**（humanistic based teacher education，HBTE）思想。这种思想更加关注教师本人，尤其是教师的个性特征，如热情、灵活以及热爱学生等。例如，陈琦、刘儒德提出，理想教师具有以下 3 项品质。① 知识丰富。丰富的学科知识有助于教师更加清楚地表达教学内容，采用更加有效的教学策略以及毫不含糊地应答学生可能提出的任何疑问。② 条理清晰。做事有条理、有组织，表达清晰有助于教师维持课堂气氛、促进学生的学习。③ 热情、热心。科林斯（Collins，1978，转引自陈琦，刘儒德，1997）将热心进行了操作化界定：它包括快捷、有效而富于激情的传递，生动的目光，演示性的手势，描述性的词，容易接受学生的想法和疑问，精力充沛等。富于热情、友好和同理心的教师及其课堂易于获得学生的喜欢。

麦瑞克（R. Myrick）认为，教师需要具备关心、理解、接受、尊重、友谊和信任等 6 种基本素质。这些素质虽然不能预示教师总能做得很好，但是让学生体会到教师的关心，能促进他们的学习。因为学生只有在知道教师在关心他们时，才能关注到教师的学问。有人（Myrick，1993，转引自 Fielstein & Phelps，2002）认为，关怀性教师所应该做的事情是关注全体学生，帮助学生发展个性，建立积极的自我形象。教师要关注学生的各个方面——态度、礼貌、打扮；要求每个学生的脸都是干净的，头发梳理整齐，衣衫穿戴整洁；要求他们走路要昂首挺胸，表现出自尊和自信。

科瑟根（F. A. Korthagen）综合了两种倾向，提出一个**洋葱模型**（the onion model），为思考理想教师的品质提供了一个整体框架（见图 16-1）。

在这个模型中，第一层环境（如班级、学生与学校）和第二层教师的行为是能够被直接观察到的。第三层胜任力是知识、技能和态度的综合体。第四层教师的信念决定了个体内部注意力的分配，从而影响胜任力的转移。例如，如果教师认为没有必要注意学生的感受，他就不可能培养自己的理解和共情能力。第五层职业身份是指个体如何界定自我、看待自己的（职业）身份，其核心问题有"我是谁？""我想成为什么样的教师？""我如何看待自己的教师角色？"等。第六层使命属于哲学和精神层面，关注诸如"我为什么存在？""我存在的意义是什么？"等有关于个人价值的核心问题。

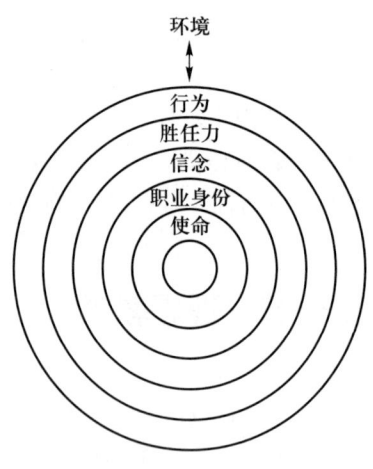

图 16-1　洋葱模型（Korthagen，2004）

在这个模型中，里层和外层的因素是相互影响的。外层因素影响里层因素。例如，环境会影响教师的行为（一个问题班级与一个友好班级所引起的教师反应是不同的），行为的不断反复使教师慢慢形成一种胜任力。反过来，里层因素也影响外层因素，例如，教师的行为影响环境（教师表扬学生可能会影响学生的行为），教师的胜任力决定了他所能展示的行为。洋葱模型中的各个因素类似于原子核中的电子，越是外层的因素越不稳定，越容易被改变和塑造，越是里层的因素越稳定，越难以培养。

二、教师的角色

【考纲链接】
《教育知识与能力》（中学）：
了解教师角色心理和教师心理特征

角色（role）原为戏剧用语，主要指演员在戏剧舞台上依据剧本所扮演的某一特定人物。社会学家将它引入社会心理学，用来指个体在社会生活中特定的身份和行为模式。在传统教学中，教师的角色是比较单一的。教师在教学中处于中心地位，直接以文化权威的身份出现，在知识、技能和道德等方面具有不可动摇的权威性。教师的基本职责主要限于阐明事理与监督学生，师生之间是直接的传递和接受关系，师生关系的单一性与教师角色的单一性之间是一致的。信息技术的飞速发展和社会的急剧变革促使教育目标、教育内容和教育方法等都发生巨大变化，师生之间已不再是单一的授受关系，还可能是同伴关系、组织者与参与者的关系以及帮助者与被帮助者的关系等，教师的角色也相应地从传递者转变为多重角色（见表 16-1）。

表 16-1　教师的多重角色

角色	表现
设计者	设置教学目标、开发学习资源、规划学习过程、选择教学策略和设计测查方法
促进者	创设问题情境、激发学习动机与提供学习支架，逐渐放手让学生学习
管理者	进行班级和教学管理、组织课堂教学、处理教学中的偶发事件以及与家长和同事交流
帮助者	帮助学习解决困难，解答学生的疑问以及处理学生人际与心理问题
反思者和研究者	反思和评价自己的教学，发现和分析存在的问题，提出并实践解决方案，总结经验和行动研究的结果

从教师所扮演的多重角色可以看出，教师的作用越来越切入教学的核心：引发并促进学生的学习活动。教师作为知识源等辅助性的外围作用在很大程度上易被各种信息技术替代。教师是教学这部"交响乐"的指挥，其作用主要不在于给学生提供资源，而在于合理调动并组合各种学习资源，设计并促进学生的自主学习过程，实现教学最优化。这对教师在教学中的创造性提出了更高的要求。

【知识拓展】
教师角色的
转变

第二节　教师的专业素质

专业素质（special quality）是指专门职业对从业人员的整体要求，教师专业素质是指教师拥有和带入教学情境中的知识、能力和信念的集合，它是在教师具有优良的先存特性的基础上经过正确而严格的教师教育所获得的。教师的专业素质是以一种结构形态而存在的。对于优秀教师的这种结构形态，不同的研究者从不同的理论背景出发提出了不同看法（见表 16-2）。

表 16-2　有关教师素质结构的不同观点（教育部师范教育司，2001）

研究者	教师素质结构
叶澜	① 专业理念；② 知识结构；③ 能力结构
艾伦	① 学科知识；② 行为技能；③ 人格技能
林瑞钦	① 所教学科的知识；② 教育专业知能；③ 教育专业精神
饶见维	① 教师通用知能；② 学科知能；③ 教育专业知能；④ 教育专业精神
姚志章	① 认知系统；② 情意系统；③ 操作系统
唐松林	① 认知结构；② 专业精神；③ 教育能力

一般来说，一位好的教师要拥有专业知识、专业技能和专业情意这 3 个方面的专业素质。

一、教师的专业知识

教师的专业知识是教育研究中着手较早的一个领域。舒尔曼所建构的教师专业知识结构是最具有影响的；斯滕伯格对专家型教师的专业知识进行了分析，提出了一个较有代表性的教师专业知识结构；申继亮和辛涛等人认为教师的教学活动是一种认知活动，提出一个具有中国特色的教师专业知识结构。表 16-3 列出了他们的观点。

表 16-3 教师的专业知识（教育部师范教育司，2001）

研究者	教师的专业知识
舒尔曼	① 学科内容知识；② 一般教学法知识；③ 课程知识；④ 学科教学法知识；⑤ 有关学生的知识；⑥ 有关教育情境的知识；⑦ 其他课程知识
斯滕伯格	① 内容知识；② 教学法的知识（具体的，非具体的）；③ 实践的知识（外显的，缄默的）
申继亮、辛涛	① 本体性知识（教师所具有的特定的学科知识）；② 实践性知识（教师在面临实现有目的的行为中所具有的课程情境知识和与之相关的知识）；③ 条件性知识（教师所具有的教育学和心理学知识）

每位教师对学习、教学以及学生都有一定的理解。一位教师不管其经验有多少，水平有多高，他的这些理解都会有意或无意地影响着他在教学中的各种决策。例如，一位教师从学生已有经验导入一堂新课，在一单元的教学之后引导学生总结本单元的内容，并画出框架图。他的这些行为隐含着这样一个假设：知识之间的相互联系和知识结构化有助于学生理解掌握和运用知识。如果一位小学教师让学生反复抄写生字，那么他的行为假设是：重复有助于记忆。

教师需要具备一定的学习和教学的理论知识，然而，教师了解了某种理论并不一定能够自动地对教学活动产生影响。奥斯特曼（K. F. Osterman）将教师的理论知识分为两类。一类是**所倡导的理论**（espoused theories）或者外显的理论，即教师容易意识到、容易报告出来的知识。它比较容易受到外界新信息的影响而产生变化，但它并不能对教学行为产生直接的影响。另一类是**所采用的理论**（theories-in-use）或被称为内隐的理论，即教师不易意识到、不易报告出来的理论。这类知识对教学行为产生直接而重要的影响，而且不容易受新信息的影响，而是更多地受文化和习惯的影响。这两类知识之间并非截然分开的，所倡导的理论可以转化为所采用的理论而对教学活动产生影响（见图 16-2）。

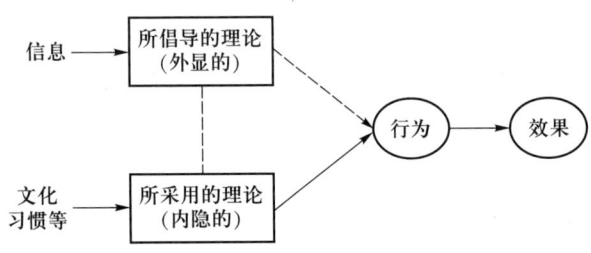

图 16-2 教师的两种理论及其关系（Osterman & Kottkamp，1993）

区分这两类知识有重大意义，很多教学改革之所以失败，一个主要的原因是忽略了这两类知识的差别，误以为向教师介绍了新的教学思想就可以自然而然地导致教学行为的革新，却不知教师还在用老一套思想进行教学。例如，一位教师接受了建构主义学习理论的培训，知道了让学生探究问题情境是非常重要的，这种理论基本成为"所倡导的理论"，但他在教学中却可能仍旧沿袭

【知识拓展】
教师的内隐能力力观及其对学生的影响

"满堂灌"的模式。因此，在讨论教师的专业知识结构时，需要关注教师自己心中内隐的、直接指导着教学的理论。

二、教师的教学技能

专业化的教师需要拥有从事教育教学工作的基本技能和能力。教师的教学技能指教师在教学过程中运用一定的专业知识和经验顺利完成某种教学任务的活动方式。它可以分为教学认知能力、教学操作能力和教学监控能力3个方面（周建达，林崇德，1994）。

教学认知能力（cognitive skills of teaching）是指教师对所教学科的定理法则和概念等的概括水平，以及对所教学生的心理特点和自己所使用的教学策略的理解水平。

教学操作能力（operative skills of teaching）是指教师在教学中使用策略的水平。其水平高低主要看他们是如何引导学生掌握知识、积极思考、运用多种策略解决问题的。要解决的不是做什么的问题，而是如何做的问题，具体包括制定教学目标的策略、编制教学计划的策略、选择和运用教学方法的策略、选择设计教学材料和教学技术的策略、课堂管理的策略、教学效果评价的策略等。教师综合应用各种策略解决各种问题和冲突的能力常常表现为教育机智，这是教师面临复杂的教育情境时所表现出来的机敏、迅速而准确地判断和反应的能力，它源于教师敏锐的观察、灵活的思维和果敢的意志，也源于教师教育经验和知识的积累以及对学生的了解和关爱。

教学监控能力（regulated skills of teaching）是指教师为了保证教学达到预期的目的而在教学的全过程中，将教学活动本身作为意识对象，不断地对其进行积极主动的计划、检查、评价、反馈、控制和调节的能力。

在这个教学能力结构中，教学认知能力是基础，教学操作能力是教学能力的集中体现，而教学监控能力是关键。

三、教师的专业情意

教师的专业情意日益受到人们重视，它涉及专业信念、专业情感、专业性向等方面的内容。

（一）专业信念

教学效能（teaching efficacy）一般是指教师对于自己影响学生的学习活动和学习结果的能力的一种主观判断（Ashton & Webb，1986；Gibson & Dembo，1984）。阿什顿（P. T. Ashton）在班杜拉的理论基础上，把教师的教学效能划分为两个成分：一般教育效能和个人教学效能。前者是指教师对教与学的关系，对教育在学生发展中的作用等问题的一般看法与判断，后者是指教师对自己的教学效果的认识和评价。

教师控制点对其教学活动以及学生的成绩也有显著的影响。教师控制点是指教师将学生的好的或坏的学业表现归为外部的或内部的原因的倾向。有的教师倾向于外归因，即将原因归为外部因素，如学生的能力、客观条件限制等，他们往往感到学生的成绩更多取决于环境因素，自己无法控制和把握，因此他们会做出消极反应，如怨天尤人或者听之任之等；而有些教师则倾向于内归因，将原因归为自身因素，他们往往对学生的成功和失败更有责任感，因而会比较主动地调整自己的教学行为，积极地影响学生的学习活动。

（二）专业情感

情感投入是成为好教师的关键。一位好的教师只有必须挚爱自己的职业，对教学抱以极大的热情，才可能积极地投入教学工作中。教师在课堂教学中的情感投入主要有以下 3 个方面（Agne，1994，转引自陈琦，刘儒德，1997）：

对学生的责任感。那些投入教学的教师关注每个学生的学习和发展，假如有哪个学生没能理解所学的内容，哪个学生情绪低落，哪个学生有某种疑问（不管问题的大小和来源），他都会非常关心而不是无动于衷，因为这关系到学生的学习和发展。

为人师表，不断自我提高。教师不仅要"言传"，而且要"身教"。教师要教出好的学生，自己必须首先是成功的学习者，应成为学生学习的榜样，让学生看到可能遇到的各种问题的解决方法，这就要求教师自己要不断地在有关领域发展自己，所谓"教学相长"。教师做终身学习者不仅发展了自己，而且为学生的观察学习提供了良好的榜样。

【微课】
教师如何与学生家长进行沟通

与学生形成友好信赖的关系。如果教师能与学生之间形成友好信赖的关系，学生就可能更愿和教师相处，接受教师的教诲，所谓，"亲其师，信其道"。只有这样，教师才可能达到"与教学和学生融为一体"的水平。这就要求教师关注学生，理解学生，了解每个学生的兴趣、需要、学习风格、能力水平等，开放地进行交流，在学生面前表现真实的自己。

（三）专业性向

教师的专业性向是指教师成功进行教学工作所具有的人格特征，或者说适合教学工作的个性倾向。霍兰德（Holland，1985）的职业生涯理论，把劳动者和职业划分成 6 种类型：实际型、学者型、艺术型、社会型、事业型、常规型。他认为，社会型劳动者喜欢从事为人服务和教育他人的工作，其个性比较适合做教师。

教师的有些人格特征和认知风格对教学活动会有重要的影响（陈琦，刘儒德，1997）。

1．烦躁型、高度整合型与胆怯型

黑尔等（Heil et al.，1960，转引自陈琦，刘儒德，1997）曾把教师分为 3 种类型：烦躁型，在教学中往往表现出烦躁、冲动和自发性的特征，缺乏精心的组织和调控；高度整合型，以自控、有条理和目标明确为特征；胆怯型，在教学中往往过于胆怯和焦虑，过于坚守规则，不敢越雷池一步。研究人员尝试进行教师和学生人格匹配方面的研究，结果发现，烦躁型的教师只对那些奋斗型或顺从型的学生有效果；胆怯型的教师在 3 类教师中教学效果最差，只对奋斗型的学生有效；高度整合型的教师则对各种学生都有效，尤其是对于焦虑的和怀有敌意的学生而言，这类教师具有明显的优势。

2．具体—抽象倾向

具体—抽象倾向是个人在认知活动中表现出稳定的特征倾向。倾向于具体的人往往关注于事物的细节和直观特征，注重事物的特殊性的一面，而倾向于抽象的人则喜欢对事物

的特征进行概括，更关注事物的一般特征。哈威（Harvey，1961，转引自陈琦，刘儒德，1997）的研究表明，抽象水平高的教师往往更能在教学中灵活应变，较少专制和惩罚，这样的教师所教出的学生比那些具体水平高的教师教出的学生学习更专心，更积极主动，更有合作精神，因而也更有成就。

3．教师的场定向

在认知活动中，有的人更多地利用外在线索，而有的人更多地利用自身的内在线索，这就是所说的"场依存—场独立"。教师的场定向对其教学也有显著影响。场独立型的教师喜欢运用分析的知觉方式，教学组织结构相对自由宽松，场依存型的教师喜欢笼统的或整体的知觉方式，教学组织结构严谨。

教师的性向是影响教学方法的有效性的重要因素，要改进教学，可以通过改进教师自身的特征或改进教学方法来实现，而这两个方面是相互依存的，它们的关系可以从以下5个方面来说明。① 教师和教学方法是不可分的。教师的教学方法只有与他们的人格相一致时才最有效。② 人格不是固定的，而是不断变化着的，至少在一定程度上人们能够改变自己的人格。③ 教学方法的改变是很慢的，新的方法（技术）并不会立即取代旧方法，也许改变起初的教学效果较差。④ 人格和教学方法的微小变化可以累积起来，逐渐产生显著的变化。⑤ 教和学的气氛比起所采用的特殊教学方法来说更为重要。

第三节　教师的心理健康

随着教师专业化进程的加快，教师的压力越来越大，教师的心理健康问题日益受到教育决策者、学校和社会的广泛关注。自从美国临床心理学家弗登伯格（H. J. Freudenberger）于1974年提出"职业倦怠"概念以来，相关研究已经延伸到了教学领域，并已经成为教育和心理健康领域多年来的一个热点问题。

一、教师职业倦怠概述

（一）职业倦怠的界定

英文 burnout，有烧光、燃尽、精疲力竭、消耗殆尽的含义，其相应的中文翻译有"心理枯竭""职业枯竭""职业倦怠"等多种译法，本书统一译为职业倦怠。职业倦怠是研究者们在研究职业压力时提出来的一个概念，弗登伯格用 burnout 一词来描述那些助人行业的人们因工作时间过长、工作量过大、工作强度过高所经历的一种疲惫不堪的状态。教师职业倦怠是指教师无法应对外界超出个人能量和资源的要求时，所产生的生理、心理、情绪情感和行为等方面的身心耗竭状态（许燕，余桦，王芳，2003）。

（二）教师职业倦怠的特征

教师在体验职业倦怠之后容易对学生失去耐心和爱心，对课程准备的充分性降低，对工作的控制感和成就感下降（Maslach, Schaufeli, & Leiter, 2001；Wu, Qi, Yu, & Zang, 2016）。马斯拉奇等人（Maslach & Jackson, 1981）运用量表确定了职业倦怠的3个核心成分。

1．耗竭感

耗竭感（exhaustion）是指个体感到自己的能量和资源耗尽、用完。它主要表现在生理耗竭和情感耗竭两个方面。生理耗竭是职业耗竭的临床指标，表现为极度的慢性疲劳、力不从心、疲乏虚弱、睡眠障碍（失眠／嗜睡）、头痛、食欲异常（厌食／贪食）等。情感衰竭是职业倦怠的核心维度，也是最明显的症状表现，特指丧失工作热情、情绪波动大，容易迁怒他人，感到自己的感情处于极度疲劳状态。

2．去人性化

去人性化（depersonalization）是指刻意在自身和工作对象间保持距离，对工作对象和环境采用冷漠和忽视的态度。去人性化的教师表现为减少接触或拒绝接纳学生；对待有些学生像对待没有生命的物体一样，用带有蔑视色彩的称谓称呼他们；用标签式语言来描述个别学生。除此之外，去人性化的教师对同事也常常持多疑妄想的态度，对他人过度反应，导致人际关系恶化。

3．低个人成就感

低个人成就感是指倾向于消极地评价自己、个人成就感降低、自我效能感下降，对自己工作的意义和价值的评价下降，工作变得机械化且效率低下，缺乏适应性。低个人成就感的教师开始感觉到在他们的工作中不再有什么事情值得去做。当某些教师感觉他们无法给学生的生活带来更大变化，而他们的职业所带来的诸如金钱和社会认可等回报却少之又少时，他们就产生了较强的自卑感。当低个人成就感与前两种职业倦怠的感觉混合在一起时，它们就会大大减少教师工作的驱动力。这时失败就会成为一种生活方式，从而形成"学者型的无力感"。

（三）教师职业倦怠的发展历程

教师的职业倦怠可分为4个阶段。

1．热情期

热情期的特点是希望水平较高且希望不切实际。教师在从事一项活动之初，往往会表现出坚信自己的选择，雄心勃勃、忘我投入、精力充沛和不知疲倦，心中充满了陶醉感。此时往往不在乎为了达到目标所需付出的时间和努力，即使遭受挫折，也不言败、不悲观和不退却。初为人师的青年教师大致都有一段热情期。

2．停滞期

停滞期的特点是仍能工作，但更关注个人需要。教师开始感到做事缺乏效率、焦虑以及工作满意度下降，觉得实现当初确立的目标越来越困难。某些躯体问题（难以消解的疲劳、无法入眠的痛苦）开始出现，但往往无视躯体警戒信号，一味地以加倍努力来回避问题。当一个人力图做出更多努力，而不是调整不现实的期望时，职业倦怠就真正开始了。

3．挫折期

挫折期的特点是感到无能，对其他人不满，而且开始经历情绪、生理与行为的问题。

在这一阶段，教师会承受着无所不在的慢性病理症状。虽然还是力图否认问题，但已经被身心疲惫控制，明确而强烈地体验着身陷枯井而无力脱身之感。当初的选择开始动摇，工作效率降至自己都难以置信的低谷，怀疑自己是否已经江郎才尽。在精神颓废的心态之下，可能会通过物质滥用或放纵情感等以寻求麻醉和解脱。

4. 冷漠期

冷漠期的特点是要求更少的工作，回避挑战。教师会彻底放弃乃至嘲弄自己当初追求的理想目标，在无所用心与不负责任的精神状态下生活，不再在乎自己的公众形象和未来前途。至此，个体的枯竭已经达到最低限度，身心健康严重受损。

二、教师职业倦怠的原因

教师职业倦怠是在外界压力和自身心理素质的互动下形成的。按照应激的资源理论，当工作环境等外部因素对个体的要求持续超过个体具有的有效应对资源时，就会出现心理健康问题，产生职业枯竭。

（一）内部因素

马斯拉奇等人（Maslach，Schaufeli，& Leiter，2001）的研究发现，教师对工作的期望值高而成功的可能性低、低努力、低自信、外控、使用逃避的应对策略都将影响职业倦怠的产生。教师的压力信念将会影响职业倦怠。压力的产生总是以教师自身特征为中介，教师的自我概念、对于冲突的态度、解决冲突的策略以及他的一般个性特征对职业倦怠都有重要影响，一位教师对自己的角色有明确的概念，那他就会较少地受到他人期望的影响；一位教师能与他的同事愉快合作，拥有更多的社会支持，他的紧张和压力感就会减少（Setti，et al.，2018）。此外，自尊和自信是影响教师职业倦怠的重要因素（Zhang，2018）。大多数人对社会支持都有一种强烈的需要，任何感到遭受社会拒绝的事件都可能被认为是有压力的，因此，缺乏自信心的人会比其他人更容易感受到威胁。

（二）外部因素

虽然人格特质对职业倦怠有一定的影响，但其影响力远不能和环境因素（工作特征、职业特征和组织特征）相比，因为职业倦怠更属于一个社会现象，而非个体现象。

1. 社会期望

职业倦怠不仅是个人的特征，也是社会面貌在个体心理特征上的一种反应。当社会条件不能提供一个有助于与人联系的情境时，要保持服务工作的投入是很困难的。世界上多数国家都对教育持有很高的期望，对教师有很高的要求。我国一直推崇尊师重教的文化，但现在人们往往只重视教师的教育教学质量，重视教师对社会的责任，忽视教师本身的需求，因而，教师们在肩负社会希望的同时也承受着层层压力。教师就像生活在一个鱼缸中，领导、家长、公众和学生都在审视着他们，时刻关注着他们的一言一行。这种不断地被监督会对教师产生难以忍受的压力，从而导致教师心理健康问题的产生。

2．工作压力

教师的工作压力主要体现在教学工作、教育工作和科研进修3个方面（沈之菲，2001）。① 在教学工作方面，随着学校素质教育的实施，课程的改革，现代教学手段的更新，对教师的教学能力有更高的要求。班级人数的膨胀、考试竞争、升学竞争、过多的测验与纸上工作也大大增加了教师的工作负荷，从而给他们带来倦怠感（Yu，Wang，Zhai，Dai，& Yang，2015）。许多教师感到，"周末休息已经是很遥远的过去了"。他们不断地将"考卷之山"从学校搬到家，又从家里搬回学校。这样的工作状态对于教师的生活、身体会有一定的影响（Baka，2015）。② 在教育工作方面，随着社会的变迁，学生的问题行为也日益严重，教师必须花费加倍的时间与精力来处理学生的问题。③ 在科研进修方面，随着中小学重视"以研促教"的思想，许多骨干教师除了日常教学，还要承担各种各样的教育科研任务，由此给教师带来沉重的压力。大部分教师要参加各种岗位培训，如果学历不达标或者没有达到规定的继续教育学习时数，那么不但会影响职称职务评定，还有"下岗"的可能。

三、教师职业倦怠的干预

【考纲链接】
《教育知识与能力》（中学）：掌握促进教师心理健康的理论与方法

职业倦怠会给教师个人带来生理及心理上的疾患，影响其与别人的人际关系，导致家庭危机和职业危机，与此同时，也会对学生健康心理的塑造带来消极的影响。因此，教师要学会合理地预防、应对职业倦怠，维护自己的心理健康状况。职业倦怠的干预主要有个体干预与组织干预两种途径。

（一）个体干预

个体干预的目的是通过改变教师自身的某些特点来增强适应工作环境的能力。我们可以通过以下几种方式来进行个体干预。

一是观念的改变。教师应更清楚自己的能力和机会，不会因为不恰当的期望和努力失败产生职业倦怠。弗登伯格认为，职业倦怠主要源自对自己付出与回报的不一致感。当个体认为自己的付出没有得到回报时，就会产生职业倦怠。因此，教师要学会正确看待自己的工作；教学远不是解释知识和等待下课的铃声，它远远超过这些。它是发现、是分享、是兴奋和爱。它不是负担，而是欢乐。它像强烈的、能给你带来温暖的阳光和激情进发的篝火（Jensen，1995，转引自 Fielstein & Phelps，2002）。

二是积极的应对策略和归因方式。在面对问题时，教师应采用更积极的应对手段，而不是逃避。努力使自己成为更加内控的人，把原因归结为自身可以控制的因素，如努力。当发现自己有职业倦怠的症状时，要勇于面对现实，反思自己的压力来源，主动寻求专业人士的帮助。

三是合理的饮食和锻炼。生理方面的疾病既是教师职业压力的来源之一，又是职业倦怠的不良后果。因此，教师要进行合理的饮食和锻炼，尤其是锻炼，它可以分散教师的注意力，从而让教师放松紧张的情感或身体（Salyers et al.，2011）。

（二）组织干预

职业倦怠是一种"职业病"，它同组织的特点、职业特点的关系更加密切。组织干预的思路是通过削减过度工作时间、降低工作负荷、明确工作任务、积极沟通与反馈、建立有效的社会支持系统来防止和缓解职业枯竭。

马斯拉奇等人提出了职业倦怠的工作匹配理论，他们认为员工与工作的 6 个方面越不匹配，就越容易出现职业倦怠（郭思，钟建安，2004）。① 工作负荷，指工作过量。② 控制，指个体对工作中所需的资源没有足够的控制，或者指个体对使用他们认为的最有效的工作方式没有足够的权威，它与职业倦怠中的无力感有关。③ 报酬，可以指经济报酬，更多的指生活报酬。④ 社交，指和工作场所中的其他人没有积极的联系，有可能由于工作把个体隔离或者没有社会联系，或者是与他人的冲突。⑤ 公平，由工作量与报酬的不一致所引起，即认为付出得不到回报。⑥ 价值，指价值观的冲突。因此，马斯拉奇等人提倡对职业倦怠的干预训练项目应该放在对工作不匹配的转变上。这就不仅需要对教师个体进行训练，还需更强调学校和社会共同关注教师的职业倦怠问题，为受困扰的教师提供帮助。

【微课】
教师如何减轻压力

第四节　教师的成长和培养

自 20 世纪 90 年代以来，关于教师成长的研究逐渐成为教师心理研究的一个重要课题，其中日益受到重视的是专家—新手型教师的比较研究，研究者希望通过对专家—新手型教师的比较研究，找到两者之间的差别，发现新手型教师成长为专家型教师的规律和途径，从而提高教师素质，缩短新手型教师成长的周期，使之尽快发展为专家型教师。

一、专家型教师与新手型教师的对比

斯滕伯格和威廉姆斯（2012）认为，专家型教师即是有教学专长的教师。他们根据前人的研究总结专家型教师和新手型教师在 3 个方面存在区别。

一是知识。专家型教师具备更多的知识量、知识的组织更合理。如在物理问题解决中，专家和新手对同样的物理问题的分类是不同的。专家型教师对问题的深层结构敏感，往往根据与问题解决途径有关的物理原理对问题分类。新手型教师对问题的表层结构更敏感，常常根据问题陈述中的实体对问题归类。

二是解决问题的效率。专家型教师能在较短的时间内完成更多的工作，或者是只需要较少的努力。这与他们的熟练技能自动化有关，也与他们有效的计划、监控和调整问题解决途径的能力有关。专家型教师的程序化技能的自动化能让他们将注意集中于教学领域高水平的推理和问题解决。在面临问题时，大部分专家型教师花很多时间来理解待解决的问题本身，新手型教师则用很少的时间理解问题，将大部分时间花费在尝试不同的解决方法上。专家型教师的自我监控和调整能力很强，他们不断地监控正在进行的尝试，检查准确

性，并且当新的限制条件出现时，对原有问题的表征进行更新或推敲。

三是洞察力。专家型教师非常关注问题本身，对问题性质进行深入透视，快速有效地区分与问题解决相关和无关的信息，并对信息进行组织和比较，从而更能创造性地解决问题。

连榕（2004）认为，在新手型教师与专家型教师之间存在着过渡的中间环节，即熟手阶段。其中，新手型教师主要是指刚走上工作岗位 1~2 年的新教师或是在中小学实习的师范大学毕业生。熟手型教师主要是指从教 5 年以上、拥有较丰富的教学知识和经验的教师。专家型教师是指全国骨干教师、省级骨干教师中的高级教师，从教 15 年以上。研究者运用自编量表考察新手型—熟手型—专家型教师的心理特征，结果表明他们在教学策略，成就目标，人格特征，职业承诺和职业倦怠等方面存在差异（见表 16-4）。

表 16-4 新手型—熟手型—专家型教师心理特征的比较

项目	新手型教师	熟手型教师	专家型教师
教学策略	在教学策略上重视课前准备	课中教学策略水平较高	教学策略以课前的计划、课后的评估、反思为核心
成就目标	成绩目标是重要的工作动机	任务目标已成为重要的工作动机	
人格特征		具有随和、关心他人、乐群、宽容的人格特点	具有鲜明的情绪稳定性、理智、着重实际、自信心和批判性强的人格特点
职业承诺和职业倦怠			对教师职业的情感投入程度高，职业的义务感和责任感比较强，且具有良好的师生互动、强烈的职业成就感

二、从新手型教师到专家型教师

富勒等人（Fuller & Bown，1975）根据教师所关注的焦点问题，提出了著名的教师成长三阶段论：

一是关注生存阶段。新手型教师非常关注自己的生存适应性问题，例如，"学生喜欢我吗？""同事们怎么看我？""领导是否觉得我干得不错？"等等。由于这种生存忧虑，有些教师可能会把大量的时间都花在如何与学生搞好关系上，想方设法地控制学生；而不是教导他们知识和技能并让他们获得学习上的进步。这可能是由于教师对学校的社会化过程所致。在学校里，人们总是希望教师把学生管教得老实听话，因此，教师总想成为一个好的课堂管理者。

二是关注情境阶段。当教师感到自己完全能够生存时，他们越来越关注学生的成绩，

【考纲链接】
《教育知识与能力》（中学）：理解教师成长心理

从而把精力放在如何教好每一堂课上，考虑一些与教学情境本身有关的问题，如"材料是否充分得当？""如何呈现教学信息？""如何掌握教学时间？"

三是关注学生阶段。当教师顺利适应了前两个阶段后，教师将考虑学生的个体差异和个体需要问题，并认识到学生的已有知识与学习能力是不同的，同样一种材料可能适于某些学生，但不适于另外一些学生；同样一种教学方法可能对有些学生有效，但对另一些学生则行不通。从而对不同的学生确定不同的学习目标、选择不同学习内容、采用不同的教学方法。事实上，有些教师从来没有进入到这一阶段。

由此可见，新手型教师在成长过程中的每一个阶段都有自己的需要，这些需要将影响他们的课堂行为和教学活动。富勒等人把教师所关注的内容作为衡量发展水平的标志，教师发展的顺序，即从关注内容到教学任务的、再到学生的顺序是比较固定的。因此，从新手型教师到专家型教师必须经历全部过程。

休伯曼（M. Huberman）等人从职业生涯发展角度，探讨了教师职业周期中每一个时期的发展主题，并根据每一位教师对各阶段主题解决程度的不同，区分出不同的发展路线（见图16-3）。

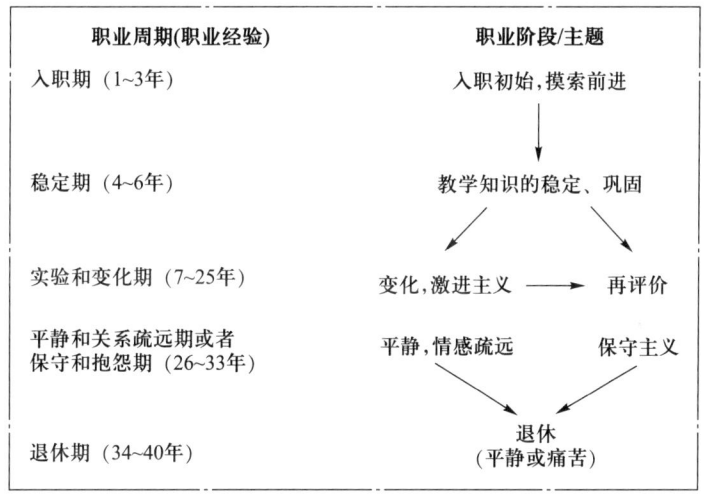

图16-3 休伯曼的教师职业周期模式（Huberman, Grounauer, & Marti, 1993）

休伯曼的教师职业周期表明，所有的新手型教师不一定都能成为专家型教师。在经历了4～6年的稳定期之后，教师的发展路线开始表现出差异性。教师随着教育知识的积累和巩固，开始寻找新的思想和挑战，试图增加对课堂的影响，在教学材料、评价方法等方面开展不同的个性化实验。实验和变化期的改革愿望和实践，会让教师加深对阻碍改革因素的认识。在此过程中，教师的自我评价起了非常重要的作用，不同的再评价会让教师走上不同的心路历程。许多教师经历了怀疑和危机之后开始平静下来，能较为轻松地完成课堂教学，也更有信心。随着职业预期目标的逐步实现，他们的志向水平开始下降，对专业投入也减少；与学生的关系更加疏远，对学生行为和作业更加严格。与此同时，可能会有部分教师会自我怀疑和愤世嫉俗，他们经常抱怨学生变得纪律性更差，缺少动机，抱怨公众对教育的消极态度，抱怨年轻教师不够认真、投入。

三、专家型教师的培养

教师培养问题是师范教育和在职教师进修的中心问题。心理学只能根据教师行为研究的一些成果提供一些方法。各种方式本身无优劣之分，关键要看是否适合教师特定的需要，教师要根据不同的需求和条件综合选用各种方式。

（一）观摩和分析

对优秀教师的课堂教学活动进行观摩和分析，是一种有效的教师训练的方法。这种观摩可以有两种方式：结构化观摩和非结构化观摩。结构化观摩（structured observe）一般要在观摩之前制订较详细的观察计划，确定观察的主要行为对象、角度以及观察的大致程序，也可以进行有组织的讨论分析。非结构化观摩（unstructured observe）则没有以上特征。一般说来，结构化观摩要比非结构化观摩的效果好。观摩可以是现场观摩，也可以是观看优秀教师的教学录像。在观摩之前，要先思考和预测：本节课若由自己上，会使用什么样的教学模式、教学策略？为什么要使用这样的教学模式或者教学策略？在观摩的过程中，要仔细观察他人运用了什么样的教学模式、教学策略，是如何运用的。观摩之后，对比预测和实际情况的不同，思索自己能够从中学到什么，想一想自己是否可以在此基础上有所创新。

（二）微格教学

通过自己实际进行教学而获得丰富的经验，是提高教学水平的另一种重要途径。但是，一开始就以众多学生为对象，进行正规的一个课时的课堂教学，对于经验较少的师范生来说，是一件困难的事。在这种情况下，一般进行微格教学（micro teaching），即以少数的学生为对象，在较短的时间（5~20分钟）内，尝试做小型的课堂教学，然后把这种教学过程摄制成录像，在课后再进行分析。微格教学不仅对实习生，而且对在职教师来说也是很有效的。

微格教学虽有各种方法，但基本采用以下程序。① 明确选定特定的教学行为作为要着重分析的问题（如解释的方法、提问的方法等）。② 观看有关的教学录像。这时，指导者需说明这种教学行为具有的特征，使师范生和新手型教师能理解要点。③ 师范生和新手型教师制订微格教学的计划，以一定数量的学生为对象，实际进行微格教学，并录音或摄制录像。④ 和指导者一起观看录像，分析自己的教学行为。指导者帮助他们分析一定的行为是否合适，考虑改进行为的方法。⑤ 在以上分析和评论的基础上，再次进行微格教学。这时要考虑改进教学的方案。⑥ 进行以另外的学生为对象的微格教学，并录音录像。⑦ 和指导者一起分析第二次微格教学。微格教学使得师范生和新手型教师可以对自己的教学行为进行更为深入的分析，增强了改进教学的针对性，因而往往比正规课堂教学的经验更有效。

（三）教学决策训练

教师的教学过程中包含着一系列的决策，教师要判断自己的教学行为所引起的学生的反应是否符合期望，如果符合，就继续维持自己的行为；如果不符合，就要采取一定的预防和矫正措施。进行教学决策的训练可以提高教师的教学能力。教学决策训练不仅可以改善教师的教学行为，而且可以使他们对决策的有效线索更加敏感，而这正是专家型教师的重要特征（陈琦，刘儒德，1997）。

（四）教学反思

反思（reflection）是教师着眼于自己的活动过程来分析自己做出某种行为、决策以及所产生的结果的过程。教学反思包含以下几点。① 对于活动的反思，这是教师在行为完成之后对自己的活动、想法和做法进行的反思。② 活动中的反思，这是教师在做出行为的过程中对自己的活动中的表现，自己的想法做法进行反思。③ 为活动反思，这种反思是以上两种反思的结果，以上述两种反思为基础来指导以后的活动。

曼恩（Manen，1997，转引自刘加霞，申继亮，2003）把教师的反思水平划分为 3 个水平。① 教学技术水平（前反思水平）。反思主要针对程序的、技术的问题——如何利用最好的教学方法和技巧让教师的教学获得最优的效率和效果。教师关注的是"怎么解决""怎么做"的问题。该水平最关心的是达到目标的手段，重视手段的效果和效率，而把目的本身看作理所当然的，没有加以检讨。② 原因分析水平（准反思水平）。教师能通过教学行为层面来分析行为背后的原因，但这种分析往往是基于个人的经验，目的是探讨个人对行为的理解，考虑行为背后的原因、意义。教师对结果做解释是基于个人对环境的主观观点而不是对客观结果的描述，属于经验回顾总结型反思。③ 价值判断水平。教师在反思时要考虑道德的、伦理的标准，从广泛的社会、政治、经济、教育的背景下来审视这些问题，并揭露潜藏在这些问题中的意识形态。

教师在反思过程中具有演员和戏剧批评家的双重角色，在这一过程中，教师反思要经历以下 4 个环节：具体经验→观察与分析→重新概括→积极验证（Osterman & Kottkamp，1993）。① 具体经验阶段。这一阶段的任务是使教师意识到问题的存在，并明确问题情境。一旦教师意识到问题，就会感到一种不适，并试图改变这种状况，于是进入反思环节。事实上，让教师明确意识到自己教学中的问题往往并不容易，因为这是对个人能力、自信心的一种威胁。教师反思活动的促进者在此时要创设轻松、信任、合作的气氛，帮助教师看到自己的问题所在。② 观察与分析阶段。教师开始广泛收集并分析有关的经验，特别是关于自己活动的信息，以批判的眼光反观自身，包括自己的思想和行为，也包括自己的信念、价值观、目的、态度和情感。获得观察数据的方式可以有多种，如反思日记、他人的观察模拟、角色扮演，也可以借助于录音、录像、档案等。在获得一定的信息之后，要对它们进行分析，看驱动自己的教学活动的各种思想观点到底是什么，它与自己所倡导的理论是否一致，自己的行为与预期结果是否一致等，从而明确问题的根源所在。③ 重新概括阶段。在观察分析的基础上，教师重审旧思想，并积极寻找新思想与新策略来解决所面临的问题。④ 积极验证阶段。这时要检验上阶段所形成的概括的行动和假设，它可能是实际尝试，也可能是角色扮演。在验证的过程中，教师会遇到新的具体经验，从而又进入第一阶段，开始新的循环。

（五）行动研究

教师行动研究的本质在于对"研究"之内在精神的尊重，更多的是一种研究的态度，是发现问题、分析问题和解决问题的过程。教师所进行的研究与专家们的研究往往有所区别（Kutz，1994，转引自申继亮，姚计海，2004）：研究问题可以是来自日常教学经验中的任何问题，而不一定是大的课题；研究途径可以是任何非正式的探索方法，包括做笔记、写日志、保留学生的作品等，而不一定像专家们那样恪守研究套路；教师可以形成研究者的团体，其中包括教师与其他成员之间的正式的网络联系，而更重要的是在课堂教学中与学生的联合。

教师参与研究的另一种形式是教师与专家的合作研究，即专家学者和教师以平等的身份就一些问题共同进行研究，而不是专家以权威的身份指挥教师改变已有的教学。在这种研究的开始阶段，教师可能基本上还是在跟随专家，他希望专家能告诉自己应该知道些什么、应该如何做，希望由专家确定研究的意图。然而随着研究的不断深入，教师渐渐地发现研究的假设与自己的经验之间存在的冲突，发现理论与自己的教学实践的不一致，对一般的理论假设产生了怀疑，于是，他开始自己就这些问题进行实验研究，自己寻找问题的答案，在与专家的合作研究中，教师逐渐看到了自己的优势，增强了自己从事研究的自信。

教学反思和行动研究虽然关注的问题和角度并不相同，但它们在基本思想上却不谋而合：都强调教师作为主体，在实际教学经验的基础上，建构自己对教学和学习的理解，从而积极地提高自己的教学能力，改进自己的教学。

思考题

1. 教师的几种主要角色是什么？教师的角色经历了怎样的变化？
2. 如何看待教师控制点对教学的影响？
3. 教师职业倦怠的主要特征是什么？
4. 教师职业倦怠会经历什么样的过程？
5. 教师职业倦怠的原因是什么？
6. 如何有效地干预教师职业倦怠？
7. 专家型教师和新手型教师在哪些方面存在差异？
8. 如何帮助新手型教师成为专家型教师？
9. 如何指导教师进行教学反思？

推荐阅读

Fielstein, L., & Phelps, P.（2002）. *教师新概念：教师教育理论与实践*（王建平等　译）. 北京：中国轻工业出版社.

McIntyre, D. J., & Hair, M. J.（2002）. *教师角色*（丁怡，马玲等　译）. 北京：中国轻工业

出版社.

陈琦，刘儒德.（2019）.*简明教育心理学*.北京：高等教育出版社.

刘儒德.（2004）.*信息技术与课程整合*.北京：人民教育出版社.

主要参考文献

Fielstein, L., & Phelps, P. (2002). *教师新概念：教师教育理论与实践*（王建平等　译）. 北京：中国轻工业出版社.

Good, T. L., & Brophy, J. E. (2002). *透视课堂*（陶志琼，王凤，邓晓芳等　译）. 北京：中国轻工业出版社.

Joyce, B., Weil, M., & Calhoun, E. (2002). *教学模式*（荆建华，宋富钢，花清亮　译）. 北京：中国轻工业出版社.

Sternberg, R. J., & Williams, W. M. (2003). *教育心理学*（张厚粲　译）. 北京：中国轻工业出版社.

爱德华·德·波诺，皮特·德·波诺. (2002). *柯尔特教程*. 北京：新华出版社，5-8.

埃克斯特兰德. (1985). *心理学原理和应用*（韩敬之，吴福元，张湛等　译）. 北京：知识出版社.

奥苏贝尔，D. P.，等. (1994). *教育心理学：认知观点*（佘星南，宋钧　译）. 北京：人民教育出版社.

鲍里奇，G. D. (2002). *有效教学方法*（第4版）（易东平　译）. 南京：江苏教育出版社.

格里格，R. J.，津巴多，P. G. (2003). *心理学与生活*（第16版）（王垒，王甦等　译）. 北京：人民邮电出版社.

加涅，R. M. (1999). *学习的条件和教学论*（皮连生，王映学，郑葳等　译）. 上海：华东师范大学出版社.

罗杰斯，C.，弗赖伯格，H. J. (2015). *自由学习*（王烨晖　译）. 北京：人民邮电出版社.

马斯洛，A. H. (2012). *动机与人格*（第3版）（许金声等　译）. 北京：中国人民大学出版社.

马斯洛，A. H. (2018). *需要与成长：存在心理学探索*（第3版）（张晓玲，刘勇军　译）. 重庆：重庆出版社.

皮亚杰，J. (1981). *发生认识论原理*（王宪钿等　译）. 北京：商务印书馆.

申克，D. H. (2003). *学习理论：教育的视角*（韦小满等　译）. 南京：江苏教育出版社.

斯滕伯格，R. J.，威廉姆斯，W. M. (2012). *斯滕伯格教育心理学*（第2版）（姚梅林，张厚粲等　译）. 北京：机械工业出版社.

索耶，R. K. (2010). *剑桥学习科学手册*（徐晓东等　译）. 北京：教育科学出版社.

席尔瓦，H. F.，斯特朗，R. W.，佩里尼，M. J. (2003). *多元智能与学习风格*（张玲　译）. 北京：教育科学出版社.

夏皮罗，L. (2014). *具身认知*（李恒威，董达　译）. 北京：华夏出版社.

雅各布斯，G. M.，等. (1998). *共同学习的原理与技巧*（林立，马克　译）. 北京：中央民族大学出版社.

陈会昌.（2004）.*道德发展心理学*.合肥：安徽教育出版社.

陈龙安.（1999）.*创造性思维与教学*.北京：中国轻工业出版社.

陈琦.（2001）.*教育心理学*.北京：高等教育出版社.

陈琦，刘儒德.（2019）.*当代教育心理学（第3版）*.北京：北京师范大学出版社.

陈琦，刘儒德.（2019）.*简明教育心理学*.北京：高等教育出版社.

陈琦，刘儒德.（2007）.*当代教育心理学（第2版）*.北京：北京师范大学出版社.

陈琦，刘儒德.（1997）.*当代教育心理学*.北京：北京师范大学出版社.

陈琦，张建伟.（1998）.建构主义学习观要义评析.*华东师范大学学报（教育科学版）*，1，61-68.

董奇.（1992）.*心理与教育研究方法*.广州：广东教育出版社.

方展画.（1990）.*罗杰斯"学生为中心"教学理论述评*.北京：教育科学出版社.

冯忠良.（1992）.*结构—定向教学的理论与实践（上）*.北京：北京师范大学出版社.

冯忠良，伍新春，姚梅林，王健敏.（2000）.*教育心理学*.北京：人民教育出版社.

高钦.（2015）.*个体间调节匹配对大学生人际评价的影响研究（博士学位论文）*.北京师范大学.

龚孟伟.（2008）.现代主义知识教学观之多维批判：兼谈后现代主义知识教学观.*教育科学研究*，10，14-17.

郭思，钟建安.（2004）.职业倦怠的干预研究述评.*心理科学*，27（4），931-933.

何力西，张庆，王才康.（2011）.竞争合作与学业成绩的关系：学业自我概念的中介作用.*心理学探新*，31（2），172-175.

洪伟，刘儒德，甄瑞，蒋舒阳，金芳凯.（2018）.成就目标定向与小学生数学学习投入的关系：学业拖延和数学焦虑的中介作用.*心理发展与教育*，34（2），191-199.

教育部师范教育司.（2001）.*教师专业化的理论与实践*.北京：人民教育出版社.

李其维.（2008）."认知革命"与"第二代认知科学"刍议.*心理学报*，40（12），1306-1327.

李晓东.（1999）.关于学业求助的研究综述.*心理学动态*，7（1），60-64.

连榕.（2004）.新手—熟手—专家型教师心理特征的比较.*心理学报*，36（1），44-52.

刘海燕，邓淑红，郭德俊.（2003）.成就目标的一种新分类：四分法.*心理科学进展*，11（3），310-314.

刘加霞，申继亮.（2003）.国外教学反思内涵研究述评.*比较教育研究*，10，30-34.

刘建，Sun, J.（2018）.美国中小学教学标准运动发展研究.*教育科学*，34（1），81-88.

刘儒德.（2005）.*探究学习与课堂教学*.北京：人民教育出版社.

刘儒德.（2001）.论建构主义学习迁移观.*北京师范大学学报（人文社会科学版）*，4，106-112.

刘儒德，倪男奇.（2002）.论学生的科学本质观.*比较教育研究*，8，7-11.

刘钊，舒寒.（2015）.具身认知及其对课堂教学的启示.*心理技术与应用*，7，34-37.

刘哲雨，侯岸泽，王志军.（2017）.多媒体画面语言表征目标促进深度学习.*电化教育研*

究，3，18-23．

路海东，董妍，王晓平．（2004）．小学生数学应用题解决的认知机制研究．心理科学，27（4），867-870．

陆静．（2010）．断裂中的传承：后现代知识观与传统知识观的关系．学术交流，10，15-17．

马慧．（2004）．课堂问题行为与课堂纪律管理．现代教育科学，1，48-49，20．

莫雷．（2002）．教育心理学．广州：广东高等教育出版社．

倪士光，李虹，黄琳妍．（2012）．学习拖延的整体化研究视角：传统与创新．心理发展与教育，5，545-553．

庞维国．（2003）．自主学习：学与教的原理和策略．上海：华东师范大学出版社．

庞维国，韩贵宁．（2009）．我国大学生学习拖延的现状与成因研究．清华大学教育研究，30（6），59-65，94．

皮连生．（1997）．学与教的心理学（修订本）．上海：华东师范大学出版社．

皮连生．（1996）．智育心理学．北京：人民教育出版社．

任国华．（2003）．自我图式、他人评价与人格发展的关系．心理科学，5，910-911．

撒婷婷，杨宁．（2012）．基于问题的学习对大班幼儿元认知发展的影响．学前教育研究，6，42-45，52．

邵瑞珍．（1988）．教育心理学．上海：上海教育出版社．

邵瑞珍，皮连生，吴庆麟．（1990）．教育心理学．上海：上海教育出版社．

申继亮，姚计海．（2004）．心理学视野中的教师专业化发展．北京师范大学学报（社会科学版），1，33-39．

申云凤．（2018）．“互联网＋”背景下基于问题解决学习有效性评价指标体系构建．中国电化教育，10，87-94．

沈之菲．（2001）．教师的职业生涯．长春：东北师范大学出版社．

施良方．（1994）．学习论：学习心理学的理论与原理．北京：人民教育出版社．

石中英．（2001）．知识转型与教育改革．北京：教育科学出版社．

宋广文，何文广，孔伟．（2011）．问题表征、工作记忆对小学生数学问题解决的影响．心理学报，43（11），1283-1292．

宋广文，王立军．（1998）．影响中小学教师期望的因素研究．心理科学，21（1），83-84，86．

孙汉银．（2016）．创造性心理学．北京：北京师范大学出版社．

孙蕾，李建伟．（2007）．竞争情境、认知风格对学生运算性程序知识学习迁移的影响．心理科学，30（2），438-440，457．

谭顶良．（1995）．学习风格论．南京：江苏教育出版社．

田丽丽，周欣，康丹，徐晶晶，李正清．（2016）．5~6岁不同数学能力水平儿童的执行功能差异研究．心理发展与教育，32（1），9-16．

万伟．（2003）．知识观转变视野下的课程改革．教育科学，1，29-31．

王福兴，谢和平，李卉．（2016）．视觉单通道还是视听双通道？通道效应的元分析．心理科学进展，24（3），335-350．

王佳.（2017）. *调节聚焦对初中生数学策略灵活性的影响研究：以解一元一次方程为例*（博士学位论文）. 北京师范大学.

王攀峰.（2003）. 当代国外课程知识观的新发展及其对我国课程改革的启示. *教育理论与实践*，23（8），33-36.

王小明.（2009）. *学习心理学*. 北京：中国轻工业出版社.

王小明.（2007）. 国外有关样例学习的研究. *外国中小学教育*，1，48-51.

王新.（2007）. 基于问题的学习：学生自主学习能力的有效途径探讨. *外语与外语教学*，2，30-32.

王英国，朱筱敏.（2003）. 大学生考试作弊行为和心态的调查分析与对策探讨. *中国地质教育*，4，71-74.

王有升，兰玉萍.（2018）. 同伴学习中的"教学相长"与课堂教学变革. *课程·教材·教法*，2，62-68.

魏雪峰，崔光佐.（2012）. 小学数学问题解决认知模型研究. *电化教育研究*，11，79-85，114.

吴立岗.（1998）. *教学的原理、模式和活动*. 南宁：广西教育出版社.

吴庆麟.（2003）. *教育心理学：献给教师的书*. 上海：华东师范大学出版社.

邢强，莫雷，朱新明.（2003）. 样例学习研究的发展及问题. *心理科学进展*，2，165-170.

许燕，余桦，王芳. 心理枯竭：当代中国教师的职业疾病. *中国教师*，3，4-6.

姚梅林.（2000）. 当代迁移研究的趋向. *心理发展与教育*，3，55-58.

袁维新.（2009）. 论基于模型建构的概念转变教学模式. *教育科学*，25（4），31-35.

袁维新.（2004）. 西方科学教学中概念转变学习理论的形成与发展. *比较教育研究*，3，33-38.

袁维新，吴庆麟.（2010）. 问题解决：涵义、过程与教学模式. *心理科学*，33（1），151-154.

张春兴.（1998）. *教育心理学：三化取向的理论与实践*. 杭州：浙江教育出版社.

张贵良，郭德俊.（1995）. 初中生考试成绩归因模式研究. *心理学报*，27（2），211-218.

张建伟.（2001）. 从传统教学观到建构性教学观：兼论现代教育技术的使命. *教育理论与实践*，9，32-36.

张建伟.（2000）. 基于问题解决的知识建构. *教育研究*，10，58-62.

张建伟.（1998）. 概念转变模型及其发展. *心理学动态*，6（3），33-37.

张建伟，陈琦.（1996）. 从认知主义到建构主义. *北京师范大学学报（社会科学版）*，4，75-82，108.

张建伟，孙燕青.（2005）. *建构性学习：学习科学的整合性探索*. 上海：上海教育出版社.

张建伟，孙燕青.（2003）. *教育技术的心理学研究*. 北京：北京师范大学出版社.

张民选.（2003）. 隐性知识与隐性知识的显现可能. *全球教育展望*，8，15-21.

张庆林.（1995）. *当代认知心理学在教学中的应用：如何教学生学会学习和思维*. 重庆：西南师范大学出版社.

章志光，金盛华.（1996）. *社会心理学*. 北京：人民出版社.

郑博真.（2002）.*多元智能统整课程与教学*.长春：长春出版社.

郑东辉.（2014）.教师需要怎样的课堂评价技能：对美国经典教材的考察.*教育发展研究*，33（2），50-56.

郑东辉，叶盛楠.（2012）.中小学教师课堂评价知识及其来源的研究：基于浙江省的样本调查.*教育发展研究*，32（20），68-78.

周建达，林崇德.（1994）.教师素质的心理学研究.*心理发展与教育*，1，32-37，31.

其他参考文献